蓟门法学

第十辑

主　编

刘大炜（中国政法大学法学院分党委书记兼副院长　教授）

陈维厚（中国政法大学法学院研究生工作办公室主任　副教授）

编委会

刘大炜　陈维厚　乞雨宁　翁明杰　孔维都　李　丹

刘文豪　陈思羽　宋雨琪　张古月　李　珊

中国政法大学出版社

2021·北京

图书在版编目（ＣＩＰ）数据

蓟门法学. 第十辑/刘大炜，陈维厚主编. —北京：中国政法大学出版社，2021. 8
ISBN 978-7-5764-0102-8

Ⅰ.①蓟…　Ⅱ.①刘…　②陈…　Ⅲ.①法学－文集　Ⅳ.①D90-53

中国版本图书馆CIP数据核字(2021)第189583号

书　名	蓟门法学（第十辑） JIMEN FAXUE DISHIJI
出版者	中国政法大学出版社
地　址	北京市海淀区西土城路 25 号
邮　箱	fadapress@163.com
网　址	http://www.cuplpress.com (网络实名：中国政法大学出版社)
电　话	010−58908466(第七编辑部) 010−58908334(邮购部)
承　印	北京九州迅驰传媒文化有限公司
开　本	720mm×960mm　1/16
印　张	24
字　数	420 千字
版　次	2021 年 8 月第 1 版
印　次	2021 年 8 月第 1 次印刷
定　价	98.00 元

如何提升研究生学位论文质量

——写在《蓟门法学》十周年之际

陈维厚

一、为何强调研究生论文质量

改革开放特别是党的十八大以来，研究生教育规模持续增长，我国已成为世界研究生教育大国。随着研究生规模的不断扩大，学位管理体制和研究生培养体系逐步完善，研究生教育应当进一步更新观念，推动研究生创新与学术能力培养，提高研究生论文质量。近年来，国务院学位委员会和教育部等部门先后印发了《关于加强学位与研究生教育质量保证和监督体系建设的意见》《关于加快新时代研究生教育改革发展的意见》等系列文件，对研究生教育质量和学位论文质量提出了要求。在国家重视研究生教育质量、加强教育评估督导的背景下，研究生学位论文质量成为社会关注的重点。研究生学位论文是获取学位的重要依据，是研究生科研能力、学术水平、科研成果的集中体现。研究生学位论文抽检制度在提升研究生培养质量方面发挥了重要作用，倒逼培养单位走注重质量的内涵式发展道路。高校只有真正转向质量提升的内涵式发展，不断提升研究生教育质量与学位论文质量，才能充分发挥研究生教育在知识创新和繁荣哲学社会科学中的重要作用。

法学院为提高研究生教育质量与论文质量一直在努力，"蓟门法学"研究生学术论文大赛、学术名师导航等是其中重要举措。"蓟门法学"研究生学术论文大赛作为中国政法大学法学院专门针对研究生设立的学术论文竞赛，旨在加强研究生创新能力培养与学术训练，促进研究生提高论文写作质量，其与"名师学术"导航、"读书经验交流"沙龙等系列学术活动共同为法学院学子提供了丰富的锻炼机会与展示才华的舞台，创办十年来取得了良好的效果，是活跃研究生学术氛围、推进理论与实践融合的重要平台。十辑《蓟门法学》学术论文集，见证了法学院强化研究生学术志趣、诚信和能力培养的坚定决心，一批批法学优秀学子也伴随着这一年一度的学术赛事逐渐成长。

二、研究生学位论文质量需提高

学位论文质量是研究生教育质量、学科评估、"双一流"建设监测评估的重要指标。随着全国研究生培养单位硕博学位论文抽检工作的全面展开，诸多学术不规范问题也暴露出来，选题不当、创新性和价值性不高、文献综述质量低、选题意义与严谨性不足、论文形式与结构混乱等现象已司空见惯。

研究生学位论文质量问题一般归结为三方面因素。一是管理体制因素，如论文过程管理不严、论文质量监管不到位等。目前我国论文指导与答辩程序仍不完善，开题考核往往流于形式，过程质量监控不规范，论文指导及过程三稿的质量保证体系缺失。二是研究生自身因素，如思想认识不到位、态度不认真、学术训练不够、投入时间太少等。三是导师因素，如指导经验不足、精力投入不够等。从实际情况看，由于繁重的教学和科研压力，指导研究生与论文质量较难量化，部分导师指导研究生精力投入不多，学位论文质量把关重视不够等。

三、论文质量提升路径探索

论文质量提升需要紧紧围绕导师、研究生、管理者等主体展开，探索目标定位、过程管理、质量监控的论文质量保证体系。要从凝聚共识、加强过程质量管控、强化主体责任、严把"出口关"、加强质量意识与质量文化等方面综合施策，要充分发挥导师在研究生培养中的核心作用，鼓励研究生参与课题研究、论文竞赛、社会实践等，通过学术论文竞赛等形式激励研究生创造性地学习与研究。

（一）提高认识，凝聚共识

提高对研究生学位论文质量的认识，达成提升论文质量的共识。思想与认识是行动的先导，认识问题不解决，就不会有行动自觉。不可否认，当前有部分导师、研究生和管理者对论文质量的认识还不到位，对于进一步提高研究生学位论文质量，有的认为无需，有的认为与己无关，有的认为无用。对此，需要论文相关主体进一步凝聚共识，消除认识上的盲区与误区，形成合力，齐抓共管，提高研究生论文质量。

（二）加强论文过程管理

研究生论文质量的提升，不能单靠外审代替内部质量控制，也不能用后置监督环节代替前置控制环节，完善学位论文质量评价体系，离不开论文"准备—开题—中期—评审—答辩"的学位论文"五节点"模式的实施，也离不开"导师—学院—学校"的三级质量监控制度的严格执行，既要严把"出口关"，也要加强过程管理，严把"进口关"和"过程关"。

提高论文过程质量评价的针对性与科学性。完善学位论文质量保证制度，将其贯穿于规范论文过程和学位授予工作的全过程。将论文字数与质量标准、指导意见与反馈、评审与答辩意见后再修改完善等具体要求在制度中明确，督导师生重视学位论文质量。强化学位论文过程管理与信息公开，将论文开题及中期考核、论文三稿及指导意见、论文规范性审查、论文匿名评审、论文答辩、论文抽检、抽检不合格处理等环节通过研究生管理系统公开，实现从论文开题到学位授予全过程标准化、公开化。

（三）强化主体责任

学位论文质量管理是系统工程，提高学位论文质量需要学校、学院、导师、研究生等主体发挥作用。导师层面，要完善导学相关制度，明确导师作为研究生教育第一责任人，通过言传身教影响学生，将"研究"这个特点贯穿研究生指导的各个环节，将思想品德养成和创新能力培养贯穿研究生指导的各个阶段。管理者层面，要落实全国研究生教育会议精神，补齐补强质量保证制度体系，加快建立以质量为核心的研究生教育资源配置机制，加强与研究生培养规模相适应的条件建设和组织保障；配齐建强管理服务队伍，切实提高管理水平。研究生层面，要在学习过程中注重培养学术志趣、诚信与伦理规范，在查阅文献、确立选题、论文写作、发表研究成果等过程中不断学习和成长，提升自身学术素养、学术能力与论文质量，努力创造出更多高质量成果。

（四）质量关口前移

提高研究生学位论文质量要遵循人才培养规律，科学设计培养流程，实现质量提升与质量过程前移。推进课程体系优化与探索多元融合育人机制。提高研究生培养质量是高质量学位论文的前提，高质量的研究生课程是研究生教育质量与学位论文质量的重要保证，应加强研究生论文写作课程建设及学术训练，将学术与论文写作训练贯穿在研究生教育全过程。研究生联合培养与科研实践也是研究生教育的重要组成部分，以科研课题、学科竞赛为支撑的学术训练等"第二课堂"对提升研究生科研与创新能力同样重要。

（五）严把"过程关""出口关"

导师（导师组）在研究生培养环节中加强过程指导，对不适合继续攻读学位的研究生及早提出分流建议，加强研究生培养过程中的考核与分流。论文质量过程监管中可以考虑增加两个环节，进一步提升论文质量：一是"论文自审环节"，在学位委员会表决前对已通过答辩的论文再次审核；二是"答辩汇报内容"，研究生在论文答辩时要对预答辩及外审专家的意见及修改情况作出说明。这两个环节的质量把关对促进论文关键阶段的质量提升定有帮助。近几年的实践证明，论文抽检制度对倒逼论文质量的提高效果得到了认可，建议加大学位论文抽查比例，2020年及以后的博士学位论文将抽检比例提升到50%、硕士学位论文将抽检比例提升到20%。

（六）提升质量意识与文化

研究生培养的质量意识还需进一步强化，质量文化还需进一步培育。既需要培育研究生有严谨认真的治学态度和求实创新的学术精神，也要加强学术道德和伦理教育，还要加强学术规范指导，强化学术规范训练，养成论文质量意识与质量文化。通过师风、教风、学风的有机融合，通过学校、导师、研究生共同努力，提升论文质量意识，构建学位论文质量为核心的研究生教育质量文化，促进学位论文质量提升。

在法学院老师和同学们的信任与支持下，经过近一年的筹备、统稿及评委老师的评选，《蓟门法学》（第十辑）得以顺利集结出版，如期付梓，她的诞生令我们倍感欣慰。《蓟门法学》（第十辑）研究生学术论文集，共收录在众多参赛作品中脱颖而出的论文二十余篇，囊括法学理论、法律史学、宪法学、行政法学、军事法学、法与经济、体育法学、卫生法学以及教育法学等专业方向，这些论文从不同角度对我国立法和司法实践中遇到的传统问题、热点问题、难点问题进行了精彩而又不失深度的阐述。与往年不同的是，2021年的论文题材更为广泛、形式更为多样、内容也更为丰富。侧重于理论探讨、价值评价的论文有之；取材于现实实践、具体操作的论文亦有之；论文作者对工具分析、对比分析等多种论文写作方法的运用也轻车熟路、可圈可点。字里行间，可以感受到学子们对新知的强烈渴望，对疑惑的追根究底，对学术的坚定执着，虽然有些文章和观点还略显稚嫩，却依旧可以使我们得到启发。严谨认真的治学态度、求实创新的学术精神将通过莘莘学子薪火相传。

四、结语

"奇文共欣赏，疑义相与析。"研究生学术写作不仅是对问题有意识的正视，更是一种自我表达方式，有着问题意识的研究生们，需要一个可以分享观点的平台，需要一个让自己的观点不断被批评打磨的机会，更需要一个让自己也许稚嫩的想法可以长驻而不随岁月消逝的纪念。期望"蓟门法学"能够为法学学子洞开一个学术窗口，用以展示法学学子的学术成果与勇攀高峰的精神风貌，也希望每一次优秀论文集的出版，都能够激发研究生学术创作的积极性与问题探索的好奇心、唤起研究生承担社会使命的责任心。

希望法学院研究生通过"蓟门法学"研究生学术论文大赛这个平台继续砥砺前行，不断提高学术水平与能力，提高学位论文质量，为研究生生涯与未来人生奠定基础。

目　录

第五部分　立法学

第六部分　党内法规

第七部分　军事法学

第八部分　法与经济学

第九部分　法律职业伦理

第十部分　体育法学

第十一部分　卫生法学

第十二部分　教育法学

第 一 部 分

法学理论

城市权利何以可能

——《叛逆的城市》读书报告

秦锋砺*

【摘　要】戴维·哈维是当代西方地理学家中影响极大的一位学者，其理论特点是从地理思维出发对人文社会进行批判。在其《叛逆的城市：从城市权利到城市革命》一书中，他通过独特的视角对资本主义国家在发展过程中出现的城市问题与矛盾进行了深刻剖析，揭示了资本主义城市化进程中出现的社会问题，使人们对城市的剥削本质有了新的认识。劳动者是城市的缔造者，为了他们能够正当地享有城市生活，戴维·哈维提出了城市权利理论，认为它是"按照我们的期望改变和改造城市的一种集体权利"，并按照自己的理论对如何维护城市权利展开了论述，其理论对正处于城镇化快速进程中的中国来说有重要的借鉴意义。

【关键词】资本主义危机；城市化；城市权利；城市革命

戴维·哈维 1935 年出生于英国，1957 年获剑桥大学地理系学士学位，1961年获本校哲学博士学位，随后在布里斯托尔大学地理系任教。虽然戴维·哈维出身是地理学，但是其学术视野也涉及人文社科等方面，因此形成了"以地理思维之长，见人文社会之短"的理论特征。

一、城市权利的时代背景

资本主义的发展实际上是对剩余资本的无限追求。资本家之间存在的激烈

---

* 秦锋砺，中国政法大学 2019 级法理学专业博士。

竞争会促使他们将已获得的剩余价值继续投入再生产中去，以此获得更多的剩余价值，因此剩余价值会呈现出逻辑斯蒂式的增长模式。为了防止这种增长模式带来的负面影响，资本家就亟需消耗自身生产的剩余产品，城市化在这一过程中有着重要作用。1848 年的巴黎危机便是一个很好的例证，当时巴黎面对的是剩余资本及剩余劳动力无处使用的危机，这一危机暴发了一场政变，使得路易·拿破仑·波拿巴成功获得政权，随后他命大臣奥斯曼通过城市化的方式解决剩余资本问题。奥斯曼通过"凯恩斯体制"对巴黎城市进行重新改造，缓解了资本过剩的问题，但是这种过度扩张的金融模式于 1868 年崩溃。另一个案例是 1942 年的美国，罗伯特·摩西对纽约的城市改造成为奥斯曼的翻版，他通过旧城新建、郊区化和大量基础设施的建设来吸收剩余资本，城市的扩张及郊区化不仅掏空了城市中心，也给城市空间关系和人们的生活方式带来了巨大的改变。

随着经济全球化的发展，上述的城市个案已经扩展至全球，特别是对许多发展中国家而言，它们正在步上资本主义国家的后尘。一方面，剩余资本的消耗使城市快速扩张，这一过程改变了城市的空间形态，也改变了人们的生活方式，消费主义、旅游业等已经成为城市政治经济的主要面向。[1] 在城市中不同区域的地价及居住者的消费层次逐渐形成了新的城市阶级，城市公共空间正在被无形的壁垒分割。另一方面，城市的重建是阶级性的。[2] 城市重建成为富人阶级新的盈利工具，城市的扩张伴随着地价的上涨，贫困居民的居住地大大影响了土地的经济效益，所以他们被从破旧的居所中赶出并被逐渐边缘化，城市权利逐渐落入富人和精英之手，具有城市特征的新阶级由此形成。

二、城市化与资本主义危机的必然性

（一）资本主义经济学者的错误判断

戴维·哈维首先从资本的角度对城市发展进行了分析。他对资本主义地产经济的批判从经济学家罗伯特·希勒 2011 年发表在《纽约时报》上的一篇名为"住宅泡沫寥若晨星"（*Housing Bubbles Are Few and Far Between*）的文章说起。罗伯特·希勒认为近期出现的地产泡沫只是一次偶然的现象，并未提及地产市

---

〔1〕 参见 [美] 戴维·哈维：《叛逆的城市：从城市权利到城市革命》，叶齐茂、倪晓辉译，商务印书馆 2014 年版，第 15 页。

〔2〕 参见 [美] 戴维·哈维：《叛逆的城市：从城市权利到城市革命》，叶齐茂、倪晓辉译，商务印书馆 2014 年版，第 17 页。

场波动与经济稳定之间内在联系。[1]戴维·哈维认为，以罗伯特·希勒为代表的经济学家与马克思主义政治经济学对上述二者之间的认识存在盲点，[2]二者之间有必然的内在联系。另一份报告来源于 2009 年的《世界银行发展报告》，在这份报告中经济学家提倡一种新自由主义经济，认为城市事务是提高经济增长的有效途径。这种经济政策进而引申出这样一种结论：把城市交给开发商，有利于世界上所有的人，而这种长期发展最终会照顾到所有的人，从而解决城市不公平问题。戴维·哈维认为这种理论倾向的是资本而非人民，若要按照这种经济政策发展，城市会建设得相对较好，但是人民的生活环境却比较差。[3]

（二）地产市场为主的经济潜在危机

资本主义新自由主义经济政策为资本家投入城市建设、无限地获取剩余价值提供了政策上的支持，城市正以前所未有的速度发展。戴维·哈维认为，看似繁荣的背后隐藏着诸多危机。首先，资本家生产的房产价值需要在市场上得以实现，在不断扩大的市场需求的背景下和以拥有住房为核心的"美国梦"的鼓吹下，更多的人渴望拥有自己的住宅，虽然其中大部分人并不能负担得起购买房屋的费用。因此这导致次贷市场的扩大，使投资者获得大量不良资产，增加了银行的借贷风险。其次，住宅等地产流通的周期较长，产生了供需不平衡。社会对房屋需求不断增大，但房屋存量远大于新建数量。发达国家的年住宅存量也很难超过 2% 或 3%，通过政策刺激也不一定能够加快住房增长。[4]这提高了房屋的价格并刺激了投机，将资金提供给抵押机构比投资房屋建设有更大的利润，抵押市场的扩张又导致了住房购买欲望的扩大，房屋价格与次贷市场形成循环互动。最后，住房经济牵涉众多与之相配套的产业，包括家具、家电和汽车等，房产热的衰退会给许多相关行业带来危机。资产阶级对剩余价值的盲目追求导致房地产市场的盲目扩大，在这一过程中形成的经济现象为国家的经济带来了潜在的危机。

---

〔1〕 Robert Shiller, "Housing Bubbles are Few and Far Between", *New York Times* 5, 2011.

〔2〕 [美] 戴维·哈维：《叛逆的城市：从城市权利到城市革命》，叶齐茂、倪晓辉译，商务印书馆 2014 版，第 27 页。

〔3〕 [美] 戴维·哈维：《叛逆的城市：从城市权利到城市革命》，叶齐茂、倪晓辉译，商务印书馆 2014 年版，第 29 页。

〔4〕 [美] 戴维·哈维：《叛逆的城市：从城市权利到城市革命》，叶齐茂、倪晓辉译，商务印书馆 2014 年版，第 47 页。

（三） 城市作为新的剥削与被剥削的场所

城市发展成为资本家吸收剩余价值的工具，也是劳动者被剥削的场所。戴维·哈维认为这种剥削是多层次的。[1]一方面是马克思和恩格斯在《共产党宣言》中指出："工人领到了用现钱支付的工资时，马上就有资产阶级中的另一部分人——房东、小店主、当铺老板等向他们扑来。"[2]另一方面是房产市场形成的新型剥削方式。在住宅市场危机发生前，大多数劳动者已经通过次贷的方式失去了他们的大多数资产，穷人的资产通过这种方式转移到了资本家手中。而危机暴发后的这些事情显得更加让人震惊。戴维·哈维以巴尔的摩城市为例讲述了这种剥削方式。在巴尔的摩，人们将信用较低的穷人区标记出来，表示不能给予抵押贷款，但是为了房产市场的流通，这些人又必须被利用起来，因此，出现了一种针对信用低的穷人而设置的《土地分期付款合同》，房产主作为中间人，以自己的名义为穷人取得抵押贷款，通过一段时间的还本付息之后，穷人的信用度上升，房产主再把房屋产权交给他们，房产主还可以向购买者收取房产税等费用，这些费用也可以增加到贷款的本金上。在这种模式下，一部分人最终获得了房屋的产权，而另外一部分人经过长期还供后发现欠的本金比刚开始时还多，他们一旦失去还款能力就会被赶出住宅。人们为此进行过抗争，但后来都失败了，因为房产主在合同上写的常人难以注意的小字成了他们免责的证据。城市生活的多层剥削使低收入者很难继续维持自己的生活，因此需要在城市范围内建构一种组织来面对此种状况。

三、城市解放和反资本主义的可能性

（一） 城市的重新定位与共享资源的理论基础

首先，戴维·哈维就共享资源的效用问题对其他学者进行了反驳。戴维·哈维认为共享资源可以发挥最大的经济效用，但是理论界对共享资源有着不同的看法。首先是加勒特·哈丁，他认为私有权比共享资源有更大的经济效益。他在《共享资源的悲剧》一文中通过例子对自己的观点进行了介绍：几个私人农场主共同开辟了一块公共草场，大家都可以在上面放牧，农场主们为了使自己的利益最大化，都不断增加自己的牲畜数量并无节制地消耗草场的资源，由此带来草场资源的枯竭，结果是草场的经济效益被严重破坏。另一位学者埃莉

---

[1] Robert Shiller, "Housing Bubbles are Few and Far Between", *New York Times* 5, 2011, p. 59.
[2] ［德］马克思、恩格斯：《共产党宣言》，人民出版社 2014 年版，第 35 页。

诺·奥斯特罗姆在《管理共享资源》一书中对加勒特·哈丁的理论进行了拓展，她通过对许多实际的案例进行分析，认为如果农场主能够互相交流，对草场资源的利用进行设计，那么就能够非常理智地管理共享资源。她认为要对共享资源进行有效管理就要将私人手段和公共手段充分结合起来。戴维·哈维认为上述两位学者对共享资源的认识并不准确。他认为共享资源的核心是私人财产和个人收益的最大化，而不是资源的公共财产属性。[1]如果把加勒特·哈丁案例中饲养的牲畜作为共享资源，那么他的论证便不能成立。另外，两位学者在论证上还存在共同的缺陷，那就是忽视了管理共享资源的规模问题，他们的案例规模都比较小，不能成为解决全球问题的理论基础。

随后，戴维·哈维对共享资源的共享理论进行了自己的理论构建。哈特和奈格里指出，我们可以把城市看作生产共享资源的工厂，并以此作为反资本主义批判和城市运动的出发点。然而，在自由主义理论家约翰·洛克的理论中，物权是个人劳动的结果，只有劳动的人才能够享有劳动成果。因此，人们的劳动成果只应该归属于人们自己。马克思认为，市场并非完全公平，在实际的生产过程中，资本家通过对劳动者的剥削获得剩余价值，其收益建立在劳动者的劳动之上。其次，在集体劳动中，创造的价值并非属于个人。约翰·洛克的理论被马克思瓦解，而我们也得出集体劳动创造的权利应该属于集体而非个人这一结论。虽然马克思理论中的集体劳动很大程度上只限于工厂范围，但也为我们城市权利提供了一种论证的方法。

（二）共享资源的理论构建

戴维·哈维并没有在《叛逆的城市》一书中直接给出共享资源一词的概念，而是侧面对共享资源的特征进行了描述。共享资源并不是通过特定的物建立起来的，而是通过一种不稳定的且可以持续发展的社会关系建立起来的，这种社会关系存在于某一社会集团和其打算创造的关乎生存和生活的社会和自然环境之间。[2]共享资源不同于公共空间或者公共物品，后者往往都在国家政府的控制之下，通过国家开支创造，而前者是集体的和非商业化的，不受市场规

---

〔1〕［美］戴维·哈维：《叛逆的城市：从城市权利到城市革命》，叶齐茂、倪晓辉译，商务印书馆2014年版，第69页。

〔2〕［美］戴维·哈维：《叛逆的城市：从城市权利到城市革命》，叶齐茂、倪晓辉译，商务印书馆2014年版，第74页。

则和价格规则的限制。[1]但是二者之间也并非完全不同，在满足一定条件时，二者也可以互相转化。比如街道本身是公共空间，但人们在汽车普及之前会在街道上散步、交友，这在街道之上构建起了某种社会关系，此时的街道便成为一种共享资源，而当汽车普及之后，街道被汽车占据，人们再也不能在街道上随意活动，此时的街道便又成了公共空间。公共空间和公共物品是一种客观存在，但当其承载了社会上的某种社会关系后便成了公共资源。

（三）共享资源的组织、使用和占有

传统理论认为，将共享资源集中在大都市的政府手中集中管理要比放在数量众多的地方行政单位管理更有效。但是实际的情况可能和理论并不一致，因为辖区越小，人们参与民主管理也就越容易组织，人们的积极性也更高，这种方案在理论上的确可行。但是随着城市规模的扩大，人们的参与能力和热情会减小，上述的模式不一定适用大规模的组织形式。因此，埃莉诺·奥斯特罗姆提出了"多中心管理系统"的理论。该理论认为要认真对待小单元的建设性作用并处理好不同单元之间的关系。[2]但是戴维·哈维认为，埃莉诺·奥斯特罗姆的理论建立在"蒂布特假说"的理论之上，该假说将城市分割成不同的块，每块选择适合自己的制度各自独立运行。[3]戴维·哈维认为，埃莉诺·奥斯特罗姆的理论必然会导致区域间的发展差距，随着差距扩大，区域间人和物的流通将会设置某种界限，由此带来的结果是富人可以随心所欲地生活，而穷人只能被迫地生活在低档次的环境中。另一方面，如果没有较高层面的统一授权，彻底的权力下放运转是非常困难的。因此埃莉诺·奥斯特罗姆的理论只会导致贫富差距的扩大。

戴维·哈维认为，共享资源背后是各种阶级势力的斗争。资本主义的危机产生了全球紧缩计划，投入再生产的供应减少，降低了共享资源的质量。为了经济复苏，全球紧缩计划还造成了私人对共享资源的剥削。社会再生产和共享资源受到了攻击，这也是如今重提共享资源的意义。[4]要从上述困境中解脱出

---

〔1〕［美］戴维·哈维：《叛逆的城市：从城市权利到城市革命》，叶齐茂、倪晓辉译，商务印书馆2014年版，第74页。

〔2〕 Elinor Ostrom, "Polycentric Approach for Coping with Climate Change", Background Paper to the 2010 World Development Report, *Policy Research Working Paper*, 2009.

〔3〕 Charles Tiebout, "A Pure Theory of Local Expenditures"; *Journal of Political Economy*, 1956, 416-24.

〔4〕［美］戴维·哈维：《叛逆的城市：从城市权利到城市革命》，叶齐茂、倪晓辉译，商务印书馆2014年版，第88页。

来，就要推动国家提供更多的公共物品，人们需要有组织地将这些公共物品占用、组织和补充，提高和扩大共享资源。

（四）共享资源的现实困境

在资本家逐利的过程中，共享资源往往会成为他们获取利益的工具，戴维·哈维以文化为例，借"垄断地租"一词对资本家对共享资源的垄断和利用进行了论述。戴维·哈维认为，垄断地租有助于我们从多方面了解资本主义全球化与文化之间产生的困境，在资本家手中，文化已经成为一种通过垄断获利的商品。[1]戴维·哈维从以下三点对垄断地租进行了介绍：首先，垄断地租产生的基础包括唯一性、真实性、特殊性和专门性。垄断地租有两种表现形式：一是对共享资源的直接排他性占有，通过这种方式从其他对这些资源有需求的人们手里收取垄断地租；二是对资源进行交易，通过严格控制使其成为一种稀缺性资源，然后再通过投资来增加其价值。[2]其次，垄断地租中存在三个矛盾，[3]第一个矛盾是价值与特殊性之间的矛盾：特殊性与唯一性对物品的价值有非常重要的影响，物品的价值通过流通得以实现，然而物品的流通又往往与价值呈现出负相关关系，也就是说，资本家通过对物品的垄断来增加其价值，然而却不能保证物品的市场化过程对其自身价值的减少。第二个矛盾是垄断与竞争性之间的矛盾：资本家一边需要保持经济关系的竞争性，一边还要维持自己的垄断特权。第三个矛盾是资本家都会支持地方发展，因为地方因素有形成垄断地租的巨大潜力，但是对地方发展的支持反而可能会产生一种反对的地方力量，因为资本家所欲建立的垄断地租与传统居民的地租产生矛盾。最后，垄断地租具有时空性。在资本主义早期阶段，交通运输不完善，如果要打破时空的销售壁垒就会增加产品的成本，不利于与其他同类商品的竞争。随着交通运输的完善，成本得到控制，空间的壁垒被打破，实现了"通过时间消灭空间"，不同空间中资本家的垄断地租也被打破。因此如何建立一种新的垄断地租，以及垄断重组对地方发展有何影响成为亟需解决的问题。

戴维·哈维以葡萄酒行业的发展为例对资本家如何寻求新的垄断地租进行

---

〔1〕［美］戴维·哈维：《叛逆的城市：从城市权利到城市革命》，叶齐茂、倪晓辉译，商务印书馆 2014 年版，第 91 页。

〔2〕［美］戴维·哈维：《叛逆的城市：从城市权利到城市革命》，叶齐茂、倪晓辉译，商务印书馆 2014 年版，第 92 页。

〔3〕［美］戴维·哈维：《叛逆的城市：从城市权利到城市革命》，叶齐茂、倪晓辉译，商务印书馆 2014 年版，第 92 页。

了论述。随着经济全球化的发展，欧洲的葡萄酒产业受到了冲击，欧洲的葡萄酒品牌在竞争压力下分别取消了"庄园""酒庄"等传统宣传表述，试图以产地、口味等独特条件建立新的垄断地租。同样，澳大利亚维多利亚州的塔比克酒庄园也以自己的富含氧化铁的土壤条件建立了自己新的垄断地租。这种垄断地租不仅是产品质量的反映，更是一种话语影响和斗争的结果。

由此，葡萄酒品牌之间因竞争产生的垄断地租也为我们看待城市问题提供了一种新的视角。戴维·哈维使用了"城市企业化经营"的概念，这是指一种城市管理的行为模式，在这种模式中，把国家权力与社会的各种各样的组织及利益相关者联系起来形成联盟，推进或管理各种城市及区域发展。[1]这种模式通过地方投资建设以创造和实现城市化过程中垄断地租的目的，这种模式在城市发展中变得越来越重要。戴维·哈维认为，在历史的长河中，人类所积累下来的文化是最容易形成垄断地租的，这是一种集体符号资本的力量，是其彰显特殊性的力量，也是吸引资金流入的重要力量。[2]以欧洲城市巴塞罗那为例，1992年巴塞罗那举办奥运会，为了使运动场馆周边的设施能够与奥运相匹配，政府对城市进行了大规模改造，因此奥运场馆以及周边设施成为巴塞罗那非常凸显的文化特色，这一文化资源也使得巴塞罗那快速步入国际化。为了使巴塞罗那的城市建设能够满足城市全球化经济发展的需要，政府采取了拓宽道路、搬迁原有居民等一系列手段，由此带来的后果是纯粹商业化行为淡化了原有的独有文化标志，城市原有的地方特色被覆盖，原有居民的城市生活被政府强行改变。在这一过程中，新的城市垄断地租形成，城市共享资源落入资本家手中，成为其盈利的工具。为了不使这种文化资源引起原有居民的反对，只能将他们隔离在这种垄断地租文化之外。由此戴维·哈维提出了自己的困惑：为何这种集体符号的垄断地租要成为少数权势资本家玩弄的对象而将社会大众群体排除在外呢？这种城市中的矛盾可能会引起新的政治斗争。

四、为拥有城市权利到城市革命

（一）传统马克思主义理论的困境

戴维·哈维将视野扩展到全球范围，通过世界各地如德国、法国、美国等

---

〔1〕［美］戴维·哈维：《叛逆的城市：从城市权利到城市革命》，叶齐茂、倪晓辉译，商务印书馆2014年版，第101页。

〔2〕［美］戴维·哈维：《叛逆的城市：从城市权利到城市革命》，叶齐茂、倪晓辉译，商务印书馆2014年版，第104页。

资本主义国家的城市运动看到了城市革命的巨大潜力，在城市之中存在着巨大的可以被开发的政治资源。在对城市运动寻求理论基础时，戴维·哈维参考并批判了城市运动左翼分子的观念。传统左翼常从工人利益角度看待他们的斗争，由于其政治性和战术性先入为主的假定使他们对城市运动产生了错误的认识，低估并且误解了城市运动的效用。这将导致这样一种结果，即人们将城市运动和无产阶级革命割裂开进行看待，即使人们有时会将城市运动考虑在无产阶级革命之中，也仅仅是后者的一种运动形式而已。

马克思主义经典理论认为，反资本主义斗争就是要解除资本家与劳动者之间的阶级关系，消除所有与这种关系相关的事物。然而，在反资本主义运动中最大的困难是目前并没有一种能够完全替代现行资本主义价值体系运作的模式。戴维·哈维认为其原因主要是在资本主义经济体制的大环境下，创立一种完全脱离资本主义价值规律而独立运行的模式会非常困难。因为一种价值运行模式是复杂的、完整的，需要各方面相互配合，如果脱离这种体系，那么新的价值体系运行模式面对社会及自然灾害的抵抗能力会大大下降，而如果不脱离这种资产阶级性质的运行模式，那么由工人阶级管理负责的企业要想在资本主义的国际环境下生存下去也要受到资本主义企业的竞争和价值规律约束，这将导致劳动者领导下的企业与资本主义性质的企业产生趋同。[1]如何能够将新旧两种价值规律结合，并还能够达到使劳动者们集体民主地进行管理的目的，是左翼未解决的问题。

（二）城市革命理论的构建

戴维·哈维试图构建出一种新的城市无产阶级，进而从理论上取代原有的工厂无产阶级。他认为，传统左翼对于工人运动的视角仅仅局限于工厂和车间，这种视野的局限性阻碍了其理论的发展。[2]戴维·哈维扩展了他的理论视野，将城市视为类似于工厂的生产单位。他认为，资本主义下的剥削和被剥削的关系不是仅仅存在于工厂之中，而是充斥于整个城市空间中，城市本身就是无数劳动者生产和创造的劳动场所，也是他们劳动的产物，无数劳动者为了城市建设日夜奔波，生产剩余价值。因此，城市不再是一种中立的空间，而是充满着阶级特征，所有为了城市发展而付出汗水的无产劳动者都是可以结合起来

---

〔1〕［美］戴维·哈维：《叛逆的城市：从城市权利到城市革命》，叶齐茂、倪晓辉译，商务印书馆 2014 年版，第 124 页。

〔2〕［美］戴维·哈维：《叛逆的城市：从城市权利到城市革命》，叶齐茂、倪晓辉译，商务印书馆 2014 年版，第 130 页。

的力量。[1]这为城市运动提供了理论意义和现实意义上的基础。

城市运动的客观条件已经基本具备，那么如何组织一种城市团体以组织和引导城市运动以及这种团体需要具备何种条件就成为理论构建中新的问题。戴维·哈维认为我们可以从电影《社会中坚》（*Salt of the Earth*）中寻找到一些可以借鉴的内容。他认为，城市中运动团体的组织与工厂中的运动组织相比具有更大的难度。在城市中由于人数众多，工作、性别、年龄等差异会对运动团体达成统一的价值目标产生一定的阻碍。由此他认为，运动团体所应具有的第一个要求是团体内成员要有平等的权利和广泛的问题意识，保证不同职业、年龄的人的话语权，实现价值观念的大融合。随后，他论述了弗莱彻和伽帕斯尼关于组织劳工的方式，即如果斗争的场所不限于工厂等劳动场所，那么对于工会的组织也不应局限于劳动场所，而是要从城市的范围内对运动团体的组织进行规划安排。[2]弗莱彻和伽帕斯尼虽然提出了设立劳动者组织的一些建议，但是并未提出革命后如何组织城市的方法，这主要是因为这一问题尚未得到人们的关注，并且也没有一个能够供我们参考的先例，因此这一问题也成为理论上的一大难题。戴维·哈维认为，考察城市政治革命的个例是我们所能采取的较好的方式之一，通过对个别案件的总结我们可能得出比较有效的普遍原理。[3]戴维·哈维选取了玻利维亚的城市运动案例，并期望能够从该城市运动中获取一些有价值的理论。

1999年，美国巨头企业柏克德公司与玻利维亚政府签订协议，在该国第三大城市科恰班巴实施供水系统私有化，水费因此激增35%至50%，平均月收入只有100美元的人们每月仅支付的水费就不低于20美元，由此在2000年初，居民走上街头进行抗议并要求柏克德公司搬离玻利维亚，这场运动随后被称为"水战"。这场运动遭到了警察的暴力镇压，导致6人死亡，170余人受伤。科恰班巴的城市运动得到了国内其他城市的呼应，也在世界范围内引起了震动，其结果是柏克德被迫从玻利维亚撤离。随后，运动进一步发展，总统桑切斯·德洛萨达及其继任总统埃沃·梅萨分别于2003年和2005年辞职。杰弗里·韦

---

〔1〕 ［美］戴维·哈维：《叛逆的城市：从城市权利到城市革命》，叶齐茂、倪晓辉译，商务印书馆2014年版，第130-132页。

〔2〕 Bill Fletecher, Fernando Gapasin, *Solidarity Divided: The Crisis in Organized Labor and a New Path Toward Social Justice*, University of California Press, 2008, p. 174.

〔3〕 ［美］戴维·哈维：《叛逆的城市：从城市权利到城市革命》，叶齐茂、倪晓辉译，商务印书馆2014年版，第103页。

伯认为，此次运动之所以成功是因为采取了集会的方式和自上而下的民主大动员。戴维·哈维认为，杰弗里·韦伯的研究忽视了空间和场地对活动的重要性，因此他将视角转向了莱利斯·吉尔和希安·拉扎尔的研究。莱利斯·吉尔和希安·拉扎尔的研究着重于玻利维亚的另外一座城市奥尔托，这座移民城市的主要人口构成是失去土地的农民、改行的产业工人和低收入难民。随着20世纪80年代以来国家行政管理和社会服务供应的取消以及矿厂的关闭，劳动者的生存成为一大难题，传统的工会也显然无法满足人口众多、身份复杂及经历不同的复杂的新团体。因此，在这种社会背景下出现了新型的工会体制，这种体制以地区为基础形成联盟和组织，这种组织具有地区性和层次性的特点，成为玻利维亚城市运动力量的源泉之一。希安·拉扎尔认为，奥尔托的这种劳动者团体组织沿三条主线展开：第一条是组织了街区协会，这是一个地方组织，提供集体的地方物品及协调居民的日常冲突；第二条是组织多种群体的行业部门协会，其目的依旧是解决冲突；第三条是传统的工会。这些不同的组织形式通过工会主义、民粹主义及土著民主价值及实践等政治传统的融合从而实现文化的融合，这种融合也使得奥尔托摆脱了其在国家层面的政治边缘化。[1]

戴维·哈维认为，希安·拉扎尔的分析为构建一座反资本主义的城市提供了可能性。虽然上述奥尔托的城市运动结果是诸多偶然因素一起作用的结果，但是我们可以按照这种因素有意识地建设出这种城市。[2]在城市运动中，我们要尽可能地把进步力量解放出来，实现多团体的高度统一，这样的运动才能够在资本主义城市的废墟上集体地建设社会主义城市，打开一条没有阶级统治和商品市场制约的人类普遍繁荣的道路，让人们感到真正的自由。[3]

五、对戴维·哈维城市理论的反思

戴维·哈维《叛逆的城市：从城市权利到城市革命》一书是把城市权利从理论层面引入实践层面的一次大胆尝试。在这本书中，他对城市权利的现实需求及如何获得城市权利等问题进行了梳理，有着清晰的理论脉络。他在文中深刻剖析了资本主义国家城市发展的弊端，认为空间不再是一种中立的存在，而是存在着阶级属性。在资本主义国家中，资产阶级掌握城市的话语权，城市的

---

〔1〕 Lazar, El Alto, *Rebel City*, Duke University Press, 2008, p. 181, 258.

〔2〕 [美] 戴维·哈维：《叛逆的城市：从城市权利到城市革命》，叶齐茂、倪晓辉译，商务印书馆2014年版，第153页。

〔3〕 [美] 戴维·哈维：《叛逆的城市：从城市权利到城市革命》，叶齐茂、倪晓辉译，商务印书馆2014年版，第156-157页。

发展也必然是资产阶级意志的体现。因此，资产阶级为了获取更大的利益，以一种功利性的目的利用城市共享资源去改造城市，这引发了城市中阶级矛盾的激化，也为城市革命提供了现实的可能性。然而，关于城市革命由谁领导、如何领导、领导团体的组织形式及未来城市发展的方向等具体理论尚未成熟，文中也只是以玻利维亚的城市革命为例进行的由实践到理论构建的一次尝试，这种理论的构建方法能否普适尚未进行严格辩证地分析，如果要想使理论走向成熟，还需要我们进一步地对理论进行补充完善并通过实践进行检验。戴维·哈维对城市发展的理论分析使我们认识到城市的发展并非我们想象中的那么机械，更绝非钢筋水泥的简单相加，要想建立起并发展好一座城市，就要正确处理好城市中各种复杂的问题，这也给我国的城市化发展具有一定的借鉴意义，其中归根结底最重要的问题就是城市的主人究竟是谁？很显然，城市应属于所有为城市发展作出贡献的人，资本主义国家的主要问题就是没有正确认识到这一点。对于我国的城市发展而言，要正确认识到城市并不只是属于某部分人，在进行城市问题的相关决策时应强化公众的话语权，多倾听大众的声音，保证城市资源的合理配置，以实现空间正义的目标，努力做到大众劳动为城市，城市发展为大众，只有这样，才能保证城市的健康长久稳定发展。

第二部分

法律史学

舆情惯习到"物权法定"

——多层土地权利近代转型研究

杨　潇*

【摘　要】传统土地分割权虽在一定程度上受传统法律影响，但其离不开亲族近邻等血缘、地缘的本土习俗的作用，传统习惯根深蒂固，一直存留于传统与近代，未曾消减。民国时期，立法者在西方法律模式的影响下坚持"物权法定""一物一权"的法律原则，法律专家致力于改造深受习惯影响的传统土地权利，而改造的方式即不认可部分习惯的天然效力。其制定的土地分割法制高挂于空中楼阁，并未在实际中产生很好的效果。在传统交易习惯与国家法律的交织冲突中，财产权利确认的法律表述与"一田二主"权利的事实状态出现理论与实践的差异，这种偏差与法学专家的个人素养、立法与司法价值的主观取向有关，也与客观复杂的社会现实密切相关。

【关键词】近代；土地分割权；法律文本；本土习惯；司法实践

一、引言

"一田二（多）主"是传统时期的地权习惯。近代以来，国家日益关注多层土地权利的价值，并将其纳入法律规范之内，投身于司法实践。历史学、经济学、社会学以及法学学者多有研究。戴建国指出，在经济、文化等多种习惯的影响下，权利不断分化，宋代形成多层土地权利并存的结构。[1]日本学者仁

---

* 杨潇，中国政法大学 2020 级法律史专业博士。

[1]　戴建国："宋代的民田典卖与'一田两主制'"，载《历史研究》2011 年第 6 期。

井田陞则认为明清时期土地权利的分化依靠传统社会的伦理习俗，不易被外界改变。[1]陈云朝认为传统的"一田二主"习惯是经过反复实践形成的社会规则，难以凭借国家权力及法律制度强行删改。[2]此外，陈云朝另一篇关于民国歙县"一田二主"习惯的文章研究了民国法律对于土地分割权及本土习惯的改造与嬗变。同类论文仍不在少数。[3]除上述专著论文之外，仍有学者研究传统至近代时期的土地分割权，但也仅局限于个别地域，少有普适性意义。[4]

综上所述，现有学术成果绝大多数不以多层土地分割制度为专门性的研究鹄的，而往往仅将其作为宏阔论题或特殊区域视野中一个侧面，着墨有限，未有详细深入的阐释。此外，历史是一脉相承的。传统与近代之间有着千丝万缕的联系。学者多关注传统与近代两个时间节点的土地契约制度，却较少对比传统至近代过渡阶段土地制度的传承与变迁，即使有个别学者研究清至民国时期的土地契约制度，也多注重个别省域的特殊性，视域受限较多，不能更好地把握整体的、宏观的脉络结构。因此，欲更深入地了解近代土地契约制度的源流变化与历史特点，尚需进一步探索分析。

二、土地分割权的基本结构与特征

历史上的土地财产分割权随时随地都在发生变化，财产权能的分化是一个动态平衡的过程，首先，土地分割权是逐渐发展形成的，其产生与存在有稳固的社会基础。在社会、文化、经济等多种惯习的影响下，传统财产权利不断分裂，形成多层土地权利并存的结构，最典型的就是"一田二（多）主"格局。传统的全业主迫于经济与统治的双重压力，在社会实际中主动出让田底或田面，以至于佃户有机会最终排除原业主的管业，土地直接形成财产权的分化。[5]

---

〔1〕 ［日］仁井田陞：《明清时代的一田两主习惯及其成立》，载刘俊文主编：《日本学者研究中国史论著选译》（第8卷），中华书局1992年版，第459-460页。

〔2〕 陈云朝："论清代徽州官府对'一田两主'习惯的禁革——以官府'告示'为中心"，载《安徽大学学报》2018年第1期。

〔3〕 陈云朝："民法典编纂视野下的民事习惯——以民国歙县的'一田两主'习惯为中心"，载《华中科技大学学报》2018年第5期；陈云朝："论南京国民政府时期的土地所有权"，载《中北大学学报》2014年第4期；童光政："'一田两主'的地权结构分析及其改造利用"，载《北方法学》2007年第2期。

〔4〕 吴秉坤："清代至民国时期徽州田面赤契现象探析——兼与黄宗智先生商榷"，载《黄山学院学报》2009年第2期。

〔5〕 樊勇："近代地权的分化"，载《法律和社会科学》2018年第1期。

例如明万历初年，徽州歙县某姓公堂记载着能够证明族田地权最早产生分离的事实。公堂有 27 宗田地，其中 4 宗记载不明，其余 23 宗中，双层地权产生分离的宗数占总宗数的 85.2%。[1]而地权分化"更多依靠传统社会的伦理习俗。在长期耕作的情况下，'一田二主'是与先辈的血汗和家族的血缘紧密联系的，具有某种天然特质"。[2]因此，在民间自发的习惯影响之下，权利结构的多层化趋势是不可避免的。

其次，土地财产分割权天然而生，与家族亲缘紧密联系。它的发展历程虽然曲折，但总体呈现延续性特点。这样一些灵活的土地利用方式，虽然存在地区差异，但在不同地区有着普遍性的"共识"，其能够形成一种以市场交易为内容的社会经济生活。[3]费孝通先生认为，田底权可以自由买卖，甚至能够在市场正常交易。[4]田底主和佃户分别因生活负担而将他们的土地权利部分出让，"一田二主"现象就此出现。这种惯习影响着"自由流通且可协商的民间财产概念"。[5]土地契约的不断发展使乡土社会催生出一系列不同样态的土地权利。[6]

再次，此种土地习惯分布广泛，具有普遍性。明中叶至清末，"一田二主"盛行于江苏、江西、福建、安徽、广东以及浙江等地区，但这绝不仅仅是明清以来南方独有的特色。实际上，"一田二主"广泛分布于清代各省。[7]据《周庄镇志》所述，佃农的田土十有八九都是由租赁佃取而来的，这个地区的租田分为田底和田面两种类型，并分别归田主和佃农所有，他们各自掌握完整土地一半的权利，田主也不会过多干涉田农的相关事项。[8]这种权利的分化是田底主与田面主在长期矛盾冲突中围绕利益纠纷和权利归属达成的共识，土地规则形成后便具有稳定性和延续性，很难依官方法律的意志改变。[9]

最后，土地财产分割权受到官方法律的限制。尽管《大清律例》没有特别

〔1〕 章有义：《明清徽州土地关系研究》，中国社会科学出版社 1984 年版，第 33-34 页。
〔2〕 曹树基、刘诗古：《传统中国地权结构及其演变》，上海交通大学出版社 2014 年版，第 58 页。
〔3〕 梁治平：《清代习惯法》，广西师范大学出版社 2015 年版，第 175-176 页。
〔4〕 费孝通：《江村经济》，戴可景译，北京大学出版社 2012 年版，第 168 页。
〔5〕 ［美］梅利莎·麦柯丽：《社会权力与法律文化：中华帝国晚期的讼师》，明辉译，北京大学出版社 2012 年版，第 230-235 页。
〔6〕 参见汪洋："明清时期地权秩序的构造及其启示"，载《法学研究》2017 年第 5 期。
〔7〕 杨国桢：《明清土地契约文书研究》，中国人民大学出版社 2009 年版，第 94-95 页。
〔8〕 梁治平：《清代习惯法》，广西师范大学出版社 2015 年版，第 354 页。
〔9〕 赖骏楠："清代民间地权习惯与基层财税困局——以闽台地区一田多主制为例"，载《法学家》2019 年第 2 期。

关注"一田二主"现象，但是雍正乾隆年间，地方官府曾一度颁布禁令以整顿"一田二主"习惯。比如《福建省例》就严格规范"一田二主"权利，省例坚决禁止随意买卖田骨或田皮，并指令田底与田面须一同出售，如此订立的契约才被视为合法。[1]但是，即便遭到官方立法的严厉打压，受民间习惯影响的土地分割权利依旧流行于各地区，其有历史存在的合理性。[2]比如清朝末年，福建闽清县仍存留本土习惯，闽清之田多分为田根和田面两种田土。该块田亩如果归一主所有，契约书必须详尽载明，并记录根面的归属状态。若归两主所有，则面主应该向官府缴纳粮税，完成自由交割，最终两主才取得各自的所有权，并互不干涉。这是难依法律规定改变的客观事实。

三、近代多层土地权"物权法定"的法律表述

近代以来，民国政府严格修订相关法律，规定物权种类及效力，并承认以完全支配为内容的所有权，因此，法律不允许实践中存在双层甚至多层分割土地权利的事实。只有遵守"一物一权"规则，土地契约才会被官方法律所承认。[3]远在清朝时期，官吏将"一田二主"的习惯视为农地治理结构的障碍，其对国家田赋会造成威胁。[4]清末以来的法制近代化过程中，随着"物权法定原则"的出现，近代国家尝试将财产权的变动予以公示，且以民法典的形式创设新种类的物权。[5]如一物两典或重复买卖的情况下，土地仍然归于使物权发生变动的权利人，但并非因为重复买卖会引起纠纷、扰乱专制经济秩序，而是物权变动由一交易行为引起，另一法律行为只能被视为是债之关系的存续，即"物权优于债权"。换言之，相对于传统土地法律，近代变化的并不只是具体的法律规定，更多的是法学理论与价值观念。

1921年上字704号司法判例认为："卖主就同一标的物，为二重买卖。根据买卖的时间顺序确定二重买卖的物权与债权关系，并产生相应的赔偿事由。"[6]

---

〔1〕《福建省例》"田宅例"，大通书局1987年版，第443-445页。

〔2〕童光政："'一田两主'的地权结构分析及其改造利用"，载《北方法学》2007年第2期。

〔3〕此结论是笔者根据阅读的各类契约文本得出的。其中，但凡是"一田二主"或"一田多主"的契约文书，均为白契，即未被国家法律所认可，红契中均符合"一物一权"原则。例如《田藏契约文书粹编》，中华书局2001年版；《中国徽州文书》，清华大学出版社2010年版以及《清至民国婺源县村落契约文书辑录》，商务印书馆2014年版等。

〔4〕［美］黄宗智：《法典、习俗与司法实践：清代与民国的比较》，上海书店出版社2007年版，第86页。

〔5〕参见王利明：《物权法论》，中国政法大学出版社1998年版，第409页。

〔6〕郭卫：《大理院判决例全书》，中国政法大学出版社2013年版，第335页。

又如,"物权转移,以立契为成立要件,倘原所有人有重复典卖情事,则后典后买之人,即使确系善意,亦只能向原所有人请求价金,及赔偿因此所生之损害,而不能取得典权或所有权"。[1]综上所述,民国官方法律制度对"一田二主"权利的设定较为消极懈怠。

体现在土地契约中,这种倾向是很明显的,诸如清咸丰二年(1852)安厚基卖地连三契[2]等明确唯一物权的交易,官方才予以认可并追认。在南方地区,大多契约的签订均是围绕"田皮田骨"的买卖交易,比如民国婺源的土地买卖契约中,买卖田皮田骨的交易文书有近 400 份,但是官方却并未承认这些多重土地买卖中白契的效力。[3]当然,我们无法判定是否所有的土地买卖契约都是如此,但可以确定的是,民国法律并未完全接纳"一田二主"的民间习惯。

民国法律根据西方市场理论和权利架构,对传统财产法律原则进行转化。编入法律法规中的典型案例也是如此宣扬的。1938 年第 820 号的国家司法判例则明确排斥"一田二主"的土地买卖习惯,并否认多层土地权利的存在。[4]民国法律为快速实现财产法律近代化,阐释近代民法原理、使用近代法律概念,将传统法律逐渐引入近代化的轨道,重新确立近代意义的财产制度。

四、法律表述"物权法定"与土地实际状态的差异

民国坚持"物权法定"的法律原则,对于土地权利的种类及行使方式等多有规定,比如禁止民间出现"一田二主"的情况。再加上田赋缺省的压力,一田二主、田皮买卖容易导致政府税粮亏空,故确保税费征收,便成为立法的目标。[5]即便如此,土地分割权利的法律规定无论在民间社会还是司法实践中均呈现出另外一番景象。

(一)双层土地权利习惯的普遍适用

民国时期的民间社会中仍有部分"田皮田骨"买卖行为,如福建南平。南平"习惯于同一土地上得有两个所有权,其中,一层权利被称作苗田所有权,

---

[1] 郭卫:《大理院判决例全书》,中国政法大学出版社 2013 年版,第 335 页。

[2] 田涛等主编:《田藏契约文书粹编》(一),中华书局 2001 年版,第 65 页。

[3] 黄志繁、邵鸿等:《清至民国婺源县村落契约文书辑录》,商务印书馆 2014 年版,第 9-8609 页。

[4] 参见吴经熊编:《中华民国六法判解理由汇编》,郭卫增订,会文堂新记书局 1947 年版,第二册(全部六册),第 19-20 页。

[5] [日]仁井田陞:《明清时代的一田两主习惯及其成立》,载刘俊文主编:《日本学者研究中国史论著选译》(第 8 卷),中华书局 1992 年版,第 433 页。

另一层权利则被称作税田权利（也称骨田、皮田）。此两个所有权可以单独买卖、让与、继续"。从各类土地交易契约中看出，这种情况一直持续到民国后期，从未间断过。[1]

又如江苏省各县所示，江苏省各地买卖田产，大都分为田底田面，并以此划分业主和佃户的权限。[2]江苏省政府相关文件中提到，本省诸多县城相沿旧习，将地亩分为田底和田面二种，田面的价格因俗而定，且普遍高于田底权。这代表着田面主须承担更重的责任。黄宗智发现，20世纪初，个别省域的"田地权市场实现了自由竞争。田地权几乎可以像股票和债券一样买卖，拥有田底、田面权的人和实际创造土地收益的人完全无关"。[3]不仅南方地区有此传统，北方边远地区也同样存在上述习俗，绥边地区出现蒙汉随意处分、划分土地权利的现象，他们同样将一块土地分为多层，将一类权利区别为多种，且田底主与田面主不得随意互相干预。

费孝通先生也认为，"根据当地土地的相关理论，土地被划分为田底和田面两层。田底权即持有土地所有权。政府登记田底主的姓名并令其缴纳税费。但他可能无法直接利用土地耕种获得收益。将田面与田底全部占有的人才为完全所有者"。[4]这些观点侧面说明登记者未必拥有完整的物权，田面权更容易被基层实践所忽略，事实上它可能普遍存在。

（二）基层司法机构的妥协让步

司法实践中，清代以来我国台湾地区的淡新档案显示，基层官府完全承认"一田二主"的事实，并对习惯性利益予以保护。基层社会不仅不予打压，由"一田二主"的财产习惯导致诉讼时，仍承认买卖方之间的财产契约有效。[5]而立法一直以来致力于禁止田皮买卖、否认多层土地权利习惯的改革，最终也仅仅停留在纸面中的反复重申而已，基层地区收效甚微。[6]又如歙县法院严格

---

[1] 比如江西宁都县报告指出："田分皮、骨两业为赣省最大之习惯。"参见施沛生编：《中国民事习惯大全》第二编"物权"第三类"不动产之权限"，上海书店出版社2002年版，第28-29页。

[2] 施沛生：《中国民事习惯大全》第二编"物权"第三类"不动产之权限"，上海书店出版社2002年版，第28页。

[3] 黄宗智：《长江三角洲的小农家庭和乡村发展》，中华书局1992年版，第110页。

[4] 费孝通：《江村经济》，商务印书馆2002年版，第156页。

[5] 赖骏楠："清代民间地权习惯与基层财税困局——以闽台地区一田多主制为例"，载《法学家》2019年第2期。

[6] [日]仁井田陞："明清时代的一田两主习惯及其成立"，载刘俊文主编：《日本学者研究中国史论著选译》（第8卷），中华书局1992年版，第459-460页。

否认"一田二主"习惯的效力,制度偏离了保护农民利益的立法初衷,最终引起土地权利人的强烈反抗。因此,1932 年,当地迫于舆论压力终于作出让步,即遵循固有习惯,允许田面权的存在。[1]

1940 年,宁化县伍某向张某出卖田地五亩,但是黄某在买卖之前取得权利,一直耕作出力。两年后,张某欲收回土地自行耕种,黄某却以持有田皮权为由拒绝归还,由此引起纠纷,张某呈请县司法处调解。[2]首先,其第一次向司法处投递诉状时,法官却并未因"一田二主"习惯被禁止而高度重视,审判人员直接驳回诉状。其再次状告原业主伍某,诉由为原业主既已"出卖该田皮骨",却未于买卖前向其说明。审判官讯问双方后认为伍某并不知情,确认黄某的田皮权,也判定黄某可以继续耕种,伍某卖田时确不知情,并未欺诈,因此,最终以伍某赔偿张某十五元讼费结案。[3]司法官员以"调解"的形式间接承认并保护田皮权,司法处也未按照官方土地法规定判决案件。

试再举一例江苏吴县土地纠纷案件。原告范长金之子擅自代理其将"田面"二亩卖给被告金根大,范长金试图将田面收回,吴县法院经审查物证之后发现,绝卖土契上存在画押凭证,遂最终驳回原告的诉求。[4]这一判决也可说明基层法院认可田面买卖的合法性,并且仍将民间契约作为判决案件的关键证物。判案期间,并未提及所谓"登记"证明等土地权利文件,可见民间习惯具有顽强的生命力,使基层法院一再对其作出让步。除此之外,启东地政部门将田面权、田底权均视为所有权的一部分,从而主张将两者合并登记为所有权。地方地政部门的做法也可体现基层社会对于"一田二主"的态度,"一物一权"的西方法律原则并未被严格遵守。

近代民法重塑契约规范,难免会增强或弱化部分同类群体的利益诉求。重要的是,当法律削弱部分价值取向时,它早已忘记最初的合理性是何者。[5]单纯依靠西方民法框架的实际效果并不理想。"法律缺乏鲜活的个体共鸣与意识情

---

〔1〕 陈云朝:"民法典编纂视野下的民事习惯——以民国歙县的'一田两主'习惯为中心",载《华中科技大学学报》2018 年第 5 期。

〔2〕 《田皮调解——黄启高》宁化县档案馆藏 1942 年版,编号 106-2-874,转引自张少筠、慈鸿飞:"南京国民政府时期福建的永佃纠纷及其解决",载《中国经济史研究》2011 年第 1 期。

〔3〕 《田租——伍国铨》,宁化县档案馆藏 1942 年版,编号 106-2-899,转引自张少筠、慈鸿飞:"南京国民政府时期福建的永佃纠纷及其解决",载《中国经济史研究》2011 年第 1 期。

〔4〕 江苏省高级人民法院编:《民国时期江苏高等法院(审判厅)裁判文书实录(民事卷)》(第一册),法律出版社 2013 年版,第 351 页。

〔5〕 陈云朝:"民法典编纂视野下的民事习惯——以民国歙县的'一田两主'习惯为中心",载《华中科技大学学报》2018 年第 5 期。

感，必然不可能在短期内为舆情民俗所吸收与采纳。源远流长的本土习惯与植入骨血的行为方式仍被民众信仰、遵守。纵使法律抵触某些习惯而致其无效，但惯习准则依然是民间乐于传承的文化传统。"

五、法律表述与土地状态存在差异的原因分析

（一）传统习惯与近代观念的割裂

近代以来，很多人认为只要引进西方法制和法律观念，强迫人民接受，就可以改造本土习惯，重塑近代中国法制。一些立法者囿于意识观念影响，并未借鉴吸收历史的惨痛教训，以突破固化僵硬的思维范式。

此外，所谓"政法精英们"对我国传统习惯的态度也需引起重视。比如民国初年担任过总检署署长的罗文干就曾说，"中国习惯多属恶劣"。《土地法》的制定者胡汉民也曾说，"我国的本土习惯好的少，坏的多"。所以，"一田二主"导致的双层甚至多层"物权"，明显与德、日、法等国民法所有权理论及立法迥然不同，对它进行改造，在他们看来，是顺理成章之事。这种观念一直延续到民国时期，传统习惯与近代观念产生较大差异，甚至在某种程度上二者呈现出割裂的状态。

（二）法学素养与实践经验的缺失

民国的立法成员不够专业。立法机构的工作人员教育程度参差不齐，有的留学国外，吸收西方法学理论，[1]有的涉猎政治与外交，并非专攻法律，编纂财产法时也未体现法学家的专业素养和严谨求真的工作态度。临时政府时期，法学领域更以理论分析为主，这一时期财产法制的研究成果在数量上明显不足，深度上尚嫌肤浅，讨论还非常不充分，基本是对西方法学理论之介绍与抄搬。即使是许多中国法律学者号称追求民主，我们也往往看不到所谓的民主修养。[2]

清末时期，西方法律知识及文化刚刚传入中国，中国的法律家们自己对之还不甚了了，民事及土地法学研究基本空白，只能聘请外国法律家帮助起草民律草案。民国北京政府时期的法律人才与民法学研究虽有所进展，但仍明显不足。据统计，民国前十年间，有97人曾担任大理院院长及各庭推事，67人可查清履历。43人曾于日本留学学习政法学科，9人赴英美学习法律，仅有11人

---

〔1〕 参见李贵连：《近代中国的法制与法学》，北京大学出版社2002年版，第84页。

〔2〕 余英时：《文史传统与文化重建》，生活·读书·新知三联书店2004年版，第434页。

毕业于国内法律学堂，因此，司法工作人员多具有赴外国学习司法知识的经历。[1]南京政府时期虽然具有了相当一批法律家和学者，但这些人多为留洋归国人员，对西方法律知之较多，而对本国法律文化却缺乏认识，这样就很难将西方法律与中国现实结合起来。[2]

1928年11月，法律专家依据德国、英国等土地法草案，拟定《土地法原则草案》。他们将西方法律中最优秀、最先进的部分糅合整理，并最终制定我国的民法。但是这部民法并未过多吸纳本国固有的国情与民意，也相应忽略了中华传统习惯的价值与意义。[3]现代学者进一步指出，该民法典中仅有5%左右的内容是依据固有法指定的。就法律整体而言，其实质上是继受法的重塑与整合，法律专家多歪曲理解固有民俗，他们奇特的解构成为民国法律的重大内伤。[4]除此之外，民国时期法学专家杂糅国内外土地法，将其混合在一起，并编制成《土地法》，分成五编，主要内容为所有权（土地买卖）、土地税收、土地登记等基本制度，无一不来源于西方法律。[5]由于缺乏对于现实社会的关注，财产法制本身连接传统与近现代西方民事法律的功能并未完全凸显。因此法学家缺失相应的客观、中立的研究态度。

六、结语

本土财产习惯是特定社会阶段的法律文化现象，它不断随着经济社会发展而变迁，与相应的社会结构、观念及社会行为的变化互为因果。[6]这意味着本土资源就是传统国家的时代象征。试举一例民国时期安徽歙县的土地法律实践。在近代"一物一权"原则下，物权法律体系否定双层土地分割权。新的法律认为，除所有权人之外的其他主体无法被界定为土地所有者，他们仅可被视作用益物权的行为人。因此，在民国的法律实践中，官方坚持区分双层所有权，强制改造大买习惯以及小买习惯，削足适履、生搬硬套地弥合"一田二主"习惯

---

〔1〕 黄源盛："民初大理院（1912—1928）"，载《政大法律评论》1998年第60期。

〔2〕 杨士泰：《清末民国地权制度变迁研究》，中国社会科学出版社2010年版，第294页。

〔3〕 参见张生："民国民法的制定：从'会通中西'到'比较立法'"，载马小红、孙明春编：《民法典编纂的历史之维》，北京大学出版社2017年版，第90-94页。

〔4〕 张生："民国民法的制定：从'会通中西'到'比较立法'"，载马小红、孙明春编：《民法典编纂的历史之维》，北京大学出版社2017年版，第97页。

〔5〕 相关论述参见史尚宽：《土地法原论》，正中书局1975年版，第11页。

〔6〕 尹伊君：《社会变迁的法律解释》，商务印书馆2003年版，第233页。

与官方规则之间的差异。[1]此种规定在某种程度上扰乱了买卖双方依托于习惯之中的信赖利益与平衡原理。[2]

　　社会实践是复杂的，包含各种不可预设的情形。民国的法学研究者并未发挥自身在法学学术及本土立场的比较优势，也没有以当下社会问题为导向，充分发挥契约文书对于现今法学领域的指导功能。民国时期，平等、自由等权利意识如雨后春笋般接连出现，并为近代中国的意识群体所续接。[3]但事实却是，法律专家试图通过规范手段调整民间土地的利益关系。因此，近代兴盛的土地民俗调查也胎死腹中，未能起到实际效果。民国时期的土地财产立法从西方经验中提炼法律理论，无法解释也不能取代传统中国的文化诉求和思想观念。

　　此外，法律史更为重要的任务，便是了解一般民众在日常生活中的抉择和表述，于温情脉脉的人生历练中寻求现象背后的真谛。唯有如此，我们才可能无限接近历史真实，进而在特定的历史背景下对土地的状态和演变作出解释，这种对于现实的关切与对于人文社会的重视值得我们进一步关注。

----

〔1〕　陈云朝："民法典编纂视野下的民事习惯——以民国歙县的'一田两主'习惯为中心"，载《华中科技大学学报》2018年第5期。

〔2〕　陈云朝："民法典编纂视野下的民事习惯——以民国歙县的'一田两主'习惯为中心"，载《华中科技大学学报》2018年第5期。

〔3〕　参见赵明：《近代中国的自然权利观》，山东人民出版社2003年版，第183页。

唐以降 "迁徙" 演变刍论

王文箫*

【摘　要】 唐律遵古意 "和难" 而设 "杀人移乡" 之条。与流刑并不同源，但因刑罚方式均为发遣人犯，所以天然具有与流刑合并的倾向。唐代以降的漫长历史中，受到政治、经济等因素的影响，起源于 "和难" 的 "移乡" 条发生了颠覆性的变化，至元明转变为以维系地方秩序为主要目的的 "迁徙"。清代则运用修例的方法，通过改变 "迁徙" 的适用，使 "迁徙" 变为清代多民族国家刑罚体系中不可或缺的一环，体现了中国古代政治对法律的深刻影响。

【关键词】 和难；移乡；迁徙；多民族国家

唐代律中的 "杀人移乡" 条源于古之 "和难"，本义原为避免仇杀而设。但此条从设立之初，其适用对象便开始出现偏移，至元明脱胎而成 "迁徙" 刑。而清代从自身政治目的出发，巧妙地通过修例的方式，彻底改变了 "迁徙" 刑的实际内涵，将之变为掌控西南土司群体的法律手段，展现了清朝统治者法律工具主义的内在倾向。学界一般的看法认为，"迁徙" 为流刑之闰刑，自明以后，"迁徙" 刑更是多置而不用，成为具文。[1]这一观点存在两个方面的问题。第一，忽略了唐以降从 "移乡" 到 "迁徙" 之间的历史发展轨迹，即唐宋之 "移乡" 何以演变为元明之 "迁徙"？第二，忽略了清代对 "迁徙" 刑的创新性运作，即清代何以在传统 "迁徙" 刑的框架下通过修定例文和实际运作改变了 "迁徙" 的实际意涵？本文即试图针对以上两个问题作一些回应。

---

* 王文箫，中国政法大学 2020 级法律史专业博士。

〔1〕 王云红："清代流放刑罚概说"，载《刑法论丛》2008 年第 2 期。

一、唐宋"移乡"的设立与适用

唐代于正刑流刑以外，又设"杀人移乡"条，由于二者均以将犯人发遣作为刑罚手段，故二者在唐代多并称"流移"。《唐律疏议·贼盗》"诸杀人应死会赦免者，移乡千里外"，疏议曰："杀人应死，会赦免罪，而死家有期以上亲者，移乡千里外为户。其有特赦免死者，亦依会赦例移乡。"[1]沈家本《历代刑法考》按"后来迁徙之法本此"。[2]唐律的"移乡"，从立法意图来看，与流有所不同。其法源于《周礼·地官》中的"和难"之条"凡和难，父之仇，辟诸海外；兄弟之仇，辟诸千里之外；从父兄之仇，不同国"，汉郑玄释曰，"云'父之雠辟诸海外'已下，皆是杀人之贼，王法所当讨，即合杀之。但未杀之间，虽以会赦，犹当使离乡辟仇也。是以父之雠辟之"，[3]则此类条文在汉代时就可能已经入律。

"杀人移乡"条的适用原本仅限于"杀人会赦"者，但学者已经注意到，该条的适用在唐代已经发生扩大。李文益梳理唐代移乡制度后认为，唐代移乡刑主要适用于杀人会赦者，造畜蛊毒者的家口，具有潜在威胁的政治强敌，容许强盗明火执仗的邻保、里保、坊正、村正，建中年间的劫贼、十恶重罪、造伪者及逃户限期不归者，[4]据此可见移乡此条立法意图有三。一是承《周礼》和难之意，避免死者血亲进行复仇。二是降减死罪。此处诸杀人应死者，遇赦免死而移乡，其罪已赦，再加役是又加刑于无罪之人，但所犯杀人重罪又不能不稍以示惩，于是将犯人移乡千里，与秦代"赦罪人迁之南阳""赦罪人迁之穰"等例中，以迁赦罪的情形相似。三是承上古将罪人"隔离"之意，防止杀人者扰乱本地，将之迁至远乡。唐代的"移乡"同流刑一样，只定里数，而不规定具体的发遣地点，因此并不完全以一千里为限。唐代"流移"常并用，流地与移乡地在史料记载中亦常相混同。唐代的流地以岭南地、西南地为主。岭表、巂州、骥州、黔州等地多见于史料。玄宗之后，崖州、爱州等地也常见于记载。此外也有西北地，如西州、灵州等。因而移乡地亦多为遥远之地，后唐代诏敕赦罪，多见"流移人量移近处"[5]的规定，可见"移乡"在唐代为重

---

〔1〕 刘俊文点校：《唐律疏议》，法律出版社 1999 年版，第 370 页。

〔2〕 沈家本：《历代刑法考》，商务印书馆 2016 年版，第 234 页。

〔3〕 李学勤主编：《十三经注疏·周礼注疏》，北京大学出版社 1999 年版，第 358 页。

〔4〕 李文益："《天圣令·狱官令》研究的几个问题"，中国社会科学院研究生院 2012 年硕士学位论文。

〔5〕 李云龙："宋令与宋代司法制度考论"，中国政法大学 2018 年博士学位论文。

刑，是唐代流刑的补充，二者共同构成唐代迁徙刑的主体。[1]

五代之时，政局动荡，"移乡"之法随之发生变化。《宋史》言"太宗以国初诸方割据，沿五代之制，罪人率配隶西北边，多亡投塞外，诱羌为寇"。[2]五代均割据，流、移等不可能按唐律道里定发，因此此处罪人不仅指流刑人犯，还应包括犯移乡、配戍等罪者。后晋高祖天福六年（941年）八月制"其持杖行劫及杀人贼，并免罪移乡，配逐处军都收管"，[3]则此时"移乡"的适用已经进一步扩大，行劫及杀人贼也一并遇赦移乡。同时，此处的移乡者需"配军"，亦带有充军的含义。其移乡之地除"千里"之外，还有近处之军所。

北宋因唐律，正刑中有流刑，而移乡、徙等刑罚亦多见于史料。北宋继受唐与五代的法律变化，其"移乡"的适用不仅限于"杀人会赦"，北宋编配人犯会赦后也会移乡，也有犯其他罪名移乡者。结合史料，可见随着适用范围的扩大，宋代的"移乡"出现两层内涵。

第一是针对普通犯罪行为的惩罚，含罚罪的目的。此类犯人虽移乡，但不为军。哲宗元祐四年，两浙转运使叶温叟定三犯私酒者移乡，对地方造成极大困扰，地方官员"逢迎叶温叟意，应犯私酒，不分轻重，尽令移乡。至有绚嫌之人，多端架构，以斗升之酒，诬陷良民，迁徙失业，道路嗟怨"。[4]犯私酒是轻罪，史料中也并无"配""编"等字样。在此前的神宗朝，已经建立了移乡罪轻者遇赦放免制度。[5]

第二是针对重罪的赦免。这部分的犯人移乡之后不是作为百姓身份，需承担军务。仁宗明道二年（1033年）雷遂杀人一案，"该赦合移乡千里，不合刺配漳州牢城，诏改配潭州本城"，[6]徽宗宣和二年（1120年），中书省、尚书省言："勘会命官犯罪编配，遇赦应量移者，自来止是刑部以地（理）［里］、赦数量移近乡州军。"[7]如此，则北宋的移乡，罪轻者发其他州县为民，罪重者的发地与配流相似。除沙门岛外，根据籍贯，定发诸州为军。徽宗年间还完善了遇赦移乡犯人的具体办法。徽宗宣和二年（1120年）"诸命官犯罪编配、遇赦应量移者，以编配地里随所犯情理轻重，依移放格赦数纽计为分，元编配

---

〔1〕 李云龙："宋令与宋代司法制度考论"，中国政法大学 2018 年博士学位论文。
〔2〕 （元）脱脱等：《宋史·刑法志》，中华书局 1977 年版，第 5016 页。
〔3〕 （唐）薛居正等：《旧五代史》，中华书局 1964 年版，第 1052 页。
〔4〕 （宋）李焘：《续资治通鉴长编》，中华书局 1995 年版，第 10794 页。
〔5〕 李云龙：《宋令与宋代司法制度考论》，第 180 页。
〔6〕 刘琳等点校：《宋会要辑稿·刑法四》，上海古籍出版社 2014 年版，第 8485 页。
〔7〕 刘琳等点校：《宋会要辑稿·刑法四》，上海古籍出版社 2014 年版，第 8466 页。

地里外剩数不计。每赦量移一分。谓如合二赦放，元系三千里，以一千五百里为一分；合三赦放，以千里为一分之类。若所移地里内无州者，移以次近乡州徙之。元犯编配邻州或量移已至邻州，若遇赦未该放逐便，合量移者，即移近乡州。如不愿移者听，仍理为赦数。以上奏抄内拟定合移地里州军，并取到刑部状，称'所修条下别无未尽未便'，从之"。〔1〕又于徽宗宣和五年（1123年）定"杀人会赦应移乡者，如合给丁侍亲，许依法犯量移邻州"〔2〕，此数条表明，徽宗年间针对重罪人犯的遇赦移乡已经有成熟的赦免机制，但无论如何赦免，重罪遇赦的移乡人犯均需入军。

建炎南渡之后，移乡制度得以进一步发展完善。《庆元条法事类》中对"移乡"作出进一步的细化规定，"诸杀人应入不道若劫杀、谋杀已杀人，各罪至死者，虽会大赦得原，皆配二千里，杀人应移乡者，亦移乡""诸应移乡而又应配本州或邻州者，配五百里。即配应赎者，移乡如法"，〔3〕又定"诸应比罪者，移乡比徒一年"。〔4〕《庆元条法事类》实际上将犯重罪赦死移乡和普通移乡做了区别。犯重罪赦死移乡，用"配"字，犯人要承担军务，又在规定中将"移乡"等同"徒一年"，与编管同属轻刑，远不至于配军。这与唐代"移乡"作为流刑之补充的定位出现偏移。宋代实行折杖法，传统流刑存而不用，徒刑以上即为死刑，因此宋代的刺配刑实际上起到流刑减死一等的作用，这就压缩了"移乡"的法律适用空间。从前文的讨论来看，重罪移乡者，在实际执行的时候与宋代的编、配刑差异不大。而轻罪移乡者，其主要针对的是扰乱地方秩序方面的违法行为。再加上宋代人身依附关系的削弱，〔5〕以及对血亲复仇的宽宥态度，〔6〕宋代"移乡"条的核心思想已经从宽宥死刑、避免复仇转变为维系地方秩序。

二、元明"迁徙"对"移乡"的继承与变化

与宋对峙的辽金两朝法律中，已不见"移乡"条。而建立元朝的蒙古本为

---

〔1〕 刘琳等点校：《宋会要辑稿·刑法四》，上海古籍出版社2014年版，第8466页。

〔2〕 刘琳等点校：《宋会要辑稿·刑法四》，上海古籍出版社2014年版，第8467页。

〔3〕 （宋）谢深甫等：《庆元条法事类·刑狱门五·移乡》，杨一凡、田涛主编：《中国珍稀法律典籍续编》（第一册），黑龙江人民出版社2002年版，第776页。

〔4〕 （宋）谢深甫等：《庆元条法事类·刑狱门五·移乡》，杨一凡、田涛主编：《中国珍稀法律典籍续编》（第一册），黑龙江人民出版社2002年版，第777页。

〔5〕 李云龙："宋令与宋代司法制度考论"，中国政法大学2018年博士学位论文。

〔6〕 姜鹏："古代移乡避仇制度考论"，苏州大学2013年硕士学位论文。

游牧民族，逐水草而居，其传统习惯法中似乎并无发遣刑。成吉思汗建大蒙古国后立大扎撒作为蒙古帝国的根本之法。成吉思汗在立大札撒后曾定"我们的兀鲁黑中若有人违反已确立的扎撒，初次违反者，可口头教训；第二次违反者，可按必里克（成吉思汗的敕令）处罚；第三次违反者，即将他流放到巴勒真——古勒术儿的遥远地方去"。[1]但蒙语"兀鲁黑"一词指的是"家族、宗族、子孙"等意，[2]可见成吉思汗此语仅针对的是黄金家族，且该规定是否得到实施也未能找到实例。因此蒙古帝国早期应该没有严格意义的迁徙刑，更无"移乡"之条。至太宗六年（1234年）灭金之后，蒙古在金地的治理总体上"循用金律"，即金《泰和律》。但因金朝则除流之外无任何法定的迁徙刑，其民赦死之后不必迁徙。若平民犯死遇赦，直接降减为徒杖，若军职人犯死，赦后免军职而已，猛安谋克斗殴杀人遇赦免死，不过罢其世袭，[3]且此时刑制中有无流刑还存在争议。[4]因此，蒙古在汉地的治理中应该没有"移乡"条。忽必烈于至元八年改国号为"大元"之后，下诏停止使用金《泰和律》，流刑开始逐渐恢复使用，但"移乡"条则一直未能恢复。《元典章·刑部》迁徙条下载"旧例：杀人特与原免，不在移乡"。至元成宗大德七年（1303年），中书省呈定地方豪霸凶徒迁徙条，"地方豪霸交通官吏，扰乱地方，初犯于本罪上比常人加二等断罪，并以红土粉其房壁，标示过恶。再犯，断罪移徙。接连三犯，断罪移徙边远。如此，少革侵渔细民之弊。已经遍行合属去讫"，元朝才正式出现"迁徙"。后元廷多次通过诏令、札敕对"迁徙"进行补充。如仁宗皇庆元年（1312年）复定豪霸凶徒迁徙条、延祐四年（1317年）定凶恶之徒迁徙会赦不原条、[5]元文宗天历二年（1329年）又更定迁徙之法，[6]其法条日益完善。但元之"迁徙"与唐之"移乡"已经有所不同。《元典章·新集》"迁徙遇革

---

〔1〕 ［伊］拉施特：《史集》卷2，余大均、周建奇译，商务印书馆1983年版，第369-370页。

〔2〕 王伟萍："古代蒙古族交往伦理观研究"，内蒙古大学2015年硕士学位论文。

〔3〕 脱脱：《金史·章宗本纪三》，第253页。

〔4〕 曾代伟认为元代有流刑，只不过并未实际执行，而以其他形式的刑罚代替。白钢、徐昱春则认为蒙元初无法定的流刑，前者依据的是《至元杂令》，其规定蒙元有"笞罪"三等，"杖罪"三等，"徒罪"五等，"绞罪至死"四类型，并无流刑。后者则在前者的基础上援引至元二年至五年的三件案例，补充说明元初无流刑。

〔5〕 陈高华、张帆等点校：《元典章·刑部》，中华书局、天津古籍出版社2011年版，第1336-1337页。

〔6〕 沈家本：《历代刑法考》，商务印书馆2016年版，第234页。

不赦"条言，"今之迁徙，即古者移乡之法，给予流囚事例不同"，[1]认为元之"迁徙"即古之"移乡"。沈家本《历代刑法考》将唐之"移乡"及元文宗天历二年（1329年）更定迁徙事归入"迁徙"条下，也认为元之迁徙来自于唐之"移乡"。但从史料中看，元代的"迁徙"已无避仇之意，仅以维系地方秩序为主要意图。下举数例。

一是元成宗大德六年（1302年）十一月初十日，福建郑贵、郑子进同谋打死侄郑昭举，本该拟死，但漳州路误审，先将人犯杖一百零七下，又遇诏赦，于是将人犯郑贵等"照已拟迁徙，发去辽阳行省地面住坐，以警其余，使民畏惧鲜犯"。[2]

二是元仁宗延祐三年（1316年）定，造合成毒堪以害人，及传畜若行用而杀人，用谋教令者，拟合处死。同居家人虽不知情，迁徙边远。[3]

三是元仁宗延祐七年（1320年）二月，嘉兴贼人周大添在犯盗审断之后，又于白昼抢夺人麻皮，强剥人衣服钞物，复纠集他人偷盗他人桑叶，并殴伤事主，"前后十次，如此凶恶，累犯不悛"，最后"将本贼杖断一百七下，补刺，迁徙辽阳地面屯种相应"。[4]

四是元英宗至治元年（1321年），福建建安县土豪魏智夫及子魏畴，"倚恃富强，恣骋凶恶，故作非违，残害良善"，将魏子十夫妻二人吊缚拷打，致使二人俱成残废。于是将"魏畴移徙辽阳，庶禁奸恶之弊"。[5]

以上四例迁徙，一为杀人误判后又遇赦，一为合用毒药者的同居家人，一为贼盗危害地方屡犯不悛，一为地方豪强欺凌百姓。以赦免死罪和维系地方秩序为主要目的。元代豪强犯罪迁徙者，以红土粉涂其墙面，为元代之特色，后为明代继承。因此，元代的"迁徙"应是唐代适用范围扩大后"移乡"的发展延续。但前期元代的"迁徙"并未像唐移乡那样在律中有"千里"的道里限制，在具体实施的时候，迁徙多与流刑相混，二者均"南人发北，北人发南"。史料中言元代"先时有罪移乡者，北人则居广海，南人则居辽东"。上文所举

---

〔1〕 陈高华、张帆等点校：《元典章·新集·刑部》，中华书局、天津古籍出版社 2011 年版，第2252 页。

〔2〕 陈高华、张帆等点校：《元典章·刑部》，中华书局、天津古籍出版社 2011 年版，第 1398 页。

〔3〕 陈高华、张帆等点校：《元典章·刑部》，中华书局、天津古籍出版社 2011 年版，第 1425 页。

〔4〕 陈高华、张帆等点校：《元典章·新集·刑部》，中华书局、天津古籍出版社 2011 年版，第2182 页。

〔5〕 陈高华、张帆等点校：《元典章·新集·刑部》，中华书局、天津古籍出版社 2011 年版，第2208 页

的例子可以基本印证。可见元代迁徙实为重刑。唐宋两代均定造畜蛊毒者，同居家人虽不知情仍流三千里，但元代则定"迁徙边远"，可见元代的迁徙已实际与流三千里量刑相同。但二者毕竟刑名不同，同发遥远之地，律典难以明辨。后元惠宗元统元年（1333 年），中书左丞王结以"流囚尚止三千"，奏请更定迁徙法，"移乡者止千里外，改过听还其乡"，[1]迁徙者的发遣地才与流人有所区别，二者轻重亦有所和洽。

至明朝创设《大明律》，继承了五刑体制，但对体例刑名都作了调整。流刑定三等，又有其他的闰刑，"流有安置，有迁徙，有口外为民，其重者曰充军"。[2]《明史》言"迁徙去乡一千里，杖一百，准徒二年"，并定"徒流迁徙地方"条。明代的"迁徙"作为流刑的闰刑，虽仍然沿袭旧法，但与唐宋元相比，其出现以下三个新特点。

首先，适用范围缩小。唐代"移乡"，按照律文，原本仅适用于杀人会赦者，适用范围较小。但之后其适用范围逐渐扩大，几乎与流刑相同。但《大明律》之中却对迁徙的适用范围加以限定，仅有四条，[3]分别是：

吏律下"滥设官吏"条。内外衙门额外滥充吏典、知印、承差等职者，杖一百迁徙；罢闲官吏在外犯干预官事、把持官府、蠹政害民等事者，一犯杖八十，追银二十两，于门首书写过名，三年不犯，官为除去，再犯者加二等迁徙。

户律下"禁革主保里长"条。若地方有妄称主保、小里长、保长、主首登项名色，生事扰民者，杖一百，迁徙。

户律下"收粮违限"条。地方收粮违限一年之上不足者，人户、里长杖一百，迁徙。

刑律下"官吏受赃"条。说事过钱者，有禄人减受钱一等；无禄人，减二等，罪止杖一百，各迁徙。[4]

从以上法条的规定可以看出，明代的"迁徙"大部分以基层社会中的管理人员为主要惩治对象，且适用的罪名都较前代为轻。先前历朝中的如造私酒者、造毒者家人等均被从"迁徙"的适用中移除。其立意虽然仍然以维持地方秩序

---

〔1〕（明）宋濂等：《元史·王结传》，中华书局 1976 年版，第 4146 页。
〔2〕（清）张廷玉等：《明史·刑法志》，中华书局 1974 年版，第 2282 页。
〔3〕薛允升《唐明律合编》计三条，无"收粮违限"条。
〔4〕杨一凡点校：《皇明制书·大明律》，社会科学文献出版社 2013 年版，第 869 页、第 886 页、第 902 页、第 1006 页。

为主要目的，但适用范围却缩小了。其中有明律恢复部分唐律条文的原因。如造畜蛊毒罪，唐律规定同居家人虽不知情，里正、坊正、村正知而不纠者，均流三千里，[1]宋代因之，至元代则改为迁徙边远，明则复唐律流三千里的规定。这是对元代法典的更定厘清。

其次，不再表现和难避仇的立法意图。唐律的"移乡"，其立意仍在移乡避仇。宋代因袭唐律条文，但在具体适用中和难避仇的古意已经基本消失。元代虽然在解释法典时仍称迁徙为"古之移乡"，但同宋代一样，在具体适用中不再表现出和难避仇的立法原意，明代的"迁徙"则不仅未恢复唐之移乡条款，在适用中同样不见和难避仇的立法意图。

最后，具体执行出现变化。唐宋元的"移乡"和"迁徙"均予实发，宋元时发遣地甚至常常与军流之地相同。而明律虽定迁徙去乡一千里，但"徒流迁徙地方"条下并无具体发遣地。其在具体适用中均比流减半，准徒二年，[2]以劳役刑代替，并不实发。

综上，明代的"迁徙"虽然与唐代的"移乡"存在承继关系，但二者的适用范围、立法意图和执行方式等均有所不同。

三、清代"迁徙"刑的变革

至清代，"迁徙"再次发生变革。清代最初完全继承明律，但时过境迁，清时"收粮违限"条已因地方税收制度的变革成为具文。其余继承自明代的"迁徙"条文又因执行准徒二年的规定而并不实发。[3]但随着清廷于雍正年间对西南地区进行大规模的改土归流，久置不用的"迁徙"开始重新被清廷利用起来。

康熙晚期，清廷已在部分西南地区进行"改土归流"，主要是湘西地区。手段包括驻扎军队、建设学校、设立关卡等。如康熙四十三年（1704年）所设立的凤凰营。雍正四年（1726年），云贵总督鄂尔泰奏请于西南地区行改土归流，有步骤地取消西南非汉民族聚居地地土司制度，改为中央选派地流官。此次主要针对的是贵州、广西一带。雍正五年（1727年），清廷于"徒流迁徙地方"条下增修新例，乾隆五年（1740年）又对此例文进行删改。最终的条文为：

---

〔1〕 刘俊文点校：《唐律疏议》，中华书局1983年版，第365页。
〔2〕 沈家本：《历代刑法考》，商务印书馆2016年版，第234页。
〔3〕 王云红："清代流放刑罚概说"，载《刑法论丛》2008年第2期。

凡土蛮猓玀苗人仇杀劫掳及聚众捉人靴禁者，所犯系死罪，将本犯正法，一应家口、父母、兄弟、子侄，俱令迁徙。如系军流等罪，将本犯照例枷责，仍同家口、父母、兄弟、子侄一并迁徙。系流官所辖者，发六百里外之土司安插。系土司所辖者，发六百里外之营县安插。其凶恶未甚者，初犯照例枷责，姑免迁徙。若仍不改恶，将本人仍照原拟枷责，亲属家口亦迁徙别地安插。仍严饬文武官稽查约束，出具印结，并年貌清册，于年底报部。如安插十年后，果能改恶迁善，有情愿回籍者，查明咨报，准予回籍。若本犯并各家口，仍在安插地方行凶生事，照已徒已流而又犯罪律，再科后犯之罪。倘地方官不尽心约束，以致疏脱者，即将该管文武各官照例参处。其本犯审无别情，照例治以逃罪。如有生事不法情由，照平常遣犯逃后为匪例，分别治罪。至蛮撞头目犯法，必根究勾引之人，审明确实，照诱人犯法律加等治罪，遇赦不宥。失察勾引之地方官，交部议处。[1]

从此例开始，连续数例，均是针对西南民族而专设，所适用、调整之刑均为"迁徙"。西南诸民族于清朝刑罚体系之内，已不被施加以军流等发遣刑，而代之以迁徙。"迁徙"成为清政府对西南地区进行法律控制的工具。此后至乾隆年间，清廷又数次以"迁徙"为中心增补修例，如下：

（1）云南、贵州苗人犯该徒流军遣，仍照旧例枷责完结。其情节较重或再犯不悛，将本犯照例折枷后，仍同家口各就土流所辖，一并迁徙安插。至苗人中有剃发衣冠与民人无别者，犯罪到官悉照民例治罪。[2]

此例是根据乾隆二十七年（1762年）、乾隆二十九年（1764年）分经云贵总督吴达善和云南按察使条奏而设。此例是对上一例适用对象所做的进一步区分。经过长时间的开发，清时西南许多地方，当地民族与汉人杂处生活，在衣着、语言、习惯等方面已与汉人趋同。文献中有"生""熟"的区别。言生者还多保留自己本民族的语言、习俗等，与汉人接触较少，言熟者基本与汉人无异。雍正四年（1726年）上谕"熟苗熟猓，即可编入齐民。苟有实心，自有实效"，[3]同年七月又在西南地方议行保甲，"保甲之法，十户立一牌头。十牌立一甲长。十甲立一保正。其村落畸零。及熟苗熟猓。亦一体编排"，[4]苗、壮

---

〔1〕 马建石、杨育棠主编：《大清律例通考校注》，中国政法大学出版社1992年版，第310页。

〔2〕 胡星桥、邓又天主编：《读例存疑点注》，中国人民公安大学出版社1994年版，第99页。

〔3〕 （清）张廷玉等：《清世宗实录》卷43，雍正四年（1726年）四月甲申。

〔4〕 （清）张廷玉等：《清世宗实录》卷46，雍正四年（1726年）七月乙卯。

二族既然被视同其他民人一体管辖，则其法律适用也必然通适，因而设定此例。

（2）凡苗疆地方，如军流徒遣等内民人，有捏称土苗，希图折枷免徙者，事发之日，除按其本律治罪外，仍先于本地方枷号一个月，再行充发。其捏结之邻保人等，照证佐不言实情律，减囚罪二等科断。受贿重者计赃，以枉法论。如犯该斩绞者，亦令承审官于定案时，查取保邻切实甘结存案。如有捏结，亦照例分别治罪。其失察官员，俱视本犯之罪，分别察议。[1]

此例仍然是对第一条例文的补充，根据乾隆二十五年（1760 年）广西按察使申梦玺的条奏所定。因苗疆诸民族百姓有犯，只要非"仇杀劫掳及聚众捉人靴禁数项"，[2]都例得折枷，不需迁徙。西南多民族杂处，有犯军流徒遣的民人诈捏自己为土苗，希图折枷免徙，因设此例。

（3）凡土司有犯徒罪以下者，仍照例遵行外，其改土为流之土司，本犯系斩绞者，仍于各本省分别正法、监候。其家口应迁于远省者，系云南迁往江宁，系贵州迁往山东，系广西迁往山西，系湖南迁往陕西，系四川迁往浙江，在于各该省城安插。如犯军流罪者，其土司并家口应迁于近省安插，系云南、四川迁往江西，系贵州、广西迁往安庆，系湖南迁往河南，在于省城及驻扎提督地方分发安插。该地方文武各官不时稽查，毋许生事、扰民、出境。如疏纵土司本犯及疏脱家口者，交部分别议处。其犯应迁之土司及伊家口，该督抚确查人数多寡，每亲丁十口带奴婢四口。造具清册，一并移送安插之省，仍具册并取该地方官并无隐漏印结，咨报刑部。其安插地方，每十口拨给官房五间，官地五十亩，俾得存养。获所官地，照例输课。于每年封印前将安插人口及所给房产数目造册送户部查核。[3]

此例雍正五年（1727 年）议准，乾隆五年（1740 年）修入。此例针对西南苗疆土司专设。明清两代对西北、西南各少数民族实行"以土官治土民"的政策。即封派少数民族的首领以统治其本族人民。土官分为文武，文官为土知府、土知州、土知县等，又有宣慰使、宣抚使、安抚使等武职。清代又根据绿营官职，分设土游击、土都司、土守备、土千总、土把总等官职。雍正年间改土归流，如何管辖归流地方的土司是一项十分紧迫的任务，此例即专为归流土司所设，针对军流死三罪的土司及其家口，仿本律律文，定发迁徙州县。薛允升言"死罪及军流人犯家口，均遣于别省，盖恐其仇杀相寻也。拨给田房，俾

---

〔1〕 胡星桥、邓又天主编：《读例存疑点注》，中国人民公安大学出版社，第100页。

〔2〕 祝庆祺等编：《刑案汇览三编》，北京古籍出版社2004年版，第206页。

〔3〕 胡星桥、邓又天主编：《读例存疑点注》，中国人民公安大学出版社，第100页。

得存养，又所以示体恤也"，认为此例迁徙土司家口的行为是遵循移乡古意，防止仇杀相寻，并拨给房屋以示体恤之意。

（4）各省迁徙土司，若本犯身故，该管地方即行文原籍，该督抚将该犯家口应否回籍之处，酌量奏闻，请旨定夺。其本犯身故无子，及虽有子而幼小者，其妻子并许回籍，不在此例。[1]

此例原为两条。一条于乾隆五年（1740年）修，一条于乾隆十年（1745年）修，嘉庆六年（1801年）合并修入本门。前者例文本为"犯军流等罪之土司，例发近省安插者，本犯身故或无子，及虽有子而幼小者，其妻子并许回籍"，[2]主要体现对于土司的矜恤。

上面所列的四条例文，可见清朝对西南民族的刑事处罚，均围绕"迁徙"而进行。自明代以来长期设而不用的"迁徙"在这几条例文中得到了复活。不同于元明律典中对"迁徙"的搁置，在针对西南民族犯罪时，迁徙得到了执行，下举《刑案汇览》中数例说明。

道光六年，广西土人林亚三起意纠合同伙行劫，但未得财，被判迁徙后在配所脱逃。此案案犯林亚三，先起意纠合林卜绣行劫苏公召家，未能得财，但在被抓捕的过程中拒捕伤差，后投首，又在配脱逃。此案林亚三在第一次审判后，因殴伤兵丁，于本罪上加二等定罪，又因自首减一等，因此最后判决加一等治罪。判发新疆。在执行刑罚时，以该犯系土人，不必实发，仅以迁徙，后该犯又在配脱逃，最终被判递回原配并加枷号。

律例原文内并无针对土人犯遣的规定。只言死罪者本犯正法，家口迁徙；军流者"凶恶未甚"，则初犯折枷，若"仍不改恶"，则行迁徙。此案案犯罪犯遣刑，较军流为重，较死刑则为轻。有司定拟时，直接忽略了枷责而实行迁徙。可见在司法实践中，"仍不改恶"四字似乎就是针对军流罪加等者。道光七年（1827年）的另一案件似乎可以印证这一观点。道光七年（1827年），广西土人盘蒸锡夺犯杀差，因系听从其兄命令，依尊长率领卑幼殴差夺犯杀差案内，随从之卑幼曾经伤人例，拟以杖一百，流三千里。若按此拟，则该犯为流罪，初犯应枷号免迁徙，但因夺犯杀差，情殊凶恶，直接加拟迁徙。与之相对的，道光二年（1822年）广西土民宁幅挟制土官一案，两次挟制当地土官，拟以徒

---

〔1〕 胡星桥、邓又天主编：《读例存疑点注》，中国人民公安大学出版社，第100页。
〔2〕 马建石、杨育棠：《大清律例通考校注》，中国政法大学出版社1992年版，第230页。

罪，属于军流以下，均得枷责，不予迁徙。

以上三案[1]可看出，相较于其他百姓的发遣刑有军、流、遣等不同道里的区分，西南非汉民人的发遣刑似乎仅有迁徙一种。只要不犯死罪，不论官断为军为流，都会以迁徙作为实际上的最终处罚。且此处的迁徙并不适用于律例内"准徒二年"的规定，也没有遵照律文中迁徙一千里。在这里，迁徙更多的是一种变通的适用，是借迁徙之名而行法律管辖之实的统治策略，是清政府为落实中国西南的改土归流政策而专定的法条，是为政治政策而服务的。源于上古的"迁徙"又因清代的"改土归流"政策而焕发出新的光彩。

四、结语

"迁徙"与五刑之内的流刑虽不同源，但因都需将罪犯发遣，因而具有统一性的倾向。唐代的"移乡"条最初尚能与流刑相辨别，但随着"移乡"条适用范围的扩大，导致后期"移乡"与"流"名异实同的现象。元明改"移乡"为"迁徙"，其重点已不在和难，而在于"杀人会赦"与维系地方秩序。清代则将迁徙的内涵彻底变革，"和难"之古意几乎已经无存。究其原因，除社会的变迁之外，最主要的是清代刑罚体系的不断完善和统治者的法律工具主义倾向。"迁徙"之本义已不重要，最重要的是通过何种手段完成朝廷的政治目标。从这一点上来说，清代国家的修例活动，不仅是传统法典修纂体制的完善，更标志着传统国家统治手段与方式的新变化。

---

[1] 祝庆祺等：《刑案汇览三编》，北京古籍出版社 2004 年版，第 204-206 页。

第 三 部 分

宪法学

从国家象征谈国家认同的构建

——以国旗、国徽为例

孙　君[*]

【摘　要】 在全球化的今天，国家认同的构建、维系工作显得尤为重要。国旗、国徽作为典型的国家象征，是国家认同构建的重要媒介之一。国家象征阐释了国家政权的合理性，构建最初的国家政治认同。在此基础上，国家权力赋予国家象征以神圣性、权威性，使公民的国家认同得到强化。同时，国家象征唤起集体记忆，为爱国主义提供表达方式，深化了国家文化认同。新时代应进一步保障国家象征的宪制地位，强化对国家象征的专门监管，建立健全国家象征的监管机制，更好地发挥国家象征在国家认同的构建中的作用，深化国家认同。

【关键词】 国家象征；国家认同；国旗；国徽

2020年重点领域立法安排工作中，修改《国旗法》[1]、《国徽法》是重点工作之一。在国家认同的构建中，国旗、国徽等国家象征具有无可替代的作用。但是，在目前的学术研究中，大多是在宏观视角下谈政治认同与文化认同的构建，从国家象征角度谈对国家认同的构建还未能引起国内学界的高度重视。本文旨在以国旗、国徽为例，探明现代国家通过国家象征构建国家认同的理论逻辑，分析如何通过国家象征来培育公民对国家的归属感与认同感。

---

[*] 孙君，中国政法大学2020级宪法与行政法学专业硕士。

〔1〕 为行文方便，本书以下内容中法律规范名称中均省去"中华人民共和国"。

一、国家认同与国家象征的理论概述

（一）国家认同的理论概述

在中文的语境中，"认同"是指认可、赞同和归属。个体层面的认同意味着"我"区别于其他个体的独特意义，回答了"我是谁"的问题，而在群体层面，认同则回答了"我们是谁"的问题，体现群体内成员的同一性以及与非成员之间的异质性。[1] 群体认同是社会互信的基础，是民族、社会乃至国家凝聚力的核心。缺乏认同的家庭会瓦解，缺乏认同的国家也很容易分崩离析。[2] 目前，学界对"国家认同"的概念尚未形成一致的观点，有学者认为，国家认同是指公民认可、接纳、服从、忠诚于国家的统治权威。[3] 还有学者认为，国家认同就是人们所有的政治认同当中，处于最高层次的认同，即国家认同是政治认同的最高形式。[4] 也有学者认为，国家认同有政治性认同与文化性认同两种类型。其中，政治性国家认同是指公民基于公民身份认同、法律认同、制度认同等政治要素而对国家产生的认可。[5] 文化性国家认同中公民对国家产生的归属感则是基于语言、文化传统、宗教信仰等要素。综合各种不同的界定，笔者认为国家认同，指一国公民对于国家的疆域、制度、文化以及历史传统等所怀有的赞同、热爱、归属等复杂、多维的主观情感，是国家向心力的基础，是国家凝聚力的核心，是社会稳定的情感基石。

认同是通过过去的行为建构并改造的，也即认同并非原生且固定存在的，它需要不断地被重新建构。国家认同也并不是一成不变的，需要不断地被塑造、建构、巩固。政治家们从国家创立开始就运用国旗、国徽、国歌等国家象征来创设群体的连接纽带，激发群众的爱国情感，强化人民对国家的认同，论证政治权利的合法性。[6] 在全球化的今天，"地球村"的意识深入人心，国际组织的作用越来越大，世界公民的概念开始传播，各国文化互通有无，"国家"的

---

〔1〕 陈明辉："转型期国家认同困境与宪法学的回应"，载《法学研究》2018年第3期。

〔2〕 龙小农：《从形象到认同——社会传播与国家认同建构》，中国传媒大学出版社2012年版，第15-20页。

〔3〕 陈茂荣："论'民族认同'与'国家认同'"，载《学术界》2011年第4期。

〔4〕 周平："论中国的国家认同建设"，载《学术探索》2009年第6期。

〔5〕 肖滨："两种公民身份与国家认同的双元结构"，载《武汉大学学报（哲学社会科学版）》2010年第2期。

〔6〕 KAREN C. Symbols and the World System, *National Anthems and Flags*. Sociological Forum, 1993, p. 244.

地位开始弱化。同时，面对外来文化的冲击，公民对本国的认可度也或多或少地受到冲击。因此在各个维度上，国家认同的不断构建、更新、维系便显得尤为重要。国家认同分为政治认同和文化认同两个层面，因此对国家认同的构建工作也需从政治认同与文化认同两个层面入手。

（二）国家象征的理论概述

象征是指用具体的事物表现某种特殊意义。[1]所谓特殊意义，就是该事物所代表的某种抽象的事务或观念的展现。[2]个人物品可以寄托个人的特殊情感，而群体的象征物则承载了群体成员的某种共同意志，展现了群体成员对集体的特殊情感。例如《英雄烈士保护法》第7条规定，人民英雄纪念碑象征着近代以来中国人民和中华民族争取民族独立解放、人民自由幸福和国家繁荣富强精神。[3]这表明，人民英雄纪念碑这一具体的事物除去碑文本身含义以外，还具有纪念意义，同时也展现出了中国人民和中华民族这一群体对实现中华民族伟大复兴不懈追求的精神。

旗帜是群体中最常见的象征物之一。在中国，具有识别性质的旗帜很早就出现，例如代表军队的军旗，代表诸侯、城郭的旗帜等，但这些旗帜主要是用来识别区分，或者是用于标明等级彰显身份，大多没有上升到象征整个国家的层面上。我国最早官方使用的旗帜是清政府的黄龙旗，但黄龙旗产生初期也只是为了能让外国人识别出中国的官船，以免不必要的争端。[4]后来，在西方主导的现代外交场合中，国旗是不可或缺的象征国家的符号，清政府这才将黄龙旗用于一系列外交场合中，最终将黄龙旗定为"国旗"。当时的清政府甚至规定，黄龙旗只允许为官所用，禁止民间悬挂，民间使用均有僭越之嫌。对大多数老百姓而言，黄龙旗只是清代的旗帜，并非中华儿女的国旗。[5]一直到辛亥革命时期，彼时革命党尚未夺取国家政权，先议国旗，意在坚定推翻清朝统治、

---

〔1〕 中国社会科学院语言研究所词典编辑室编：《现代汉语词典》（第六版），商务印书馆 2014 年版，第 1426 页。

〔2〕 杜吾青："国家象征和标志的宪法学阐释：以国家认同为中心"，载《交大法学》2020 年第 3 期。

〔3〕 参见《英雄烈士保护法》第 7 条，"矗立在首都北京天安门广场的人民英雄纪念碑，是近代以来中国人民和中华民族争取民族独立解放、人民自由幸福和国家繁荣富强精神的象征"。

〔4〕 文庆、贾桢、宝鋆等纂辑：《续修四库全书》史部第 419 册，上海古籍出版社 2008 年版，第 34—35 页。

〔5〕 ［日］小野寺史郎：《国旗、国歌、国庆——近代中国的国族主义与国家象征》，周俊宇译，社会科学文献出版社 2014 年版，第 43 页。

建立新政权的革命信念，[1]这才真正开始从国家层面上探讨"国旗"的意义。1912 年 5 月，临时参议院提议国旗统一案，表决五色旗为国旗，议案得到通过。在实际生活中，五色旗也日益成为现代国家的象征。袁世凯称帝时，商界悬挂五色旗，以表达支持共和，反对君主制的政治意愿，这表明此时的国旗已经有了表达政治诉求，展现政权国家意志的象征含义。

与国旗相比，国徽的出现时间要晚得多。中华民国初期，北洋政府制定了十二章国徽。1928 年南京国民政府确定青天白日为国徽，图案并没有重新设计。1949 年 9 月 27 日，第一届政协会议讨论并通过了国旗、国都、纪年和国歌四个决议案，只有国徽的设计被暂且搁置。[2]1949 年 7 月 10 日，《征求国旗、国徽图案及国歌词谱启事》刊登在各大报纸上，其中对国徽的设计要求是：(1) 中国特征；(2) 政权特征；(3) 形式须庄严富丽。[3]最终，我国国徽的内容为国旗、天安门、齿轮和麦稻穗的组合，象征着"五四运动"以来的新民主主义革命斗争与新中国的诞生。这表明，虽然国徽的适用频率不如国旗高，且并不佐以礼仪仪式，但其已实际上成为能够体现中华人民共和国政权特征的国家象征。

1954 年，在研讨宪法草案的结构时，田家英同志说："第 4 部分国旗、国徽、首都。这是国家主权以及国家根本政治思想的象征。"[4]通过对国旗、国徽形成的历史梳理，不难发现，国旗、国徽具有统一性、稳定性的特征。中华人民共和国是统一的多民族国家，虽然每个民族都有属于自己民族的图腾，但是国旗、国徽只有一个，各民族的政治观念统一于国旗、国徽当中。并且国旗、国徽若非政权更迭，一旦确定，不会轻易变更。现代国家明确与维系国旗、国徽等国家象征，使抽象的国家权力通过国家象征符号进行形象化、可视化的表达，国家象征体现了该国的形象，也传达了该国的国家意志。[5]这意味着，在我国，国旗、国徽等国家象征的作用主要有三：首先，国旗、国徽以其特有的形状图案，体现中华人民共和国区别于其他国家的独特性；其次，国旗、国徽承载了国家如何建立政权的历史记忆；最后，国旗、国徽通过其图案内容，展

---

〔1〕 余凌云："中国宪法史上的国旗"，载《中国法律评论》2015 年第 3 期。

〔2〕 余凌云："中国宪法史上的国徽"，载《中国法律评论》2015 年第 4 期。

〔3〕 余凌云："中国宪法史上的国徽"，载《中国法律评论》2015 年第 4 期。

〔4〕 韩大元：《1954 年宪法制定过程》，法律出版社 2014 年版，第 410 页。

〔5〕 殷冬水："国家认同建构的文化逻辑——基于国家象征视角的政治学分析"，载《学习与探索》2016 年第 8 期。

现出国家主权与政治制度等政治性观念。

二、国家象征帮助建构国家认同的理论逻辑

国家的稳步发展离不开国家认同，国家作为国际主体参与国际社会竞争时以国家认同为重要支撑。国家认同的建构并不是无条件的，它需要一定的基础要素，如种族、地理、历史、经济等。不同的国家在不同的发展时期，国家认同的构建所依赖的基础要素也不同。马克思指出，在古代，土地既可以提供劳动资料，又可以提供劳动材料，还可以给群体提供住所，可以说土地是共同体的基础。[1]过去，国家认同的构建往往依赖地缘与血缘，但现代国家的国家认同的构建仅仅依赖基础要素是远远不够的，还需要一定的媒介。常见的媒介例如公共教育体系当中的教材、经济生活当中一国通行的货币。在诸多媒介中，国旗、国徽等国家象征是最常见、最普遍，同时也是承认度最高的媒介，在政治象征体系中往往处于最高地位。

（一）国家象征阐释了国家政权的合理性，构建最初的国家政治认同

无论是什么类型的政体，都需要通过创设政治象征来寻求合法性。[2]国家政权的合理性通过国旗、国徽等国家象征得到了彰显，这是公民产生国家认同的政治基础。首先，国旗、国徽的设计主体具有广泛的代表性，民众对于国家政权的认同得到了初步构建。1949年7月10日，"国旗、国徽、国歌评审小组"登报公开征集国旗、国徽图案和国歌词谱。截至1949年8月20日，评委会共收到图案2992幅，投稿人群涵盖了农民、工人、解放军官兵、教师、作家、港澳同胞和海外华侨等来自不同阶层、不同地域、不同民族的人，"有小学生，也有仍用文言文作说明的并且引用了古书的老先生"。[3]创作主体的广泛性、代表性使得国旗、国徽的设计符合了国内当时工人阶级、农民阶级、小资产阶级和民族资产阶级等不同阶级人民的需要，获得了国内广大民众的集体认同，代表着民众对于国家政权的认同。其次，国旗、国徽本身的内容阐释了国家政权的合理性。1949年"国旗、国徽、国歌评审小组"在登报征召新国旗图案时，要求国旗色彩以红为主，长宽比为三比二，能够体现中国特征与政权特征。最后，毛泽东亲自选定了由曾联松设计的32号红底五星红旗。官方解释

---

〔1〕《马克思恩格斯全集》（第30卷），人民出版社1995年版，第466页。

〔2〕马敏：《政治象征》，中央编译出版社2012年版，第29-30页。

〔3〕中央档案馆：《中华人民共和国国旗、国徽、国歌档案》（上），中国文史出版社2014年版，第39页、第115页。

为，国旗旗面的红色象征着革命，旗上的五颗五角星及其相互关系象征着中国共产党领导下的革命人民大团结，表明中国革命的胜利是在中国共产党的领导下，以工农为基础，团结小资产阶级和民族资产阶级，共同斗争取得的这一历史事实，体现了国家政权的合理性基础。彼时，对国徽的设计要求是在形式庄严富丽的前提下，体现中国特征与政权特征。在要求体现政权特征时，毛泽东认为"国旗上不一定要表明工农联盟，国徽上可以表明"。[1] 张仃在设计国徽时融入了天安门的元素，他认为，天安门广场既是"五四运动"的策源地，也是举行开国大典的地方。在最后定稿时，中华人民共和国国徽的内容定为国旗、天安门、齿轮和麦稻穗，象征中国人民自"五四运动"以来的新民主主义革命斗争和工人阶级领导的以工农联盟为基础的人民民主专政的新中国的诞生。我国国旗、国徽等国家象征来自广泛的人民，也最终服务于人民，记载了我国革命的胜利是在中国共产党领导之下共同斗争取得的历史事实，也记载了新民主主义革命的胜利与新中国的诞生，解释了我国政权的合理性，构建了国家政权的合法性，凝聚了人民的政治性国家认同。

（二）国家象征兼具神圣性与合理性，强化国家政治认同

在国家象征初步构建国家认同的基础上，国家权力赋予国旗、国徽以神圣性、权威性，提升人民心中对国旗、国徽的认可以及对国家的自豪感与归属感，从而强化人民的国家认同。

1. 国家象征被国家权力赋予神圣性，强化了人民对国家的认同

1960 年 5 月 25 日，中国登山队员作为第一支从北坡登上珠穆朗玛峰的队伍，将五星红旗插在了世界第一高峰上。2019 年 1 月 3 日，"嫦娥四号"探测器在月球背面成功着陆，并顺利地将五星红旗插在了月球背面。在这一系列意义重大的历史时刻，国旗作为国家象征，具有不可替代的神圣性。人民在骄傲自豪的同时，也深化了心中对国家的归属感与认同感。在政治仪式中，国旗与国徽通常被悬挂在高处，全场人员应当全程肃立并向国旗行注目礼。人民在仰视国旗、国徽时，心中总会涌起对国家象征的无限敬意。在世界比赛中，运动员代表国家获奖时，该国的国旗也会被高高升起，象征着无限的荣誉。此外，以国家权力为支撑的法律对国旗的折叠、升降，对国徽的悬挂场所均进行了严格的规定，塑造了国家象征的神圣性，强化了公民的国家观念。国家象征同时也是神圣不可侵犯的。《国旗法》第 17 条至第 19 条规定了国旗神圣不可

---

[1] 秦佑国："梁思成、林徽因与国徽设计"，载《建筑史论文集》1999 年第 11 期。

侵犯以及相应的违法后果。国家通过对国家象征不可侵犯性的强调，深化国家象征在人们心中的神圣地位。无论在大型国际场合，还是在小型民间场所，国家不断地强化、渲染国家象征的神圣性，并依靠国家权力进行维护，对破坏国家象征神圣性的行为进行惩罚，强化公民的国家观念，深化其对国家的认同。

2. 国家象征被国家权力赋予权威性，强化了人民对国家的认同

首先，国家象征具有该领域的唯一性。无论是什么国家，都只会有一面国旗、一枚国徽。我国是统一的多民族国家，虽然每个民族都有属于自己民族的图腾，但是国旗、国徽是唯一的，各民族的政治观念统一于国旗、国徽。即使国旗、国徽因特殊原因，需要调整变动，也必须保证其独特性、唯一性。其次，国家象征的创制和解释具有垄断性。我国《宪法》赋予五星红旗以国旗的地位，除国家自身以外，任何现代国家都不允许有任何其他社会力量来生产创制国家象征。不仅如此，国家象征的解释权也被国家垄断。对同一个图案，不同的人势必会从不同角度产生不同的理解，但是对国旗、国徽等国家象征，只能由国家机关作出权威的解释。例如国旗上的五颗五角星，象征着中国共产党领导下的革命人民大团结，表明中国革命的胜利就是在中国共产党的领导下，以工农为基础，团结了小资产阶级和民族资产阶级，共同斗争取得的这一历史事实。也许民间会对五星红旗有属于自己的理解，但是在实践中，仍以官方的解释为准。最后，国家象征的权威性体现在其稳定性上。国家象征是由国家机关按照严格的程序创制出来的，若非政权更迭，一般不会进行变更，就算修改，也必须得到公民的认同。例如新西兰执政党 2014 年成立专门的委员会进行国旗更换进程，整个过程持续了两年，经过了遴选与两轮全民公决，最后决定了国旗的修改方案。国旗、国徽、国歌、首都等与国家的根本政治制度直接相关的国家象征，其地位犹如国体、政体的宪法地位一样，不可动摇。国家权力赋予国家象征以绝对的权威，塑造了公民的国家观念，让公民对国旗、国徽等国家象征产生服从、信仰的感情，深化了心中对国家的认同。

（三）国家象征唤起集体记忆，为爱国主义提供了表达方式，深化了国家文化认同

记忆不仅是个体对过去亲身经历的回溯，还可以被社会所建构。记忆使个人超越了对自我的既有认知，群体中的个体记忆彼此传递、交叉、重叠，最终达到群体记忆共享。加上国家借助一定媒介的不断渲染，群体内不同历史时间

段的人群，产生了同样的记忆，集体成为记忆的容器。[1]哈布瓦赫 （Maurice Halbwach） 指出，特定群体的成员共享往事，形成集体记忆。提取该集体记忆的可延续性，是使集体记忆得到传承的必要条件。[2]人民看到国旗、国徽等国家象征，想到的不仅是旗面、徽章本身，更多的还有国家植入其中的属于国民的集体记忆。当我们看到五星红旗时，我们的集体记忆被唤醒，我们作为中华儿女，从五千年历史长河中走来，为中华民族的伟大复兴而奋斗。这份集体记忆，不同于法律、制度等纽带，它存于人们的心中，让人想起 "我们是谁" "我们从哪儿来" "我们要到哪里去" 的问题。借助历史记忆，个体与同时代的其他个体、不同时代的祖祖辈辈达到了文化、心理与情感上的共鸣，深化了对国家的认同。国旗、国徽作为国家象征，以一种可触可见的形象载体唤醒人民的集体记忆，让人们既能找到情感共鸣产生凝聚力，又能在这种凝聚中找到归属。人民面对国旗、国徽行注目礼就是最普遍、最常见的参与国家政治生活的方式之一，这种政治参与为人们的爱国主义提供了稳定的表达途径。这种政治参与通常不仅仅是注目礼，还会辅之以国歌、国家荣誉、特殊仪式等生动、鲜活的情景进行渲染、烘托，使人民与祖先的情感共鸣，对国家的自豪、依恋等情感不断被重复、强化，从而深化国家认同。

三、通过国家象征构建国家认同的实践路径

国家认同并不是一劳永逸、始终不变的，尤其在全球化的今天，各国政体与文化之间彼此产生冲击，要想保证国家在国际社会当中的独立自主与稳步发展，国家需要长期通过各种资源、力量不断地维系与再生产。我国《宪法》第四章以专章的形式规定了国家象征，赋予了国旗、国歌、国徽、首都以崇高的宪制地位，这不仅体现了国家象征凝聚公民国家认同的实际功能，更表明需要通过对宪法的实施来落实国家象征对国家认同的构建功能。

（一） 全面保障国家象征的宪制地位

要强化国家象征对国家认同的构建能力，应当全面保障国家象征的宪制地位。首先，应保障国家象征的权威性。在美国，各州有各州的州旗与州徽，且州旗的地位并不低。例如德克萨斯州的州旗甚至可以挂得与美国国旗一样高，这无疑将民众对州的认同推向了与对国家认同同样的高度，有损于国家认同的

---

[1] 国晓光："国歌塑造认同：超越政体类型学的国家认同建构——基于对121国国歌的政治学分析"，载《新疆大学学报》，2020年第2期。

[2] ［法］哈布瓦赫：《论集体记忆》，毕然、郭金华译，上海人民出版社2002年版，第335页。

构建。1997 年中央办公厅和国务院办公厅联合发布了《关于禁止自行制作和使用地方旗、徽的通知》，禁止了地方旗、徽的制作、使用。但近年来，少数城市为了树立良好的城市形象，开始制作地方徽章。例如 2009 年宁夏回族自治区银川市公开征集市徽市歌，整个征集评选活动持续了 4 个月。[1]虽然市徽的设立有利于构建民众对城市的认同感，但这容易让公民产生对非本城市地域的排斥感，不利于培养公民对国家整体的认同感、归属感，不利于国家观念和爱国主义情感的培养。其次，应强化国家象征的使用情景。目前，国家要求应当升挂国旗的情景主要是各级国家机关和各人民团体在国庆节、国际劳动节、元旦和春节应当升挂国旗。而对于近年新设的国家宪法日国旗的使用，《国旗法》并没有特别提及。国家宪法日是旨在通过特定的场景、仪式来培育宪法精神的重要制度设计，[2]笔者认为《国旗法》应在第 7 条的使用情景中增设国家宪法日。此外，无论是国际社会当中的政治仪式上，还是在群众日常参与政治生活的正式场合中，都应更加严格地规范国家象征的使用，对升挂国旗和悬挂国徽的时间、场所予以规定，强化国家象征的权威性和严肃性，不断地创造与再造国家权威，保障国家象征的宪制地位，从而让国家认同深入人心。

（二）强化国家象征的专门监管

现行法律并没有明确国旗、国徽的具体监管部门，这导致了在实践中对国家象征的使用监管并不到位。若是有行政机关或是企事业单位不规范悬挂国旗，大多情况下也只是以"疏忽大意的过失"一笔带过，而不落实到对其的惩戒当中。国旗、国徽等国家象征的使用是公民最常见、最普遍的参与政治生活的方式，仅仅依靠公民的道德自律与行政机关的多头管理，是远远不够的，因此完整的国家象征的监管体系亟需建立完善。首先，应明确国家象征的监管主体。在信息化的今天，国家象征的使用不仅仅是国旗的升降与国徽的悬挂，还有国旗、国徽的生产、流通、污损国旗国徽的回收、销毁，还包括互联网上对国旗、国徽的规范使用等各方面工作。每一个环节的监管主体都应该一一对应，处处落实。其次，应健全侮辱国旗、国徽的违法责任体系。目前《国旗法》《国徽法》规定了侮辱国旗、国徽的刑事责任，但并没有规定行政责任。国家象征的

---

〔1〕 "银川市公开征集市徽市歌市树市花市鸟，市民可通过网络、邮寄、短信、热线电话投票"，载中国第一征集网，http://www.1zhengji.com/wajx/gq/cs/20130404/15317.html，最后访问时间：2021 年3 月 16 日。

〔2〕 王旭："宪法凝聚共识———从设立国家宪法日谈起"，载《求是》2016 年第 24 期。

专门监管还需要构建刑事犯罪与行政违法双向移送的刚性机制。[1]对于未能严格规范悬挂国徽、升挂国旗的行政机关、企事业单位，对直接责任人员应予以一定的处罚。专门监管机构若是发现违法犯罪行为，应当移送公安机关，若是违法行为但不构成犯罪，也应当予以适当的行政处罚。最后，还应充分调动群众力量，对于日常生活中不规范对待、使用国旗、国徽的情况，鼓励群众投诉举报，并对成功投诉的群众予以实际奖励，从而深化群众对国旗、国徽等国家象征的认同。如此，从多领域多层次建立健全对国家象征的监管机制，强化国家象征的专门监管，更好地构建国家认同。

四、结论

在全球化的今天，构建并强化公民的国家认同是现代国家建设的重要内容，国家的稳步发展离不开国家认同，国家作为国际主体参与国际社会竞争时以国家认同为重要支撑。国旗、国徽作为典型的国家象征，设计主体具有广泛的代表性，设计内容上解释了国家政权的合理性，构建了最初的国家认同。国家权力通过垄断国家象征的创制权、垄断权，赋予国家象征绝对的神圣性与权威性，塑造公民的国家观念，让公民对国旗、国徽等国家象征产生服从、信仰的感情，深化公民心中对国家的认同。同时，在公民参与政治生活当中，国旗、国徽等国家象征的存在不断唤起集体记忆，为公民的爱国主义提供表达方式，强化公民的国家认同。为此，应继续保障国家象征的权威性，强化国家象征的使用场景，全面保障国家象征的宪制地位，厘清国家象征使用的监管主体，建立健全国家象征的监管机制，更好地发挥国家象征在国家认同构建中的作用。

---

〔1〕 杜吾青："国家象征和标志的宪法学阐释：以国家认同为中心"，载《交大法学》2020年第3期。

"绿色发展" 在宪法文本上的规范建构

王　磊[*]

【摘　要】在实现我国经济由高速度增长转向高质量发展的过程中，以生态环境为代价的粗放式经济发展模式缺乏持续动能且不可持续，由此绿色发展作为一种价值理念和方法途径被提了出来。绿色发展作为新发展理念的下位概念被规定在国家根本任务条款中，其内涵由中国共产党的执政纲领不断明晰和具体化，并由以国家根本任务条款为统领，以国家目标条款和国家机关职权条款为内容的绿色发展规范体系承载，绿色发展由此具有宪法拘束力。绿色发展是国家机关在经济发展和环境保护方面的新的宪法义务，要求其根据自身职权采取相应的措施。绿色发展入宪也对公民的权利义务产生了新的宪法影响，丰富了宪法的内涵和价值。

【关键词】规范含义；根本任务；国家义务；权利生成

新时代建设的现代化是人与自然和谐共生的现代化，既要创造更多物质财富和精神财富以满足人民日益增长的美好生活需要，也要提供更多优质生态产品以满足人民日益增长的优美生态环境需要。[1]新时代的现代化建设强调经济发展与生态环境保护的协同进行，实践表明过去以牺牲生态环境为代价的高投入高消耗的粗放式发展不仅缺乏可持续性，而且生态环境的严重损坏极大地制

---

* 王磊，中国政法大学 2020 级宪法与行政法学专业硕士。

〔1〕 "习近平：决胜全面建成小康社会　夺取新时代中国特色社会主义伟大胜利———在中国共产党第十九次全国代表大会上的报告"，载共产党员网，http://www.12371.cn/2017/10/27/ARTI1509103656 574313.shtml，最后访问时间：2021 年 3 月 18 日。

约了经济社会的良性发展，在深刻总结国内外发展经验教训、分析国内外发展大势的基础上，党的十八届五中全会提出了创新、协调、绿色、开放、共享的适应新发展阶段的新发展理念。新发展理念于2018年正式写入《宪法》，绿色发展作为新发展理念的下位概念成为宪法认同和坚持的价值理念，其内涵进入并贯穿整个宪法文本，指导国家的经济社会发展和生态环境保护。

一、"绿色发展"的规范含义

（一）宪法文本自身的局限性

宪法是国家的根本大法，需要调整国家生活和社会生活中最重要最基础的一般关系，但宪法并不是也不应该是法律的百科全书，宪法规范只能从宏观的角度作出一般性的原则规定，其文字表述应当简明概括，这决定了宪法规范鲜有对某些概念的详细解释。对于"绿色发展"而言，其并没有直接出现在宪法文本中，宪法规范自然不可能对其内涵进行阐释。"绿色发展"作为新发展理念的下位概念，被规定在《宪法》序言第7自然段，也就是国家根本任务条款中。国家根本任务条款是在总结当前经验基础上对国家未来发展的描绘和展望，必须真实地反映客观现实，必须反映正在现实生活中发生着的变化以及这种变化所趋向的目标，[1]这决定了"绿色发展"内涵是逐渐形成和丰富起来的，相对稳定的宪法文本难以承载这一动态过程，"绿色发展"的内涵需要借助宪法文本之外的其他文本来加以明确。

新中国成立以来的修宪实践表明我国的宪法修改是以执政党的政策为指导原则的，其目标和结果是将政策的主要精神纳入宪法之中，作为国家活动的准则。[2]执政党的政策主张注入宪法文本意味着政治在一定程度上服从于法律，政治就失去了某种含糊性，[3]变得明确与具体，宪法理念与原则成为政治运行的边界。[4]回归宪法文本，序言第7自然段明确规定"中国各族人民将继续在中国共产党领导下""贯彻新发展理念"，也就是说坚持和贯彻绿色发展是以中国共产党的领导为逻辑起点的，绿色发展的实践离不开作为执政党的中国共产党的领导。绿色发展最初是作为执政党的执政纲领被提出的，其内涵经由执政

---

〔1〕 胡锦光："论宪法规范的基本特点"，载《中国人民大学学报》1996年第2期。

〔2〕 殷啸虎，房保国："论我国现行'政策性修宪'模式的局限性"，《法学》1999年第12期。

〔3〕 参见叶海波：《政党立宪研究》，厦门大学出版社2009年版，第21页。

〔4〕 参见潘昀："论宪法上的'社会主义市场经济'——围绕宪法文本的规范分析"，载《政治与法律》2015年第5期。

党的相关政策文件得以不断地明晰和具体化,直至形成当前稳定的多层次的内涵,并最终通过宪法修改上升为全体人民的共同意志。执政党的执政纲领生成宪法上的规范性内涵,绿色发展的规范含义需要借助党的相关文件予以明确。

(二)党的文件对"绿色发展"的具体化阐述

党的十八届五中全会首次正式提出"新发展理念",并对"绿色发展"进行了专门论述,[1]"绿色发展"的性质、地位和内涵初步显现。从性质上来看,作为"新发展理念"的重要组成部分的"绿色发展"是发展观的一场深刻革命,[2]是观念理念上的一场变革,是当前和未来我国经济社会发展的价值指引和精神内涵。从地位上看,经过执政党长期的实践探索和理论提炼,"绿色发展"被执政党所认同和追求,进而上升为执政党治国理政的纲领,并被执政党宣告其是整个国家发展前进所应当坚持的基本国策,实践也表明"绿色发展"通过法定程序和方式正式成为国家的基本国策。从内涵上看,"绿色发展"实质是要追求可持续发展,实现经济社会发展与环境保护的协调一致,进而实现人与自然的和谐相处。具体而言其内涵分为环境保护融入经济发展中形成绿色发展的发展方式和经济社会发展融入环境保护中形成绿色发展的生活方式两个方面:前者强调能源资源和土地资源的利用需有利于环境保护,进而延伸出包括能源分配制度、环境监管制度和环境保护制度在内的清洁低碳、安全高效的能源利用制度以及集合生态屏障和低碳排放功能的土地资源利用制度,涵盖物质文明、政治文明和生态文明建设等领域;后者强调生态环境的保护、节约集约循环利用资源观的树立和勤俭节约社会风尚的形成,涵盖精神文明和社会文明建设领域。[3]

"绿色发展"的内涵在党的十九大报告中得到了进一步的丰富。"绿色发展"在性质上体现出两重性,其不仅是一种理念导向和价值指引,更是一种发展方式和途径。在理念导向和价值指引方面,"我们既要绿水青山,也要金山银

---

〔1〕 十八届五中全会提出"坚持绿色发展,必须坚持节约资源和保护环境的基本国策,坚持可持续发展,坚定走生产发展、生活富裕、生态良好的文明发展道路,加快建设资源节约型、环境友好型社会,形成人与自然和谐发展现代化建设新格局,推进美丽中国建设"。

〔2〕 "习近平在山西考察工作时强调 扎扎实实做好改革发展稳定各项工作 为党的十九大胜利召开营造良好环境",载《人民日报》2017年6月24日,第1版。

〔3〕 参见冯红伟:"经济与环保协同发展:以新发展理念引领生态文明建设",载《昆明理工大学学报(社会科学版)》2020年第1期。

山。宁要绿水青山，不要金山银山，而且绿水青山就是金山银山"。[1]进一步深化了经济社会发展与环境保护的关系，在经济社会发展融入环境保护和环境保护融入经济社会发展的关系之外，新增了"保护生态环境就是保护生产力，改善生态环境就是发展生产力，良好生态本身蕴含着无穷的经济价值"[2]的新含义，形成了经济社会发展与生态环境保护的三重关系，即首先"既要绿水青山，也有金山银山"揭示了经济发展与生态环境保护并重的发展路径，经济发展不应当是对资源和生态环境的竭泽而渔，生态环境保护也不应是舍弃经济发展的缘木求鱼，[3]两者不存在高低之分；其次"宁要绿水青山，不要金山银山"揭示了对以破坏生态环境为代价的生产方式的摒弃，即生态环境保护在某种程度上优先于经济社会发展的位次顺序；最后"绿水青山就是金山银山"揭示了生态环境保护孕育经济社会发展，生态环境保护就是经济社会发展的内在联系。此外，"绿色发展"作为一种发展方式和途径，其适用范围得到进一步扩大，在物质文明方面不再局限于能源、土地等资源的利用，而是生产、消费、技术创新和金融等整个经济体系；在政治文明方面首次强调了法律制度在"绿色发展"中发挥的作用，"绿色发展"被加快注入法律体系中，同时注重政策导向的作用，相应的政治文明建设步伐加快；相较于党的十八届五中全会，十九大报告延伸了绿色发展在社会文明方面的具体指向，推进资源全面节约和循环利用，倡导简约适度、绿色低碳的生活方式。

党的十九届五中全会在长期实践的基础上对"绿色发展"的内涵进行了科学的总结，明确"绿色发展"的目标和结果是人与自然和谐共生的现代化；提升生态系统质量和稳定性、经济社会发展着力绿色转型和"绿水青山就是金山银山"是对党的十八届五中全会以来关于"绿色发展"经验的总结和继承，[4]经济社会发展与生态环境保护的三重关系构成了"绿色发展"的核心要义；绿色低碳发展，持续改善环境质量，提升生态系统质量和稳定性，全面提高资源

---

[1] 中共中央宣传部：《习近平新时代中国特色社会主义思想学习纲要》，学习出版社、人民出版社2019年版，第169页。

[2] 中共中央宣传部：《习近平新时代中国特色社会主义思想学习纲要》，学习出版社、人民出版社2019年版，第170页。

[3] 中共中央宣传部：《习近平新时代中国特色社会主义思想学习纲要》，学习出版社、人民出版社2019年版，第170页。

[4] 参见黄志斌、黄驰："以绿色发展解决人与自然和谐共生问题"，载《经济日报》2020年12月21日，第11版。

利用效率〔1〕是"绿色发展"生产方式的主要实现路径，树立节约集约循环利用资源观，形成勤俭节约社会风尚〔2〕是"绿色发展"生活方式的主要实现路径。自此"绿色发展"的性质、地位、内涵都得到明确。

二、"绿色发展"嵌入宪法文本

由于宪法在根本上是政治性的，具有特殊的历史、政治和制度关怀，〔3〕因此宪法必须契合于一国之国情与目标，〔4〕并将这种变化着的目标真实地反映出来。在 2018 年修宪前，宪法文本尽管零散地存在着体现绿色发展精神的宪法规范，但这些规范尚未形成规范体系，不能够恰当地体现中国经济社会发展的变化和背后的价值理念。2018 年修宪后，"新发展理念""生态文明""美丽"和"现代化"入宪，真实而准确地反映了现实中国经济社会的发展方向变化和阶段性目标，围绕"绿色发展"，形成了以国家根本任务条款为统领、总纲条款和国家机构条款为内容的规范体系。

（一）作为国家根本任务的"绿色发展"

国家根本任务乃是立宪者在新时期作出的重要宪法决定，它与宪法的其他根本性内容共同奠定了我国现行法秩序的基础。〔5〕如果我们将宪法视为一种在正确观念引导下，需要不断更新的现时化的、渐趋稳定的行动纲领，〔6〕无疑作为我国宪法序言核心构成部分的国家根本任务条款具有行动纲领的地位和作用，国家任务于宪法规范结构中实现的要旨在于公权力的合宪行使，〔7〕作为国家根本任务组成部分的"绿色发展"，既是国家基本制度设置所应当遵循的原则，同时又为国家各项基本制度的运行明确了目标和方向。〔8〕

《宪法》序言第 7 自然段通过递进式的规范性语句明确了国家的根本任务。第 7 自然段第 3 句中"沿着中国特色社会主义道路，集中力量进行社会主义现

〔1〕 "中国共产党第十九届中央委员会第五次全体会议公报"，载共产党员网，http://news.12371.cn/2015/10/29/ARTI1446118588896178.shtml，最后访问时间：2021 年 3 月 18 日。

〔2〕 中国共产党第十八届中央委员会第五次全体会议公报。

〔3〕 [美] 基思·E. 惠廷顿：《宪法解释：文本含义、原初意图与司法审查》，杜强强、刘国、柳建龙译，中国人民大学出版社 2006 年版，第 76 页。

〔4〕 陈诚：″论宪法的纲领性条款″，浙江大学 2011 年博士学位论文。

〔5〕 陈玉山：″论国家根本任务的宪法地位″，载《清华法学》2012 年第 5 期。

〔6〕 [德] 康拉德·黑塞：《联邦德国宪法纲要》，李辉译，商务印书馆 2007 年版，第 7 页。

〔7〕 杜健勋：″国家任务变迁与环境宪法续造″，载《清华法学》2019 年第 4 期。

〔8〕 殷啸虎：″当代中国宪法实施的政治路径″，载《法学》2014 年第 11 期。

代化建设"是宪法对国家根本任务的最直接规定，充分发挥国家根本任务在国家前进与发展过程中的纲领性作用，则需要充分理解该语句中"中国特色社会主义道路"和"社会主义现代化建设"的含义。第7自然段第4句对第3句起到了进一步解释的作用。"继续在中国共产党领导下……坚持改革开放"对应"中国特色社会主义道路"，是中国特色社会主义道路的宪法表述；而"社会主义现代化建设"具体指向社会主义各项制度的完善，包括"发展社会主义市场经济""发展社会主义民主""健全社会主义法治""贯彻新发展理念"4项具体路径，旨在实现四个现代化和物质文明等五大文明的协调发展，由此形成了以"绿色发展"为理念、以"物质文明、政治文明、精神文明、社会文明、生态文明"为内容、以"美丽"和"现代化"为目标的中国版环境国家的根本任务宪法条款。[1]

经由国家根本任务条款的确认，绿色发展的性质、地位和目标得以在宪法文本上明确。把新发展理念贯彻到经济社会发展全过程和各领域[2]是国家根本任务的具体实现路径，"贯彻新发展理念"作为国家根本任务的有机组成部分，标志着绿色发展作为国家发展根本理念和价值指引的规范地位在宪法的确立。绿色发展作为发展路径指向物质文明等五大文明的协调发展和对国家价值目标的追求，进一步意味着绿色发展的价值指引和发展路径的双重性质的完全确立。《宪法》序言第7自然段可以抽象出以绿色发展为理念和路径统领的国家任务，即沿着中国特色社会主义道路，贯彻绿色发展理念，自力更生，艰苦奋斗，逐步实现工业、农业、国防和科学技术的现代化，推动物质文明、政治文明、精神文明、社会文明和生态文明的协调发展，进而实现"美丽"和"现代化"的国家价值目标，其中"现代化"所要求的经济社会发展与生态环境保护协同进行在一定程度上契合了绿色发展的人与自然和谐共生目标。

（二）"绿色发展"的宪法规范体系

宪法序言中所表述的国家根本任务在内涵上与宪法总纲之间存在着一种一般与特殊之间的关系，可以将整个宪法总纲视为对国家根本任务在宪法内的具体诠释。[3]我国宪法总纲大体上由国家制度、国家权力运行的基本原则、国家

---

〔1〕 参见闫海："美丽中国：中国版环境国家的宪法规范体系"，载《社会科学研究》2020年第2期。

〔2〕 "习近平在中共中央政治局第二十七次集体学习时强调　完整准确全面贯彻新发展理念　确保'十四五'时期我国发展开好局起好步"，载共产党员网，http://www.12371.cn/2021/01/29/ARTI161191 2644133877. shtml，最后访问时间：2021年3月18日。

〔3〕 陈玉山："论国家根本任务的宪法地位"，载《清华法学》2012年第5期。

基本政策三部分内容组成。[1]基于内容属性政策性条款也被称为国家目标条款，国家目标条款是具有法拘束效果的宪法规范。国家目标条款基于宪法所确认的国家制度和国家权力运行的基本原则，明确了国家和政府为实现国家目标而应当承担的基本责任。[2]国家任务的实现离不开体系化的国家目标条款。

现行《宪法》总纲部分确立了绿色发展的国家目标条款规范体系，明确了国家在绿色发展方面负有的国家义务。现行《宪法》第14条第1款、第2款和第26条分别规定了经济绿色发展与环境保护，这是绿色发展规范内涵在宪法正文部分的体现。该两条宪法规范在规范体系中发挥统领作用，统摄《宪法》第9条第2款、第10条第5款、第22条第2款等条款确立的绿色发展的具体导向，形成自洽的规范体系和国家义务体系。第14条课以国家生产发展方面的国家义务：需积极采取措施推动技术进步、体制机制革新发展生产力，推进资源全面节约和循环利用，在生产生活中厉行节约、反对浪费，这是国家发展经济需注重环境保护的具体要求体现。第26条课以国家环境保护方面的国家义务：负有采取积极措施保护和改善生活环境和生态环境的国家保护义务，并在维持现有适宜环境的基础上组织和鼓励植树造林，保护林木，进一步提高环境质量的积极义务。

第9条课以国家自然资源保护与利用方面的国家义务：国家需采取积极措施保障自然资源的合理利用以满足经济社会发展的需要，需主动采取措施履行保护珍贵动植物的义务，防止侵占、破坏自然资源的行为；除积极义务外，国家对自然资源还负有不得侵占破坏的消极义务。第10条课以国家土地资源利用与保护方面的国家义务：负有提供有关土地所有权和使用权交易流转方面的制度性保障的积极义务，并采取积极措施引导和要求各土地使用主体根据土地性质合理利用土地，同时负有遵守有关土地资源利用方面的制度安排、法律要求的消极义务。第9条、第10条构成了绿色发展生产方式的主要实现路径的宪法表述。

第22条课以国家生活环境保护义务：负有建立健全名胜古迹、珍贵文物等历史文化遗产的保护体制机制的积极义务，保护与人直接相关的生活环境，推动人与自然和谐共生理念的实现，且在行使此类职权时，不得违背保护名胜古迹、珍贵文物和其他重要历史文化遗产之宗旨的消极义务。该条构成了绿色发

---

〔1〕 殷啸虎："对我国宪法政策性条款功能与效力的思考"，载《政治与法律》2019年第8期。
〔2〕 殷啸虎："对我国宪法政策性条款功能与效力的思考"，载《政治与法律》2019年第8期。

展生活方式的主要实现路径的宪法表述。

国家任务的实现离不开国家机关的积极作为。根据宪法法治原则的要求，国家的一切权力必须来源于法律，由法律设定权力的分配、权力的范围。为推动绿色发展国家任务的实现，《宪法》在第三章国家机构部分明确了各国家机关围绕绿色发展所享有的职权。就立法机关而言，主要体现为规定在《宪法》第 62 条和第 67 条中的全国人大及其常委会享有的制定法律的权力以及围绕经济社会发展所享有的决定权；就行政机关而言，主要体现为《宪法》第 89 条第 6 项的对相关事务的"领导和管理"权力；就司法机关而言，主要体现为规定在《宪法》第 131 条和第 136 条中的围绕绿色发展的检察权和审判权。

三、"绿色发展"国家义务的履行

宪法国家目标条款实质上是一种义务性条款和纲领性条款，要求国家应当通过积极的作为实现目标，包括对任何组织或个人实施的违反目标导向的行为进行制裁，同时受目标限制不得作出有违目标达成的行为。宪法在其条文内，仅为原则性之规定，而委托其他国家机关（尤以立法者为然）之特定的、细节性行为来贯彻之。[1]总纲部分的国家目标条款也不例外，其对国家课以的义务仍需包括立法机关、行政机关以及司法机关在内的国家机关予以具体落实。这种国家义务的履行包括两个方面，即国家消极义务的落实和国家积极义务的落实。

（一）国家消极义务的落实

对立法机关而言，需要遵循绿色发展规范体系所体现的价值目标，在立法权行使方面，不得制定有违该价值目标实现的法律，在符合相关立法的制度要求和社会现实要求时，不得消极阻碍相关法律的制定。在重大事项决定权行使方面，不得作出有违该价值目标实现的决定，不得批准与绿色发展背道而驰的计划与决定。

对行政机关而言，其无论是依据自身的立法权限制定相关的法律规范，还是出台相关政策，都同样应当以绿色发展的理念为指引，不作出有违该价值目标实现的行为，不能对生态环境的毁坏视而不见。行政机关作为法律的执行机关，受法律优先原则的约束，不能消极行使法定职权，对破坏生态环境的行为放任不管，更不能滥用法定职权，违反比例原则的要求恣意行使法律许可的自

---

〔1〕 陈新民：《德国公法学基础理论》（上），法律出版社 2010 年版，第 198 页。

由裁量权；受法律保留原则的约束，遵循法无授权不得为的理念和价值，拒绝越权作为和无权作为。

对司法机关而言，其不得拒绝有违绿色发展理念并对法律上的权利义务产生损害的案件，在对相关法律规范进行解释时不得违背绿色发展的价值理念，案件审理过程中不能枉法裁判，亦不能滥用司法裁量权，案件结果不得与绿色发展相背而行，更不能拒绝或者消极执行相关案件的裁判结果。

（二）国家积极义务的落实

对于立法机关而言，需要履行宪法委托义务，以宪法规范追求的价值目标为指引，将那些明确授权立法机关立法调整相关事项的宪法规范予以明确化和具体化，形成相应的法律制度，如《宪法》第10条明确要求立法机关制定土地资源的使用、交易以及征收的法律；对于那些未明确义务主体的宪法规范，立法机关在具体如何立法、何时立法等方面享有较大的裁量空间，应当根据现实需要制定法律来推动相关价值目标的实现，如《宪法》第26条的环境保护条款，随着环境不断恶化环保呼声不断增强，全国人大常委会先后制定了《环境保护法》《土壤污染防治法》等十数部法律。除建构绿色发展的各项基本制度外，立法机关还负有建构适当国家机关的义务，通过设立相应的机构、赋予其相应的职权、设置权力行使的程序与方式、配备足够的人员，为绿色发展提供组织与程序保障。

《宪法》第89条第6项将"领导和管理经济工作和生态文明建设"列为国务院职权，由于国务院的职责可以辐射到所有的行政系统，包括地方各级行政机构与各部委，[1]所有行政机关都具备了推动绿色发展的法定职权。对于行政机关而言，可以通过制定法律、出台政策和执行法律等方式履行"绿色发展"要求的宪法义务。环境保护并非严格的法律保留事项，行政机关与立法机关分享环境保护立法权限，[2]可以通过行使行政立法权创制法律规范来积极履行宪法上的职责。宪法规范不仅是通过立法机关制定法律来实现，还可以通过行政机关制定相关政策来实现。国家目标条款是推行国家政策的指导原则，为国家机关确立活动目标，指导国家机关的活动。[3]行政机关制定政策时必须符合宪法原则和精神，政策应当有助于价值目标的实现。如行政机关在进行土地规划、

---

〔1〕 杜健勋："国家任务变迁与环境宪法续造"，载《清华法学》2019年第4期。

〔2〕 章小杉："中国宪法环境条款：一个规范法学的解释"，载《甘肃政法学院学报》2019年第1期。

〔3〕 殷啸虎："对我国宪法政策性条款功能与效力的思考"，载《政治与法律》2019年第8期。

产业布局时，出台政策构建科学合理的城市化格局、农业发展格局、生态安全格局、自然岸线格局，履行《宪法》第10条"合理地利用土地"的宪法义务；积极制定政策，推动以市场为导向的绿色技术创新体系的构建，促进低碳发展，履行《宪法》第14条"推广先进的科学技术"的宪法义务。此外，行政机关应在各类行政裁量和法律执行的过程中注意宪法国家目标规定课予的环保义务，将生态环境利益作为权衡的重要考虑指标。[1]

司法机关有义务将宪法的精神贯彻到普通法律的审判中去，有义务将法律向着符合宪法的方向进行解释，[2]在适用相关法律处理具体案件时应以系争的国家目标条款作为解释基准，尤其是在概括条款的具体化或法律漏洞补等法续造的过程中。司法机关应当以积极的态度服务于经济社会发展和生态环境保护，以强烈的社会责任感解决社会高度关注、人民群众反映强烈的环境纠纷，[3]做到有案必立、有案必审和有案必裁，大力推动以环境公益诉讼为代表的环境司法创新，弥补环境执法的不力，督促政府有效履行环境职责。[4]司法机关还应当为履行"绿色发展"的宪法义务配备足够的司法资源，组建专门的审判业务部门，配备专业的审判人员，完善相应的审判流程，统一裁量标准，强化相关裁判的执行力度，确保司法机关围绕"绿色发展"在组织、制度与程序上的保障。

四、"绿色发展"与公民的三重关系

（一）"绿色发展"规范体系为公民基本权利的生成提供条件

当前我国宪法上"绿色发展"规范体系的基本取向是在宪法上通过客观法规范对国家各类权力课予不同层次和方面的义务，[5]而非直接赋予公民以"环境权"或者"发展权"这类社会权利。然而仅仅课以普遍的抽象的义务而不赋予个人请求权则是相当于完全把这种义务的履行置入国家自由裁量权的范围，这种自由裁量权因性质上属于民主决策和政治决策而不受法律规制，由此客观法仍然流于空泛，缺乏真正的实效性。[6]但公民基本权利的形成不是凭空产生的，尤其是社会权利，需要以国家整体的经济与社会发展状况为基础，没有相

---

〔1〕 张翔："环境宪法的新发展及其规范阐释"，载《法学家》2018年第3期。

〔2〕 张翔：《基本权利的规范建构》，法律出版社2017年版，第264页。

〔3〕 王树义："论生态文明建设与环境司法改革"，载《中国法学》2014年第3期。

〔4〕 参见别涛："环境公益诉讼立法的新起点"，《法学评论》2013年第1期。

〔5〕 张翔："环境宪法的新发展及其规范阐释"，载《法学家》2018年第3期。

〔6〕 张翔：《基本权利的规范建构》，法律出版社2017年版，第256页。

应的经济社会发展基础，即使规定了宪法基本权利也只能是空中楼阁不能落地，作为理念和制度的 "绿色发展" 将极大地促进国家经济发展和生态环境保护的协同进行，为相关基本权利的生成创造条件。在环境问题日益突出的今天，维持良好环境已经成为国家和公民的共识，保护和治理环境是推动环境权宪法保障的现实推力。[1]

（二）"绿色发展" 的实现离不开公民的积极作为

国家、个人和其他的一切社会主体在利益上是一致的，个人利益的实现有赖于国家、社会的整体协同。[2]良好的经济发展和生态环境是国家、社会和个人的共同利益，"绿色发展" 的实现离不开公民个人的积极参与。公民在一定程度上是绿色发展规范的直接义务主体，这主要体现为公民对环境保护所负担的义务。《宪法》第 9 条第 2 款和第 10 条第 5 款明确将公民作为资源利用的义务主体，要求其履行 "合理使用" 的宪法义务，探求环境保护背景下 "合理使用" 的内涵，有利于明确公民对环境保护所负担的具体义务。首先，"合理使用" 要求公民履行充分的注意义务，在从事相关资源利用的行为时，具备良好的环境意识和足够的环境知识，不断提高对环境的认识水平，以恰当的环境标准来衡量行为本身对环境所产生的影响，这是第一维度的要求。"合理使用" 要求公民履行消极维护义务，配合国家的环境保护行为，如响应《宪法》第 14 条第 2 款[3]的规定，勤俭节约，减少资源的浪费，个人在实施一定行为时选择有利于环境保护的方式，尽力避免对环境的不利损害，这是第二维度的要求。"合理使用" 要求公民履行积极改善义务，即主动采取措施实现环境的改善，这是第三维度的要求。

（三）"绿色发展" 增强公民的宪法信仰

宪法承载着全体人民的共同意愿，代表着最广大人民的根本利益。经济发展和良好环境都是新时代人民对美好生活的期盼，将 "绿色发展" 规定在宪法序言中意味着宪法对人民经济发展利益和良好环境利益的确认和保障。国家目标条款所蕴含的宪法价值决定，将会逐渐渗透到国家的整体法秩序中，会产生事实上的宪法教育功能，使人民产生相关议题的宪法意义与感情。"绿色发展" 在宪法规范体系中的全面展开将有利于增强人民对于 "绿色发展" 的宪法情

---

[1] 参见张震："宪法环境条款的规范构造与实施路径"，载《当代法学》2017 年第 3 期。
[2] 张翔：《基本权利的规范建构》，法律出版社 2017 年版，第 50 页。
[3] 《宪法》第 14 条第 2 款："国家厉行节约，反对浪费。"

感，进而增强对宪法的信仰。

五、结语

绿色发展入宪意味着其规范含义渗透到宪法文本中，并由此建构了以国家任务条款为统领的规范体系，具备了规范拘束力。随着绿色发展实践的不断深入，国家机关积极履行绿色发展的宪法义务，绿色发展的规范含义也将不断丰富，而这也必然会反馈到宪法文本中，最终为公民基本权利的产生创造条件，促进国家义务和公民权利的良性互动，绿色发展将在一定程度上重塑当前的宪法规范体系。

基于"公权力—私权力—私权利"三元结构的
表达自由保护探究

邵红红*

【摘　要】在大众传播时期，网络空间成为公共表达的主要场域，平台私权力的崛起改变了过去"公权力—私权利"的二元规制结构，形成了"公权力—私权力—私权利"的三元规制结构。在三元结构下，技术措施的广泛应用和保护机制的缺乏导致了用户表达自由保护的困境。困境产生的原因可以归结为两方面，一是在规范层面平台被课以宽泛的审查义务，导致信息审查标准不断趋严；二是在实践层面用户可以选择的救济措施极其有限且效率低下。问题的解决需着眼于三元结构的基本构造，应将三元结构理解为一个三角结构而非自上而下的单向传递结构，以用户表达自由保护为参照，以公权力职能的重新定位为核心，以私权力的规制为目标。公权力的职能除了与私权力进行合作、监督的互动之外，还需要加强对用户私权利保护的关注，以平衡私权力和私权利之间的内在张力。

【关键词】表达自由；三元结构；平台私权力；审查义务

引言

在网络时代，公共表达的场域已经从"街角的肥皂箱"转至赛博空间，UGC（User Generated Content）的多元化彰显了对表达自由的多维度解读需求，作为媒介的互联网把控着信息聚合与分发的阀门，"街头发言者"的言论自由

---

* 邵红红，中国政法大学2020级法学实验班硕士。

保护模式难以为继。[1]平台私权力的崛起逐步构建起"公权力—私权力—私权利"的三元结构。但无论是在二元结构中还是在三元结构中，私权利都是相对弱势的一方，[2]只是在网络空间下这种地位悬殊带来的影响被进一步放大：从私权力与私权利的内部关系来看，平台私权力对用户表达进行审查的正当性基础为用户协议，而平台与用户之间地位的不对等导致二者之间平等协商、对话的基础丧失，用户在协议的制定过程中处于被动局面，除"接受或放弃"外别无选择；从公权力与私权力的内部关系来看，二者皆奉行结果主义逻辑，公权力为防止网络空间内出现不当言论而尽可能给平台施加审查义务，平台为了避免承担审查不力带来的公法责任而不断细化技术审查的标准，技术审查"误伤"公众的负面效果却并非二者重点关注的对象。由此，传统的公权力与私权利之间的尖锐对立逐渐消解，平台私权力被置于公共治理的舞台中心，公权力则隐于幕后，私权力行使与私权利保障之间的矛盾凸显。对此问题的解决需要回到三元结构本身，跳出"公权力—私权力"和"私权力—私权利"的单向传递视角，将三元结构理解为一个互动的三角结构并寻求表达自由的保护路径。鉴于此，本文在剖析三元结构下公众表达自由保护困境的基础上，进一步从规范层面和实践层面分析了困境产生的原因，并通过对三元结构的重新解读探讨具体的解决方案。

一、三元结构下的表达自由保护困境

互联网媒介的兴起和普及使得对表达自由的规制从"政府—个人"的二元规制结构转变为"政府—平台—个人"的三元规制结构。在三元结构下，原来限制公权力的措施难以奏效，而平台依靠用户协议和技术审查实现了对公共表达的实际控制，平台用户作为弱势一方，在缺乏相应的保护表达自由的机制时，难以与私权力抗衡。

（一）"二元"到"三元"的结构转型

在个人传播时期，公民的言论具有分散性和传播范围的有限性，站在街角肥皂箱上的发言者足以揭示"政府—个人"的二元规制结构。在这个结构中，公权力与私权利处于直接的对立面，政府被视为侵犯公众表达自由的天敌，因此从程序和实体角度设计了一系列制度来达到制约公权力的目的，以保障公众

---

[1] 参见左亦鲁："告别'街头发言者'——美国网络言论自由二十年"，载《中外法学》2015年第2期。

[2] 参见孔祥稳："网络平台信息内容规制结构的公法反思"，载《环球法律评论》2020年第2期。

的表达自由。然而，在大众传播时期，互联网媒介的兴起逐步消解了政府和公众之间的尖锐对立局面，形成了"公权力—私权力—私权利"的三元结构。在个人传播时期，公众需要借助喇叭使自己的声音被更多的人听到，而互联网具有开放性、共享性、实时性等特征，极大地提升了信息的传播效率，成为比喇叭更受欢迎的信息传播工具，web2.0时代UGC的兴起更是使社交平台成为公共表达的主要场域。虽然喇叭和互联网本质上都是提升公共表达传播效率的工具，但互联网却比"喇叭"更为复杂：个人传播时期，喇叭由发言者控制，但在网络空间之下，互联网的控制权并非掌握在用户手中。当实现个人表达的工具不再由用户所掌握时，就容易出现"被闭麦"的现象。不同于传统的报纸、广播等传播渠道，网络空间下所有平台企业的运行和维护都依赖于互联网，互联网实际上改变了人们表达和交流的场所，成为公众表达的"基础设施"。[1]

在网络空间下，传统的政府直接规制手段难以奏效，有限的行政资源和海量的信息之间的巨大反差使得个人审查无法实现，由掌握经济和技术优势的平台实施具体的审查行为是大势所趋。当平台企业成为公众表达的直接限制者时，政府则隐于幕后，其职能从"规制街角的发言者"转变为"监管网络空间下的平台企业"。对于用户而言，当政府对个人表达自由的直接限制场景被置于网络环境中时，则以一种更为温和的方式展现出来：用户得以进入平台的前提是同意平台对其信息内容的审查，平台借助用户协议获得了行为的正当性基础。由此，网络空间权力结构完成了从"公权力—私权利"的二元结构到"公权力—私权力—私权利"三元结构的转变，政府与用户各自后退一步，达成了网络空间下的信息审查难题的解决方案，平台不再是过去的被治理者，而是在网络空间治理中发挥着主导作用。相较于传统企业的资金优势和市场地位，平台企业所具有的技术、信息和平台构则成了其独特的权力基础。[2]

（二）三元结构对表达自由保护的影响

以用户为基本参照，可以从"私权利—私权力"和"私权利—公权力"这两组关系的解读中发现三元结构的形成对表达自由保护产生的影响。从私权利与私权力之间的关系来看，平台对公众的积极言论和消极言论都存在控制，背后是一套以代码为基础的运行机制；从私权利与公权力之间的关系来看，公权

---

〔1〕 参见左亦鲁："告别'街头发言者'——美国网络言论自由二十年"，载《中外法学》2015年第2期。

〔2〕 参见韩新华、李丹林："从二元到三角：网络空间权力结构重构及其对规制路径的影响"，载《广西社会科学》2020年第5期。

力在私权利保护方面的关注并不充分，缺乏对表达自由的保护机制，导致用户难以与私权力抗衡。

1. 私权利与私权力：公共表达被技术所控制

（1）对积极言论的控制。在信息过载时代，如何在茫茫的信息海洋中寻求用户与信息之间的最近连接成为各大平台企业进行技术升级迭代的内在驱动力。[1]为了提高内容分发效率，推荐算法作为一种新技术广泛嵌于电子商务、视频分享、新闻资讯等平台架构和应用场景之中。[2]对于算法推荐这一新模式，学界的讨论主要集中于算法推荐带来的"信息茧房"[3]效应，或者以"技术中立"为基点论证推荐算法与平台之间的独立性问题。[4]但算法推荐的广泛应用同时对公众的表达自由也产生了深刻的影响，集中于用户端进行探讨可能会被算法推荐"用户本位"[5]的理念所误导，将目光从用户端转向对信息端的考察则更能接近问题的实质。首先，需要明确的是，个性化的信息分发基础是平台建立的信息数据库，平台对内容进行分类、贴标签，然后进行分发，这个过程贯彻了平台的价值取舍和利益偏好，被呈现给用户端的推荐结果与其说是用户的偏好，不如说是平台的选择。其次，平台还可以利用置顶功能推送某些特定信息，从而直接或间接地引导舆论的走向。[6]如微博、哔哩哔哩等平台都有相应的置顶推荐功能（如微博的热搜榜），一方面是弘扬社会主义核心价值观、传播正能量的积极措施，另一方面也是打造顶级流量（如大 V、网红博主

---

〔1〕 参见孙少晶、陈昌凤、李世刚等："'算法推荐与人工智能'的发展与挑战"，载《新闻大学》2019 年第 6 期。

〔2〕 在电子商务方面，亚马逊、当当、天猫、淘宝、京东等平台都使用了算法推荐模式；在视频分享平台方面，例如抖音、快手、哔哩哔哩等视频分享平台也采取了算法推荐模式；在新闻咨询方面，今日头条、趣头条、天天快报等加入了算法推荐模式。参见孙雨生，张晨，任洁等："国内电子商务个性化推荐研究进展：架构与实践"，载《现代情报》2017 年第 5 期；周葆华："算法推荐类 APP 的使用及其影响——基于全国受众调查的实证分析"，载《新闻记者》2019 年第 12 期。

〔3〕 "信息茧房"概念由哈佛大学法学院教授凯斯·R. 桑斯坦在其 2006 年出版的著作《信息乌托邦：众人如何生产知识》中提出，指的是人们只听见其选择听见的东西，使人们如同生活在"茧房"里，参见［美］凯斯·R. 桑斯坦：《信息乌托邦：众人如何生产知识》，毕竞悦译，法律出版社 2008 年版，第 7~9 页。

〔4〕 相关的论述例如李林容："网络智能推荐算法的'伪中立性'解析"，载《现代传播》2018 年第 8 期；喻国明、侯伟鹏、程雪梅："个性化新闻推送对新闻业务链的重塑"，载《新闻记者》2017 年第 3 期。

〔5〕 与"用户本位"理念相对的是"平台本位"，二者的区别在于，在信息分发中用户接收的结果是根据用户个人偏好呈现还是根据平台选择呈现。

〔6〕 参见梅夏英、杨婉娜："自媒体平台网络权力的形成及规范路径——基于对网络言论自由影响的分析"，载《河北法学》2017 年第 1 期。

等)的商业化运作手段,但更可能导致公众表达的"发声"与"被听见"之间的差距被进一步放大。[1]

(2)对消极言论的控制。如果说平台对积极言论的控制决定了表达被公众所知悉的范围,那么平台对消极言论的控制则进一步决定了哪些表达存在被知悉的可能。对于消极言论的控制,主要包括两种情形:第一种情形是平台方通过商业化运作的方式去控制具体的言论,例如"撤热搜""删评论"等情形;第二种情形则是平台基于法律规范所设定的审查义务,通过过滤技术对消极言论采取屏蔽、删除等措施。第一种情形与法律规范的审查义务无关,影响对象主要是信息的受众,即其他用户因为相关人员的操作使本来可以获得的信息变得不可得,主要是技术人员在逐利心理下滥用审查权限的行为,并非本文讨论的核心。对于第二种情形而言,平台根据法律规范设计的过滤技术标准实际上塑造了网络空间内的公共表达秩序,只有通过过滤技术检验的信息才存在被其他公众知悉的可能。然而,技术逻辑下的信息审查具有恣意性。技术过滤实施的是事实审查,而不能进行价值判断,在法律规范体系下可以通过法律解释、价值判断获得支持的正当表达,可能无法通过过滤系统的审查。[2]因此,过滤技术在满足过滤效率的同时也牺牲了审查结果的准确性,其他用户被"误伤"的可能性增加。可能有观点认为,随着技术的成熟和发展,对表达自由的"误伤"会大大降低,但不可忽视的是,技术的完善只能在技术层面无限趋近完美,而无法实现百分百的精准。

2. 私权利与公权力:缺乏对表达自由的关注

二元结构向三元结构的转型消解了政府与个人之间的尖锐对立,亦改变了政府在内容审查中的主要职能。但公权力职能的转变同时也意味着其不仅需要处理与平台之间的关系,更需要从保障表达自由的角度出发关注对用户基本权利的保障,用户借助公权力以实现对私权利的制约,形成三元结构的内在平衡,其原因在于:三元结构并非是一个由政府到平台再到个人的自上而下的单向监管结构,而是一个三角结构,这就意味着在"公权力—私权力—私权利"的结构下需要以每个主体为具体参照考量其与另外两个主体之间的互动关系。然而,从当前的技术审查实践来看,公权力更注重强化其与私权力的合作、互动,对

---

〔1〕 参见〔美〕马修·辛德曼:《数字民主的迷思》,唐杰译,中国政法大学出版社 2016 年版,第21-24 页。

〔2〕 参见时飞:"网络过滤技术的正当性批判——对美国网络法学界一个理论论争的观察",载《环球法律评论》2011 年第 1 期。

保障公众表达自由的关注则略显不足，三元结构实际上呈现出单向传递的特点。目前公权力在三元结构中的主要职能为强化对平台私权力的监管，关注的重心在于内容审查的结果，即通过对平台课以公法审查义务以确保平台上不会出现违法信息。但是公权力与私权利的互动却存在明显的不足，例如在过滤标准的设定上，仅关注过滤的效果，但却未关注过滤技术"误伤"合法表达的情形，导致三元结构的失衡：用户处于政府监管和平台审查二者的"夹缝"之中，在缺乏公权力支持的情形下，很难建立起一套足以与平台私权力抗衡的表达自由保护机制，而在选择、协商空间极其有限的用户协议约束下用户只能被迫接受平台所制定的审查机制。

二、表达自由保护困境产生的原因

平台企业对公众表达自由的侵害表面上是源于过滤技术应用的风险，但从更深层次的角度来看，平台本身并无利用技术措施审查信息的动力，各类法律规范所设定的审查义务构成了平台采取技术措施的动机，宽泛的审查义务才是导致审查标准不断趋严的根本。对于被不当处置的信息而言，匮乏的救济措施导致对技术判断的错误无法得到及时纠正，进一步放大了技术审查机制对公众表达自由的侵害。

（一）规范层面：宽泛的审查义务

每个人都是自身利益的最佳安排者，平台企业作为理性人，其运行遵循市场逻辑，在流量为王的时代趋势下如何增强用户黏性、保持用户对平台的忠诚度是平台设计、完善其商业模式的内在驱动，曾轰动一时的快播案[1]即反映出平台的逐利本质。换言之，虽然技术发展赋予平台审查用户信息的可能，但平台并无对用户上传信息进行主动监管审查的动力。而在网络空间下，有限的行政资源在面对海量的信息审查任务时显得捉襟见肘，因此将信息审查的任务交由平台完成既是调和有限行政资源与海量审查信息之间张力的必然趋势，也是发挥平台技术优势的题中之义。因此，在二元结构中公权力对于用户表达自由的限制由政府直接作出，现在则通过对平台课以审查义务的方式，将平台定位为信息的"守门人"，平台若没有尽到审查义务，将会承担公法责任。但平台在承担审查义务的同时也存在一定的自由裁量空间，这种自由裁量空间来源于规范层面公权力对平台课以宽泛的审查义务，具体表现为对平台内规则的

---

[1] 参见北京市海淀区人民法院（2015）海刑初字第 512 号刑事判决书。

制定。

从规范层面而言，平台的自由裁量权来源于宽泛的审查义务。以微信平台为例，《腾讯微信软件许可及服务协议》[1]的第 8.1 条信息内容规范部分内容为《互联网信息服务管理办法》第 15 条中关于互联网信息服务提供者不得制作、复制、发布、传播的规定，部分内容则是 2005 年发布的部门规章《互联网新闻信息服务管理规定》第 19 条的第 9 项和第 10 项的规定，虽然该规定已经失效，但是这两项规定在互联网协会出台的行业规定《中国互联网协会短信息服务规范（试行）》第 5 条中予以保留。第 11 项为"不符合《即时通信工具公众信息服务发展管理暂行规定》及遵守法律法规、社会主义制度、国家利益、公民合法利益、公共秩序、社会道德风尚和信息真实性等'七条底线'要求的"，其中《即时通信工具公众信息服务发展管理暂行规定》为国家互联网信息办公室发布的部门规范性文件。第 12 项为兜底条款，规定用户不得上传"含有法律、行政法规禁止的其他内容"。通过对微信平台的服务协议进行分析可以发现，平台对用户信息进行审查的规范依据来源主要包括行政法规、部门规章、部门规范性文件和行业规定，在具体的审查内容规定上采取的是概括加列举的方式，其中包含了"国家利益、公共秩序"等大量内涵不确定的概念，总体上呈现出"大而全"的特征。

规范层面的审查义务需要平台制定规则予以落实，在具体措施中平台的自由裁量权体现在两个方面：一是过滤标准具有趋严性；二是处置措施具有恣意性。对于过滤标准的设定而言，若平台在设计过滤算法时将匹配阈值设定得很低，则意味着过滤效果欠佳，当平台内出现了传播色情、低俗等信息内容时，其将会面临停业整顿或吊销经营许可证的公法责任。[2]因此，平台将趋向于设置严格的技术过滤标准，对可能的不良信息予以过滤。然而技术过滤遵从事实逻辑，不涉及价值判断，严格的过滤标准将大大提升"误伤"其他社会公众的可能性。在处置措施方面，平台对于上传上述信息的用户采取的措施包括"删除、屏蔽，并视行为情节对违规账号处以包括但不限于警告、限制或禁止使用

---

〔1〕《腾讯微信软件许可及服务协议》，载 https://weixin.qq.com/cgi-bin/readtemplate？lang=zh_CN&t=weixin_agreement&s=default，最后访问时间：2021 年 3 月 15 日。

〔2〕参见《互联网信息服务管理办法》第 20 条："……对经营性互联网信息服务提供者，并由发证机关责令停业整顿直至吊销经营许可证，通知企业登记机关；对非经营性互联网信息服务提供者，并由备案机关责令暂时关闭网站直至关闭网站。"

部分或全部功能、账号封禁直至注销的处罚，并公告处理结果"。[1]但就具体的处置程序而言，平台对用户采取相关措施之后的通知内容往往语义模糊，用户基本只能得知自己的信息被删除或屏蔽的结果，对于信息具体违反了哪些法律规范则并不知情。

（二）实践层面：匮乏的救济措施

在"公权力—私权利"的二元结构中，公权力部门执法需要受到严格的程序制约，如根据《行政处罚法》相关规定，行政机关在作出行政处罚决定之前，应当告知相应的事实、理由以及依据，当事人有权进行陈述和申辩，并提起行政复议或行政诉讼。严格的程序保障使得限制公民表达自由的决定具有坚实的法律依据和充分的救济手段。然而，针对平台私权力侵害用户表达自由的情形，原来的救济体系则失去了用武之地。平台私权力行使的依据为与用户签订的用户协议，用户协议实际上将"社会契约"转移为"私人契约"，[2]表达自由的契约化必然带来救济的困境。针对平台侵害用户表达自由的情形，用户救济的主要途径分为两种，第一种是平台的内部救济，例如申诉机制；第二种是诉讼的外部救济，即通过司法裁判获得纠正的可能。总体而言，目前的救济措施呈现出以下几个特点。

一是救济措施的非直接性。对于平台内的用户基本权利保障，目前可以选择的外部纠正路径大致包括违约之诉路径、反垄断法的竞争法路径、企业社会责任的自律监督和用户的集体行动路径。[3]这些救济路径都并非直接针对用户的表达自由保护而展开，虽然能够在一定程度上限制平台对用户基本权利的侵犯，但往往是行动结果带来的辐射性效应。以用户个人驱动的合同违约之诉为例，虽然是基于用户协议而提起，但在用户协议的制定和解释中平台都占绝对优势，且根据《民法典》第497条，作为格式条款的用户条款只有在不合理地免除或者减轻平台责任、加重用户责任、限制用户主要权利、排除用户主要权利等情形下才会被认定为无效。此外，平台根据司法判决不断完善用户协议，使用户协议变得更为精妙以规避法律的审查，平台与用户之间通过司法手段进行

---

[1] 参见《腾讯微信软件许可及服务协议》第8.5.1款，载 https://weixin.qq.com/cgi-bin/readtemplate? lang=zh_CN&t=weixin_agreement&s=default，最后访问时间：2021年3月15日。

[2] 参见张小强："互联网的网络化治理：用户权利的契约化与网络中介私权力依赖"，载《新闻与传播研究》2018年第7期。

[3] 参见张小强："互联网的网络化治理：用户权利的契约化与网络中介私权力依赖"，载《新闻与传播研究》2018年第7期。

博弈的结果成效甚微，用户言论自由的保护难度反而会因此而提升。[1]且利用私法规范对侵害用户表达自由的行使"私权力"的行为进行评价，实质上是以合同的外衣掩盖平台行使公共管理职能的事实，难以从根本上实现对平台私权力的规制。[2]

二是救济效率的低下性。对于平台内部的救济措施而言，虽然从理论意义上来说可以通过平台内裁决的方式对用户提出的异议进行处理，能够有效节约司法资源、提升处理效率，但从实践来说，这种救济措施的效率仍然难以保证。以微博平台的用户协议为例，其第8.3条规定，微博运营方或其授权主体有权依据其合理判断不经通知立即采取一切必要措施以减轻或消除用户行为造成的影响，并将尽可能在处理之后对用户进行通知。未经事前通知的删除叠加并不绝对的事后通知，使得用户上传信息被屏蔽、账号被禁言时，无法在平台内部获得及时的救济。但考虑到申诉机制的审查原理为通过人工的二次审查，即使用户通过提起申诉启动平台的内部复核程序，但在平台每天面临巨大的申诉请求时，人工审查的效率仍然低下。此外，在利益驱使下，平台还可以选择性地忽视某些申诉，使得用户的申诉不一定会得到处理。

三、三元结构下技术审查机制的修正

在"公权力—私权力—私权利"的三元结构之下，平衡私权力和私权利之间的内在张力需要矫正目前存在的单向传递结构，着力构建"政府—用户—平台"之间的三角结构，其基本出发点在于以用户表达自由保障为基本参照，以政府职能重构为核心，以私权力的规制为目标。因此，首先需要厘清公权力与私权力之间的关系；其次需要以公众表达自由的保障为出发点，限制私权力的审查范围。

（一）厘清公权力与私权力之间的关系

在"公权力—私权力—私权利"三元结构下，对用户表达自由的保护不仅涉及私权力与私权利之间直接冲突的调整，还涉及私权力和公权力之间关系的认知。据学者研究，目前政府与平台企业之间的关系主要包括三种类型：一是管理与被管理的监督关系；二是政府为主、平台为辅的协助关系；三是政府和平

---

[1] 参见张小强："互联网的网络化治理：用户权利的契约化与网络中介私权力依赖"，载《新闻与传播研究》2018年第7期。

[2] 参见胡斌："私人规制的行政法治逻辑：理念与路径"，载《法制与社会发展》2017年第1期。

台共治的合作关系。[1]这些观点固然有一定的道理，但仍无法揭示"公权力—私权力—私权利"三元结构下公权力和私权力之间复杂关系的全貌：首先，监督关系主要是从法律规范的角度切入，彰显了政府对平台企业的约束，但这更强调公权力与私权力在事后追责层面的关系，忽视了在日常运行中政府与平台之间在信息审查事项上所达成的一致，由作为私主体的平台实际行使公共审查职能，而政府则隐于幕后。其次，协助关系的观点虽然为政府进行监管追责提供了正当性，但是这种主次关系的区分没有真实反映平台在信息审查中发挥的主导作用，难以为平台私权力承担责任提供足够的理论支撑。最后，政府和平台之间的合作关系体现了网络空间治理的一种理想状态，虽然很好地揭示了政府与平台在信息审查事项上的共治本质，但是在法律监管角度方面，则可能导致责任界定的困境。

私权力作为政府监管和用户信息之间的连接，对二者之间的关系界定需要以用户为基本参照，区分公权力与私权力的对内关系与对外关系：在对内关系的考量上，公权力与私权力是监督与被监督关系；在信息审查方面，相对于用户这个基本参照，则是形成了一种合作关系。理由在于：在对内关系上，公权力与私权力之间存在公共治理职能的让渡，由私权力依照用户协议对平台内的信息进行审查。让渡的行为并非传统意义上的行政委托或行政授权，而是通过对平台课以审查义务来实现，本质上公权力机关与平台之间仍是监督与被监督的关系。为了防止在让渡过程中因自由裁量空间的存在而引发私权力的滥用，因此需要在内部加强对平台私权力的管控，不仅需要关注技术审查的效果，更要关注公众表达自由在技术审查机制之下的运行情况。在对外关系上，则是需要以用户为基准，对用户而言，无论公权力和私权力之间如何进行分工，对表达自由的限制结果并不会因为行为主体的变化而变化，公权力与私权力针对网络空间下信息审查事项的公共治理职能变化实质上是二者进行合作的结果。

（二）限制技术审查机制的适用范围

在明确公权力与私权力之间对内监督、对外合作的关系基础上，可以进一步探索如何在三元结构下实现对用户私权利的保障。欧文·费斯教授在《言论自由的反讽》一书中指出，国家既可能是言论自由的敌人，也可能是言论自由

---

〔1〕 参见周辉："网络平台治理的理想类型与善治———以政府与平台企业间关系为视角"，载《法学杂志》2020 年第 9 期。

的朋友。[1]该观点为三元结构中政府职能的重新界定提供了思路：政府不仅要加强与私权力之间的互动，更要关注对私权利的保障。具体到表达自由的保障而言，则需要借助公权力对抗私权力，限制私权力的审查范围。对平台私权力审查范围的限制需要以技术审查机制为核心。技术审查机制契合了信息过载时代的效率需求，也是二元结构向三元结构转型的契机，虽然在实施上具有一定的缺陷，但是完全舍弃技术审查、回归人工审查路径亦不可取，无论是平台还是政府都难以负担如此巨大的人工审查成本。因此，更为可取的方式是在认可技术审查机制的基础上，对其进行修正和完善，通过区分不同的信息类型和审查要求采取不同的审查方式。

首先，平台技术审查措施的适用应限于清晰、明确的事项。平台对技术审查措施的采取需要在高效性与保障公众表达自由之间进行平衡，对效率的追求不能以牺牲准确性为代价。技术审查机制运行的正当性基础来源于平台与用户之间的用户协议，而用户协议中信息审查内容条款的设定则是政府监管驱动的结果。换言之，政府对平台施加的信息审查义务的宽严在本质上决定了技术过滤标准的高低，模糊的审查义务必然导致平台出于"谨慎起见"的心理而采取严格的技术过滤标准。故而，对技术审查机制的适用范围限制需以明确的审查义务范围为前提，需要对平台企业所追求的"大而全"的审查机制予以修正，交由过滤技术进行批量处理的信息类型必须清晰、明确，能够通过自动过滤技术予以实现。[2]以前文所提到的微信平台的用户协议为例，其中前10项的内容相对来说较为明确，可以以此为参照设定过滤关键词进行批量过滤。需要注意的是，关键词清单需要由平台与监管机构进行合作制定并由监管机关向公众发布，一方面，平台作为信息审查者能够接触到各类信息，对于哪些内容可能涉嫌违法更有实践经验，有利于增强过滤关键词清单的实用性；[3]另一方面，监管机构的介入能够在平台提供资料的基础上从专业的角度进行审查，防止平台随意扩大过滤关键词范围而不当侵害公众表达自由。此外，关键词清单应接受公众监督，定期予以调整，将不适合的关键词从清单中剔除出去，将一些实践中新出现的关键词添加进去，实现关键词过滤的与时俱进和动态发展。

---

〔1〕 ［美］欧文·M. 费斯：《言论自由的反讽》，刘擎、殷莹译，新星出版社 2005 年版，第 4 页。

〔2〕 赵鹏："私人审查的界限——论网络交易平台对用户内容的行政责任"，载《清华法学》2016 年第 6 期。

〔3〕 参见姚志伟："技术性审查：网络服务提供者公法审查义务困境之破解"，载《法商研究》2019 年第 1 期。

其次，采取"技术审查+人工审查"机制构建应是大势所趋。在有限的技术审查范围之外，对于某些宽泛而模糊的内容审查要求，则不宜通过技术审查机制进行"一刀切"式的处理，例如前述的微信用户协议 8.1.2.1 条第 11 项中所述不符合《即时通信工具公众信息服务发展管理暂行规定》及遵守法律法规、社会主义制度、国家利益、公民合法利益、公共秩序、社会道德风尚和信息真实性等"七条底线"要求的，其中对于"七条底线"的判断并无明确的标准，只能通过主观上的经验判断来进行，过滤关键词的设定缺乏严谨性，很可能导致审查机制的恣意性，侵害公众的表达自由。但与此同时，这些行业规定本身所具有的弹性解释空间同时也为网络空间下变幻莫测的不当言论规制提供了基本指引，在技术审查封闭列举的情形下可以引入人工审查机制对此类模糊的、不确定的内容进行审核。人工审查机制能够对用户上传信息内容进行规范评价，可以形成对技术审查机制的有效补充。至此，平台内的人工审查不仅面向对用户申诉结果的处理，还对定性模糊的信息进行审查，能够从事后介入转为事前、事中的审查，发挥更为积极的作用。

结论

在平台经济蓬勃发展的当今，"公权力—私权力—私权利"的三元结构已经成为探讨公众表达自由保护问题的基础，在这背后既有技术发展的推动，也有公权力机关对公共治理职能的让渡。当技术审查代替了人工审查、对效率的追求超越了对准确性的追求，公众表达自由的保障便很容易被忽视，私权力与私权利之间的冲突愈发难以调和。问题的解决需要回到三元结构本身，矫正"公权力—私权力"和"私权力—私权利"的单向传递监管思维，将其视为一个三角结构，以平台用户为参照，厘清公权力与私权力之间对内监督、对外合作的基本关系。对用户表达自由的保障需要重新定位公权力机关在三元结构中的职能，不仅要关注其与私权力的互动，更要关注公权力与私权利的合作，使得用户可以借助公权力的力量对抗私权力，以实现三元结构的内在平衡。

论我国宪法"受教育义务"条款的规范内涵

李　丹*

【摘　要】受教育义务是否为宪法意义上的公民基本义务，是受教育问题所不能绕开也不易解开的问题。究其本质，受教育义务属于社会福利义务，更多地表现为一种保障公民基本权利实现的"手段义务"，这也就为处理权利义务复合结构表述下权利与义务模糊问题提供了更多可能性。在明晰受教育义务属性的基础上，借助宪法解释学的方法对受教育义务的主体、相关责任主体以及对象进行规范分析，以此为研究进路，进一步解决受教育义务与受教育权利之间的内在冲突，破解受教育义务履行与受教育方式选择间的内在困境，强制公民接受最低限度教育的同时注重对公民个体多元个性的保护。

【关键词】公民基本义务；受教育义务；受教育权；义务教育

一、问题的提出

现行《宪法》第46条第1款规定，"中华人民共和国公民有受教育的权利和义务"，其中，"受教育的义务"被称为"受教育义务"条款。然而，本条虽简单明了地指出公民具有受教育的权利和义务，但是这样一种权利义务复合结构的表述却在法理上产生了受教育权利和受教育义务如何自洽的问题，在实践中更是出现当学龄儿童、青少年辍学或者父母选择在家教育孩子时，地方政府

---

* 李丹，中国政法大学2020级宪法与行政法学专业硕士。

将家长告上法庭要求其将子女送入学校接受教育的"官告民"案件。[1]另一方面，受教育义务伴随着受教育权利共同出现，使得受教育义务本就不同于传统的古典强制义务。这就使得在理论上对于该义务的性质产生了争议，在实践中对义务责任的厘定陷入了困境。显然，厘清受教育义务的承担主体，识别该义务与古典强制义务的区别从而明晰公民受教育义务的宪法性质，是把握受教育条款的应有之义。事实上，在理论上，无论是宪法文本中的受教育义务复合型规范结构，还是受教育义务与受教育权利关系本身的复杂性，都为学界对于受教育义务的研究提供了现实的对象和各抒己见的空间。[2]当前国内关于受教育义务的讨论主要存在如下三种学说。

一是"权利义务复合说"。本学说为主流观点，认为接受教育既是一项权利又是一项义务。但是持此观点的学者有着不同角度的论述方式，一些学者为规避权利与义务集于同一主体的问题，将受教育权利的享有者与受教育义务的履行者予以区分，借助法律解释的方法化解原有的矛盾。[3]如王锴就指出，该义务的主体是受教育者的父母或者监护人而不是其本人，将受教育权利与义务集于同一主体的规定是自相矛盾的。[4]而多数学者以"受教育"本身为研究基础论证了受教育权利与受教育义务存在相容的可能性。在此，钱大军就从形式、内容、方式、条件和结果五个方面入手，论证了公民负担的受教育义务是公民个体发展与社会良好运行的共同基础。[5]劳凯声也曾提出，由于受教育具有使个人摆脱愚昧、实现自我发展与价值和建设国家、民族未来的双重作用，受教

---

[1] 如 2017 年云南首例因辍学引发的"官告民"案件，怒江州兰坪县啦井镇人民政府诉 5 名学生家长，要求其送子女入学接受并完成义务教育；又如 2019 年柳州市柳北区教育局与潘步刚侵权责任纠纷案（桂 0205 民初 3431 号），判决同样要求父母承担将子女送入学校接受教育的义务。

[2] 尽管，在受教育义务问题上学界呈现百家争鸣的态势，但在受教育义务的存在阶段上国内学界已达成较为统一的认识，即对受教育义务一置于义务教育的框架下予以讨论，而在非义务教育阶段受教育更多展现出的是竞争性而非义务性，也就不存在受教育义务的问题。参见郑贤君："公民受教育义务之宪法属性"，载《华东政法学院学报》2006 年第 2 期；吴鹏："论公民的受教育义务"，载《清华大学教育研究》2008 年第 3 期。因而，本文遵循学界主流观点，仅讨论受教育义务在义务教育框架下的问题。

[3] 林来梵：《从宪法规范到规范宪法——规范宪法学的一种前言》，商务印书馆 2017 年版，第 258 页。

[4] 王锴："从一则案例看在家教育的合宪性与合法性——兼谈我国宪法上受教育权与受教育义务之内涵"，载《第二届中国青年论坛暨"少年法制：转型与创新"研讨会论文集》，中国青年政治学院 2011 年，第 393—406 页。

[5] 钱大军、马光泽："受教育义务论析"，载《教育发展研究》2017 年第 1 期。

育就不应仅仅为一项权利而且还应为一项义务。[1]陈鹏也认为，尽管受教育的权利对应着公民个体完善发展的个体主义目标，受教育义务对应着维系现代国家发展的国家主义目标，但个体终究离不开社会，受教育使得公民得以更好地参与社会生活，在这一目标上受教育权利和受教育义务不谋而合。[2]

二是"权利说"。该说认为受教育本就应为权利而非义务。张庆福等人认为，受教育权利和义务作为一对完全相反的概念，是不能够同时予以规定的，否则会使得权利主体与义务主体混淆，出现权利可以放弃而义务必须履行的两难境地，尤其在权利都难以得到保障的情况下，其认为将受教育规定为公民义务的意义不大；[3]龚向和也反对将受教育规定为公民的义务，认为强制性教育会扩大教育内容的范围，给公民强加义务，不利于受教育权利的保障。[4]

三是"义务说"。该说既不支持"权利说"，也不支持"权利义务复合说"。比如温辉就更倾向于将接受义务教育认定为一种义务，其认为这不仅与促使学龄儿童入学接受教育以减少辍学率的目标相符，还与我国培养高素质的劳动者和专门人才的教育战略一致。[5]

围绕现行宪法公民受教育究竟是权利还是义务的争议还只是表面的，这三种主张的根本分歧在于受教育义务的宪法属性之争。因此，要明确受教育义务的宪法属性，进而对受教育义务条款的内容进行规范分析，明确受教育义务的主体和对象，从而寻求受教育义务与受教育权利之间的内在冲突和张力，化解受教育义务履行与受教育方式选择间的矛盾。

二、公民受教育义务的属性及理论基础

受教育义务能否成为宪法意义上的基本义务，是对受教育义务条款进行规范分析的前提性问题，因而在此需要对受教育义务的属性予以明确，并探究其背后的理论基础。

（一）宪法上"公民义务"概念的界定

"义务"一词，根据《汉语外来词词典》的定义，与"本务"概念相对，

---

〔1〕 劳凯声：《教育法论》，江苏教育出版社 1993 年版，第 101 页。

〔2〕 陈鹏："个体人格、国家目标与公共人格——受教育权与受教育义务的自洽性之破立"，载《浙江社会科学》2018 年第 9 期。

〔3〕 参见张庆福主编：《宪政论丛》（第 1 卷），法律出版社 1998 年版，第 31 页。

〔4〕 参见龚向和："受教育的权利义务性质论辩"，载《湖南社会科学》2003 年第 4 期。

〔5〕 温辉：《受教育权入宪研究》，北京大学出版社 2003 年版，第 67 页。

即个体根据社会规范对共同体所承担的责任。随着德国哲学家费德尔提出"个人的消极义务"，法学意义上的义务进入人们的视野。其主要被理解为"权利的限制"，即人们必须遵守某些作为或不作为的法律限制。[1]而规定于宪法中的公民义务又被称为基本义务，对其含义的理解存在如下三种观点：其一，"实定法标准"，即在宪法规定范围内的义务是公民的基本义务。持此观点的学者认为，只有宪法规定的义务才能称为公民的基本义务，公民的基本义务等同于公民的宪法义务；[2]其二，"价值标准"，即以价值高低作为衡量"基本与否"的标准。如有学者认为，基本义务是指法律规定的，在关系国计民生重要领域中公民必须履行的义务；[3]其三，"目的标准"，即以规定基本义务所要实现的目标为界定标准。如肖蔚云认为，公民的基本义务是为了推进国家建设而对公民提出的基本要求；[4]肖泽晟认为，公民基本义务是法律规定的为保障社会基本运行秩序而要求公民履行的义务。[5]

虽然学者对于"基本义务"有着不同的定义方式，但是基于对不同观点的梳理，我们可以找出对于基本义务界定共通的部分，即公民基本义务是指规定于宪法中的，以保障公民权益，维护公共利益，维持国家、社会发展为目标的，对公民为或不为一定行为的约束。

（二）宪法上公民义务的分类

总的来说，宪法上的公民义务可以分为两类：古典强制义务和社会福利义务。[6]

1. 古典强制义务

古典强制义务来源于古典自由宪法，最早出现于1795年法国共和三年宪法。一般认为，古典强制义务受到自由主义法治国家理论影响，基于构建和维系国家的需要而存在，这一义务的履行是公民与国家所结"社会契约"存续和运行的基础。德国学者古斯将服从义务作为国家存续的前提，他提出国家权力以稳定而长久的统治为基础，而要使得统治稳定而长久，就需要对公民提出行

---

[1] 刘金国、舒国滢：《法理学教科书》，中国政法大学出版社1999年版，第41页。

[2] 参见朱国斌：《中国宪法与政治制度》，法律出版社1997年版，第242页。

[3] 参见李步云主编：《宪法比较研究》，法律出版社1998年版，第572页，程雁雷撰写部分。

[4] 参见肖蔚云等：《宪法学概论》，北京大学出版社2005年版，第217页。

[5] 参见肖泽晟：《宪法学——关于人权保障与权力控制的学说》，科学出版社2003年版，第156页。

[6] 参见董和平等：《宪法学》，法律出版社2000年版，第426页；胡锦光、韩大元：《中国宪法》，法律出版社2004年版，第306页。

为要求并以强制手段作为保障，这就是在为公民设定义务。[1]由于古典强制义务的目的在于维系国家，因而该类义务均是为了国家建设需要而存在，主要包括服从义务、纳税义务和服兵役义务。由于其基于统治需要而存在，也就自然而然带有强烈的强制色彩，在公民没有正当理由不履行这一义务时，司法机关可依照法律规定强制公民履行。由于这一义务出于个体认同而为共同体牺牲、奉献，其履行可以由个人独立完成，而不需要国家、社会提供便利。

2. 社会福利义务

社会福利义务产生于对传统自由主义批判和福利国家思想传播的浪潮中，随着"受社会拘束的自由"的观念而出现。福利国家扮演着社会和谐的调节者的角色，担负着为公民个性发展和能力发展提供机会、增进人民福祉的责任，而出于更好履行责任的需要国家所享有的权力也在逐渐增大，公民的义务也就随之增多。[2]德国1919年的《魏玛宪法》就大幅度扩张了义务范围，将受教育的义务、劳动的义务（或称为工作的义务）等写入宪法。这一义务并不是因为维系国家生存而产生，因而也就不同于古典强制义务要求公民个人的无条件付出，社会福利义务是公民接受福利国家额外给付后的回报。这就使得这样一种义务的履行以国家履行给付责任为前提，个人在接受了这样一种恩惠的同时，也就相应地负担了一定的义务，使其呈现一种既为权利又为义务的状态。而这种先给付后回报的特征，也使得社会福利义务的履行单单依靠公民个人是难以完成的，需要国家、社会或是其他公民的辅助才能得以履行。

（三）基本义务之受教育义务属于社会福利义务

教育事业在近代以前属于私人领域的事务，近代以后福利国家为了达到使民众个性发展和能力发展的目标将手伸向这一私人领域，使之进入公共领域。而教育权也随之从父母手中转移到了国家手中，公民由在家中完成基础教育逐渐变为进入学校完成基础教育。公民享有要求国家提供教育便利的受教育权利，而国家基于普及教育的需要也就产生了相应的教育权力，在国家提供了教育所需的经费、设施后，公民又负担着进入学校学习、接受国家教育的义务。受教育义务也就呈现出如下属性：第一，以国家提供教育给付为前置性要求；第二，受教育权利行使和受教育义务履行具有同时性；第三，以保障公民基本权利实现为目标。可以说受教育义务是典型的社会福利义务，若国家不为公民提供义

---

〔1〕 王锴："为公民基本义务辩护——基于德国学说的梳理"，载《政治与法律》2015年第10期。

〔2〕 参见吴春华主编：《西方政治思想史》（第4卷），天津人民出版社2005年版，第392—396页。

务教育的基本保障，公民的履行基础也就不复存在，若公民不主动接受国家所提供的教育给付，也就等于公民没有履行这一义务，义务的履行与权利的行使同时存在。但其存在的根本目的还是在于强制公民接受最低限度的教育，为其生存发展提供最基本的条件，可以说这一义务并无本质内涵，实际上是为了保障权利履行而存在的手段性义务。

三、"受教育义务"宪法表达的规范分析

在明确了受教育义务的内涵以及理论基础后，需要探求受教育义务在宪法文本中的具体体现，对其表述方式以及基本内容进行分析，以期完成对"受教育义务"条款规范意义上的梳理。

（一）宪法文本中受教育义务的表述

受教育义务入宪缘起于义务教育的普及，伴随着资产阶级从教会夺取教育权的过程而产生。据统计，现在过半数的国家都将"受教育义务"写入宪法中。[1]受教育义务首见于我国宪法是在1982年，基于建设强大社会主义国家而培养高素质人才的需要产生。[2]可以说，大部分国家的宪法都规定了受教育义务，即使有些国家没有将其写入宪法文本，也通过宪法判例或者其他法律将这一义务予以贯彻。

而宪法文本中出现受教育义务的，概括起来主要有两种表述模式：一是使用单独条款对受教育义务和受教育权利进行分别规定的权利义务分立模式；[3]二是将受教育权利与义务规定于同一条文中、兼具授予权利和规定义务功能的权利义务复合模式。[4]不同于我国采用权利义务复合模式，大部分国家采用受教育权利和义务分立模式，更加明确地将受教育权利与义务的主体、内容和行为模式规定下来。比如日本、韩国等国就明确将受教育义务规定为受教育者的父母或者监护人的义务，又如法国、瑞士等国将受教育义务确定为国家的义务。

---

〔1〕 据统计，约有51.4%的国家在宪法文本中规定了受教育义务。参见［荷］亨克·范·马尔塞文，格尔·范·德·唐：《成文宪法——通过计算机进行的比较研究》，陈云生译，北京大学出版社2007年版，第143页。

〔2〕 参见许崇德：《中华人民共和国宪法史》（下卷），福建人民出版社2003年版，第502页。

〔3〕 典型如德国1919年《魏玛宪法》第145条规定：受国民小学教育为国民普遍义务；《泰国宪法》第56条规定：个人有义务按照法律规定的条件和方式接受教育和培训；《日本宪法》第26条规定：一切国民，按照法律规定，都负有使受其保护的子女接受普通教育的义务；《韩国宪法》第31条规定：全体国民都有义务使其所监护之子女受起码的初等教育或法律规定的教育。

〔4〕 典型如《西班牙人民宪章》第5条规定：任何西班牙人，有受教育之权利与义务；《巴拿马宪法》第86条规定：人人都有受教育的权利和义务。

而我国宪法由于受到马克思主义法学理论的指导，在受教育问题的规定上采用了权利义务复合模式，更偏向一种原则性的规定，在义务主体、内容和行为模式方面的规定较为模糊。但同时，这样一种原则性法律规范也为学界提供了解释的空间，通过解释"受教育义务"条款，增强该条文在理论和实践上的生命力。

（二）现行宪法"受教育义务"条款的内容

通过考察宪法和其他法律文本的规定，宪法上"受教育义务"条款可以概括为以下几个方面内容。

1. 受教育义务的主体

受教育义务究竟是谁的义务，适龄儿童、少年能否成为这一义务的承担者，是对受教育义务条款进行解释要面对的首要问题。对于这一义务的承担主体学界存有三种看法：部分学者参照日、韩两国宪法规定，主张该义务是父母或监护人的义务；[1]还有部分学者主张适龄儿童、少年是受教育义务的主体；[2]另有部分学者主张两者共同构成该义务的主体。[3]但是基于文义解释与立法解释，公民受教育义务的主体应当仅限于适龄儿童、少年，而不包括父母或监护人。

首先，从法条的文义来看，受教育权利享有者与义务承担者均指向了受教育者。现行《宪法》中有公民有受教育的权利与义务之规定，同时2006年的《义务教育法》中也规定"适龄儿童、少年"必须接受教育，履行受教育义务。基于对《宪法》和相关法律的解读，不难发现受教育义务的主体应当限于适龄儿童、少年。

其次，基于立法解释，在"受教育义务"条款制定之初，制定者就明确表示这样一种义务属于受教育者。将受教育规定为公民基本义务时，考虑到建设社会主义国家的需要，每位公民必须接受最低限度的强制性教育以提高其道德、文化水平。[4]因而，从这一方面更肯定了受教育义务的主体为受教育者，也即适龄儿童、少年。

最后，学界中存在着儿童、少年缺乏足够的行为能力而不能作为受教育义

---

〔1〕 参见温辉：《受教育权入宪研究》，北京大学出版社2003年版，第13页。

〔2〕 参见吴鹏："论公民的受教育义务"，载《清华大学教育研究》2008年第3期。

〔3〕 参见许崇德主编：《宪法》，中国人民大学出版社1999年版，第181页。

〔4〕 参见［荷］亨克·范·马尔塞文，格尔·范·德·唐：《成文宪法——通过计算机进行的比较研究》，陈云生译，北京大学出版社2007年版，第143页。

务主体的观点，但是正是因为儿童这类主体缺乏足够理性和自治能力，才使其成为这一义务的履行主体具有了正当性。因为受教育义务有助于个人自我完善，其对缺乏足够理性和自治能力的儿童、少年提出接受最低限度教育的要求，是为了其能够通过教育达到自由而理性的生活。同时，穆勒和拉兹也都指出真正意义的自由是一种理性的自由，而为了使人拥有理性的生活，最重要的方式是教育。因而，受教育义务有助于个人自我完善，其对个人的限制也是为了公民更好地享有受教育权利。这也就说明了为什么受教育义务的主体是缺乏足够理性和自治能力的适龄儿童、少年，而非有健全思维和自治能力的成年父母或者监护人。

2. 受教育义务的其他责任主体

如前所述，受教育义务属于社会福利义务，单独依靠受教育者个人是难以完成的，需要适龄儿童、少年的父母或监护人、社会以及国家予以协助才能够完成这一义务，保障受教育义务履行需要多方共同努力。《义务教育法》第5条也明确了，国家、父母、学校三方应当保障这一义务的履行。

首先，父母或监护人是义务的代为负担者，如果父母不为子女接受教育提供必要的帮助，适龄儿童、少年难以接受教育。父母或者监护人承担着从义务，在未成年人应当接受教育的各个阶段，应当辅助其接受相应的教育，而不能剥夺其接受教育的机会。

其次，国家是义务履行的保障者，不仅提供着经费保证，还辅之以制度保障。国家一方面负有搭建教育基础设施的义务，另一方面负有监管义务教育推行的责任。如果国家不为公民接受教育提供必要的准备，那么公民的受教育义务也就缺失了履行的基础。

最后，学校及其他社会团体是义务的辅助承担者，承担着为适龄儿童和少年提供适合接受教育的场所、构建有利于其健康成长的社会环境的责任。因此，虽然规范意义上的受教育义务的主体为适龄儿童、少年，但是这一义务真正得以履行离不开适龄儿童、少年的父母或监护人、社会以及国家承担辅助性义务，协助受教育者履行接受相应教育的义务。

3. 受教育义务的对象

基本权利与义务规范的是国家与公民之间的关系，受教育义务作为公民基本义务对应的是国家的教育权力。需要追问的是国家所享有的教育权力是否正当且合法？对此我们认为，国家基于更好地保护公民利益、维护教育公平、使民众理性而幸福地生活的需要，要求适龄儿童、少年接受义务教育，是正当且合法的。尽管个人在物质、智力、道德等方面享有不受国家权力限制的自由，但由于接受教育是公民个人生存和发展的基础性要件，国家强制公民接受最低限度的教育正是为了给公民创造个人活动发展的可能性，并没有对公民的自由造成制约。[1]不仅如此，赋予国家实施教育的权力，是保障普通百姓接受教育的必然选择，否则教育会被少数统治阶级和有钱人所垄断。[2]同时，现代福利国家中公民对于教育硬件条件的需求不断提高，对教育质量的要求也在不断提升，这就要求国家教育权不仅不能削弱，还应当在教育资源提供与整合方面更加有力地介入，从而使个人利益得到更好的保障。

四、公民受教育义务对受教育权利的限制

尽管受教育义务作为一种保护公民基本权利的"手段义务"而存在，但由于其内涵中带有强制公民接受最低限度的教育要求，因而有着潜在的强制性。这种潜在的强制因素还是会对公民的受教育权利造成限制，而这种限制主要体现为对公民"方式性受教育权"的限制。从《义务教育法》第11条我们可以推出，接受教育是适龄儿童、少年必须履行的义务，而入学接受教育是法律规定的履行方式。[3]但是，随着物质生活的极大进步，近年来越来越多的父母选择除了入学接受教育外的其他受教育方式，最为典型的便是"在家上学"。尽管学界论证了"在家上学"的正当性，但在现行法律规定下，这一受教育方式仍然是违法的。这也就产生了受教育义务对公民"方式性受教育权"的限制要达到何种程度，公民应当在哪一范围内行使受教育权的问题。在此，我们使用了霍菲尔德所提出的"基本法律概念"作为分析切入点，来论证公民受教育义务对受教育权利的限制问题。

首先，需要在此对霍菲尔德的理论进行简单介绍。霍菲尔德提出八个基本法律概念：权利（rights）、无权利（no-rights）、特权（privilege）、义务（duties）、权力（powers）、无权力（disabilities）、豁免（immunities）、责任（liabilities），用以描述基本法律关系。[4]我们在此选取"权利—义务""特权—无

---

〔1〕 参见［法］莱昂·狄骥：《宪法学教程》，王文利等译，春风文艺出版社1999年版。

〔2〕 参见申素平、段斌斌："在家上学的法律关系分析——以霍菲尔德的法律关系理论为分析视角"，载《教育发展研究》2017年第12期。

〔3〕 《义务教育法》第11条规定："凡年满六周岁的儿童，其父母或者其他法定监护人应当送其入学接受并完成义务教育；条件不具备的地区的儿童，可以推迟到七周岁。"

〔4〕 霍菲尔德提出四对基本法律关系："权利—义务"关系、"特权—无权利"关系、"权力—责任"关系以及"豁免—无权力"关系。参见霍菲尔德：《基本法律概念》，张书友译，中国法制出版社2009年版，第28页。

权利"和"豁免—无权力"三种关系作为分析的切入点。

(一) 公民有权利选择其他方式接受教育

在解决受教育义务对公民"方式性受教育权"的限制要达到何种程度的问题前,首先要明确的是公民是否享有选择其他方式接受教育的权利。答案是肯定的。义务教育阶段的儿童、少年享有的受教育权中包括:受教育请求权、福利权和自由权,其中自由权赋予了受教育者自由选择的权利。[1]虽然义务教育阶段的儿童、少年并没有选择是否接受教育的自由,但是其应当享有选择以何种方式接受教育的自由。而这样一种自由主要体现为父母有选择教育方式的权利,父母基于"亲权"自然而然具有了为其子女选择教育方式的权利。尽管现行法律规定公民需要入学接受义务教育,但是 2006 修订后的《义务教育法》与 1986 年版的相比,一个明显变化就是将第 11 条中"父母'必须'送学龄儿童入学"中的"必须"改为了"应当",这一改变使得这一条款更具有裁量性,赋予了公民除入学接受教育外,履行受教育义务的其他可能性。并且,对于公民而言,赋予其更多选择教育方式的自由,是克服单一教学方式下,公民个性难以得到多元发展这种不足的有益选择。因而,只要保证适龄儿童、少年接受义务教育,其父母就有权利代为选择不同的方式接受教育。

(二) 国家有教育权力而非"强制入学教育"之豁免

霍菲尔德提出,豁免是指某人在特定法律关系中不受他人约束的自由。[2]如前所述,国家为了促进个人发展的需要而享有教育权力,但是这不意味着国家在教育方式的选择上有免受他人法律权利约束的自由,即国家并没有强制公民入学接受教育的豁免。如果国家享有的教育权力还是一项豁免,那么国家所享有的教育权力则不受任何限制。但是,公民让渡给国家的并不是所有的教育权利,最低限度受教育义务并不否定公民的教育方式选择自由,国家教育权力仍要受到公民权利的制约和限制。如前所述,国家在教育领域所承担的责任主要是"保障性责任",主要负担着建设教育基础设施、监管义务教育实施的任务,而非一种强制公民入学的责任。如果国家强制每位公民入学接受教育,那么就会出现不适合学校教育的儿童被强迫接受在校教育的情况,抑或在在校学习质量不佳的情况下国家仍强制公民接受学校教育的情形。因而,强制教育不等同于强制入学教育,国家有强制公民接受最低限度教育的权力,但不具有强

---

〔1〕 郑国萍:"我国义务教育阶段在家教育权利论析",载《中国教育学刊》2014 年第 8 期。

〔2〕 霍菲尔德:《基本法律概念》,张书友译,中国法制出版社 2009 年版,第 70 页。

制公民入学接受教育的豁免。

（三）公民有"方式性受教育权"而非"在家上学"之特权

父母有为其子女选择教育方式的权利，其中也包括"在家上学"的权利，但是"在家上学"并不能成为公民的特权。特权是指某人免于他人的权利或要求的自由，[1] 而"在家上学"并非不受限制和约束。如果公民"在家上学"是一项特权，那么父母就可以不受任何限制地在家教授子女，而这显然不符合受教育义务所存在的目的与意义。现实中，即使像美国的 34 个州允许在家教育，但也坚持以"充分且适当的教育"为标准。[2] 国家虽然没有权力干预公民如何接受教育，但是有权力监管公民受教育义务的履行。原因有二：其一，这一权利基于亲权主要由父母享有，具有很大的"利他性"，归根结底的受益人是适龄儿童、少年，而为了保护适龄儿童、少年的受教育权，这一权利的履行必须受到限制；其二，国家承担着保障义务教育实施的责任，而为履行这样一种责任必须赋予国家相应的监督权，以"相当性"为标准，使在家教育达到义务教育所要实现的效果和目标。实际上，受教育义务对于公民"方式性受教育权"的限制不是在于公民选择以何种方式接受教育，而是在于监管适龄儿童、少年的父母或监护人所选方式是否真正有利于其成长。此外，尽管从理论上看，公民选择其他受教育义务履行方式有其合理性，但是这些方式也只能作为一种辅助方式存在，在当前社会普及义务教育的最主要方式还是入学接受教育。但是，随着物质条件的提高，也要允许公民选择入校教育以外的方式来接受教育，从而培养更为多元的人才。

综上所述，公民有接受最低限度教育的义务，但是这样一种义务的履行不能够限制公民对教育方式的选择权。强制公民接受教育不等同于强制公民入学接受教育，入学接受教育不能够成为受教育义务履行的唯一方式。这样看来，公民所享有的"方式性受教育权"并非不受任何限制，公民在行使权利时仍要受到国家教育权的监管，使得自己所选的受教育义务履行方式符合义务教育的标准与目标。

五、结语

在中国推行教育法治的过程中，受教育义务问题逐渐引起学界的关注。从

---

[1] 霍菲尔德：《基本法律概念》，张书友译，中国法制出版社 2009 年版，第 70 页。

[2] Christopher J·Klicka, The Right to Home School: *A Guide to the Law on Parents' Rights in Education*, Carolina Academic Press, 1995, pp. 156-159.

2006 年的"在家教育"第一案到之后的"孟母堂"案，个案判决引起的"涟漪效应"引发了学界对受教育义务的正当性的争论。而我国宪法中的受教育义务基于其产生原因以及存在目的，本就有其特殊性，不能够以传统的义务理论来对其解构和探析。因而，本文以受教育义务的性质为研究进路，对这一条款进行进一步的规范分析，在此基础上解决受教育义务与受教育权利之间的内在冲突。首先，受教育义务属于社会福利义务，根本属性是公民接受福利国家额外给付后的回报。不同于古典强制义务表现出的对公民的强制性，受教育义务更多地表现为一种保障公民基本权利实现的"手段义务"。其次，受教育义务条款的"权利义务复合结构"表述模式，为解释这一条款创造了极大空间。基于"文义解释"与"体系解释"，本文倾向于将受教育义务的主体认定为适龄儿童、少年，由于这类主体缺乏足够理性和自治能力，才能够成为这一义务的履行主体。而与这一义务相对应的是国家教育权力，国家基于使公民理性而幸福生活的需要享有要求公民接受最低限度教育的权力，这一权力有其正当性。同时，由于受教育义务本质上是社会福利义务，那么其履行的前提便是存在相应的教育可以接受。而保障最低限度教育需要多元的责任主体，离不开国家、社会、家庭的共同努力。最后，受教育义务的特殊性使得其与受教育权利之间本就存在着内在的冲突与张力。公民将自己手中的教育权利让渡给国家，但是国家享有的教育权力并非不受任何限制，要求公民接受最低限度的教育不等同于要求公民入学接受最低限度的教育，在保障现代国家存续的同时也要注重公民个体个性的多元发展。反之，公民所享有的权利也并非不受到任何限制，有选择以何种方式接受教育的权利但并不等同于有"在家教育"的豁免，为了受教育者利益的保障，国家仍有权力对在家教育等其他教育方式予以监督从而保障义务教育的质量。

履行教育义务不仅对个人发展非常重要，而且对国家和民族的未来也起着至关重要的作用。受教育义务有其合法性和合理性，明晰其性质和内涵更有利于破解理论和现实中的混乱局面，对受教育权利保障以及教育法治推行有着重要意义。

第 四 部 分

行 政 法 学

行政协议无效公法规则的反思与重构

金　麟*

【摘　要】2019 年行政协议司法解释明确行政协议无效的公法认定标准应当适用《行政诉讼法》第 75 条的规定，即行政行为的无效规则。但是，行政行为无效的认定标准能否直接适用于行政协议存在疑问。在司法实务中，"不具有行政主体资格""没有依据"和"其他重大且明显违法"均存在适用上的不匹配，其根源在于对行政协议与行政行为间的关系认识不清，针对单方行政行为确立的无效标准难以直接适用于基于合意的行政协议。因此，有必要对行政协议无效的公法认定规则进行由"行为模式"到"关系模式"的路径矫正，并在行政程序法中对行政协议的无效规则单独规定，重构无效行政协议的公法认定标准。

【关键词】行政协议无效；行政行为无效；公法认定规则；重大且明显的违法

一、问题的提出

2019 年 11 月颁布的《最高人民法院关于审理行政协议案件若干问题的规定》（以下简称《行政协议规定》）第 12 条[1]确定了无效行政协议的认定规则。据此，本条司法解释明确了审查行政协议无效案件应当适用《行政诉讼

---

* 金麟，中国政法大学 2020 级宪法与行政法学专业硕士。

[1]《行政协议规定》第 12 条规定，行政协议存在《行政诉讼法》第 75 条规定的重大且明显违法情形的，人民法院应当确认行政协议无效。人民法院可以适用民事法律规范确认行政协议无效。行政协议无效的原因在一审法庭辩论终结前消除的，人民法院可以确认行政协议有效。

法》第75条"行政行为无效"[1]的认定规则，并且可以适用民事法律规范。《民法典》通过后，合同无效的情形不再像1999年《合同法》第52条一样以集中规定的形式表示，而是通过第146条"虚假表示与隐藏行为"、第153条"强制性规定与公序良俗"和第154条"恶意串通损害他人合法权益"等民事法律行为无效的条文分别规定。在这个意义上，《行政协议规定》的颁布解决了审理行政协议无效案件的法律渊源问题，具有积极的实践价值，一定程度上规范了过去行政协议案件中的乱象。至此，当前学界的关注点大多集中于公法规则的适用范围、私法规则如何适用与公法和私法规则在无效行政协议的认定中的顺位选择等问题上。在行政行为无效认定规则可以适用于行政协议无效认定的可行性与正当性上似乎不存在问题。正如学者所言，行政协议的效力问题适用公法规则天经地义。[2]毫无疑问，在公私法二分的语境下，"公法规则"适用于行政协议是天经地义的。但是，行政行为无效的认定规则却未必当然地适用于行政协议。在《行政协议规定》中，对于行政协议无效的认定没有设立单独的审查规则，而是分别以两条"参引性法条"的方式规定。对于所参引的民事法律规范而言，民事法律行为当然包含合同，但对于所参引的行政法规范而言，行政协议却未必属于行政行为。适用对象的不同意味着标准的不一致，行政行为的无效规则能否适用于行政协议的认定尤为可疑。行政行为规则在无效行政协议的认定上存在不匹配并非理论上的空想。在司法实践中，已经有相当一部分案例中出现了认定标准"水土不服"的问题，这是将行政行为的审查理论类推适用到行政协议领域的必然结果。本文将探讨行政行为无效的认定规则能否当然地用以确认行政协议无效，分析行政行为无效规则的适用困境，并重构适用于认定行政协议无效的公法规则。

二、行政行为规则的适用困境

我国认定行政行为无效采取"重大且明显标准"，并明确列举了"实施主体不具有主体资格"和"没有依据"两种类型。有学者认为，借鉴德国行政法学的思考方向，这两种类型可以称为"绝对无效原因"，其他重大且明显违法情形则为"相对无效原因"，[3]前者只要具备即可认定行政行为无效，后者则还

---

[1] 《行政诉讼法》第75条规定："行政行为有实施主体不具有行政主体资格或者没有依据等重大且明显违法情形，原告申请确认行政行为无效的，人民法院判决确认无效。"

[2] 参见王敬波："司法认定无效行政协议的标准"，载《中国法学》2019年第3期。

[3] 《最高人民法院关于适用〈中华人民共和国行政诉讼法〉的解释》第99条对"重大且明显违法"进行了解释：（一）行政行为实施主体不具有行政主体资格；（二）减损权利或增加义务的行政行为

需根据个别情况判断是否构成重大明显瑕疵，才能认定行政行为无效。[1]在我国司法实践中，法官不会因为出现前述"绝对无效事由"就径行认定行政行为无效，往往会附加价值衡量。[2]而在行政协议领域，这一标准的适用则以更为复杂的面貌呈现，凸显出行政协议不同于行政行为的独特性质。

（一）"不具有行政主体资格"的认定困境

主体是法律关系的必备要素，具备主体资格是法律关系能得以成立的前提。理论上，《行政诉讼法》中的规定本就存在一定问题，在适用时需要对其进行目的性扩张解释，以避免大量行政行为被认定无效。正如学者杨建顺所言，大多数行政行为均可委托一定组织实施，其实施主体可能并不具有行政主体资格，有必要将"实施主体不具有行政主体资格"解释为"实施主体不具有主体资格"。[3]这是行政实践中的"权""名"分离问题，一般适用委托理论处理。易言之，若某一不具备行政主体资格的主体实施的行政行为并非来自有权行政机关的委托，或者委托不符合法律规定，则应当认定行政行为无效。

行政协议能否类推行政行为并全盘接受委托理论存在疑问。不具有行政主体资格无权签署行政协议，相应协议应当被认定无效。但是在行政实践中，行政协议的签订主体不具有行政主体资格的现象屡见不鲜，但法院却并不会仅因签订主体不具有行政主体资格就认定协议无效。《行政协议规定》第4条第2款[4]对行政协议的委托作出了规定，表明行政协议可以委托行使，但是法院将其拓展为一种"推定委托"的技术来转换行政协议权利义务的承担主体。例如，在"孙益南诉靖江市孤山镇人民政府行政协议案"中，行政协议名义上的签订主体是本辰公司，靖江市人民政府发布的实施方案中规定行政协议的签订主体是孤山镇政府，并且在诉讼中孤山镇政府明确否认其与本辰公司存在委托关系。但是法院认为在行政协议的签订、履行过程中，孤山镇政府显然有过参与行为，最终"推定"孤山镇政府与北辰公司存在委托，行政协议有效。在本

（接上页）没有法律规范依据；（三）行政行为的内容客观上不可能实施；（四）其他重大且明显违法的情形。对于上述情况，将于本章第三节具体说明。

　　[1]　参见赵宏：《法治国下的目的性创设——德国行政行为理论与制度实践研究》，法律出版社2012年版，第146页。

　　[2]　参见王贵松："行政行为无效的认定"，载《法学研究》2018年第6期。

　　[3]　杨建顺："'行政主体资格'有待正确解释"，载《检察日报》2015年4月8日，第7版。

　　[4]　《行政协议规定》第4条第2款规定，"因行政机关委托的组织订立的行政协议发生纠纷的，委托的行政机关是被告"。

案中，法院将"推定委托"运用到了极致，仅凭行政协议签订、履行过程中孤山镇政府的参与就认定为委托，即采用了"参与—推定委托"的审查路径。实践中，法院对于行政协议的签订人是否适格这个问题采取了"放任"的态度，只要能找到可以承担权利义务的行政主体，行政协议就不会被认定无效。因此，有学者认为，在政府主导下签订的协议在内容上具有高度的行政性，可以认定名义上签订协议的公司是受政府的委托进行的，应当纳入行政协议的范畴，如果政府在签订过程中只起到辅助作用，则应纳入民事协议的范畴。[1]可见，法院对行政协议的效力采取了极为宽容的态度。

行政协议的"推定委托"是行政行为委托理论在行政协议领域的类推适用，是法院在行政行为审查思路下产生的必然结果。但是，通过"推定委托"将缔约主体的责任转移至委托机关将会破坏行政协议的合意性基础。在单方行政行为的问题上，通过委托理论将行政主体的"名"和"权"分离是可以成立的。因为，单方行政行为是行政机关单方意志的表现，不需要和行政相对人达成合意，由委托机关或"视为委托"的行政机关承担责任不存在衔接上的逻辑漏洞。但是，此种模式难以移植到行政协议领域。行政协议兼具行政性和合意性，行政机关和行政相对人的意思表示达成一致是行政协议能够得以成立的基础。如果通过"推定委托"的方式将缔约主体转化为委托人甚至是"不知情的委托人"，行政协议的合意性基础将受到冲击，致使其与基于行政机关单方意志作出的单方行政行为没有区别，沦为规避法律约束的手段。所谓的"委托机关"并没有和行政相对人达成任何合意，却要承担行政协议的权利义务，这是行政行为无效的认定标准类推适用于行政协议的不良后果。我国行政协议法制较不发达，且没有统一的行政程序法，在主体资格问题上采取上述思路并不合适[2]"参与—推定委托"的审查思路只能是在行政协议法制尚不健全情况下的权宜之计，需要重新建构"主体不适格"情况下效力认定的审查路径。

（二）"没有依据"的认定困境

《行政诉讼法》第 75 条笼统地规定为"行政行为没有依据"，但没有规定究竟没有什么依据，理论上也有较大争议。[3]本文认为，所谓行政行为没有依据可以细化为"行政行为没有法律依据"和"行政行为没有事实依据"两种类

---

〔1〕 参见王敬波："司法认定无效行政协议的标准"，载《中国法学》2019 年第 3 期。

〔2〕 参见陈无风："司法审查图景中行政协议主体的适格"，载《中国法学》2018 年第 2 期。

〔3〕 关于行政行为"没有依据"的论述，有学者认为包括程序与实体两个方面。参见梁君瑜："论行政诉讼中确认无效判决"，载《清华法学》2016 年第 4 期。

型。在司法实践中，法院也倾向于认定没有法律依据或没有事实依据。

1. 行政协议没有法律依据

相较于行政协议的理论争议，行政行为没有法律依据的问题较为明确。就侵害行政而言，没有法律法规依据减损公民的权利或增加公民的义务的行为无效并无争议；就授益行政而言，现代行政法理论在民主主义理念的基础上，也认为授益行政需要有法律法规的根据，基本权利保留需要保障给付的法律规则。[1]但是，行政协议是否需要法律依据并无一致意见。若严格地要求行政协议满足依法行政原则，将会导致行政协议的僵化。如果将行政行为的"没有法律依据"标准适用于行政协议之上，将会导致行政协议和行政行为之间的界限变得模糊，甚至使得行政协议僵化失活，最终失去存在的意义。

在其他一些国家及地区，行政协议的签订通常并不需要明确的根据规范，具有组织规范即可。《德国行政程序法》第 54 条[2]对公法上法律关系的契约设定有明确规定。在司法实践中，只要行政机关具有相应权限的组织规范，即便没有法律授权以行政协议开展行政活动，行政协议同样有效。例如，签订治安承诺责任协议创新管理方式的"杨叶模式"和罢诉息访协议这种要求行政相对人"放弃法定权利"的协议也被行政实践和最高人民法院的判例所认可。[3]"只要息诉协议及其诉讼权放弃条款符合一定的条件，就应当承认诉讼权放弃条款存在容许性。"[4]因此，行政行为"没有法律依据"的无效规则并不适用于行政协议无效的认定。

2. 行政行为没有事实依据

行政行为没有事实依据只在单行法和司法解释中有明确规定。《最高人民法院关于审理行政许可案件若干问题的规定》第 7 条规定，对"明显缺乏事实根据"的行政许可行为人民法院不予认可，并将其与"其他重大明显违法情形"并列规定。在司法实务中，法院将"没有事实依据"作为"没有依据"的一种情形，认为没有事实依据的行政行为是指行政相对人没有任何违法的情况，行政机关在没有事实依据的情况下作出的行政行为。在行政协议领域，基于行政

---

〔1〕 参见［德］哈特穆特·毛雷尔：《行政法学总论》，高家伟译，法律出版社 2000 年版，第 114 页。

〔2〕《德国行政程序法》第 54 条，"公法上之法律关系，得以契约设定、变更或废弃之，但法规另有相反规定者，不在此限"。

〔3〕 最高人民法院（2016）行申 45 号行政判决书。

〔4〕 朱敏艳："息诉协议的'诉讼权放弃条款'研究——基于宪法基本权利视角的分析"，载《公法研究》2020 年第 1 期。

协议没有事实依据认定协议无效主要发生在征收补偿领域，即行政相对人并非合法权利人导致行政协议无效。在"刘汉侯与刘斯卿诉西安市新城区人民政府行政协议案"[1]中，刘汉侯拥有合法的房屋，新城区人民政府在签订产权调换协议时，没有查明被调换房屋的合法权利人，以虚假的死亡证明及刘斯卿持有涉案房屋产权证为依据签订涉案产权调换协议，法院认为该协议"明显没有依据"，确认行政协议无效。显然，以上行政协议中行政机关没有尽到审慎地调查义务，与错误的行政相对人签订协议，行政协议当然无效。

（三）其他重大且明显违法情形

"重大且明显违法"非常复杂，迄今为止我国也未形成一个明确的通说，理论界和实务界都存在不同的理解。[2]一般而言，"其他重大明显违法情形"可以有两种解释：第一，该项取决于重大性特征的瑕疵，司法解释中的其他事项不需要取决于重大性的特征；第二，该项和其他项都需要取决于重大性特征，"其他重大"不仅是对该项的限定而且也是对其他项的限定。[3]本文认为，2018 年的司法解释将"重大且明显违法"拆解为四个独立的事项，其对"不具有行政主体资格"没有附加重大且明显的限制，而是作为一个单独的事项。从条文的逻辑上说，实质上是认可了"重大且明显违法"是一个独立特征，其他事项不需要达到重大且明显的程度，后文的分析也建立在这一认识之上。

行政行为"重大且明显违法"的情形复杂多样，无法穷尽列举。但在行政协议领域，"其他重大且明显违法"的情形主要集中于重大程序违法方面，具有类型化研究的学术价值。[4]行政程序是随着行政权不断扩张而逐渐发展起来的一项行政法基本制度，具有限制日益扩张的行政权并使之正当行使的功能。[5]行政程序对于保证行政权正当行使有着重要意义。虽然行政协议的合意性在一定程度上减弱了协议中的强制性因素，但是行政协议的合意性也要依赖正当程序的保障。合意以协议双方自由意思的表达为基础，为保障行政协议签订过程中处于劣势的行政相对人自由意思的形成，应当事先对行政协议的内容进行必

---

〔1〕 陕西省高级人民法院（2019）陕行终 644 号行政判决书。

〔2〕 关于其他重大且明显违法的具体化问题，参见张清波："拒绝权视角下的无效行政行为"，载《环球法律评论》2019 年第 3 期。

〔3〕 参见叶必丰："最高人民法院关于无效行政行为的探索"，载《法学研究》2013 年第 6 期。

〔4〕 此外，还存在行政协议内容在客观上无法实施的情况，但此种情况在实践中极为少见，笔者未检索到相关案例。

〔5〕 参见章剑生："行政程序正当性之基本价值"，载《法治现代化研究》2017 年第 5 期。

要的限定，并设置有效的行政程序和救济制度。[1]我国因暂未指定统一的行政程序法，《行政诉讼法》及司法解释中也未对行政协议的程序作出规定。因此，签订行政协议的程序一般都存在于单行法律中，如招商投标程序、民主决议程序、批准程序等。在司法实务中，如果行政协议违反法律规定的招投标程序，有些法院会因此认定行政协议无效，有些法院却认定协议有效。[2]重大且明显违法和强制性规定分别属于公法和私法标准，两者无论在法理基础上还是适用逻辑上都有很大差异。此外，管理性强制规定和效力性强制规定的界分并不明确，缺乏可判断的标准，很大程度上要依赖法律解释和法官的自由裁量。[3]因此，公私法判断标准的混淆必然导致司法裁判中法官规范选择的随意性，出现同案不同判的现象。行政协议中重大且明显违法不能径直参照民法规范中的"强制性规定"规则，须构建符合公法规律的、理论上融贯的判断路径。

三、行政协议与行政行为的关系

当前，对于行政行为与行政协议之间的关系，理论上主要存在以下两种解读：其一，认为两者间是从属关系，即行政行为包括单方行政行为和双方行政行为，行政协议是一种双方行政行为，行政行为是行政协议的上位概念。其二，认为两者间是部分包含关系，即行政协议和行政行为在部分范围内重合，而行政协议的内容有可能超出行政行为。依照不同的解读，对于行政行为无效规则的适用会产生不同的判断路径。

（一）从属关系解读的理论谬误

如果适用第一种解读，那么《行政诉讼法》中的规定具备理论上的正当性。现代行政法理论中，行政协议是一种重要的行为方式，其与单方行政行为同属于行政行为范畴，为避免行政主体利用订立行政协议的方式将无效的行政行为转化为合法有效的行政协议，当行政协议用以取代的单方行政行为存在无效的事由时，该事由也应当导致行政协议无效。[4]但是，行政协议属于行政行为这个理论前提本身就存在问题，导致行政行为的认定规则适用于行政协议存在"前提虚假"的逻辑谬误。正如早期立法和司法解释的观点，传统意义上的行政行为，或者说所谓的"具体行政行为"，是指由行政机关基于单方意志的

---

〔1〕 参见余凌云：《行政契约论》，中国人民大学出版社 2000 年版，第 17 页。

〔2〕 参见孟婧婧："行政协议无效的司法认定标准"，上海师范大学 2020 年硕士学位论文。

〔3〕 参见王利明："论无效合同的判断标准"，载《法律适用》2012 年第 7 期。

〔4〕 参见步兵："论行政契约之效力状态"，载《法学评论》2006 年第 4 期。

"命令—服从"关系，不存在双方意思自治的空间。换句话说，单方行政行为和双方行政行为在形成上具有根本的不同。行政协议由于其合意性，其存续力应当比单方行政行为要强，因为行政协议借助同意而成立，行政协议的法律界限和瑕疵感染性因此要小一些，这一点也就赋予其较强的存续力。[1]

域外立法中，对于行政行为无效规则适用于行政协议的范围作出了明确的限定。《德国联邦行政程序法》第 59 条第 2 款[2]对此作出了规定。从这个规定来看，将行政处理无效的规则适用于行政协议在德国的立法例中也是存在的。但是，《德国联邦行政程序法》第 54 条第 2 句所指的合同是主要指替代行政处理的隶属性合同，部分学者认为对替代行政处理的隶属性合同做扩大解释也是特指第 59 条中规定的"禁止不当结合"。[3]因此，德国立法例上对行政处理无效规则的适用有着明确的限制。而《行政诉讼法》中规定的行政行为无效规则本就是针对单方行政行为的规定，即便将具体行政行为中的"具体"去掉也并不意味着可以自然而然地适用于所有类型的行政行为，司法解释中将其直接适用于无效行政协议的认定实质上是一种概念上的类推。

（二）"行为说"与"拆分公式"的理论失当

第二种解读相当于当前学界对于行政协议司法审查的"行为说"，即通过"拆分公式"将行政协议拆分。[4]从行政协议中拆分出的"行政行为部分"当然可以适用行政行为无效的认定规则，以"行政协议→拆分出行政行为→适用行政行为无效的认定规则"的逻辑证成参引适用的正当性。但是，这种论证模式不能当然地得出行政协议无效的结论。在 1989 年《行政诉讼法》颁布时，或许因为当时立法者对行政协议的性质和作用缺乏清晰的认识，导致该法律中并未对有关行政协议的诉讼作出规定，仅允许行政机关对外作出的单方行政行为进入诉讼。最高人民法院 1991 年 6 月颁布的《关于贯彻执行〈中华人民共和国行政诉讼法〉若干问题的意见（试行）》第 1 条也明确将《行政诉讼法》中规

---

〔1〕 ［德］哈特穆特·毛雷尔：《行政法学总论》，高家伟译，法律出版社 2000 年版，第 379 页。

〔2〕 《德国联邦行政程序法》第 59 条第 2 款规定："第 54 条第 2 句所指的合同在下列情况下无效：（1）如果行政行为具有相应内容即无效的；（2）如果行政行为具有相应内容，就会因不属于第 46 条所指的程序或形式瑕疵而违法，且合同签订者明知这一点的；（3）不具备订立和解合同的条件，且行政行为如果具有相应内容，就会因不属于第 46 条所指的程序或形式瑕疵而违法的；（4）行政机关承诺第 56 条所不允许的对待给付。"

〔3〕 参见［德］哈特穆特·毛雷尔：《行政法学总论》，高家伟译，法律出版社 2000 年版，第 354 页。

〔4〕 参见刘飞："行政协议诉讼的制度构建"，载《法学研究》2019 年第 3 期。

定的具体行政行为解释为"单方行为"。[1]可见，《行政诉讼法》制定之初，具体行政行为仅指单方行政行为，不包括行政协议。随后，行政协议在行政实践中广泛运用，行政机关和行政相对人关于行政协议的争议也随之出现。最终，行政协议以一种"拆解"的形式逐步进入行政诉讼的受案范围，并为立法所确立。[2]在行政协议以"拆解"形式进入诉讼的情形下，司法实践中产生通过"拆分公式"审理行政协议案件的审查路径是自然而然的。

行政协议的"行为说"审查模式存在理论上的不兼容，更难以适用于行政实践。首先，未必所有行政协议都能拆分出单方行政行为，尤其是在行政协议无效的认定中，行政机关通常并没有行使行政优益权对法律关系进行单方变更，所谓认定协议中"某些行为无效"只是一种理论上的臆想。其次，对拆分出来的行政行为予以处理无法说明协议是否有效、是否应当继续履行的问题。在行政协议缔结之后，行政机关不仅需要遵守依法行政原则，也要受到契约严守原则的约束。例如，在某份行政协议中，某个拆分出来的"行政行为"没有依据，只能说明这个行政行为是无效的，并不能证明其他行政行为无效，更不能得出行政协议的其他合意部分无效。更重要的是，"行为说"的审查模式本身就存在重要缺陷，在理论上饱受批判。

（三）行政协议"关系说"的理论转换

行政协议的无效认定应以"关系说"为基础，摒弃行政行为中心说的传统理念，以法律关系为中心构建公法上的认定标准。所谓"关系说"是指主张以法律关系为中心的合同纠纷审查方式，将行政协议更多地看作是一种合同，而非行政行为，有关争议按照合同纠纷的模式解决，即协议本身的争议。[3]无论是当前以行政行为为基础的行政协议审查本身就是一种路径依赖，将行政协议看作行政行为的从属概念，还是通过"拆分公式"将行政协议予以拆解，都无法准确地说明行政行为无效规则为何能适用于行政协议无效的认定。行政协议实质上是在依法行政的框架下，基于协议双方当事人合意的表达，确定协议相关人各

---

[1] 《关于贯彻执行〈中华人民共和国行政诉讼法〉若干问题的意见（试行）》规定："'具体行政行为'是指国家行政机关和行政机关工作人员、法律法规授权的组织、行政机关委托的组织或者个人在行政管理活动中行使行政职权，针对特定的公民、法人或者其他组织，就特定的具体事项，作出的有关该公民、法人或者其他组织权利义务的单方行为。"

[2] 参见刘飞："行政协议诉讼的制度构建"，载《法学研究》2019年第3期。

[3] 参见耿宝建、殷勤："行政协议的判定与协议类行政案件的审理理念"，载《法律适用》2018年第17期。

自在公法上享有的权利和承担的义务。在行政机关和行政相对人之间法律关系的产生、变更和消灭中，以依法行政原则为基础的法规范只是法律关系变动的原因之一，更重要的是协议双方当事人合意的表达。易言之，单方行政行为之所以能单方变更法律关系，系因其本身所具有的"规范力"[1]，而通过双方的合意得以形成的具体的法律关系，具有不同于单方行政行为的独特性质。这一基于双方合意导致法律关系产生、变更和消灭的独特性质，要求对行政协议效力的判断突破行政行为视角的束缚，在判断协议效力时，关注协议双方当事人的意思表示，尊重行政协议的合意性基础，在依法行政原则与契约严守原则之间把握平衡。因此，只有以行政协议法律关系为中心，建构行政协议诉讼的"关系模式"审查路径，才能构建合适且有效的无效行政协议认定标准。

四、行政协议无效公法规则的构建

行政协议的合意性是意思自治的产物，而行政性则具有公共利益的考量。因此，在行政协议无效公法规则的问题上，应当结合协议的行政性和合意性，在充分考虑协议双方权利义务的基础上，尊重行政机关和行政相对人之间的意思自治，结合公共利益的价值衡量，综合判断行政协议的效力。

（一）基于事后追认的主体资格确认

签订行政协议的公权力一方应当具有行政主体资格，这是职权法定原则的必然结论，将"不具有行政主体资格"确立为行政协议无效的认定标准具有理论上的正当性。但是，存在的问题是法院通过类推适用行政行为委托理论，运用"推定委托"的审查逻辑转移行政协议的主体责任，存在逻辑上的矛盾，并且会动摇行政协议的合意性基础。在某种意义上，这种"推定委托"的审查模式比民事合同缔约主体"表见代理""无权代理"等规则的认定更加宽松。诚然，法院采取此种审查模式具有现实上的考量。拆迁、征收补偿等问题涉及的行政相对人众多，有权行政机关往往没有能力逐一处理，必然要设立临时机构、内设机构具体负责。因此，由征迁指挥部、国有公司、内设机构等出面签订的行政协议大量存在，如果法院贸然将这些"不具有行政主体资格"的行政协议认定为无效，将会使本就较为混乱的基层行政更加一团乱麻。但实践中的困境不能证成法院回避审查的正当性。

行政协议的签订主体不具有行政主体资格时，应当通过基于行政相对人信

---

[1] 所谓规范力，是指没有作为一方当事人的私人的合意，能够使得具体的法律关系得以形成的效力。参见［日］盐野宏：《行政法总论》，杨建顺译，北京大学出版社 2008 年版，第 91 页。

赖利益保护的追认机制，分情况判断行政协议的效力。法律关系是审理行政协议案件的中心，如何认定行政协议法律关系并找到法律关系产生、变动和消灭的基础是判断行政协议效力的前提。行政协议兼具行政性与合意性，其中行政性的部分在行政机关层级制官僚体制下可以依法委托行使，在责任主体不明时可以"推定委托"，由委托机关应诉并作为责任承担主体，法律关系主体的变动具有依据。但是，行政协议的合意性建立在协议双方的意思表示达成一致的基础之上，难以通过委托理论转换责任主体。因此，对于合意性的问题，可以援引"表见代理"和"无权代理"理论。[1]部分案件认可行政主体可以对行政协议的效力予以追认。例如，"潍坊市高新技术产业开发区管理委员会、刘全福案"[2]中法院认为主体越权可以通过潍坊市土地管理部门的追认予以补正，不属于重大且明显的无效事由，认为行政协议应由有权机关确认补足效力，不应确认无效。当然，一味扩大行政主体的追认权将会架空行政协议无效制度，并使行政协议的效力处于不稳定的状态，应当予以限制。如果行政协议的缔约主体具有令行政相对人足以相信其具有行政主体委托的权利外观，基于保护公民合理信赖利益的考虑，推定有权机关存在过错，应当由行政主体资格的行政机关承担责任。如果行政协议的缔约主体不具有令行政相对人相信的权利外观，则可以由有权机关对行政协议的效力进行确认，若有权行政机关追认，表明行政机关与行政相对人之间的合意性基础已经得到补足，行政协议自始有效，并由有权机关承担权利义务；如果有权机关拒绝追认行政协议效力，法院应确认行政协议无效，并考虑行政协议双方过错承担相应的责任。

（二）没有为法律所禁止

行政协议不需要具有法律依据，只要没有为法律所禁止，就应当有效。当前，行政协议无效的公法标准片面地强调需要"依据"，只是对行政行为无效理论的不当援引，不利于行政协议的灵活适用，更不符合行政实践，应予以纠正。"适宜专项国际通行的法定除外和性质除外，即行政机关原则上可以采用合同的方式来完成公务，除非法律禁止或者行政事务的性质不适合采用合同方式完成。"[3]本文认为，行政协议的效力应当确立"没有为法律所禁止"标准，以保证行政协议既能发挥灵活适应、双方合意的优势，亦能在法治的框架下依

---

〔1〕 关于行政法上的"表见代理"理论，可参见林莉红、黄启辉："论表见代理在行政法领域之导入与适用"，载《行政法学研究》2006年第3期。

〔2〕 最高人民法院（2020）行申5229号行政判决书。

〔3〕 冯莉："论我国行政协议的容许性范围"，载《行政法学研究》2020年第1期。

法行事，保护国家、社会和行政相对人的合法权益。理论上，行政协议与法律相抵触存在两种情形：第一，形式上的抵触。在这种情况下，以行政协议的形式为法律所禁止，行政机关只能以行政行为的方式行政，不具有选择行政方式的自主空间；第二，内容上的抵触。行政机关可以以行政协议的形式行政，但是协议中存在的内容被法律所明确禁止。如果无效的内容只是协议的一部分，不涉及协议整体，应当确认行政协议部分无效，其余部分仍然有效；如果无效的内容涉及协议整体，应当确认行政协议整体无效。正如有学者认为，在行政协议中，没有法律依据包括两种情形，一是当法律禁止以签订协议的形式行政时，行政机关还是签订了协议；二是法律没有禁止以签订协议的形式行政，但协议的内容超出了法律规定的内容。[1]例如，"蒋德海诉黑龙江省七台河市人民政府信访协调协议及赔偿案"[2]中，约定由居民委员会为蒋德海找个老伴，已经超出法律规定的范围，应属无效。形式上的抵触较好理解，只需判断法规范的规定即可。但是，内容上的抵触却与《民法典》中规定的"违反法律的强制性规定"存在重合。本文认为，《民法典》上的效力性强制性规定涉及行政协议的整体，但为了尊重当事人之间的意思自治，只有法律、行政法规明确规定的效力性强制规定才会导致合同无效。但是，行政法上"法律的禁止性内容"是对行政机关权力的限制，对行政相对人权利的保护。因此，公法规则上的"法律的禁止性内容"的依据包括法律、行政法规和地方性法规，在行政自制的理念下，还应当包括行政机关自行制定的规章，但应当足以保护善意相对人。

（三）利益衡量下重大且明显违法判断

行政协议的重大且明显违法主要集中于程序领域，但程序的重大且明显违法却未必导致行政协议无效。行政程序固然具有重要的、独立的价值，是保证依法行政的重要制度。但是，行政协议的无效认定中存在依法行政原则和契约严守原则间的价值权衡，不能轻易因程序重大违法便认定行政协议无效。因此，重大且明显的程序违法不能作为无效行政协议的单独判断事由，必须结合其他标准才能形成相对明确的判断。司法实践中，法官往往参照适用民法中的强制性规定理论辅助判断。例如，在"武汉某公司诉武汉市江夏区城市管理委员会

---

〔1〕 参见王洪亮："论民法典规范准用于行政协议"，载《行政管理改革》2020年第1期。

〔2〕 最高人民法院（2017）行申3612号行政判决书。

行政合同案"〔1〕中法院认为该程序属于管理性强制性规定，也有法院认为该程序属于效力性强制性规定，例如"游玉喜诉福建省莆田市秀屿区人民政府行政协议案"〔2〕。对于行政协议而言，所谓效力性强制规定和管理性强制规定的认定并不明确，并且强制性规定对于行政协议和民事合同具有不同的意义。对于民事合同而言，为最大限度地尊重合同当事人的意思自治，将一部分管理性强制规定排除在无效认定标准之外具有正当性。但是，行政协议并非全然是当事人的意思自治，其本身就是行政权的行使方式，需要程序规制以防止行政权滥用。因此，行政协议对于强制性规定的范围较民事协议宽泛，不能直接参照民法理论进行判断。

行政协议"重大且明显违法"很难作为单一标准，需要搭配利益衡量原则共同适用。如果程序违法对相对人实体权益产生实质影响，达到了"重大且明显"的无效认定标准，也不应径行认定行政协议无效。行政程序本身就承载着不同的利益，其重要性也有所不同，应对其进行目的性解释。例如，《招标投标法》第 3 条规定"必须"进行招标，其所保护的是国家利益、公共利益和市场公平竞争秩序等重要价值，在利益衡量中应予着重考虑。而《土地管理法》中规定土地征用审批，其所保障的更倾向于行政规划和行政机关的层级管理秩序，相较于招投标程序而言重要性较低。因此，行政程序固然具备独立价值，但任何价值都具有重要性面向，不能片面地将某种价值绝对化，动辄将双方经磋商达成合意的行政协议退回原点，既阻碍行政协议功能的发挥，也有悖于行政协议订立目的的实现。

五、结论

行政协议兼具"行政性"与"合意性"，其与单方行政行为不具有学理上的同质性，类推适用将导致理论上的不协调和实践中的"水土不服"。《行政协议规定》所确立的公法规则是行政协议法制不健全的暂时性规定，在必要时应当在未来修订行政程序法时对行政协议无效的公法规则作出单独规定。在行政协议主体资格的问题上，应当转变当前"参与—委托"的推定模式，确立有权行政机关的追认规则，以保证行政协议的合意性基础和行政协议的顺利履行。在行政协议依据的问题上，形式上的合同容许性原理和内容上的法允许范围构成双重限定，确保依法行政原则和行政协议的灵活机动性的协调。在行政协议

---

〔1〕 参见湖北省武汉东湖新技术开发区人民法院（2015）鄂武东开行初第 00022 号判决书。

〔2〕 最高人民法院（2019）行申 2322 号行政判决书。

重大且明显违法的问题上，主要集中于程序违法方面。对于程序违法的问题，法院应当在具体的案件中进行利益衡量以判断行政协议的效力，避免公私法规则的混合式适用。"我国行政法学界长久以来一直将具体行政行为奉为圭臬，采取的则是'点'状的思考方法。"[1]而行政协议本身的合意性基础要求将审查中心更集中于合同本身，以协议双方法律关系为分析基础，构建切合行政协议的无效规则。

---

〔1〕 韩宁："行政协议行为司法审查规则研究"，载《浙江学刊》2018 年第 3 期。

履行法定职责之诉中"法定职责"的认定

——基于若干典型案例的思考

王玉珏*

【摘　要】对行政机关有无原告请求履行的"法定职责"的认定是履责之诉的司法审查难点之一，不同法院在个案中对认定标准的不同立场揭示出法院对法定职责之"法"的范围、法定职责之"职责"界定、法定职责的司法审查阶段等问题的差异性认识。明确法定职责的来源从实定法向非实定法领域的拓展，是顺应当前法治国家服务行政理念、回应人民对积极行政需求的关键；明确法定职责具有具体性、明确性、外部性、法效性与非裁量性特征，是正确界分法定职责与其他相似概念的关键；明确法院对"行政机关是否明显不具有法定职责"及"行政机关是否具有法定职责"进行认定的不同司法审查阶段，是恰当地平衡原告诉权之保障与滥诉问题之规制的关键。

【关键词】履责之诉；法定职责的认定；"法"的范围；司法审查阶段

一、问题的提出

随着我国法治政府建设的发展，秩序行政为主的国家行政向给付行政、服务行政为主的国家行政转型，行政相对人请求行政机关履行法定职责的案件数量也逐渐增加。然而与作为类行政案件相比，不履行法定职责案件的司法审查难度较大，究其原因，学界及司法实践中对于不履行法定职责的定义与表现形

＊　王玉珏，中国政法大学 2020 级宪法与行政法学专业硕士。

式、法定职责的认定、履责案件的审查要件及裁判尺度等问题尚未达成共识。关注近年来各级法院审理不履行法定职责案件的相关判例，众多判例的核心争议焦点是：原告要求行政机关履行的是否属于履责之诉中认定的行政机关的"法定职责"？也即履责之诉的司法审查难点之一为：法定职责的认定标准。

通过对近年来各级法院审理的典型不履行法定职责案件梳理，当前法定职责的认定标准之争主要体现在以下两方面：其一，法定职责中"法"的范围具体指哪些？是仅指作为行政法形式渊源的实定法，还是应当承认其范围从实定法拓展至非实定法领域？其二，如何界定属于履责之诉中认定的行政机关应履行的"职责"？要求行政机关履行抽象的管理、行政指导、内部层级监督、信访事项处理或自由裁量的职责等，是否属于履责之诉"法定职责"的范畴？此外，学界及司法实践中对履责之诉中"法定职责"的司法审查阶段尚存争议，该审查究竟应当在立案登记阶段完成还是案件审理阶段完成？为解答以上问题，本文通过对近年来履责之诉相关的典型司法判例进行实证分析，结合法院的审理思路及学界观点，从"法"的范围及"职责"的界定两个角度，归纳总结出不履责之诉中"法定职责"的认定标准，并对"法定职责"的司法审查阶段之争作出回应，以期为各级法院审理不履责案件提供参考和指导。

二、法定职责的来源："法"范围的界定

最高人民法院在"杨明里诉北京市东城区人民政府不履行法定职责案"[1]中明确，职权法定是判断行政机关是否依法履行职责的基本原则。作为行政法的基本原则，职权法定一方面要求行政机关行使行政权力必须来源于法的授权，即"法无授权不可为"；另一方面则要求行政机关必须承担法设定的职责，即"法定职责必须为"。然而学界及司法实践中，对于职权法定及依法行政的"法"的范围之界定尚未形成统一标准，因此履责之诉中认定"法定职责"时首先需要解决的问题即为：法定职责的"法"的范围，也就是行政机关法定职责的来源问题。

法定职责的"法"一般被理解为作为行政法形式渊源的实定法。正如有学者总结，"我国的行政法渊源理论一般将依法行政原则之'法'等同于行政法的表现形式即所谓形式渊源，而广义的法律往往又是对各种法律表现形式的概括"。[2]但行政规范性文件是否属于实定法？对这个问题，近年来最高人民法

---

[1] 最高人民法院（2017）行申 3816 号。
[2] 王柱国："依法行政原则之'法'的反思"，载《法商研究》2012 年第 1 期。

院在判例中作出了自相矛盾的论断，地方各级法院对此问题的论断也不尽相同。此外，随着现代行政管理方式的发展与变迁，司法实践中还出现将法定职责的来源从实定法拓宽至非实定法的判决，即将法定职责之"法"拓展至非实定法领域。我们是否应当承认司法实践中出现的新论断，将法定职责之"法"做拓展性解释？学界中对此并无定论，最高人民法院对此也态度摇摆。基于此，本文分别从实定法之"法"与非实定法之"法"出发，结合相关司法判例及学理的梳理，具体论述履责之诉中认定的法定职责中"法"的范围及相应理由。

（一）"法"的基本内涵：实定法

1. 实定"法"范围的争议

如上所述，作为行政法形式渊源的实定法属于法定职责中"法"的范畴，这一观点在学界并无争议，但并非所有形式的实定法都被认定为法定职责"法"的范围无争议，学界及司法实践中对符合法定职责来源的实定法范围大体存在三种不同的观点：第一种观点将"法"的范围做了最狭义的理解，认为法定职责的来源仅指狭义的法律，例如有学者认为，法定职责仅存在于宪法、政府组织法、部门行政法及《行政处罚法》《行政强制法》《行政复议法》《行政诉讼法》等行政法范畴中。[1]该观点不仅在学界鲜有人提，在司法实践中也很少被采纳。笔者在北大法宝对全文有"法定职责来源于法律"的不履责案件进行搜索，仅"高富林诉吉林市人民政府不履行职责案"的一审法院认为："行政机关的法定职责来源于法律的规定。"[2]但在本案二审中，吉林省高院认为法定职责来源于法律、法规，[3]尽管二审法院的观点也存在"法"范围涵盖不足的嫌疑，但本质上是对一审法院认定的最狭义"法"范围的否定及更正。

第二种观点相比第一种观点对"法"的实定法范围做了一定的扩张解释，认为法定职责的来源包括法律、法规及规章三类，该观点在我国司法实践中被许多案件所采纳。例如，"张月仙诉山西省人民政府不履行法定职责案"[4]中，最高人民法院认为法定职责具体由哪个层级的政府履行，需要法律、法规或规章进行具体规定。在"金泓诉湖北省政府计划生育行政奖励案"[5]中最高人民法院也有类似表述，认为在职权法定原则的要求下，法律、法规或规章的具体规

〔1〕　参见关保英："行政主体拒绝履行法定职责研究"，载《江淮论坛》2020年第5期。

〔2〕　吉林市中级人民法院（2016）吉02行初68号。

〔3〕　参见吉林省高级人民法院（2017）吉行终102号。

〔4〕　最高人民法院（2018）行申906号。

〔5〕　最高人民法院（2018）行申2971号。

定是判断一个行政机关是否具有原告申请履行的法定职责的规则。

第三种观点将实定法"法"的范围做了广义的理解，认为法定职责的来源包括法律、法规、规章及行政规范性文件等其他较低位阶的实定法。该观点在我国司法实践个案当中出现的频率非常高。最高人民法院多次在履行法定职责案件的判决中表述道，法定职责是指作为原告的行政机关依据法律、法规或规章等规定，对原告的申请进行直接处理并解决其诉求的职责。[1]此处的"等规定"即表明最高人民法院认为法定职责的来源不限于法律、法规、规章，不排除其他规范性文件"等规定"成为法定职责的来源。此外，在"孙玉霞诉甘肃省兰州市城关区人民政府及民政局不履行法定职责案"[2]中，最高人民法院明确提出，法定职责的来源是法律、法规及行政规范性文件等。

2. 广义实定"法"范围的正当性

上述第一种观点对实定"法"的理解过于狭窄，学界及司法实践中都较为少见，因此法定职责的来源在实定法部分的争议主要集中在规章以下的行政规范性文件等规定是否属于"法"的范围这一问题上。笔者认为，虽然当前行政法学界就行政规范性文件等较低位阶的实定法是否是"法"存有争议，最高人民法院对此也并无定论，但司法实践中各级法院对行政规范性文件作为法定职责来源论断的反复表述是不争的事实。此外，作为行政主体在法律、法规授权范围内制定的，与上位法并不抵触的相关法规范，尽管存在位阶较低、部分文件互相冲突等问题，但数量众多的行政规范性文件已经成为我国治理体系中的不可缺少的一个组成部分，对整个社会形成了实质意义上的约束作用，确实在规范行政机关的行为、保障公民权利等方面有一定作用。将行政规范性文件作为法定职责的来源，有利于更好地保护公民权益、促进国家治理体系的完善。

综上，笔者认为法定职责的来源首先是实定法，且是广义的实定法，包括：法律、法规、规章及行政规范性文件等规定。

（二）"法"外延的拓展：非实定法

1. "法"外延拓展的范围

在传统学理上，法定职责的"法"一般被理解为作为行政法形式渊源的实定法，但近年来司法实践中各级法院通过个案裁判不断拓宽了法定职责的来源，

---

〔1〕 参见最高人民法院（2019）行申 3716 号；最高人民法院（2018）行申 4077 号；最高人民法院（2018）行申 4970 号。

〔2〕 最高人民法院（2020）行申 9785 号。

将法定职责中"法"的范围从实定法领域扩张至非实定法领域。通过梳理相关司法判例，笔者观察到在个案中被认定为法定职责的非实定法来源包括：行政允诺（也称行政承诺）、行政协议（也称行政合同）、行政机关的先行行为（也称先前行为）等。

行政允诺是行政主体为实现行政管理目标，向特定或不特定相对人作出的，承诺在出现指定情况或相对人完成指定行为时，给予其某种利益的单方意思表示行为。[1]典型案例如"黄银友等与大冶市人民政府等行政允诺纠纷上诉案"[2]中，法院认为既然原被告之间存在行政允诺关系的事实已被生效判决所确认，被告就应按承诺给予原告奖励款。这就说明，当行政机关负有履诺义务而不履行时，行政允诺相对人可以提起履责之诉，请求法院要求其积极履行，即行政允诺可以作为行政机关法定职责的来源。

"行政协议是行政机关为了实现行政管理或者公共服务目标，与公民、法人或者其他组织协商订立的具有行政法上权利义务内容的协议。"[3]究其本质，行政协议是行政机关以约定的方式为自身设定义务的双方意思表示行为。笔者认为，行政协议、行政允诺都是行政机关为了完成行政管理任务而作出的新型行政活动，两者均是行政机关为自身设定义务，且最终与行政相对人之间产生行政法律关系的行为，均应属于法定职责的非实定法来源。此外，《行政诉讼法》第12条第1款第11项[4]已将行政机关不履行行政协议明确为履责之诉的受案范围，其背后同样蕴涵了将行政协议纳入法定职责之"法"的范围的逻辑。在"董桂芝诉锦州市人民政府不履行法定职责案"[5]中，法院认为原告与锦州市政府下设的临时机构锦州古城改造工程指挥部签订的行政协议已经实际履行完毕，故原告无法请求锦州市政府及其下设机构履行法定职责。该案从另一个角度表明，当行政机关未履行行政协议中约定的义务时，相对人可以向法院提起履责之诉，即行政协议可以作为行政机关法定职责的来源。

---

〔1〕 参见湖南省株洲市中级人民法院（2016）湘02行初147号；湖南省益阳市中级人民法院（2019）湘09行终253号。

〔2〕 湖北省高级人民法院（2009）鄂行终字46号。

〔3〕《最高人民法院关于审理行政协议案件若干问题的规定》第1条规定："行政机关为了实现行政管理或者公共服务目标，与公民、法人或者其他组织协商订立的具有行政法上权利义务内容的协议，属于行政诉讼法第十二条第一款第十一项规定的行政协议。"

〔4〕《行政诉讼法》第12条："人民法院受理公民、法人或者其他组织提起的下列诉讼：……（十一）认为行政机关不依法履行、未按照约定履行或者违法变更、解除政府特许经营协议、土地房屋征收补偿协议等协议的；……"

〔5〕 参见辽宁省高级人民法院（2020）辽行终70号。

最高人民法院也在个案裁判中表述将法定职责的来源扩张至非实定法的观点。在"王振江等46人与沈阳市政府履行职责案"[1]中，最高人民法院指出法定职责的渊源既包括法律、法规、规章、规范性文件规定的行政机关职责，也包括行政机关基于先行行为、行政允诺、行政协议形成的职责。在"孙承杰诉辽宁省沈阳市于洪区人民政府不履行法定职责案"[2]、"营口小雨房地产开发有限公司请求辽宁省营口经济技术开发区管理委员会置换土地案"[3]中，最高人民法院也有相同的表述。

2. "法"外延拓展的正当性

近年来，法院通过个案裁判对法定职责中"法"外延的拓展受到行政法学者的关注。[4]与此同时，认为"法"的范围仅为实定法的观点与对"法"进行拓宽的观点之分歧愈加严重。

笔者认为，履责之诉中法定职责的来源由实定法与非实定法两部分构成，包括：法律、法规、规章、规范性文件、行政协议、行政允诺、先行行为等。主张将法定职责中"法"的外延向非实定法的拓展，具有以下理由：其一，我国行政法治理念中之所以大量存在行政主体不履行法定职责的情形，与行政机关没有树立服务行政、给付行政等理念有关。在秩序行政向给付行政、服务行政转型的时代背景下，人们要求行政机关积极履行更多行政给付的任务，而很多现代服务行政和给付行政的内容并不僵硬地局限于实定法的直接规定，而更多通过行政协议、行政允诺等新型行政活动的方式进行。由此可见，如果将履责之诉中法定职责的来源局限于实在法，不仅不能满足人们对积极行政的需求，也与当代法治国家服务行政的理念及立法精神背道而驰。其二，行政协议、先行行为、行政允诺等虽不属于实定法的"法定"概念，但行政机关与相对人之间因行政机关自身的行为形成了行政法律关系。不论行政机关不履行的是实定法规定的职责，还是行政协议等非实定法规定的职责，都会打破公众与政府之间的信任关系。为维护行政相对人对国家、对政府、对行政系统的信任，应当承认履责之诉中法定职责的来源之扩张。其三，行政诉讼的目的在于维护行政

---

〔1〕 最高人民法院（2018）行申1589号。

〔2〕 最高人民法院（2019）行申7955号。

〔3〕 最高人民法院（2019）行申8477号。

〔4〕 参见江勇："审理不履行法定职责行政案件的十大问题"，载《人民司法（应用）》2018年第4期；宋智敏："论行政拒绝履行行为的司法审查——以42份行政拒绝履行案件判决书为分析样本"，载《法学评论》2017年第5期；姜鹏："履行法定职责行政案件司法审查强度之检讨"，载《华东政法大学学报》2017第4期；章剑生、胡敏洁、查云飞主编：《行政法判例百选》，法律出版社2020年版，第182-183页。

相对人的合法权益、监督行政权的行使并促进行政秩序的建立。而履责之诉中对行政机关法定职责来源的界定，直接涉及法院对行政机关进行司法审查的力度。如果将法定职责的来源限缩为法律、法规、规章及规范性文件，则意味着相对人仅能申请行政机关履行实定法中规定的职责，而当行政机关不履行行政承诺、行政协议之约定、不采取行为防止因其先行行为产生的危害发生时，相对人则无法提起履责之诉。这无疑不利于对行政相对人权益的维护，也不利于司法权对行政权行使的监督。

综上所述，笔者将法定职责中"法"的范围总结为：第一，法律、法规、规章、行政规范性文件等实定法规定；第二，行政协议、行政允诺、先行行为等非实定法中的规定。

三、法定职责的要求："职责"的界定

如上所述，履责之诉中判断行政机关是否具有某项法定职责的关键是看原告所请求的行为是否是"法定"的行政机关应当履行的义务，但笔者通过梳理相关司法案例，观察到并非所有在上文所述范围内"法"规定的义务都在司法实践中被认定为行政机关的法定职责。也就是说需要探究的是，除须符合法定职责的来源以外，履责之诉中"法定职责"之认定是否还须具备其他要求？在这个问题上，履责之诉的原告方与法院方的认识存在较大分歧：原告方通常认为，只要是法定的职责皆为"法定职责"；但法院方对"法定职责"的认定通常更为谨慎，在"法定职责"与其他相似概念的界分中形成了一些特有的标准。基于此，本文尝试总结判例中法院方对法定职责之"职责"界定的共识性的要求，以期弥合原告方与法院方对此问题存在的分歧，在避免滥诉的同时，实质性化解相关行政争议。

（一）法定职责的具体性与明确性

司法实践中法院通过个案裁判认为：履责之诉中行政机关的法定职责，必须是"法定"具体而明确的属于特定行政机关的法定职责，即法定职责须具备具体性与明确性。该标准同时也成为履责之诉中法定职责与抽象管理职责进行概念辨析的关键。

1. 具体性与明确性：履责机关、内容和方式的具体明确

履责之诉中"法定职责"的具体性与明确性，指的是上文所述范围内的"法"直接而明确地同时规定了特定履责机关、履责内容和履责方式。例如，

在"张月仙诉山西省人民政府不履行法定职责案"[1]中最高人民法院认为，尽管原告申请履行的保护其财产权、人身权、男女平等权等职责规定在《地方各级人民代表大会和地方各级人民政府组织法》第59条第6项、第9项[2]中，但该法律中规定的是抽象管理职责，并没有具体规定履行该法定职责的特定政府层级及履责方式，所以不属于"法定职责"的范畴。再如，在"叶胜等3人诉武昌区政府不履行法定职责案"[3]中，法院认为，《地方各级人民代表大会和地方各级人民政府组织法》第59条第6项规定的地方人民政府职权不针对具体的行政领域，也没有明确具体履行职责的政府层级、履行职责的内容及方式，是宏观意义上的管理职权，不属于"法定职责"，不符合起诉条件。司法实践中，持以上相同观点进行审判的案例[4]还有很多，这也从另一个角度说明了原告方对法定职责这一特有要求的忽视与误解。

2. 抽象管理职责不属于法定职责

值得注意的是，以上司法案例中法院多次以政府组织法规范中规定的政府职权不符合法定职责"明确的、具体的、直接的"这一要求为由驳回起诉，似乎政府组织法中有关行政主体职责的规定因其抽象性、宏观性而不属于履责之诉中的法定职责已经成为司法实践中的共识。但学界部分学者持不同意见：有学者在评析"张月仙诉山西省人民政府不履行法定职责案"时认为，可以引入请求权与保护规范理论，当"组织规范"中蕴含了个别性私人利益作为保护事项时，可以认定该"组织规范"具有履行某项特定法定职责的意旨，则该"组织规范"可以视为"法定职责"来源之一。[5]另有学者从履责之诉的设立目的考虑，认为履责之诉的设立蕴含着实质保护公民权利、建立积极行政的行政理念之意旨，将行政机关的抽象管理职责认定为法定职责更能保障公民权利的实现。[6]

就上述问题，笔者更赞同司法实践中形成的共识：没有明确规定履责主体、

---

[1] 最高人民法院（2018）行申906号。

[2] 《地方各级人民代表大会和地方各级人民政府组织法》第59条规定："县级以上的地方各级人民政府行使下列职权：……（六）保护社会主义的全民所有的财产和劳动群众集体所有的财产，保护公民私人所有的合法财产，维护社会秩序，保障公民的人身权利、民主权利和其他权利；……（九）保障宪法和法律赋予妇女的男女平等、同工同酬和婚姻自由等各项权利；……"

[3] 最高人民法院（2020）行申9586号。

[4] 参见北京市高级人民法院（2020）行终7549号；北京市高级人民法院（2020）行终6438号。

[5] 参见周楚韩："履责之诉、请求权及其规则——基于张月仙诉太原市政府不履行法定职责案展开分析"，载《公法研究》2020年第1期。

[6] 参见关保英："行政主体拒绝履行法定职责研究"，载《江淮论坛》2020年第5期。

内容或方式的抽象管理职责不属于履责之诉的法定职责。仍以"张月仙诉山西省人民政府不履行法定职责案"举例：尽管根据相关法律，县级以上地方人民政府均有保护公民财产权、人身权、男女平等权利的职责，但如果承认以上抽象管理职责属于履责之诉中认定的"法定职责"，则意味着原告张月仙可以针对武家庄居委会取消其村民福利这一行为对太原市及以上层级政府的任一地方政府或多个地方政府提起不履责之诉。从司法实践角度而言，这无疑会引发被告选择的困难、无休止的诉讼等问题，不利于纠纷的实质解决。笔者认为，即使履责之诉的意旨在于实质保护公民权利，也应当对抽象而概括的政府组织法等规定进行细化，在明确各层级行政机关的具体职责内容及履责方式之后再承认其规定的属于履责之诉的法定职责。

（二）法定职责的外部性与法效性

司法实践中法院通过个案裁判认为：履责之诉中行政机关的法定职责，必须是对当事人权利义务产生实际影响的法定职责，即法定职责须具备外部性与法效性。该标准同时也成为履责之诉中法定职责与内部层级监督职责、信访处理职责、行政指导职责进行概念辨析的关键。

1. 外部性与法效性：对当事人权利义务产生实际影响

行政机关不产生外部法律效力的，或者对行政相对人权利义务不产生实际影响的两类行为，已被《最高人民法院关于适用〈中华人民共和国行政诉讼法〉的解释》（以下简称《适用解释》）第 1 条第 2 款第 5 项、第 10 项[1]明确排除在受案范围之外。履行法定职责案件的受案范围必然要符合上述规定，因此，只有行政机关的不履责行为对行政相对人权利义务产生实际影响，行政相对人请求行政机关履责的要求才属于行政诉讼的受案范围。即履责之诉中要求履行的"法定职责"，应当是对行政相对人的权利义务产生实际影响的，即具备外部性、法效性的法定职责。司法实践对此也有类似的表述，例如在"李国秀诉山东省政府不履行法定职责案"[2]中，最高人民法院在论述提起履责之诉的条件时认为，要求行政机关实施没有外部效力的内部调整或者不是针对他个人的一般性调整，不能通过履责之诉来提起，除非有相关法律的明确规定。

---

〔1〕《适用解释》第 1 条第 2 款："……下列行为不属于人民法院行政诉讼的受案范围：……（五）行政机关作出的不产生外部法律效力的行为……（十）对公民、法人或者其他组织权利义务不产生实际影响的行为。"

〔2〕 最高人民法院（2016）行申 2864 号。

2. 内部层级监督职责不属于法定职责

司法实践中，法定职责的外部性是界分法定职责与内部层级监督职责的关键。例如，在"党秀兰等八人诉山西省柳林县人民政府履行法定职责案"[1]中，党秀兰等八人请求柳林县政府核实并追究柳林县财政局和柳林镇财政所负责人和直管工作人员不如实公开政府信息的责任，法院认为："党秀兰等人实际上是要求柳林县政府履行对有关职能部门或下级机关的内部层级监督职责，行政机关履行内部层级监督的行为不属于人民法院行政诉讼的受案范围。"再如，在"梁玉霞诉辽宁省锦州市义县人民政府不履行法定职责案"[2]中，梁玉霞请求义县政府对行政机关内部的直接责任人员依法给予行政处分，法院认为："对行政机关内部人员的惩戒、处分属于内部行为，依法不属于行政复议范围及人民法院受案范围。"

此外，履责之诉中诉请上级行政机关履行层级监督下级行政机关的职责并不是高效便捷的权利保护方式。例如，在"陈则东诉浙江省政府不履行行政复议法定职责案"[3]中，法院认为原告直接向具有管辖权的行政机关提出申请，可以更便捷高效地获得权利救济；但原告选择的是向上级行政机关申请履行层级监督职责，这反而是一种低效率的、舍近求远式的权利保护途径，一般不应该许可。

3. 行政指导与信访事项处理不属于法定职责

司法实践中，法定职责的法效性是界分法定职责与行政指导职责的关键。例如"张月仙诉山西省人民政府不履行法定职责案"中法院认为，履责之诉中要求作出的必须是一个法律行为，行政指导不是设定某种法律后果的法律行为，不能作为履责之诉中要求履行的"法定职责"。即行政指导行为虽属于行政机关对外作出的行政行为，但其属于不具备法效性的行政事实行为，因此不属于履责之诉中的法定职责范畴。

另外，法定职责的法效性也是区分法定职责与信访事项处理职责的关键。在"曾庆等诉武汉市政府行政复议案"[4]中最高人民法院认为，《信访条例》中规定相关部门的信访事项处理职责，对相对人的实体权利义务不产生实质的影响，不具有强制力，所以信访人不可以通过提起履责之诉来申请相关信访工

---

〔1〕 最高人民法院（2020）行申 4404 号。
〔2〕 最高人民法院（2019）行申 2210 号。
〔3〕 最高人民法院（2018）行申 6453 号。
〔4〕 最高人民法院（2017）行申 1488 号。

作机构处理信访相关事项。

值得注意的是，上述内部层级监督职责、行政指导职责及信访事项处理职责或具备外部性，或具备法效性，但并不同时具备外部性与法效性。可知，履责之诉中的法定职责须同时具有法效性与外部性。

（三）法定职责的非裁量性

司法实践中法院通过个案裁判认为：履责之诉中行政机关的法定职责，必须是法定行政机关必须履行的职责，即法定职责须具备非裁量性。该条标准同时也成为履责之诉中法定职责与自由裁量的职责进行概念辨析的关键。

1. 非裁量性：法定必须作出特定行政行为

法院对行政机关不履行法定职责的行为进行司法审查，涉及司法权对行政权的监督，而司法对行政的监督必须在适当限度内，才能保证既促进依法行政，又不过度侵害行政的自主权。履责之诉中，法院仅能对行政机关不履行法律规定的、羁束性的、没有裁量空间的法定职责进行司法审查，对于法律规定的行政机关有自由裁量"做或不做某种行政行为"的空间应予以尊重，即行政机关自由裁量范围内的职责不属于履责之诉中"法定职责"的范畴，只有法定行政机关必须作出特定行政行为的职责才属于法定职责。

2. 自由裁量的职责不属于法定职责

司法实践中，法定职责的非裁量性是界分法定职责与自由裁量职责的关键。例如，在"陈真如、黄晓君与湛江市工商行政管理局坡头分局不履行法定职责案"[1]中，原告诉请法院要求被告履行对查封产品的检验职责，法院认为，从相关法律规定中可知，被告对查封、扣押的商品进行检测与否，属于被告行政机关的自由裁量范围，即查封或扣押的法定职责对于被告而言是自由裁量的、非羁束性的法定职责，法律并未要求其必须进行检测。因此，被告拒绝履行检测职责的行为不属于不履行法定职责。再如，"钟德树诉永川区规自局不履行法定职责案"[2]中，针对原告诉请被告履行对其本人予以惩戒处理的法定职责，重庆市高级人民法院认为，行政机关是否对被告作出惩戒等处理决定，属于行政机关在法律规定下考量行政管理目的而作出的自由裁量行为，对于行政机关可以自由裁量是否作出某个行为的职责，不属于法定职责的范畴。

综上，笔者将履责之诉中对"法定职责"的认定总结为"职责来源的界定——

---

〔1〕 湛江经济技术开发区人民法院（2015）行初字第 2 号。

〔2〕 重庆市高级人民法院（2020）渝行申 495 号。

职责性质的界定"二重判断标准：第一步是判断原告要求履行的是否是"法"范围内规定的职责，第二步是判断该"法"范围内规定的职责，是否同时具有具体性、明确性、外部性、法效性及非裁量性。只有同时符合两重判断标准的才认定为履责之诉中行政机关的"法定职责"。

四、法定职责的司法审查阶段之辨

学者们在研究履责之诉的司法审查相关问题时，多笼统地将"法定职责"的认定总结为履责案件的"司法审查内容之一"[1]或"司法审查基准之一"[2]，并未单独探讨对"法定职责"的认定应当在立案登记阶段还是立案之后的案件审理阶段，学界对此也未形成共识。

笔者通过梳理相关司法判例观察到，近年来最高人民法院在司法实践中多将"行政机关有法定职责"作为提起履责之诉的起诉条件之一，在立案登记阶段进行司法审查。例如，在"张月仙诉太原市政府不履行法定职责案"中法院即有该观点。[3]但笔者注意到，并不是所有案件中对行政机关"法定职责"的认定均在登记立案阶段就完成司法审查。例如，"陈则东诉浙江省政府不履行行政复议法定职责案"[4]中法院认为，只有在行政机关"明显"不具有相应职权权限，以至于不可能再提出其他任何合理怀疑，任何具有法律知识或者虽无法律知识但一经释明即应知晓该行政机关"明显"不具有相应的职责的情况下，才能在诉的成立阶段对明显不具有法定职责的情形进行审查。此外，《适用解释》第93条第2款[5]也明确规定，法院可以在原告所请求履行的法定职责或给付义务"明显"不是行政机关的法定职责时，裁定驳回起诉。也就是说，对"行政机关法定职责"的司法审查应当主要在立案之后的案件审理阶段进行，立案登记阶段对"法定职责"的司法审查仅在"行政机关明显不具有法定职责"时才能进行。

---

〔1〕 参见李冷烨："论不履行法定职责案件中的判断基准时"，载《当代法学》2018年第5期。

〔2〕 参见姜鹏："不履行法定职责行政案件司法审查强度之检讨"，载《华东政法大学学报》2017第4期。

〔3〕 最高人民法院（2018）行申906号："在一个行政机关明显不具有原告所申请履行的法定职责的情况下，不能因为原告曾经提出过申请并且行政机关拒绝履行或者不予答复而就此拥有了诉权。针对一个明显没有管辖权的行政机关提起履行职责之诉，属于不符合法定起诉条件，人民法院应当不予立案或者裁定驳回起诉。"

〔4〕 最高人民法院（2018）行申6453号。

〔5〕 《适用解释》第93条第2款："……人民法院经审理认为原告所请求履行的法定职责或者给付义务明显不属于行政机关权限范围的，可以裁定驳回起诉。"

对"行政机关是否具有法定职责"进行认定的司法审查阶段之辨，一方面关系到履责之诉中原告的诉权之保护，另一方面也关系到对当前滥诉问题的合理规制。因此，笔者认为：为更好地保护当事人的诉权，法院对"行政机关有无法定职责"的司法审查应当主要在立案之后的案件审理阶段进行，但为了合理规制滥诉，允许法院在立案登记阶段仅对"行政机关明显不具有法定职责"的情况进行司法审查。

五、结论

作为履责之诉的司法审查难点之一，对行政机关有无"法定职责"的认定在各级法院判决中出现不同的认定标准及认定方式。究其本质，法定职责之"法"的范围、法定职责之"职责"界定、法定职责的司法审查阶段等问题，司法实践及学术界均未形成共识。本文通过对相关司法判例的实证分析，提出应当明确法定职责的来源从实定法向非实定法领域的拓展，明确法定职责具有的具体性、明确性、外部性、法效性与非裁量性特征，明确法院对"行政机关明显不具有法定职责"及"行政机关是否具有法定职责"进行认定分属于不同的司法审查阶段。只有如此，才能顺应当前法治国家服务行政理念，正确界分法定职责与其他相似概念，并恰当平衡原告诉权之保障与滥诉问题之规制。

尽管在实质性化解行政争议的背景下，法院希望通过履责判决解决行政纠纷、保障当事人权益的愿望强烈，但想要改善司法实践中履责案件审查难度大的局面，需要学界关注司法实践中出现的问题，从学理上对履责案件的众多审查难点一一进行理论上的回应。因此，除本文所研究的履责之诉中"法定职责"的认定，履行法定职责案件的司法审查这一主题下应该继续研究的内容还包括：履责之诉中"不履行"的定义与表现形式、履责案件的裁判尺度及履责案件中的判断基准时等。

论行政机关单方变更或解除行政协议的司法审查

陈佳宁[*]

【摘　要】《最高人民法院关于审理行政协议案件若干问题的规定》（以下简称《行政协议若干规定》）的出台，使得人民法院审理行政协议案件缺乏法律依据的问题得到了一定程度上的解决，但其内含的将行政机关单方变更、解除行政协议行为引发的诉讼设定为"行为之诉"的倾向，以及仍然按照传统合法性审查路径的制度安排尚存争议。同时，行政协议作为一类合同，也适用《民法典》中关于合同制度的有关规定，那么渊源于民事法律规范的法定解除及不可抗力、情势变更制度，应当如何与行政诉讼制度及行政优益权相协调也成为司法实践难题。因此，在明晰行政诉讼属性的立场上，转变传统以行政行为为中心的审查模式，将行政协议单方变更或解除权的司法审查与民事合同的相关制度进行对照分析，按照"关系之诉"的司法审查逻辑来处理相关争议，同时以期进一步规范实体规则来严格限定行政机关单方变更、解除权的行使。

【关键词】行政协议；单方变更或解除；关系之诉；司法审查

2015 年《行政诉讼法》在诉讼法层面将行政协议正式纳入法律规范，但由于缺乏实体法律层面的制度设计，导致行政协议纠纷案件在实际审理过程中，存在界定不清、裁判方式不系统、适用法律混乱、同案不同判等多种问题。随后，2019 年关于行政协议专门的司法解释——《行政协议若干规定》的出台，对行政协议涉诉案件的审理做了进一步细化规定，行政协议中行政主体单方变更、解除行政协议的行为，以及不依法履行、未按照约定履行行政协议的行为

　＊　陈佳宁，中国政法大学 2020 级宪法与行政法学专业博士。

都被纳入行政诉讼的审查范围。[1]但是在具体规定上，无论从第 11 条[2]规定的对"行政协议逐块拆分、各部分次第进入行政诉讼受案范围的过程"[3]的合法审查模式，还是将"继续履行""赔偿损失"等内容简单确定为裁判内容而非实质性的针对行政协议诉讼的性质进行裁判方式的规定，都可以看出其仍将行政机关单方变更或解除行政协议的司法审查困于行政行为以及行为之诉的困境当中。本文则以行政机关单方变更或解除行政协议为视角，对目前行政协议诉讼在司法审查中的审理逻辑进行探析，将行政协议与传统的行政行为的审查模式作出区分，以《民法典》对合同变更、解除的规范原理为借鉴，探寻行政机关在变更与解除协议的行为司法审查在以法律关系为基础之上的逻辑路径。

一、行政机关单方变更或解除行政协议的审查困境

我国对行政机关单方变更或解除行政协议的规定目前主要集中在《行政诉讼法》及司法解释、行政单行立法、地方的行政程序法当中，从立法规定可以看出，行政协议的变更解除方式包括立法规定的单方变更解除、基于情势变更原则的变更解除及协商一致变更解除三种。无论是立法还是司法解释都未对行政协议的变更解除方式进行区分，其性质定位就显得尤为混乱。

（一）"行政行为"定性之疑问

行政协议在纳入行政法规范之时，就因为其不符合 1990 年《行政诉讼法》受案范围单方行政行为的限定引起了广泛争论，有学者认为行政协议能否被诉，关键在于其是否是符合诉讼法受案范围的行政行为，[4]将行政机关实施的这种行为从行政协议中"切割"出来，便形成了将行政协议定性为"行政行为"的最初思路。抑或是有学者认为应当将行政协议整体纳入行政诉讼的规范体系中来，认为督促行政机关履行协议最根本的途径还是通过行政诉讼。[5]也有不少学者

---

[1] 黄永维、梁凤云、杨科雄："行政协议司法解释的若干重要制度创新"，载《法律适用》2020年第 1 期。

[2] 《行政协议若干规定》第 11 条第 1 款："人民法院审理行政协议案件，应当对被告订立、履行、变更、解除行政协议的行为是否具有法定职权、是否滥用职权、适用法律法规是否正确、是否遵守法定程序、是否明显不当、是否履行相应法定职责进行合法性审查。"

[3] 刘飞："行政协议诉讼的制度构建"，载《法学研究》2019 年第 3 期。

[4] 邢鸿飞："行政契约"，载应松年主编：《当代中国行政法》（第 5 卷），人民出版社 2018 年版，第 1756 页。

[5] 皮纯协、朱韶斌、刘亚梅："对承包协议书的几点思考"，载《中国法学》1993 年第 2 期。

认为行政协议是一种特殊的行政行为，[1]这种双方性质是行政行为的特殊表现形式，其更准确的表达应当是"协议性行政行为或行政协议行为"。[2]在司法实践当中，不少法官也认同这种观点，在最高人民法院公布的"陈前生、张荣平诉安徽省金寨县人民政府房屋征收补偿协议案"[3]的裁判文书中就有明确表述，认为行政协议虽是以合同的手段实行，但还是行政行为。

随着2014年对《行政诉讼法》立法改革的逐步推进，学界对于行政诉讼定性问题的理解逐步加深，行政协议中包含的私法关系也逐渐得到了认可，在修订之时也有学者提到考虑到行政协议纠纷中往往伴随着行政行为，在行政诉讼体系内更有利于争议的解决。[4]虽然从诉讼法角度来对行政协议的制度问题进行构建是值得怀疑的，[5]但是毫无疑问的是将行政协议定性为行政行为的"行为说"这一曾经的主流观点已经遭到抛弃。体现在行政协议司法审查领域，如何对其进行实体法律关系上的定性将对审查重点和对象产生重要的影响，无论是纯粹的私法定性还是公法定性，在救济途径上完全排除私法、公法规范都显然不合时宜。同时，行政诉讼中的附带民事程序也说明在公法的私法审查体系之下解决与公权力有关联的民事争议并非毫无可能。[6]

从立法角度而言，虽未明确对行政协议的问题进行定性，但从目前对行政协议诉讼规定较为详细的2019年的《行政协议若干规定》来看，第11条以对行政协议逐块拆分的合法性审查模式进行了立法规定。随之在具体规定上，无论是第9条[7]关于相对人诉讼请求的规定，第10条[8]关于由行政机关承担

---

［1］ 黄学贤："行政协议司法审查的理论研究与实践发展"，载《上海政法学院学报》2018年第5期。

［2］ 王学辉、邓稀文："也谈行政协议族的边界及其判断标准"，载《学习论坛》2019年第1期。

［3］ 最高人民法院（2016）最高法行申2719号行政裁定书。

［4］ 袁杰主编：《中华人民共和国行政诉讼法解读》，中国法制出版社2014年版，第44页。

［5］ 刘飞："行政协议诉讼的制度构建"，载《法学研究》2019年第3期。

［6］ 余凌云："行政法上的假契约现象——以警察法上各类责任书为考察对象"，载《法学研究》2001年第5期。

［7］ 《行政协议若干规定》第9条："在行政协议案件中，行政诉讼法第四十九条第三项规定的'有具体的诉讼请求'是指：（一）请求判决撤销行政机关变更、解除行政协议的行政行为，或者确认该行政行为违法；（二）请求判决行政机关依法履行或者按照行政协议约定履行义务；（三）请求判决确认行政协议的效力；（四）请求判决行政机关依法或者按照约定订立行政协议；（五）请求判决撤销、解除行政协议；（六）请求判决行政机关赔偿或者补偿；（七）其他有关行政协议的订立、履行、变更、终止等诉讼请求。"

［8］ 《行政协议若干规定》第10条："被告对于自己具有法定职权、履行法定程序、履行相应法定职责以及订立、履行、变更、解除行政协议等行为的合法性承担举证责任。原告主张撤销、解除行政协议的，对撤销、解除行政协议的事由承担举证责任。对行政协议是否履行发生争议的，由负有履行义务的当事人承担举证责任。"

举证责任的规定，第 16 条〔1〕关于撤销判决方式的规定，还是第 25 条〔2〕关于起诉期限的规定，都可以看出，司法解释将行政机关单方变更或解除行政协议的行为视为单一的行政行为。这种定性显然使目前行政协议的诉讼审查模式陷入了被动之中，并且其隐含的"行为之诉"的传统诉讼属性也值得进一步审视。

（二）"行为之诉"诉讼属性之重新审视

《行政协议若干规定》的出台是行政协议司法实践发展的必然结果，也是司法机关对行政协议诉讼的较为全面的回应。但对行政协议的缔结、履行、变更、解除等全过程仍缺少系统的全面的体系化理论研究，这还远不能满足立法以及时间的需要。"法院对于行政合同的认识，并非立法的体现，而是寻求学说支持的结果。"〔3〕

以具体的诉讼请求的设定为例，《行政协议若干规定》对行政机关单方变更或者解除行政协议行为的诉讼请求独立进行规定，同普通合同争议进行了明确区分，这种设定使得诉讼争议集中于行政机关的单方变更、解除行为，而非是针对协议法律关系是否能够继续存在进行审查，无法从实质上反映当事人的诉讼请求。并且诉讼请求的规定对行政机关继续履行，或者承担赔偿、补偿责任进行了并行的规定，从实质性解决纠纷的立场来说，这种设定方式能否准确地涵盖原告的合法权益存在疑问，法院的审理重点可能与原告最初的诉讼请求相脱节。

而在《行政协议若干规定》的立法选择上，将行政机关单方变更或解除行政协议的视为单一的行政行为，使得行政诉讼过多地集中在对单方变更或解除的表达上，形成了看似成体系，却无法实质性解决行政协议相关争议的"行为之诉"的诉讼属性。在立法规定的体系层面，《行政协议若干规定》关于行政

〔1〕《行政协议若干规定》第 16 条："在履行行政协议过程中，可能出现严重损害国家利益、社会公共利益的情形，被告作出变更、解除协议的行政行为后，原告请求撤销该行为，人民法院经审理认为该行为合法的，判决驳回原告诉讼请求；给原告造成损失的，判决被告予以补偿。被告变更、解除行政协议的行政行为存在行政诉讼法第七十条规定情形的，人民法院判决撤销或者部分撤销，并可以责令被告重新作出行政行为。被告变更、解除行政协议的行政行为违法，人民法院可以依据行政诉讼法第七十八条的规定判决被告继续履行协议、采取补救措施；给原告造成损失的，判决被告予以赔偿。"

〔2〕《行政协议若干规定》第 25 条："公民、法人或者其他组织对行政机关不依法履行、未按照约定履行行政协议提起诉讼的，诉讼时效参照民事法律规范确定；对行政机关变更、解除行政协议等行政行为提起诉讼的，起诉期限依照行政诉讼法及其司法解释确定。"

〔3〕叶必丰：《行政行为原理》，商务印书馆 2019 年版，第 443 页。

协议的相关规定未必符合 2014 年《行政诉讼法》的初衷。2014 年修订的《行政诉讼法》中将行政协议作为行政诉讼的受案范围纳入行政法的法律体系之中，但仍未跳出行政行为理论的羁绊，只是对行政协议的受案范围、裁判方式进行了简单规定，而协议的订立、履行、变更、解除等内容，则主要依赖于民事合同的相关规定进行规制，随后出台的两部司法解释也未能解决这一问题。从第78 条〔1〕的规定就可以看出，立法并未就行政机关单方变更、解除行政协议的行为进行单独的规定，而是直接针对行政协议纠纷问题统一规定如何裁判。将是否履行行政协议、采取补救措施或者赔偿相对人损失等救济方式进行并列规定，并未突出行为的合法有效问题。但《行政协议若干规定》第 16 条以"可以"的方式将法院对违法变更、解除行政协议的行政行为的处理方式进行了规定，可以看出偏向于合法性审查原则审查模式的"行为之诉"在立法体系中也并非一体协调。

二、行政机关单方变更或解除行政协议的学理探析

（一）行政协议的公益属性对单方变更或解除权的影响

行政协议不同于普通的民事合同，由于其内容绝大部分为公共服务的提供和公共资源的配置，行政主体有必要在推进公共服务合同履行的同时，保证公共利益不受侵害。法国的行政合同理论认为，行政机关单方变更或解除行政协议的行政特权源于公共服务这一特殊领域的需要。公共服务的重要性要求行政机关作为公共服务组织者，有义务保证公共服务的持续性供给，为使用者保持最低限度的利用。〔2〕同时，公共服务的"易变性"〔3〕和适应性使得公共需要随社会发展而变化，经济社会生活的变迁，可能会使公众对公共服务的需求、提供公共服务的能力随之改变。在行政协议的继续履行完全不适应变化后的公共利益需要时，可以直接解除协议，以保证能够继续为公众提供更新、更优质的公共服务。〔4〕行政机关为维护公共利益可以突破双方合意，单方变更或解除行政协议，此时单方变更或解除行政协议的行为具有了执行力和先决性等公权力

---

〔1〕《行政诉讼法》第 78 条："被告不依法履行、未按照约定履行或者违法变更、解除本法第十二条第一款第十一项规定的协议的，人民法院判决被告承担继续履行、采取补救措施或者赔偿损失等责任。被告变更、解除本法第十二条第一款第十一项规定的协议合法，但未依法给予补偿的，人民法院判决给予补偿。"

〔2〕 王名扬：《法国行政法》，北京大学出版社 2016 年版，第 382 页。

〔3〕 Marion UBAUD-BERGERON, *Droit des contrats administratifs 2édition*, LexisNexis 2018, pp. 365-366.

〔4〕 李颖轶："论法国行政合同优益权的成因"，载《复旦学报（社会科学版）》2015 年第 6 期。

特征。[1]在某种程度上，行政协议是行政权力契约化的产物，具备权力性要素。这种权力性要素的部分可以通过合同权利的形式加以实现，剩余的则以法定或约定的方式演变为诸多形式上的行政优益权。[2]就本质而言，行政优益权是行政机关在行政协议中所享有的特权，行政协议蕴含的契约精神在改变着传统的行政管理手段的同时，也被公权力所制约。这种制约无论是目的还是性质都不同于民事合同中的公权力干预，而是旨在促进行政活动过程中公共利益的优先实现。[3]

不同于法国构建的行政机关基于特权单方解除合同和双方当事人提起诉讼解除合同的并行模式，在我国，"民告官"是行政诉讼的制度标签。[4]行政诉讼构造之中并不存在行政机关起诉相对人的可能性。在相对人不履行行政协议时，由行政机关凭借一定行政优益权来适时推进公共任务之实现就显得更为必要。因此，行政优益权的设置，可以使公共利益在面对行政活动中未知的客观变化时，能保持不受侵害的最佳状态，在行政协议中具体体现为四个方面：一是在合同履行过程中的指导监督权，以避免协议相对人因追求私益最大化而导致公共利益受损，保障协议履行朝着行政主体所预期的方向发展；二是对行政协议的单方变更权，协议履行过程中客观情形变动，行政主体可以对协议内容作出有利于公共利益的变更；三是单方解除权，当外部条件变化，继续履行协议有违公共利益时，行政主体可以单方面解除协议；四是行政主体可以对严重违反协议约定或法律规定的相对人予以制裁，包括罚款、没收、追究其行政责任等。不同于一般的民事合同法定解除权，行政优益权语境下的行政机关单方变更或解除行政协议旨在使行政主体能及时地从不再符合公共利益需求的合同关系中解脱出来，以防止或减轻公共利益的损害。也因此，行政机关单方变更或解除行政协议既不是为了纠正其以往的错误决策或工作疏忽，也不是为了惩罚不遵守协议约定、履行行政协议义务的相对人。

（二）行政协议的契约属性对单方变更或解除权的影响

行政协议集"契约精神和权力因素于一体"，[5]契约精神的引入使得传统的行政管理方式发生转变，实现了权力关系的重新配置。不仅如此，契约精神

---

〔1〕 ［法］让·里韦罗、让·瓦利纳：《法国行政法》，鲁仁译，商务印书馆 2008 年版，第 571 页。

〔2〕 徐亚龙："论行政合同特权基本制控理念——权力保留"，载《行政与法》2008 年第 7 期。

〔3〕 朱新力："行政合同的基本特性"，载《浙江大学学报（人文社会科学版）》2002 年第 2 期。

〔4〕 闫尔宝："行政机关单方解约权的行使与救济检讨——以最高人民法院司法解释为分析对象"，载《行政法学研究》2020 年第 5 期。

〔5〕 姜明安："新世纪行政法发展的走向"，载《中国法学》2002 年第 1 期。

中所内含的平等、自由、协商，更有助于实现合同双方在缔约、履约过程中的权力与权利上的"结构性均衡"。〔1〕无论是在实质性解决纠纷的同时注重原告合理的权益诉求，还是当事人合意在合同纠纷司法审查中的重要性，以及对多元化主体利害关系的处理更加注重利益平衡的审查逻辑，都对行政协议诉讼的司法审查产生了重要影响。《行政协议若干规定》第5条第3项〔2〕的规定就为第三人的原告诉讼资格提供了可能。

同时，《民法典》对合同缔约、变更、解除的一系列规定不可避免地同行政行为的审查体系发生碰撞。行政管理目标实现的优先性和合同的约定履行之间的矛盾，也是行政协议的变更解除制度绕不开的重要问题。行政协议内容尽可能全面地避免合同履行中出现争议、充分保障公共利益，在条款中加入何种情形下行政主体可单方解除合同的约定也成了合同文本普遍采用的做法。因此，对行政机关单方变更或解除行政协议的司法审查进行研究，必然要解决其同民事规则的竞合问题。

三、行政机关单方变更或解除行政协议与民法规则之竞合

《民法典》以当事人协商一致作为合同变更的条件，〔3〕协商一致是变更合同的前提。在遭遇不可抗力或者是一方当事人根本违约时，另一方当事人则享有以通知的形式单方解除合同的权利，即法定解除权。〔4〕而在行政协议的单方解除权中，行政机关一方面享有作为"公共服务管理者"的行政优益权，另一方面亦作为合同当事人享有法定解除权。也因此，会产生行政优益权与合同当事人享有的法定解除权的竞合问题。

（一）行政优益权与根本违约

过往的行政优益权与当事人根本违约引起的对于行政机关单方解除行政协

---

〔1〕 陈天昊："行政协议中的平等原则　比较法视角下民法、行政法交叉透视研究"，载《中外法学》2019年第1期。

〔2〕 《行政协议若干规定》第5条："下列与行政协议有利害关系的公民、法人或者其他组织提起行政诉讼的，人民法院应当依法受理：……（三）其他认为行政协议的订立、履行、变更、终止等行为损害其合法权益的公民、法人或者其他组织。"

〔3〕 《民法典》第543条："当事人协商一致，可以变更合同。"

〔4〕 《民法典》第563条："有下列情形之一的，当事人可以解除合同：（一）因不可抗力致使不能实现合同目的；（二）在履行期限届满前，当事人一方明确表示或者以自己的行为表明不履行主要债务；（三）当事人一方迟延履行主要债务，经催告后在合理期限内仍未履行；（四）当事人一方迟延履行债务或者有其他违约行为致使不能实现合同目的；（五）法律规定的其他情形。以持续履行的债务为内容的不定期合同，当事人可以随时解除合同，但是应当在合理期限之前通知对方。"

议的争议往往是由法院在审查过程中，更多地站在传统的"行为之诉"的立场上，关注行政协议的行政性特征，认为相对人不履行合同义务的行为致使公共利益受到损害，由此援引行政优益权作为行政机关单方解除行政协议的依据。在这种裁判逻辑下，不论是相对人违约还是不可归责于相对人的客观情况，只要导致了公益积极减损或消极增长的结果，即可满足行政优益权行使的事实基础。但在 2017 年公布的"湖北草本工房公司诉荆州经开区管委会"〔1〕一案中，最高人民法院在裁判文书中就表明如果相对人根本违约，使得合同目的无法实现，行政机关可以按照民法规则采取应对措施时，就没有必要以行政优益权的方式进行处理。行政优益权的行使应当是行政机关在穷尽民法规则后的公权力行为。也就是说，在相对人违约致使合同目的不能实现的情况下，行政机关可以依《民法典》规则或合同当事人合意采取相应措施，若能以符合约定解除条件或法定解除原因为由解除合同，就无行使行政优益权的必要。因此，在理想状态下，根本违约同行政优益权之间不会发生竞合问题。如果满足了行政协议中约定的解除权行使条件，或是合同履行中出现了民法规则上的法定解除情形，则应当认同行政机关单方解除行政协议的行为是私法框架下的解除行为，无动用行政优益权的必要。也就是说，行政优益权与法定解除权之间的竞合即在不可抗力的范围内进行讨论。

同时，该判决也确立起民法规则优先适用的规则，即出现行政协议履行争议时，行政机关应当优先选择民法规则，只有在穷尽《民法典》规定仍无法满足公共利益需求时，才有行使行政优益权的必要。这也体现了将行政协议简单定性为传统行政行为，划入"行为之诉"之契约性。

（二）行政优益权与不可抗力

同民法上不可抗力的审查认定相区别，行政优益权本身就是行政机关在行政协议履行过程中，根据国家行政管理的需要，依法变更、解除合同或行使制裁权的特权。行政协议中的公权力特征同当事人合意之间的冲突往往就体现为公共利益同私人利益在特殊情形下的冲突。〔2〕也因此，公共利益应为行政优益权行使的首要考虑因素。在这种情况下，只有主观上行政机关不可预见，客观上尽到合理注意义务也不能避免时，出于公共利益的需要，行政机关才可以运用行政优益权单方变更、解除行政协议。此时，就会出现行政机关或基于行政

---

〔1〕 最高人民法院（2017）行申 3564 号行政裁定书。
〔2〕 何彤文、刘慧娟："行政优益权行使的合法性审查"，载《人民司法（案例）》2015 年第 22 期。

优益权或基于不可抗力行使单方解除权的问题。

首先，行政优益权较基于不可抗力的法定解除权更具灵活性，满足公共利益易变性之需求。在适用期限上，行政优益权在无法律特别规定的情况下，并不受任何期限的约束，而法定解除权则以除斥期间为限，在法律没有特别规定或当事人没有特别约定的情况下，存在一年的除斥期间。在内容上，基于行政优益权，行政机关可选择单方变更或解除行政协议，将会导致行政协议即刻变更、解除，并且依据《行政诉讼法》确立的"诉讼不停止执行"原则，即便协议相对人提起行政诉讼，也不影响变更、解除行政协议的效力。而行使法定解除权虽然协议自解除通知到达对方时解除，但是，如果对方在合理期限内行使异议权，则该异议诉讼对通知解除之效力产生阻却，行政协议在诉讼阶段仍将维持其效力。

其次，行政优益权较基于不可抗力的法定解除权在实质上更有利于保护相对人的合法权益，行政主体行使行政优益权单方解除行政协议，同时亦产生补偿责任，以避免由协议相对人独自承担为了满足国家利益、社会公共利益而衍生的成本。[1]基于行政优益权制度，即便人民法院认定其单方解除行为合法，亦会要求行政主体对协议相对人由于协议解除导致的损失给予充分补偿。这正是行政协议法律制度之"调适—再平衡"逻辑的体现。[2]而若行政主体行使法定解除权，以不可抗力导致合同目的不能实现为由解除行政协议，依据民事法律规范，此时便产生免责的法律效果，即行政主体对于协议解除导致的损失"不承担民事责任"。[3]

最后，行政优益权较基于不可抗力的法定解除权受到更严格的司法审查。从过往的行政协议相关案例[4]就可以看出，法院在基于行政优益权行使的单方解除权的司法审查中，不仅审查行政优益权行使的正当性，更会对程序是否正当、补偿是否充分，甚至是行政主体行使行政优益权时的目的是否善意进行审查。与行使法定解除权时相比较，行政机关行使行政优益权需要特别满足公

---

〔1〕 黄永维、梁凤云、杨科雄："行政协议司法解释的若干重要制度创新"，载《法律适用》2020年第1期。

〔2〕 陈天昊："在公共服务与市场竞争之间——法国行政合同制度的起源与流变"，载《中外法学》2015年第6期。

〔3〕 韩世远：《合同法总论》，法律出版社2011年，第369页。

〔4〕 参考"崔某某诉徐州市丰县人民政府招商引资案"等行政协议解释参考案例。最高人民法院发布《行政协议若干规定》和10个行政协议参考案例。载中国法官培训网，http://peixun.court.gov.cn/index.php？a＝show&c＝index&catid＝6&id＝1241&m＝content，最后访问时间：2021年3月20日。

共利益之必要性的司法审查，以及损失补偿之充分性的司法审查。

综合来看，对行政机关而言，若行使法定解除权，其权利行使则受到严格的期限约束，行使行政优益权则具有较高的自由度，内容上更为灵活，可以最快地适应公共利益变化之需要。对于行政协议相对人而言，比起基于不可抗力行使法定解除权产生的双方免责的法律后果，行政机关行使行政优益权使相对人能够获得相应的补偿，诉讼中更严格的司法审查保护，显然更有利于维护相对人的合法权益。

四、行政机关单方变更或解除行政协议的审查路径

一方面，要在法律关系之诉的立场上，规范法院在行政机关单方变更或解除行政协议中的审查路径。另一方面，要基于实体规则严格限定单方变更、解除权的行使。

（一）基于法律关系完善单方变更、解除权的审查逻辑

以行政行为的合法性审查作为行政协议诉讼审查对象的逻辑方式一直以来都遭到诟病，对行政行为概念的错误理解使得法院一直以来的审查方式都存在"局部化、片段化、静态化的偏狭"。[1]

行政机关行使单方变更、解除权的行为所处分的并非是单纯的协议相对人的权利义务，而是已经成立的行政协议法律关系这一整体。由于长期以来我国行政法通行以单方行政行为进行行政诉讼的构造，行政行为属于行政机关行使职权的行为，具有很强的公定力和执行力，相对人想要寻求法律救济的需要采取向法院提起诉讼的方式，由此而构建行政诉讼制度。"民告官"成为行政诉讼的标签。正是由于该"原被告诉讼角色固化"的理念，行政机关无法通过诉讼的方式寻求行政协议诉讼争议的相关救济，在司法审查过程中难言当事人权利地位平等，即使赔偿责任、行政补偿等在实质上弥补了权利义务关系的平衡，但行政协议的契约性使行政机关的行政行为无法像传统行政行为那样，反而使得行政优益权的行使更加泛滥。

基于《行政诉讼法》一直以来确立的合法性审查原则，法院在对行政机关单方变更、解除行为进行司法审查时，会陷入按照从机关权限、程序、事实认定等方面展开碎片化的司法审查的泥沼。合法性审查作为一个客观化的审判标准，其直接对应的是"维护和监督行政机关依法行政"这个行政诉讼立法目

---

[1] 陈天昊："行政协议诉讼制度的构造与完善——从'行为说'和'关系说'的争论切入"，载《行政法学研究》2020年第5期。

的，这在一定程度上限制了行政协议诉讼案件中法院进行司法审查的对象和范围，[1]即无论当事人提出了何种诉讼请求，法院的审查都会回归到对行政行为的合法性审查中去。这种审查模式不仅仅会造成对主观权利保护的忽视，也无法从实质上解决行政协议纠纷。[2]就会出现相对人诉讼请求与法院的司法审查之间严重脱轨，造成即使原告赢了官司，合法权益依然无法得到救济的局面。

正因如此，基于法律关系完善单方变更、解除权的审查逻辑，是支撑单方变更、解除权司法审查的重要支柱。其区别于行政行为合法审查的关键就在于"将公民同样作为关系主体予以观察"，[3]行政协议诉讼司法审查的内容可以关注行政行为违法及损害原告权利的主张两个层次，毫无疑问，以目前的行政诉讼构造来说，任何判决都要对行政行为的合法与否进行判断，同时再以原告的诉讼请求，即被侵害的权利作为进一步的审查方向，将行政法律关系的审查纳入行政诉讼中，强化司法审查的强度，回归到诉讼判决实质性解决纠纷的轨道上来。

（二）基于实体规则严格限定单方变更、解除权的行使

由于我国特殊的行政协议诉讼争议解决先于实体法律规定进行立法的模式，虽然在争议的纠纷解决上为行政协议提供了空间，但法院在对行政机关单方变更或解除行政协议进行审查时，常常面对实体规则缺失带来的审查难题，既体现为行政法规则中基于优益权行使单方变更、解除权时对公共利益的认定和衡量的难以判定，也体现为与行政审判逻辑中对《民法典》中关于合同规则理解适用的忽视。

1. 公共利益的认定和衡量

在现已废止的 2015 年司法解释颁布之前，我国行政机关单方变更或解除行政协议，并无普遍性的法律规范，行政机关及法院在处理此类案件中多以学说理论为依据。2015 年《最高人民法院关于适用〈中华人民共和国行政诉讼法〉的解释》中提出为公共利益或其他法定理由时，行政机关可单方解除协议。2019 年出台的《行政协议若干规定》第 16 条也明确了在"可能出现严重损害

---

[1] 薛刚凌、杨欣："论我国行政诉讼构造：'主观诉讼'抑或'客观诉讼'?"，载《行政法学研究》2013 年第 4 期。

[2] 梁凤云："行政诉讼法修改的若干理论前提（从客观诉讼和主观诉讼的角度）"，载《法律适用》2006 年第 5 期。

[3] 赵宏："法律关系取代行政行为的可能与困局"，载《法学家》2015 年第 3 期。

国家利益、社会公共利益的情形"时行政主体可以单方解除协议。前后两个司法解释，尽管在单方解除条件的表述上有所差别，但都强调了是出于公共利益的需要。出于不同性质的公共利益需要，行政机关单方变更或解除权的行使主要是两种情形，一是协议目的无法实现，协议所欲达成的公共利益无法实现甚至会损害公共利益；二是协议有可能实现，但若协议目的继续履行，会违背或损害其他公共利益。可见公共利益是判断单方解除权实体合法性的重要条件，如何认定公共利益的存在以及衡量所保护的公共利益是否足以构成行政机关单方变更、解除行政协议的事由，是对行政机关单方变更、解除行政协议进行实体上规范和限制的首要问题。

目前我国对公共利益进行司法审查时，主要采取"法定公共利益需求说"，即根据事实先在实体法规则中寻求法定的公共利益，再进一步审查其是否满足适用的其他条件。但法定的公共利益有限，在司法审查过程中法官不可避免地需要对公共利益进行主观的判断。公共利益由于本身具有开放性和不确定性，同时单方解除协议通常引起法律关系的重大变动，涉及相对人财产权益。如果允许行使机关以"无名"公共利益为由单方变更、解除协议，会使得原本处于弱势地位的相对人的权利义务陷入极度不确定的状态。

显然，公共利益的认定和衡量不能纯粹依靠法官主观的判断来解决，而是需要基本的原则或是程序来进行限定。[1]即公共利益的认定和衡量应当受到客观的实体法律规范的限制。

首先，符合比例原则的规定。行政机关单方变更或解除行政协议需从其妥当性、必要性和均衡性方面逐一确认。解除协议所欲保护的公共利益应当大于给相对人造成的私益损失，同时避免将特定的个人利益保护夸大为为了公共利益。即行政机关单方变更或解除行政协议是为了维护公共利益，同时这一行为必须具有不可替代性，即变更、解除协议是不得已而为之侵害最小的办法，而且，单方变更或解除这一手段与公共利益应当相称或合比例，只有在公共利益遭受了重大危害或存在遭受重大危害的可能，民事救济途径解决不能时，行政机关才能采取单方变更、解除的方式。反之则不能采取该措施。

其次，采取双向式的审查。行政协议的法律关系论的理论支点在于"行政

---

〔1〕 张旺："美国的民主政治与决策效率"，载《河南师范大学学报（哲学社会科学版）》2001年第6期。

对社会利益关系的调节功能"，[1]在对行政机关单方变更或解除行为进行司法审查时，"应该是双向式的审查，而不是单审行政机关一方的行为"。[2]对行政主体与当事人之间发生冲突的公共利益进行审查，实质性解决双方当事人之间的权利义务纠纷。同时，对单方变更或解除行政协议的审查，应当注重的是行政法和民法的全面审查，对公私法适用的融会贯通。行政协议出现的本质是公权力有所不能，有求于民的结果。[3]行政权力应当受到权利的多方位限制与司法审查，尤其是出于协商合意之外的以公共利益之需要为单方变更、解除依据的行为，应当同时受到合同中契约精神和公法上依法行政原则的约束。也因此，破除公私法之间在实体规范上对行政协议司法审查的刻板适用很有必要。

2. 赔偿责任的明确和重申

正如前文所述，行政协议的公私合作性质源自于公权力对私主体合作的寻求，而基于公共利益单方变更、解除行政协议势必无法避开对当事人的损失赔偿问题。法国的行政合同理论中确立赔偿责任的"财务平衡标准"与行政优益权理论不可分割看待。"财务平衡标准"理论重点在于在行政合同当中，一旦行政机关的行为以行政优益权为依据作出，无论其是否违反法律规定，都应赔偿相对人的损失。同时，这种赔偿的范围不仅包括由于合同的变动产生的实际损失，甚至包括由于合同履行而产生的期待利益。[4]

但从我国2019年出台的《行政协议若干规定》可以看出，目前我国对于行政协议司法审查中关于赔偿责任的规定仍旧援引《国家赔偿法》，以行政行为违法与否作为是否赔偿的基本依据。虽然在法律规定中不断强调了行政主体对相对人的赔偿责任，但是在赔偿方式以及范围上却缺乏进一步的明确规定，更不用说仅仅以实际损失来确定赔偿标准的判定方式是否合理，是否遵守了信赖利益保护的基本原则。同时这种赔偿方式背后蕴含的赔偿法定理念也容易使当事人损失得不到私法上应有的赔偿，[5]更有学者认为对于出于保护公共利益的行政行为造成的私益损失，站在经济角度就应以民事规则中的损害赔偿规定为

---

[1] 鲁鹏宇："论行政法学的阿基米德支点——以德国行政法律关系论为核心的考察"，载《当代法学》2009年第5期。

[2] 余凌云："论行政协议的司法审查"，载《中国法学》2020年第5期。

[3] 于立深："行政契约履行争议适用《行政诉讼法》第97条之探讨"，载《中国法学》2019年第4期。

[4] 李颖轶："法国行政合同优益权重述"，载《求是学刊》2015年第4期。

[5] 张向东："论行政协议合法性审查与合约性审查的关系"，载《江苏社会科学》2020年第2期。

依据。[1]

无论强势保护私人合法权益的"财务平衡标准"是否适合我国行政协议赔偿规定的需要，合理的行政协议赔偿必定是使行政主体同私人双方利益相平衡的结果。行政机关基于公共利益需要变更、解除行政协议将直接损害相对人的预期利益，如果得不到合理的救济赔偿，将直接影响其完成行政任务的初始目的，最终导致行政协议的作用在行政活动中的萎缩。这也是民法学者质疑行政协议的重要原因。当然，目前规定采取的根据行政机关行为是否违法，分为赔偿与补偿两种方式对相对人进行救济的立法模式并非不可取，而是其底线应是出于对协议相对人权益保护有所保障的一定程度上的"财务平衡"。

五、结语

不难发现，行政法上的行政协议理论与民事合同在单方变更、解除制度构建上的共识其实远大于分歧。行政优益权实质上仅在应对由于公益需求发生新变化而产生之特殊事变，在其他情形下，行政主体同民事合同的双方当事人一样，应服从契约精神，履行双方协商一致的权利义务，若需突破，亦首要主张《民法典》法定解除抑或是情势变更之规定。而行政协议诉讼的司法审查，亦应同样能够兼容对协议相对人合法权益之保护，即协议相对人可以行使法定解除权或主张不可抗力、情势变更，在协议目的已不能实现或继续履行对自己明显不公时，能够依据民事法律规范主动突破行政协议的束缚。规范公权力、维护公共利益、保障私人权益，本应成为民事合同与行政协议共通的价值追求。立基于此，行政协议争议的相关法律制度在未来的进一步完善，亦可从民事合同法律制度的发展中获得滋养。

---

〔1〕 陈新民：《德国公法学基础理论》（下册），山东人民出版社 2001 年版，第 498 页。

论继续违法行为的中断

——以一事不再罚中"一事"为切入点

陈雯萱[*]

【摘　要】面对日益复杂的执法环境，有必要基于一事不再罚对继续违法行为予以中断以达到行政目的。目前司法实践既未对继续违法行为能否中断达成统一，也未形成明确的中断标准。为了保证一事不再罚的功能发挥，法院原则上应将继续违法行为视作一事，仅在符合比例原则的前提下例外的承认中断。在审理过程中，法院需在三阶论之比例原则的规范效应下，选择适用恰当的法律规范并细化标准以填补法律漏洞。

【关键词】一事不再罚；继续违法行为；中断

一、问题的提出

《行政处罚法》第 29 条规定："对当事人的同一个违法行为，不得给予两次以上罚款的行政处罚。"该条文表明了一事不再罚在行政处罚领域的确立。但是对于何为"一事"的判断标准，我国学界存在多种见解，如违法行为说[1]、违反规范说[2]、构成要件说[3]。我国台湾地区学者认为，行政处罚法上的行为概念与刑法上的行为概念基本没有不同。因此，在刑法上对于如何判断一个

---

[*]　陈雯萱，中国政法大学 2020 级宪法与行政法学专业硕士。
[1]　汪永清编著：《行政处罚法适用手册》，中国方正出版社 1996 年版，第 110 页。
[2]　参见刘善春主编：《行政处罚法释义与案例评析》，中国政法大学出版社 1996 年版，第 38 页。
[3]　参见朱新力："论一事不再罚原则"，载《法学杂志》2001 年第 11 期。

或多数行为所发展出的原则，亦可供行政处罚法参考，[1]并将一行为区分为自然的单一行为与法律上的单一行为。[2]如何区分一行为和数行为，尤其在特殊的行政违法状态中，对贯彻一事不再罚具有重要意义。

继续违法行为是行政违法行为的一种特殊状态。目前，它尚缺乏立法上的界定，仅在有关追诉时效的规定中涉及。关于继续违法行为该如何认定行为数，最高人民法院曾将其视作一事："持续行为是指一个违法行为发生之后，行为以及由此造成的不法状态一直处于持续状态。持续行为虽一直处于持续状态之中，但实质上只是一个违法行为，因此，不能适用分别处罚，合并执行的方法。"[3]行为人往往以行政机关就同一违法行为作出多次处罚违反一事不再罚为由诉诸法院，法院在处理此类案件时如何评价继续违法行为的中断？若中断具有必要性，那么出于行政目的将继续违法行为予以中断，并多次处罚是否违背了一事不再罚？若与一事不再罚不相抵触，那么应该遵循何种原则进行中断？

二、法院对继续违法行为中断的观点

对法院态度较为明确的9份裁判文书的分析表明，虽然有部分法院不承认继续违法行为的中断，但多数法院认可了继续违法行为经中断后成为新的违法行为，对其再行处罚并未违反一事不再罚，仅少数法院坚持将继续违法行为视作一行为，在缺乏法律拟制依据的情况下仅能予以一次处罚。

（一）肯定中断

中断主要分为两种方式：法律拟制和行政机关的查处行为。

1. 因法律拟制而中断

法律拟制是指根据立法的形式设定一定的时间、空间或特定情形对继续违法行为予以中断，从而拟制为数行为。即通过立法技术，客观地将一个继续违法行为量化为数行为。如按日连续处罚制度是以日为单位对继续违法行为进行中断，每一日的处罚只针对前一日的违法行为，若隔日仍未改正，则该日又构成新的违法行为，因此可以再度处罚，直至该继续违法行为改正。

在"李国诉山东省公安厅高速公路交通警察总队二支队历城二大队交通行

---

〔1〕 参见洪家殷：《行政罚法论》，五南图书出版股份有限公司2006年版，第219页。

〔2〕 参见洪家殷：《行政罚法论》，五南图书出版股份有限公司2006年版，第221页。

〔3〕 《中华人民共和国行政处罚法实用问答》编写组：《中华人民共和国行政处罚法实用问答》，人民法院出版社1996年版，第282页。

政处罚案"[1]中，当事人在枣庄段的超速行为被枣庄大队测速取证设备抓拍，而后济宁段的超速行为又被济宁大队设备抓拍。交警部门根据公安部交通管理局《关于规范查处机动车违反限速规定交通违法行为的指导意见》第5条第2款[2]规定，以行政辖区为单位，将该行为拟制为两次违法行为分别作出两次处罚。法院在审查该法律拟制规定的合法性与合理性后，以此为依据认可了行政机关将当事人的继续违法行为拟制为数行为的做法，从而作出了肯定中断的判决。

立法亦通过规定特定情形的方式对行为数进行拟制，如在"镇江美美洗衣有限公司诉镇江市生态环境局、镇江市人民政府环保行政处罚及行政复议案"[3]中，镇江市生态环境局针对当事人超标排放污染物行为于2018年4月作出责令改正违法行为决定书；5月上诉人排放的洗涤污水仍然超出规定标准，故被上诉人作出新的处罚。在本案中，法院根据《环境行政处罚办法》第11条第2款规定，将持续排污行为拟制为两个行为。该规定以责令改正期限届满为中断点，对继续违法行为数进行了拟制，当责令期限届满后，违法行为人仍未按要求改正，则后续继续违法行为可以认定为新的违法行为。

2. 因查处行为而中断

因查处行为而中断是指继续违法行为因行政机关的告知、处罚等行为而中断，后续继续违法行为属于新的违法行为，得以分别处罚。实践中行政机关往往会以开具违法记录告知书或处罚决定书的方式对继续违法行为进行中断，即使未能有效告知当事人其行为违法，也视作中断。

在"唐明团诉双牌县自然资源局行政处罚案"[4]中，双牌县自然资源局对当事人的非法占地行为分别于2015年和2018年作出不同的处罚。法院认为由于违法行为在罚款后仍在持续，且两次处罚种类不同，故双牌县自然资源局作出两次处罚并未违反一事不再罚。即当事人持续非法占地行为被第一次处罚所中断，后续违法占地行为构成新的违法行为。

鉴于不同执法领域的特征，行政机关也会采用告知的方式中断继续违法行

---

[1] 山东省济南市中级人民法院行政判决书（2014）济行终字第347号。

[2] 公安部交通管理局《关于规范查处机动车违反限速规定交通违法行为的指导意见》第5条第2款规定："同一辆机动车在同一道路的同一行驶方向，违反限速规定交通违法行为处于持续状态，被同一县（市、区）公安交通管理部门或者高速公路交警大队辖区的测速取证设备记录多次的，选择一次最为严重的违反限速规定行为实施处罚。"

[3] 江苏省南京市中级人民法院行政判决书（2019）苏01行终791号。

[4] 湖南省永州市中级人民法院行政判决书（2019）湘11行终189号。

为。如在"郭林丰诉北京市公安局公安交通管理局丰台交通支队大红门大队行政处罚案"〔1〕（以下简称"郭林丰案"）中，自2019年3月26日至4月4日，当事人持续违停。交通管理局先后通过粘贴违法记录告知单的方式对当事人进行了六次告知，而当事人也接受了六次处罚。本案中，在缺乏连续处罚的法律依据之情况下，法院首先说明了该连续处罚符合《道路交通安全法》立法目的，进而论证对持续违法停车仅处罚一次有失执法的公平性且不符合过罚相当原则，故将每次告知后的违法行为认定为新的违法行为，对其连续处罚并未违反一事不再罚。

在"郭林丰案"中，当事人是在知情的情况下持续其违法停车行为，即使行政机关未能有效告知，也不影响该查处行为对继续违法行为的中断。在"汪洋诉武汉市公安局武昌区交通大队行政处罚案"〔2〕中（以下简称"汪洋案"），2016年5月14日，交通大队在涉案车辆上粘贴了违法停车告知单。次日交通大队再次发现该车仍停放在相同地点，再次作出处理并告知原告。法院参照武汉市公安局交通管理局《交通管理"双十"便民服务措施》第6条"同一台车在同一路段内违法停车的，当日内只记一次"的规定，认定持续两天的违停行为在第一次告知后即产生中断，次日的违停行为构成新的违法行为，故对持续两天的违停行为分别予以处罚并未违反一事不再罚。显然在本案中，虽然行为人对交通大队的第一次查处行为不知情，但并不阻碍第一次告知的中断效果。

在"李清志诉北京市公安局公安交通管理局朝阳交通支队呼家楼大队行政处罚决定和北京市朝阳区人民政府行政复议决定案"〔3〕中（以下简称"李清志案"），法院也采取了类似的观点。2019年7月12日交通协管员发现涉案客车违停，对其进行了拍照记录、粘贴告知单；17日，交通协管员在上述地点发现该车仍违停，遂再次拍照并粘贴；30日，交警对两次违法行为分别给予200元罚款。本案中的行政机关也是在当事人不知情的情况下对其持续违法停车行为进行了两次查处，从而将其中断为两个违法行为。同"汪洋案"不同的是，本案中法院并无可参照的规范性文件来判断中断的合法性，故法院从价值衡量和行政执法的角度肯定了切割处罚的必要性和合理性，并提出对切割处断的使用要注意防止公权力的不当行使，以免造成对违法行为人权益的过度侵害。

---

〔1〕 北京市第二中级人民法院行政判决书（2019）京02行终1901号。
〔2〕 湖北省武汉市中级人民法院行政判决书（2017）鄂01行终546号。
〔3〕 北京市第三中级人民法院行政判决书（2020）京03行终393号。

对比以上三个案例，"郭林丰案"中从 2019 年 3 月 26 日持续至 4 月 4 日的违停行为被认定为六个违法行为；"李清志案"中从 2019 年 7 月 12 日持续到 17 日的违停行为被认定为两个违法行为；而在"汪洋案"中，违法行为数的认定却是根据《交通管理"双十"便民服务措施》的规定，以一日为单位。可见，在持续违停行为的中断问题上，部分行政机关通过制定规范性文件的方式加以规范。而在无法可依的情况下，行政机关并无统一的中断标准。

（二）否认中断

否认中断是指法院认为继续违法行为既不会因持续时间长短、持续空间大小而中断，也不会因行政机关的查处行为而中断。即根据自然的观点，将继续违法行为理解为单一行为，只能予以一次处罚。

1. 否认因告知行为而中断

同为交通执法领域，不同于上述案例，部分法院将持续违法停车行为仍视作一行为，不因其持续时间较长而允许行政机关连续处罚。如在"谢集文诉中山市公安局交通警察支队古镇大队行政处罚案"[1]中，涉案车辆在 2019 年 4 月 26 日至 27 日期间一直处于违停状态，交警大队分别在两日开具违法告知单，并于 5 月 29 日以当事人实施了两次违停行为为由对其作出两次处罚。而法院认为持续两日的违停行为并不因交警大队的查处行为而中断，故其属于就同一违法行为作出了两次处罚，明显违反了一事不再罚。

再如在"杨云诉冷水滩交警大队行政处罚案"[2]中，当事人从 2018 年 4 月 10 日至 12 日持续违法逆向停车，交警大队分别开具了三张违法告知单，将当事人的违法停车行为认定为三个行为各处 100 元罚款。法院认为交警大队提供的证据不足以证明当事人是三次分别违法逆向停车，故当事人连续无间断的违法停车行为应视作一行为，交警大队对此只能作出一次处罚。

在上述两个案例中，尽管当事人的违停状态都持续了 1 至 2 日，但是行政机关的告知行为并不产生中断的效果，告知后的继续违停行为并不构成新的违法行为，与告知前的违停行为仍属同一违法行为。在法律未规定连续处罚制度的前提下，法院认为行政机关不得对继续违法行为作出多次处罚，否则违反了一事不再罚。

---

〔1〕 广东省中山市第一人民法院行政判决书（2019）粤 2071 行初 1069 号。

〔2〕 湖南省永州市零陵区人民法院行政判决书（2018）湘 1102 行初 46 号。

2. 否认因行政处罚而中断

亦有法院认为，行政机关即使作出处罚也不能将继续违法行为中断为新的违法行为，从而再次处罚。如在"惠州市东江公共汽车运输第三有限公司诉惠州市发展和改革局行政处罚案"[1]中，惠州市发展和改革局于2014年对当事人的违法调价行为作出处罚决定；2018年，惠州市发展和改革局发现其仍存在违法定价行为，再次进行处罚。一审法院认为第一次处罚中断了当事人的违法调价行为，后续行为构成了新的违法行为，故第二次处罚不属于对同一个违法行为的重复处罚。而二审法院撤销了一审法院的判决，认为两次处罚的认定事实为同一违法行为，故物价局违反了一事不再罚。可见，一审法院和二审法院对于第一次处罚能否中断原告的违法调价行为采取了对立的观点。

三、比例原则纳入"一事"之认定

（一）中断评判的司法困境

从既有的司法裁判来看，法院在继续违法行为中断这一问题上并未形成统一观点。大部分法院肯定了继续违法行为的中断，但未形成明确合理的中断评判标准。在缺乏标准的情况下，对继续违法行为的切割处罚可能会完全取决于执法机关的意志，甚至可能出现执法机关出于特定部门利益而滥用执法权的现象。这不仅违背了处罚法定原则，且严重侵害了公民权益。

无论基于何种方式中断继续违法行为，其目的都是通过增加当事人的负担从而排除违法状态，以维护法秩序或实现公共利益。将本应只受到一次处罚的一行为中断为数行为并多次处罚，对人民权利所造成的侵害远远超出法定的处罚幅度，然而目前法院尚未厘清中断继续违法行为与一事不再罚的关系，也未形成对中断行为的审理标准。在不同情形下对继续违法行为进行合理中断确实具有复杂性和困难性，缺乏标准可能会导致连续处罚的间隔过密，违背过罚相当原则，反而会与比例原则相抵触，架空一事不再罚的限制，故法院有必要遵循较为合理统一的审判步骤和规范进行审理。

（二）一事不二罚与一行为不二罚

实际上，继续违法行为的中断不仅涉及一事不再罚，还会关系到起诉期限、追溯时效和新旧法的适用等问题。在不同的语境下，中断的评判需要衡量不同的利益和法律原则，可能会推导出不同的标准。本文拟从一事不再罚切入，故

---

〔1〕 广东省惠州市中级人民法院行政判决书（2019）粤13行终194号。

仅讨论一事不再罚的意涵。一事不再罚，在比较法上亦称一事不二罚和一行为不二罚，然而不同原则分别具有不同的规范内涵。

1. 一事不二罚

《德国基本法》第 103 条第 3 项规定："任何人均不得因同一事件，根据一般性刑事法律多次被处以刑罚。"该条文通常被认为是一事不二罚原则在刑罚领域的宪法基础。《德国基本法》虽明文规定了禁止对同一事件重复处以刑罚，但并未对该规定中的"事件"作出准确定义，学者多认为被告在此事件中，必须曾系行为人或参加人而实现一刑事犯罪构成要件"，故一事不二罚中的事件是独立的宪法上概念，是依自然观点进行判断的一段生活过程。[1]

然而一事不二罚原则的规范目的在于保护诉讼当事人对刑事裁判确定力之信赖。实际上，一事不二罚原则与实体法上如何认定行为数及其评价原则，分别属于不同阶段的不同问题，故一事不二罚原则无从具有支配各实体法域中行为数应如何界定及如何评价之规范内涵。行政法上如何界定行为数实际上不属于一事不二罚原则的规范范围，更无法以此为依据评价继续违法行为的中断问题。

2. 一行为不二罚

一行为不二罚原则，又称禁止双重处罚原则，指就行为人同一违法行为，禁止国家为多次处罚，其不仅禁止一行为已受到处罚后，对同一行为再行追诉、处罚，也禁止对同一行为同时作出多次处罚。

如何在不抵触一行为不二罚的前提下中断继续违法行为，首要问题在于对何为一行为的解释。有学者认为，"行政罚具有合目的性与技术性，行政法上的行为，可以透过时间、空间与立法目的予以切割，甚至可以透过立法技术予以量化，并在法律上予以拟制"。[2]而且在特定行政执法领域，可能存在将某类型自然单一行为切割为数个法律上一行为，进而分别处罚始能达成行政管制目的之情形。只要行政管制所欲维护之公共利益与基本权利具有相同位阶，基于体系与和谐解释，在诠释、理解"一行为不二罚原则"时，将"法律"单一行为纳入一行为概念，自有其必要性与正当性。[3]

我国台湾地区实务原则上将继续违"法"行为视为一个行为，处以一个行政

---

〔1〕 BVerfGE 56, 22, 28; Nolte, in: v. Mangold/Klein/Starck, GG, III, Art. 103, Rn. 202; Pieroth, in: Jarass/Pieroth, GG, 6. Aufl. 2002, Art. 103, Rn. 56.

〔2〕 廖义男：《行政罚法》，元照出版社 2017 年版，第 100 页。

〔3〕 陈清秀：《行政罚法》，法律出版社 2006 年版，第 212 页。

罚。经处罚后，若行为人的违法行为仍继续存在，则可再处以另一个行政罚。[1] 由于连续处罚对公民权益的影响远远超过单一处罚，需审酌中断标准是否适当。故我国台湾地区虽认可将一行为任意分割为数行为，但也提出"惟每次举发既然各别构成一次违规行为，则连续举发之间隔期间是否过密，以致多次处罚是否过当，仍须审酌"，强调一行为不二罚原则的适用应遵循比例原则。

（三）一事不再罚与比例原则

一事不再罚的基本含义是，行为人因一个违法行为已受到行政处罚的，不得以同一事实和理由再给予处罚。[2]据此定义，一事不再罚的意涵与一行为不二罚原则较为相近，皆强调就行为人的一个违法行为，已经受到行政处罚，不应根据同样的法律规定再受处罚。那么我国法院在审理有关继续违法行为中断的案件中，能否依据比例原则认定当事人的行为数，进而判断行政机关作出多次处罚是否违反一事不再罚？

比例原则"关注的是所有行政的自由裁量权行使问题"。[3]行政机关行使裁量权应当符合法律目的，全面考虑各种因素，综合衡量各种利益关系，使其所采取的措施和手段与所追求的行政目的相适应、成比例。[4]我国台湾地区规定了连续举发制度，故执法人员无论是选择使用拖吊车脱离违规停放之车辆还是连续举发，皆属于主管机关的裁量范围。根据裁量一元论的观点，行政裁量包括要件裁量和效果裁量。[5]在缺乏法律授权的情形下，行政机关中断继续违法行为从而多次适用处罚条款，亦可被纳入行政裁量的范畴，从而运用比例原则予以监督和控制。

《行政处罚法》第5条第2款规定的过罚相当原则可以认为是比例原则在行政处罚领域的体现以提供审理依据。如有学者认为，"实体上的公正，要求行政处罚无论是设定还是实施都要过罚相当，即处罚要与违法行为的事实、性质、

---

[1] 对于中断的时间节点，学界上存在三种争议解释，分别为查获时说、处罚处分时说和处分确定时说。陈清秀认为原则上应采取处分时说，在例外情形采通知时说。参见陈清秀：《行政罚法》，法律出版社2006年版，第205页。

[2] 汪永清：《行政处罚分析》，中国政法大学出版社1994年版，第9页。

[3] ［日］田村悦一：《自由裁量及其界限》，李哲范译，中国政法大学出版社2016年版，第185页。

[4] 参见周佑勇：《行政法基本原则研究》，武汉大学出版社2005年版，第224页。

[5] 根据裁量二元论的观点，行政裁量仅指效果裁量，则目前我国行政机关所实施的连续处罚所产生的争议应界定为法律问题，但比例原则亦可发挥原则的规范效应，以克服法律规则的僵硬性缺陷。参见王天华："从裁量二元论到裁量一元论"，载《行政法学研究》2006年第1期。

情节以及社会危害程度相当，这也是行政法的比例原则在处罚上的具体体现"。[1]即使有学者认为过罚相当原则并非比例原则的化身，其也承认该原则为比例原则在行政处罚中的适用提供了成文法依据，比例原则是过罚相当性的判断标准之一。[2]故比例原则借助过罚相当原则植入行政处罚领域，法院在审理案件的过程中，得以该款为依据，运用比例原则对继续违法行为的中断进行评判。尽管比例原则也可以通过"非成文法源"的解释路径加以适用，但援引明确的法律条款，会增强比例原则司法适用的正当性和拘束力。[3]

当前我国立法对继续违法行为中断标准的规定较少，行政机关所制定的规范性文件也鲜有提及。缺乏法定的中断标准损害了法的可预测性，也使得连续处罚的合法性受到性质疑。即使在明文规定了连续处罚的情况下，例如环境执法领域规定的按日连续处罚制度，其是否符合比例性原则也有待商讨。[4]无论从我国立法现状还是保障人民基本权利的角度出发，法院原则上应将继续违法行为视作一行为，仅在符合比例原则的前提下例外地承认中断，从而认定连续处罚的合法性。

四、继续违法行为中断的认定规则

继续违法行为原则上属于一行为，在例外情形下发生中断，从而构成数行为。法院在审理过程中，首先应探求明文规定了中断标准的法律规则，并审查该规则是否与《行政处罚法》第5条第2款相冲突，选择适用适当的法律规范。若缺乏可作为中断依据的法律规则，则应遵循比例原则细化标准，以填补法律漏洞。无论继续违法行为的中断是否具有明确的法律依据，比例原则应贯穿法院审判的全过程。

（一）比例原则的规范效应

通说认为比例原则包括适当性原则、必要性原则和均衡性原则三个子原

---

[1] 张树义主编：《行政法学》，北京大学出版社2012年版，第233页。

[2] 参见杨登峰、李晴："行政处罚中比例原则与过罚相当原则的关系之辨"，载《交大法学》2017年第4期。

[3] 参见蒋红珍："比例原则适用的规范基础及其路径：行政法视角的观察"，载《法学评论》2021年第1期。

[4] 广西壮族自治区贵港市中级人民法院行政判决书（2020）桂08行终65号判决提到："根据国家环保部对广东省环保厅《关于按日连续处罚计算日数问题的复函》（环函〔2015〕232号）意见，排污者在计罚周期内存在停产停业或者达标排放的日数，均不能从计罚日数中扣除，应按《按日连续处罚办法》第17条规定确定罚款数额。因此，原告所主张的无生产记录期间亦不能从计罚数中扣除。"

则。[1]由于我国行政机关的连续处罚，基本都是在缺乏法律授权的情况下作出的，连续处罚不必然符合适当性和均衡性的要求，故法院应当选择全阶式的适用模式，遵循"适当性—必要性—均衡性"的审查步骤。

1. 处罚适当性

只要手段与目的之间存在实质的关联性，在某种程度上有利于目的实现，就是符合适当性原则的。[2]为了达成国家任务和特定的行政目的，发挥行政处罚所具有的处罚功能、维护功能和预防功能，行政机关可能会连续处罚，借助不同的制裁手段来实现行政目的。连续处罚制度的产生实质是基于现有规制手段的功能不足，例如环境行政执法领域所规定的按日连续处罚制度即为了适应日益严峻的环境保护形势。只要继续违法行为的中断会产生目的所欲达到的效果就满足适当性的要求，至于手段对目的的促进程度即有效性大小，并非适当性原则所要解决的问题。

2. 处罚必要性

必要性原则亦称最小损害原则，但现实中损害大小不同的手段对目的的实现程度也是不同的，若认为手段皆具有相同的有效性，行政机关的裁量权限将被压缩至零。正如有学者所述："该原则是一项比较性的概念，其比较的基础却往往忽略各个手段的目的达成度非属同一的性质，而有过分简化现象。"[3]因此，必要性原则所要求的是手段的最小损害性，并非无条件的绝对最小损害性，而应当是一种相对最小损害性。[4]

我国在很多执法领域都规定了不同的处罚方式和强制措施，以制止违法行为和排除违法状态。例如我国《道路交通安全法》第 93 条第 2 款授权行政机关可以在特殊情况下将违停的机动车拖移。当违停车辆地处交通要道或导致交通堵塞时，严重威胁了道路交通安全，拖移车辆方能更直接快速地纠正违法行为，恢复交通秩序。但是径行拖移涉案车辆不具有广泛适用的可能，而且可能损坏车辆并使行为人较长时间无法使用车辆，其对当事人造成的损害甚至会大于连续处罚，同时可能会给政府财政带来难以承受的负担，间接损害了纳税人的利益。因此，法院不能仅以手段所带来的损害作为比较标准，手段有效性亦应当纳入考虑范畴，以判断连续处罚是否符合相对最小损害性。

---

[1] 参见蒋红珍：《论比例原则——政府规制工具选择的司法评价》，法律出版社 2010 年版，第 39 页。

[2] 参见刘权："适当性原则的适用困境与出路"，载《政治与法律》，2016 年第 7 期。

[3] 蔡茂寅："比例原则的界限与问题性"，载《月旦法学杂志》2000 年第 4 期。

[4] 参见刘权："论必要性原则的客观化"，载《中国法学》2016 年第 5 期。

3. 处罚均衡性

均衡性原则又称狭义比例原则，若最小侵害手段会带来超过行政目的价值的侵害，就不符合均衡性原则。均衡性原则本质上属于目的必要性原则，其功能在于保障权利不被过度侵害和促进社会整体福利。[1] 以一定时间、距离为处罚单位，或每次处罚或告知分别构成一次违法行为，需要审慎判断是否超过了必要限度。尚且不论在不同的执法领域，因违法行为和管制手段的特征，难以统一标准；即使在同一执法领域，例如交通领域，也需要基于不同的交通状况而区别对待。因此，无论是在立法层面还是司法层面，不仅要避免僵化的"一刀切"，也要防止公权力恣意妄为，任意地将继续违法行为予以中断，进而违背均衡性原则。

继续违法行为的中断涉及如何基于比例原则进行一事的判定，其根源在于行政目的所欲达成的公共利益与行政行为对相对方权益所造成的损害之间的冲突，即公益与私益的冲突。若对继续违法行为进行切割处罚的目的正当、手段合适，而且所欲维护的公共利益明显大于私益，那么应肯定该处罚的合法性和合理性。因此，对继续违法行为中断的评判，实质上是寻求公共利益的实现与个人利益的保障之间的平衡。

（二）法律规范的适用

法院在审理有关继续违法行为中断的案件过程中，首先应识别可作为审理依据的法律规范。若某法律规范明确授权行政机关可作出连续处罚，或规定了中断标准对继续违法行为进行行为数拟制，法院应优先考虑适用。若相关法律规范与《行政处罚法》第5条第2款即比例原则相冲突，法院则应根据位阶冲突处理规则，选择适用效力等级高的法律规范。法院在选择法律适用的过程中，应根据比例原则对中断标准进行判断。如果该法律规范为部门规章或地方性政府规章，由于规章仅具有参照效力，法院可以直接不予适用。当事人若对连续处罚所依据的规范性文件一并请求附带性审查，法院则应进行相应的审查和处理。

根据处罚法定原则，行政机关中断继续违法行为进而多次处罚理应依据明确的法律规范。例如行政机关可以根据《环境行政处罚办法》第11条第2款规定，以责令改正期限届满为界中断继续违法行为，法院在审理此类案件时也应以此作为审理依据。应注意的是，这仅限于行政机关的中断标准即连续处罚的

---

[1] 参见刘权："均衡性原则的具体化"，载《法学家》2017年第2期。

间隔期间符合比例原则的情况。若行政机关赋予当事人责令改正的期限过短，使当事人按要求改正不具有期待可能性，则法院仍得以行政机关的连续处罚违反比例原则和一事不再罚为由，否定其合法性。故法院应根据《行政处罚法》第 5 条第 2 款和第 29 条作出裁判，而不予适用该部门规章。

除了法律保留事项外，法律可以授权行政机关就其他处罚事项作出补充规定或实施细则，但是这种授权应符合授权明确性原则。《道路交通安全法》尚未规定连续处罚制度，故《道路运输车辆动态监督管理办法》[1]和各省份制定的《道路交通安全法》实施办法[2]以连续驾驶数小时拟制为一个违法行为，实质上违背了授权明确性原则，超越了授权的范围。基于法律体系结构严密和内在协调的要求，相关法律应规定连续处罚制度，并明确授权行政机关可制定实施细则。另外，考虑到各地交通状况不同，应在符合授权明确性原则的条件下，容许地方行政机关因地制宜，适当降低或提高中断标准。需注意的是，这种授权需符合《行政处罚法》关于设定行政处罚的权限划分，宜限定在地方政府规章以上，防止处罚权的滥用。

（三）比例原则的法律填补功能

若法律没有明文规定连续处罚的间隔和期间，则法院应综合确定继续违法行为的中断标准以填补法律漏洞。即在无法律拟制的情况下，自行判断行为的个数。由于法律的滞后性和执法领域的复杂性和多变性，法律不可能明确规定所有中断标准，但这不代表法院能直接以行政机关连续处罚的标准作为认定中断的标准，而是应基于比例原则对该标准进行审查，以免沦为行政机关之背书。

在不同执法领域，法院应考虑不同违法行为特点、主观过错、纠错可能性、处罚强度以及执法成本等因素，进行合理的中断以实现公共利益和私益的平衡。例如对于持续违法停车行为，正如"李清志案"判决所提到："切割处断应当给予违法行为人以合理之机会，使其得以及时知悉纠正违法行为，对于欠缺期待可能性的行为则不应再罚。至于合理之机会的时间长度的确定，需结合法律规定、违法行为特点以及生活常理予以判断。"

---

〔1〕《道路运输车辆动态监督管理办法》第 25 条第 2 款："设置超速行驶和疲劳驾驶的限值，应当符合客运驾驶员 24 小时累计驾驶时间原则上不超过 8 小时，日间连续驾驶不超过 4 小时，夜间连续驾驶不超过 2 小时，每次停车休息时间不少于 20 分钟，客运车辆夜间行驶速度不得超过日间限速 80%的要求。"

〔2〕如《四川省〈中华人民共和国道路交通安全法〉实施办法》第 36 条第 2 款："长途客运汽车驾驶人 24 小时内累计驾驶时间不超过 8 小时；日间连续驾驶 4 小时、夜间连续驾驶 2 小时的，必须停车休息，休息时间不少于 20 分钟。"

对于行政机关而言，若将继续违法行为都判断为一事，可能会导致违法程度轻重不同的违法行为面临相同的处罚，以致违反过罚相当原则和平等原则。例如在违法停车和超速行驶的情形下，一概处以一次处罚，可能会导致行为人基于违法成本的考虑而实施长时间或长距离的违法行为。而一味地依赖连续处罚，不仅不能及时消除违法状态，还会给当事人带来难以承担的负担。因此，在无其他合适执法手段的情况下，行政机关应适用连续处罚。

五、结语

如何认定继续违法行为的中断标准这一问题，核心在于如何在遵循比例原则的基础上实现一事不再罚，在维护公共秩序的同时确保公民权利不受过分之侵害，其实质在于实现公共利益和私益的平衡。因此立法机关在衡量各种利益冲突后，可以授权行政机关在合理范围内制定继续违法行为的中断标准，从而多次处罚以实现过罚相当。法院应遵循比例原则选择适用法律，在无法律拟制的情况下综合判断中断是否符合比例原则中的均衡性要求，以实现一事不再罚和比例原则的汇流。

规范性文件附带审查中的合目的性审查

陈甲东*

【摘　要】在对规范性文件的附带审查中，合目的性审查已明确得到适用，但未有明确规定，其性质与适用方法等都需要进一步明确。本文认为，合目的性审查属于合法性审查范畴，进行合目的性审查应当依照法规范效力位阶进行，上位法目的具有统摄效力，对规范目的及规范内容的解释应在上位法目的的指引下进行，可直接适用规范整体目的和客观目的，无需进行条文具体目的和主观保护目的的探求。对规范性文件进行解释时应采取扩大解释立场，审慎判断其合法性。在规范性文件目的难以确定时，可采排除解释；在上位法目的难以确定时，可以上位法基本原则作为否定判断依据。合目的性审查属于原则审查，其适用后置于规则审查，但应前置于制定主体和程序等整体性审查。

【关键词】附带审查；合目的性审查；规范解释；规范目的

一、问题的提出

《最高人民法院关于适用〈中华人民共和国行政诉讼法〉的解释》（以下简称《行诉解释》）第 148 条规定了规范性文件不合法的认定标准，但标准分类并不完善，如其中"与法律、法规、规章等上位法的规定相抵触的"这一项的内涵就可以解释为包括主体违法、内容违法和程序违法以及其他违法，即使限缩为内容上的抵触，也可能包含规则、原则、目的的审查等多层次内涵。[1]法院在审查规范

---

　　* 陈甲东，中国政法大学 2019 级宪法与行政法学专业硕士。
　　〔1〕 参见李稷民："《行政诉讼法》框架下规范性文件审查制度的构造"，中国政法大学 2019 年博士学位论文。

性文件时，如果上位法对于涉案事项有明确的规定，可直接进行审查；但在上位法具体规定缺失以及上位法进行了概括授权时，则往往难以进行合法性审查，可能产生回避审查的倾向。[1]最高人民法院发布的附带审查规范性文件典型案例中有多个案例适用了合目的性审查。如在"方才女诉浙江省淳安县公安局案"[2]中，法院认为居住的出租房构成了与旅馆类似的具有一定开放性的公共活动场所，规范性文件中所规定的内容符合《治安管理处罚法》第39条的精神，不与之相抵触。在"大昌三昶商贸有限公司诉北京市丰台区食品药品监督管理局案"[3]（以下简称大昌三昶案）中，法院认为规范性文件中关于营养标签适用于"专供婴幼儿和其他特定人群的主辅食品"之外的其他食品的规定符合原《食品安全法》立法目的，不与之相抵触。在"郑晓琴诉浙江省温岭市人民政府案"[4]中，法院认为涉案规范性文件与《妇女权益保障法》等上位法中男女平等及权益保护的精神不符，进而认为相抵触等。然而这些案例彼此运用的逻辑尚不明确和一致，如据以进行判断的上位法可在哪些范围内探求？《宪法》规定的精神是否可以作为审查依据？客观的立法目的是否可以用于判断某一具体规范的合目的性？是否可以直接以上位法规范整体的立法目的进行审查还是需要探求某一具体规定的目的？如上述方才女案中"向不特定人出租的出租房"这一类场所是否具有公共场所的性质？是否需要结合案件基础事实进行解释？诸如此类问题需要进一步探讨。

二、规范性文件合目的性审查适用条件

合目的性审查，即审查行政行为是否符合法目的。法目的本身具有两种内涵，一是自然法目的，二是实证法目的。[5]前者的内涵更倾向于"公平""正义"等自然法理念，而后者的目的则体现为某一部法规范乃至某一具体条文规定的立法目的。本文所称合目的性审查，主要指审查其是否符合实证法规范目的。至于规范性文件是否符合公平正义等自然法理念，更多属于合理性审查的范畴。

（一）规范性文件合目的性审查启动

何时需要启动和适用合目的性审查，是讨论合目的性审查需要明确的前提。在上位法有相关的明确规定时，直接依照上位法的规定即可对规范性文件的内

---

〔1〕 参见江国华、易清清："行政规范性文件附带审查的实证分析——以947份裁判文书为样本"，载《法治现代化研究》2019年第5期。

〔2〕 浙江省杭州市中级人民法院（2015）浙杭行终字第254号行政判决书。

〔3〕 北京市丰台区人民法院（2015）丰行初字第443号行政判决书。

〔4〕 台州市黄岩区人民法院（2015）台黄行初字第9号行政判决书。

〔5〕 参见解志勇："论行政诉讼中的合目的性审查"，载《中国法学》2004年第3期。

容进行合法性审查。合目的性审查往往是在上位法并未明确规定时进行的。上位法规定是否"明确"应当如何认定，有学者认为应当从规范性文件规定是否可以从上位法规定中通过逻辑推断得出来进行区别，[1]但"逻辑推断"的标准本身也十分模糊。如果上位法的规定明确涉及了相关事项的具体内容或处理方式，即使不依照规范性文件，对具体问题同样能够处理和解释的，则应视为有明确规定；相反，如果上位规定并未规定具体的内容，只是对某一宏观领域的原则、目的、精神作出规范和指导的，则应视为未明确规定。在上位法授权行政机关就某一类事项拥有自由裁量空间时，同样应当属于上位法未有明确规定的情形。

在上位法未明确规定时，规范性文件对某一具体问题的规定是否符合上位法，无法直接依据上位法规定进行判断。司法实务对此种情况有四种审查思路，一是认定为行政自由裁量范畴，尊重行政机关的专业性，并认可相关规范性文件；二是以上位法并无相关具体规定为由，认定为不抵触，进而认可相关规范性文件；三是认为在上位法无明确规定时，无法就规范性文件合法性进行审查，因此只能不予适用；四是深入规范性文件规定的合理性、正当性等进行审查。[2]四类审查思路体现了形式合法性审查和合理性审查的思路。在形式合法性审查中，法院严格依照上位法规定进行审查，在上位法无明确依据时，应当采何种裁判结果则不一致，既可以选择尊重行政机关的决定，也可以选择认定为不抵触，以恪守"法无授权即禁止"的理念进而不予适用，如果适用合理性审查则容易产生合宪性和专业性等方面的问题，此时应以上位法的目的、原则作为依据开展实质性合法性审查。

合目的性审查究竟属于合法性审查抑或合理性审查，以及应当在何种次序上进行适用尚不明确。有学者认为，合目的性审查应当属于合理性审查，将"上位法立法目的、减损权益的客观条件、具体减损方式"等都归为"合理性因素"，并将对规范性文件是否符合上位法目的的审查作为合理性审查的一种方法，[3]又或将立法目的作为合理性判断的一种标准，[4]也有学者认为，合目的

---

〔1〕 参见俞祺："上位法规定不明确之规范性文件的效力判断——基于 66 个典型判例的研究"，载《华东政法大学学报》2016 年第 2 期。

〔2〕 参见俞祺："上位法规定不明确之规范性文件的效力判断——基于 66 个典型判例的研究"，载《华东政法大学学报》2016 年第 2 期。

〔3〕 参见徐泳和："规范性文件附带审查之标准研究——以合理性为中心"，载《法治社会》2019 年第 4 期。

〔4〕 参见谭炜杰："行政合理性原则审查强度之类型化——基于行政诉讼典型案例的解析与整合"，载《法律适用》2014 年第 12 期。

性审查属于实质合法性的内涵。[1]因此，有必要将合目的性审查、合法性审查与合理性审查进行区分。

（二）与合理性审查的比较

合目的性审查是在无法依据上位法明确规定直接就合法性作出判断时进行的，与合理性审查启动的条件具有相似之处。有学者认为，合目的性是合理性的当然部分，比例原则中的适当性原则即明确要求行政手段应当有利于实现行政目的，主张将"目的正当"作为比例原则的首要子原则。[2]然而，比例原则的核心是审查手段的适当与否，审查收益与侵害之间的比例，只要比例不是"明显不当"，则并不构成不合法的情形，而属于不合理的情形。但行政行为的目的并非当然逸脱于上位法目的之外，且笔者认为，由于目的的原则性和统摄性，行政行为在目的上并不具有自由裁量空间，学者主张的"目的裁量"实质上应是指行政行为对目的的细化。如《治安管理处罚法》第1条明确了四项立法目的，即治安管理类行为的目的，治安管理类行为如逸脱于这四项目的之外，本身即属于对上位法的违反，其与行政行为不合比例是有明显区别的。这种偏离立法目的和原则的具体行政行为往往被认定为"滥用职权"，与"明显不当"相似，应当属于实质合法性的问题。[3]在合理性原则的发源国英国，以"裁量权的行使应当以法律目的为目的"作为核心基准，其目的是维护议会主权，也是维护行政行为的合法性，[4]由此可见，合乎法律目的的要求属于合法性范畴。

本文认为，对规范性文件的合目的性审查与合理性审查具有以下区别。

1. 是否需要审查具体事实不同

在规范性文件中，有大量属于行政机关自由裁量范畴的内容，如上文案例中的《食品安全国家标准预包装食品营养标签通则》中第7项规定了豁免强制标示营养标签的预包装食品，其中包括"乙醇含量≥0.5%的饮料酒类""每日食用量≤10 g或10 ml的预包装食品"等，这些关于酒精含量、包装面积以及食用量的规定为何要选取这些数值，属于专业性的具体裁量事实，《食品安全法》等法规范中并未规定在何种情形下豁免强制标示营养标签，更未对酒精含量等作出具体规定，法官如果要对其进行审查，必须深入具体事实，考察这些

---

〔1〕 参见程琥："行政诉讼合法性审查原则新探"，载《法律适用》2019年第19期。

〔2〕 参见刘权："目的正当性与比例原则的重构"，载《中国法学》2014年第4期。

〔3〕 参见程琥："行政诉讼合法性审查原则新探"，载《法律适用》2019年第19期。

〔4〕 参见杨登峰："从合理原则走向统一的比例原则"，载《中国法学》2016年第3期。

数值规定的事实依据和考量因素，并依照公平正义的理念对其是否合理进行审查。而对此类规定的合目的性审查则不需要考察其事实依据，在上位法并未进行限制抑或是进行概括性授权的情形下，只需考察规范性文件规定是否符合上位法目的即可。如方才女案涉及的规范性文件中，要求将居住的出租房屋视为《治安管理处罚法》第 39 条规定中"其他供社会公众活动的场所"条件中的"10 个""3 个月"是否合理，无法就法规范本身作出判断，属于合理性审查的范畴；但这些数字所体现的向不特定多数人出租的房屋性质上是否可以归为"其他供社会公众活动的场所"，则只需要就立法目的及其内涵进行解释即可作出判断，属于合法性审查范畴。

2. 是否需要对上位法规范进行解释不同

对规范性文件规定是否合理的审查，并不需要对上位法进行进一步解释，上位法本就对相关事项赋予了行政机关自由裁量权，也并无针对相关具体事项的具体规定。行政机关在上位法裁量范围内所作的规定，只要不逾越裁量边界，都是合法的，要审查此类规定是否适当，只能面向具体事实来进行合理性审查。但合目的性审查必须对上位法规定进行解释，明确规范目的，并进而解释条文内涵，性质上与合法性审查的解释方法一致。

3. 审查目的与依据不同

合理性审查的目的是判断行政裁量是否符合一般人的理性。而合目的性审查仍是保障行政行为的合法性，并不需要就规范性文件的内容是否符合合理性进行审查。相对应的，合理性审查的依据是"公平""正义""理性"等自然正义观念，而合目的性审查的依据则是上位法规范目的及相应的解释。

4. 审查结论不同

合理性审查的结论是相关规定是否合理适当，是否给公民造成了不合理的负担，是否可以选择其他方式。而合目的性审查的结论是规范性文件的规定是否符合上位法的目的，并进而确定其是否合法。符合上位法目的的规定同样可能不合比例，可以有更好的选择，但即使是侵害最小、最为合比例的路径，如果行为本身的目的与相关上位法目的不一致，其同样不合法。

（三）与合法性审查的比较

对规范性文件的合目的性审查与合理性审查存在区别，但其与合法性审查的关系还需要进一步明确。

1. 规范性文件合目的性审查与合法性审查的关系

有学者认为，合目的性审查是吸收了狭义合法性审查和合理性审查的一种新的审查方式。[1]也有学者认为，合乎上位法的目的、精神等属于实质合法性的范畴，合目的性审查属于合法性审查的类型。[2]严格意义上说，对规范性文件并不存在所谓的合理性审查，因其尚未涉及具体的事实认定和处理，尚未对相对人权利义务产生直接的影响，即使认为存在"规定是否适当、符合比例"的审查，也并非介入具体个案的事实，而是对规范性文件涉及的不特定多数人整体进行审查，这是否是法院所能胜任和应当承担的，尚值得商榷。法定的"与上位法的规定相抵触"标准的内涵非常宽泛，本身可以包括与上位法的原则、目的等相抵触，属于合目的性审查的范围，合目的性审查并不逸脱于合法性审查的范畴之外。某部法规范的目的，同样是该法明确的、羁束性的内容，并不存在立法目的的裁量空间。对于规范性文件规定是否符合上位法目的的审查，仍是将行政机关置于立法机关约束之下，符合合法性审查的内涵。

2. 规范性文件合目的性审查的位阶

《行诉解释》第 148 条规定的规范性文件合法性审查标准，分别从主体、内容、程序三个方面进行审查。其中与内容有关的标准，需要对法规范具体内容进行分析解释，可将其称为"内部合法性审查"。而如主体职权以及程序等审查标准则无需就法规范内容进行解释，可以称为"外部合法性审查"。合目的性审查必须对相关规范的内容进行解释，审查其是否"与上位法相抵触"，是内部合法性审查的一种。

有学者认为，外部合法性审查与规范性文件附带审查制度存在一定的矛盾，附带审查制度之所以称为"附带"，是指法院不能对规范性文件直接进行独立的审查，[3]而只应审查行政行为依据的规范性文件具体规定，否则与规范性文件审查只是"适用性"审查而非立法监督的定位存在冲突。[4]然而，规范性文件不具有法律渊源效力，[5]法院对规范性文件无需作为依据或进行参照，而只作为证据具有说服效力，法院对规范性文件进行审查也只是明确其是否可以作为证据，而对于涉案证据的认定与排除则属于司法裁量的空间，法院应当有权就存在主体越权、程序违法问题的规范性文件作出排除适用的裁断。只是主体、程序等方面的审查由于并未涉及具体适用，因果关系相对较远，出于证据相关

---

〔1〕 参见解志勇："论行政诉讼中的合目的性审查"，载《中国法学》2004 年第 3 期。

〔2〕 参见程琥："行政诉讼合法性审查原则新探"，载《法律适用》2019 年第 19 期。

〔3〕 参见王红卫、廖希飞："行政诉讼中规范性文件附带审查制度研究"，载《行政法学研究》2015 年第 6 期。

〔4〕 参见夏雨："行政诉讼中规范性文件附带审查结论的效力研究"，载《浙江学刊》2016 年第 5 期。

〔5〕 参见黄金荣："'规范性文件'的法律界定及其效力"，载《法学》2014 年第 7 期。

性的要求，应当首先审查规范性文件在个案中具体适用的内容是否合法，只有在内容合法性不存在问题之后，才宜进行主体和程序等方面的审查。因此，合目的性审查适用应优先于主体和程序等方面审查。但合目的性审查具有原则审查的性质，依据规则优先于原则的法理，审查应当首先在规则层面展开。只有在规则审查难以进行时，才适用合目的性审查。

三、规范性文件合目的性审查适用方法

对规范性文件的合目的性审查属于审查是否"与上位法规定相抵触"，因此必须对上位法进行解释。相较于对具体行政行为的审查，规范性文件的合法性审查还需要对规范性文件规定本身进行解释。因此，对规范性文件的合目的性审查包含两种解释和一个判断，即上位法解释、规范性文件解释与目的符合性判断。

（一）上位法解释

1. 解释范畴

制定和颁布规范性文件虽然不属于立法行为，但其与行政立法的作用方式是一致的，对规范性文件的附带审查同样应当遵循备案审查的核心要求，即审查其是否与所有相关的上位法相抵触，而不能仅仅依据行政行为直接相关的上位法进行审查。如上文的大昌三昶案中规范性文件是否符合上位法的目的，不仅可以依据《食品安全法》进行审查，还可以依据如《食品安全法实施条例》《产品质量法》《行政处罚法》等其他相关的各类法规范来进行审查。上位法规范虽然不可能事无巨细地进行规定，而势必给下位规范一定的自主空间，但立法目的是具有统摄性的，目的本身就是宏观性和原则性的，具有极大解释空间。如《食品安全法》中保障公众身体健康的立法目的不可能在下位规定中就得以改变，而需要在各类相关规定中一以贯之。《宪法》中的目的和原则在位阶上最高，合宪性审查机制的逻辑起点是合目的性，宪法规则本身即具有原则性和精神载体的特征，[1]也正是因其原则性和目的性进而可以满足对各种法域和事实进行审查的需求，因此，审查范畴可以且应当上溯至宪法规范。立法目的审查是从上至下的，规范性文件首先需要满足宪法中的目的原则，宪法之下其他法规范也必须遵循宪法的基本原则。然而，我国行政诉讼中宪法并不能直接作

---

[1] 参见魏健馨："合宪性审查从制度到机制：合目的性、范围及主体"，载《政法论坛》2020年第2期。

为适用依据，而更多是以说理论据的形式存在，[1]因此在以宪法目的作为审查基准时，应当援引和适用的是对该宪法目的进行具化的相关法律法规。如上文的郑晓琴案中，法院认为涉案规范性文件规定与上位法规定中的男女平等以及权益保护的精神不符，进而不作为认定行政行为合法的依据。男女平等的原则首先是由宪法所明确规定的，但《妇女权益保障法》将其进行了具体化，因此应当援引该法律作为判断依据。但宪法中的精神和原则并非都得到了法律法规的具体化，即使得到了细化，因制定法本身的滞后性和局限性，涉案的事实可能也处在其规定所涵盖范围之外。如齐玉苓案中以侵犯姓名权的手段侵犯公民受教育权的行为，尚未有法律规定具体涉及，法院不得不直接依据宪法的原则性规定进行审查，引起了较大争议，该案的审查方法之后也被否决，明确排除了宪法规范的直接适用。但规范性文件本身不属于裁判依据，而属于说理性论据，因此对于不合法的规范性文件，法院不对其本身效力进行裁判，只是不予作为合法证据，因此对规范性文件的附带审查具有更广阔的司法裁量空间。当然，如果采严格审查标准，认为法院任何审查都不可以直接援用宪法，那么宪法的立法目的和精神同样可以阐发为一种基本的公平正义理念，来进行实质合法性审查。

2. 解释依据

对上位法的解释是就法规范整体进行解释抑或是就相关的某一条文进行解释？换言之，是可以直接将法规范整体的立法目的作为依据，还是必须以特定相关的某一具体规范的立法目的作为依据进行审查？基于立法目的的统摄性，直接依据法规范整体目的进行解释，或是依据法规范某一具体条文进行解释，实质上是一致的，法规范的具体条文也统摄在法规范整体目的之下，对法规范具体条文的解释势必参照该条文的文义以及法规范的立法目的进行解释。如上文方才女案中对《治安管理处罚法》第 39 条规定的"其他供社会公众活动的场所"的解释，必须探求该条之前列举的旅馆、饭店、影剧院等场所的共同特性，但此种解释应当是限缩还是扩大，可以采取何种幅度，其基准则是《治安管理处罚法》第 1 条所明确的立法目的。又如在大昌三昶案中，对原《食品安全法》第 42 条的解释应当严格限缩还是适当扩充，其基准也在于该法的立法目的，在文义范围内可能的解释中，应当选择符合该法整体立法目的的解释，如原《食品安全法》第 42 条强调"专供婴幼儿和其他特定人群的主辅食品"应

---

[1] 参见童之伟："宪法适用应依循宪法本身规定的路径"，载《中国法学》2008 年第 6 期。

当标明主要营养成分，但并未进行限制，依扩大解释，其他食品同样可以标明，而如果标明则必须受到涉案规范性文件约束。但如果采限缩解释，则其他的食品都无需注明营养成分，但这显然会增加公民人身健康受到侵害的风险，不符合该法立法目的。因此，法规范整体立法目的与具体条文立法目的在解释上是一致的。

此外，对于立法目的究竟应当如何探明，学界也存在如立法原意解释和规范体系解释等不同观点，[1]但对规范性文件进行合目的性审查时，由于立法目的仅作为统摄性指引，在立法目的下还会进行规范内涵的解释，因此以上位法明示的目的作为审查依据即可。如果上位法并未明示其立法目的，则可以上溯至更高层级的法规范进行目的探寻。解释时，并不需要就某一上位法具体条文内容是何种目的进行特别解释，只需要统摄于法规范整体目的之下做文义解释即可。尤其是不需要解释其目的中究竟是否有保护特定涉案个人或组织的意旨，因为规范性文件本身即非针对特定个人而作出。

（二）规范性文件解释

基于规范性文件作为行政行为方式之一的性质，对规范性文件规定目的的探求实质上是对行政目的的探求。有学者认为，对行政行为目的的准确查明需要作出行政行为过程中形成的会议记录、通知和文件等，而期冀法院探求和获得这些材料可行性不高，因此可以通过行政机关说明的理由等来探求行政目的。[2]但行政机关几乎不可能提供对自己不利的证据，行政诉讼中法院也正是需要对行政机关提供的证据进行审查，因此仅以说明理由作为目的探求的方法不可取。对规范性文件目的的解释与对具体行政行为目的的解释不同，具体行政行为的作出必须介入特定具体事实进行判断，但规范性文件内容具有普遍适用性，尚不存在具体处理的个案事实，对规范性文件目的的解释，采取立法解释方法即可，包括目的解释、文义解释、体系解释等。在规范性文件中涉及合理性的内容，如上文所提到的《食品安全国家标准预包装食品营养标签通则》中规定的一些具体的数字，则不属于合目的性审查的范畴。

此外，对规范性文件目的的解释并不局限于正面探求，可以进行反面解释，即在上位法规范的目的得以明确之后，以上位法目的来衡量规范性文件的规定，如果规范性文件的规定无论作何解释都无法匹配上位法目的，或明显具有抵触，则无论该规范性文件的真实目的为何，都应认为其不符合上位法目的。

---

〔1〕 参见余凌云："论对行政裁量目的不适当的审查"，载《法制与社会发展》2003 年第 5 期。

〔2〕 参见王爱军："行政行为的目的探析"，华东政法大学 2010 年硕士学位论文。

（三）目的符合性判断

1. 判断原则

在对规范性文件进行合目的性审查时，应基于谦抑原则，谨慎进行效力判断。由于行政目的的探求具有一定的复杂性和专业性，可能涉及行政自由裁量空间，因此应当尽可能进行符合性的解释，即采取宽松的解释立场，探求可能的规范含义，以符合上位法规范的目的，尊重行政机关的职权。如在方才女案中，如果采严格的法律保留视角，上位法并未明确纳入向不特定多数人出租的房屋这一场所类型，行政机关未经法律授权增加公民义务的行为不合法。但上位法中以"其他供社会公众活动的场所"进行兜底，本身就具有授权性质，其前列举的旅馆、饭店、影剧院等场所都具有不特定性、公共性、人员密集性等特征，通过对这些列举项特征的概括总结，可以认为用于向不特定多数人出租居住的房屋也具有类似的性质，赋予相应主体以消防安全管理义务，有利于公众安全的保护。因此，从《治安管理处罚法》立法目的来看，选择扩大解释立场更为合适。

2. 判断依据

如果规范性文件的规定无论作何解释都无法被上位法目的所涵盖，则应作出目的不符合的否定判断。但在上位法的立法目的较为模糊时，可以上位法基本原则作为否定判断的主要依据。法规范的基本原则统领法规范整体，也是上位法规范和其自身精神、目的的主要体现，法规范中涉及权利义务内容的条文都不能违背基本原则的要求，规范性文件也是如此。[1]对规范性文件的宽松解释立场，都是在基本原则之内的解释，如规范性文件的规定超出上位法基本原则的范畴，则可以认定其违背了上位法目的。如郑晓琴案中涉案规范性文件排除出嫁妇女及其子女的合法权利，明显违背了《妇女权益保障法》规定的"妇女在政治的、经济的、文化的、社会的和家庭的生活等各方面享有同男子平等的权利"等基本原则，可以认定其违背了上位法的目的。

四、结语

合目的性审查在规范性文件附带审查中具有重要作用，在上位法并未针对案涉行政事务或领域进行明确规定或上位法对行政机关进行概括授权的情况下，对行政行为依据的规范性文件做规则层面的审查难以进行，又不宜由法院直接

---

〔1〕 参见余军、张文："行政规范性文件司法审查权的实效性考察"，载《法学研究》2016年第2期。

审查规范性文件的合理性时，应当进行合目的性审查。合目的性审查属于合法性审查的范畴，属于原则审查，后置于规则层面的审查，但前置于对规范性文件制定主体和程序等的整体性审查。审查时，需对上位法与规范性文件相关规定进行解释，采取宽松解释立场，在立法目的难以探求或模糊时，可以基本原则作为判断依据。建议在立法中明确合目的性审查，如明确"与上位法的规定或目的、原则相抵触"的标准，并明确审查方法。

从骑手治理到算法约束

——外卖骑手交通违法的规制困境与出路

刘子婧[*]

【摘　要】以互联网技术为依托的平台经济的兴起，动摇了传统的社会结构和社会治理方式。以外卖骑手为例，在严格配送时间要求下骑手违反交通法规的现象层出不穷，成为社会治理重点问题。破解骑手违法困境，应该改变传统以骑手为中心的治理模式，考虑平台—骑手关系中智能算法所处的支配性和管理性地位，将平台及其算法纳入交通违章监管和规制的框架体系内。具体而言，可以通过公开和透明性要求、强约束集嵌入算法设计理念以及赋予算法底线思维等方式实现交通违法治理中的算法约束。

【关键词】外卖骑手；交通违法；算法监管；平台责任

一、问题的提出

在互联网、大数据和云计算技术的支持下，代表新兴经济业态的共享经济和平台经济迅速崛起并成为创新经济发展的新动力，与此同时也悄然改变着传统的社会权力结构和社会治理方式，提出了诸多新的法律问题。以外卖订餐平台为例，作为新经济模式的典型，外卖平台不仅很大程度上为居民生活提供便利，也创造了众多就业岗位，优化了餐饮业供需关系、活跃了餐饮经济。但创造巨大经济价值的同时，外卖平台与外卖骑手之间也产生了紧张、复杂的关系，

---

* 刘子婧，中国政法大学 2020 级宪法与行政法学专业硕士。

使后者职业风险高位运行，并为道路交通秩序带来隐患。这一紧张关系体现在：平台智能算法为送餐人员规划了最短的配送时间和最近的配送路线，同时也给外卖骑手带来了超速、逆行和闯红灯等违章风险，使顶着差评、投诉和罚款压力，缺乏议价与协商能力的外卖骑手成为机动车违章的主力军，也成为大量道路交通事故的施害方或受害者。[1] 上海市公安局交警总队提供的数据显示，2017 年在上海平均每 2.5 天就有 1 名外卖骑手伤亡。[2]

对于外卖骑手的违章行为，交通管理部门倾向于以骑手为主体采取传统规制手段进行治理，在各地推行的外卖行业电动自行车及外卖骑手交通违章预防和管制措施中，平台鲜以责任人或被监管对象的角色出现。但从外卖骑手逐年攀升的交通违章、违法数据来看，前述传统监管措施并未发挥设想中的良好作用。由此产生的问题是，传统的以外卖骑手为监管主体的道路交通管制措施缘何失灵？外卖平台及其智能算法在这一监管关系中应当处于何种地位？以交通管理部门为主的公权力机关应该如何治理和改善骑手违法问题，抑制其带来的公共道路交通安全风险？

从上述问题出发，本文旨在从算法权力和算法操纵的角度论证为何道路交通违章监管应将治理焦点从外卖骑手转移至外卖平台及其智能算法，或者至少关注到平台算法的支配性、管理性地位。具体而言，本文将围绕以下方面进行展开：第一，梳理现有以外卖骑手为主体的交通监管措施及其存在的问题。第二，以预计送达时间算法（Estimated Time of Arrival）和路径规划算法为例，探讨以平台及算法为核心的监管措施合法性、合理性以及可操作性问题。第三，就交通管理行政执法焦点如何从外卖骑手治理移转至算法约束，或二者兼顾，提出初步建议设想。

二、现行外卖骑手违章监管措施与困境

外卖骑手作为外卖送餐行业的关键从业人员，伴随着平台经济的发展日益壮大，成为具有规模性和社会效益并且日益增长的庞大就业群体，同时由于骑手交通违章行为频发，也造成了巨大的道路交通安全隐患与风险。2018 年年底，中国外卖骑手人数已达 300 多万，市场覆盖至全国 1300 多个城市，至 2020

---

〔1〕 "外卖骑手，困在系统里"，载微信公众号 "人物"，https://mp.weixin.qq.com/s/Mes1RqlOdp48CMw4pXTwXw，最后访问时间：2020 年 9 月 8 日。

〔2〕 "外卖员创数十亿利润却难分一杯羹？上海每 2.5 天就有 1 名外卖员伤亡"，载新浪财经网，http://finance.sina.com.cn/chanjing/cyxw/2020-09-10/doc-iivhuipp3636472.shtml，最后访问时间：2021 年 1 月 20 日。

年 5 月，仅主流外卖平台入驻骑手总数便突破 500 万人。[1]外卖骑手成为不可忽视的道路交通资源使用者，外卖行业快速发展也伴随着逐年攀升的外卖骑手道路交通违法率。最高人民法院司法大数据显示，在全国外卖订单和骑手数量集中的地区，与外卖骑手相关的法律纠纷也更多，2019 年由骑手引发的侵权责任纠纷案 427 件，并以交通事故引发的机动车交通事故责任纠纷为主。[2]为应对日益严峻的道路交通安全风险，交通管理部门出台了诸多监管措施，下文将在概括目前出台的外卖骑手违章规制措施基础上，从合法性与有效性两个层面对其进行分析，说明当前外卖骑手违章治理实践存在的制度缺陷与不足。

（一）以外卖骑手治理为核心的交通违章监管措施

鉴于外卖骑手交通违章行为高发并引起道路交通风险和隐患，国家和各地交通管理部门采取了失信惩戒、人脸识别、警企联动等一系列措施予以规制。国家层面，公安部交通管理局于 2018 年 3 月 26 日和中国物流与采购联合会召开会议，要求强化外卖行业电动自行车管理，提出严查严管配送员交通违章行为，对负有交通事故责任、多次严重违法的纳入失信记录。[3]地方层面则出台了多项具体治理措施，创新对外卖行业电动自行车和骑手的管理，从治理手段上而言，地方采取了包括"特殊识别""失信联合惩戒"和"警企联动"等方式进行外卖骑手违章监管。

1. 特殊识别

部分地方交通管理部门针对外卖骑手等特殊人群采取了刷脸执法、背心编码等方式对其进行特殊识别和精准定位，加强对外卖骑手违章行为的监管强度。信息数据网络和人工智能技术较为发达的深圳、上海两地采用人脸识别技术辅助交通执法。例如深圳交警针对外卖快递等特殊从业人群预先建立了信息数据库，借助人工智能进行刷脸执法，并在其交通违章后将违章信息直接通知到个人和单位。[4]上海浦东交警则使用 VisionMind 智能交通系统，联合 AI 数据智能

---

〔1〕 "2019 年及 2020 年上半年中国外卖产业发展报告"，载微信公众号"美团研究院"，https://mp. weixin. qq. com/s/gonesGA2nWcqQ1NGI0AIEQ，最后访问时间：2020 年 6 月 28 日。

〔2〕 "外卖骑手，突围在司法大数据里"，载微信公众号"最高人民法院司法案例研究院"，https://mp. weixin. qq. com/s/xiryW_ NGEhB4DjFvjAWzLW，最后访问时间：2021 年 1 月 21 日。

〔3〕 "加强快递外卖行业电动自行车交通管理"，载中国警察网，http://news. cpd. com. cn/n3559/c40816443/content. html，最后访问时间：2021 年 3 月 12 日。

〔4〕 "深圳交警将在全国率先启动刷脸执法"，载深圳政府在线网，http://www. sz. gov. cn/szzt2010/jjhlwzwfw/cxal/content/post_1421290. html，最后访问时间：2021 年 3 月 12 日。

公司,借助道路摄像头检测外卖骑手交通违法行为。[1]此外,借用电子马甲、反光背心对外卖骑手进行特别标识也是地方执法中所采用的重要举措。例如广州交警要求外卖骑手们身着统一编码的反光黄背心,使违章抓拍系统可以对其进行清晰识别,上海交警也是通过外卖骑手身着的马甲号码在检测违法行为后即时定位涉事企业与外卖骑手。[2]

2. 失信联合惩戒

失信联合惩戒是道路交通领域的创新治理手段,也是地方骑手违章治理的主要措施。国家层面,《国务院关于印发社会信用体系建设规划纲要(2014—2020年)的通知》提出"将各类交通运输违法行为列入失信记录";[3]《快递暂行条例》第8条也规定针对快递行业"建立健全快递业信用记录、信息公开、信用评价制度,依法实施联合惩戒措施"。[4]地方在骑手治理实践中则采取建立诚信体系和黑名单制度等方式构建外卖骑手失信联合惩戒机制。例如辽宁省联合行业主管单位建立诚信体系平台,并将屡次违法的外卖骑手纳入黑名单。[5]

3. 警企联动

此外,地方交通管理部门也采取了和外卖平台订立协议等方式实施警企联动的监管和惩戒措施。例如南宁交警支队与美团点评集团签署战略合作协议,采取警企联动、信息共享、准入培训、联合监管和失信惩戒等12项具体措施对外卖骑手进行监管。[6]又如广州交警与外卖平台联合,规定违章外卖骑手需接受交警部门的处罚和教育,违章一次则停驶一天,三次则将被平台强制清退,在制度试点期间便查处交通违规违法外卖骑手692人次,违规外卖骑手停工培训处罚650人次,强制清退23人。[7]

---

〔1〕 "助力外卖骑手管理闪马智能交通管理平台荣登央视新闻频道",载东方财富网,http://finance. eastmoney. com/a/202102071805885852. html,最后访问时间:2021年3月12日。

〔2〕 "一件黄马甲起奇效!外卖小哥交通违规数量一月下降超五成",载搜狐网,https://www. sohu. com/a/302139893_ 100195706,最后访问时间:2021年2月18日。

〔3〕《国务院关于印发社会信用体系建设规划纲要(2014—2020年)的通知》,国发〔2014〕21号。

〔4〕《快递暂行条例》第8条:国家加强快递业诚信体系建设,建立健全快递业信用记录、信息公开、信用评价制度,依法实施联合惩戒措施,提高快递业信用水平。

〔5〕 郝爽:"多次违法外卖骑手将被纳入黑名单",载《半岛晨报》2019年10月14日,第A02版。

〔6〕 朱新韬:"警企共治规范外卖行业电动自行车交通管理",载《南宁日报》2018年5月7日,第5版。

〔7〕 张丹羊:"外卖小哥穿上'黄马甲'广州试点外卖小哥'一人一箱一码'交通违法将被实时抓拍",载《广州日报》2019年2月20日,第A15版。

（二）骑手违章监管措施的合法性问题

以广州交警对外卖骑手违章采取的规制和惩戒措施为例，且不论其实施效果如何，仅从法律角度而言，该举措合法性问题有待商榷。

《广东省道路交通安全条例》第 55 条规定，非机动车驾驶人违反道路交通安全法律、行政法规和本条例关于道路通行规定的，处警告或者 20 元罚款；逆向行驶、不按规定车道行驶的，责令改正，处警告或者 50 元罚款。[1]且新修订的《行政处罚法》规定行政处罚种类由法律、行政法规设定，地方性法规可以补充设定行政处罚，[2]因此广州交警并不具备惩处外卖骑手"停驶 1 天"或者"强制清退"的权力，而是借助外卖平台的内部管理权，由后者"替代"交警部门对外卖骑手实施惩处。由于企业并不具备收集违章信息的能力，因此一个合理的猜测是交警部门将外卖骑手违章信息实时反馈给外卖平台以实现警企联动。由此产生的第一个合法性追问是，针对外卖骑手群体违法信息的选择性公开和共享是否侵犯外卖骑手个人隐私权？此外，违法信息共享作为警企联合惩戒一环，脱离了纯粹违法信息公开声誉罚的性质，是否符合《行政处罚法》之要求？[3]对于第一个问题，针对外卖骑手群体的违法信息披露行为并未处理个人敏感信息，可能侵犯其隐私权。对于第二个问题，由私主体对外卖骑手违法进行惩治的行为逸脱了《行政处罚法》的管辖，使得公法上的行政处罚遁入私法，剥夺了相对人法律所保障的告知理由、陈述、申辩和申请听证等程序性权利，背离正当程序原则和依法行政原则之精神，不符合《行政处罚法》的

---

〔1〕《广东省道路交通安全条例》第 55 条："行人、乘车人违反道路交通安全法律、行政法规和本条例关于道路通行规定的，处警告或者十元罚款。非机动车驾驶人违反道路交通安全法律、行政法规和本条例关于道路通行规定的，处警告或者二十元罚款；但有下列行为之一的，责令改正，处警告或者五十元罚款：（一）逆向行驶的；（二）醉酒驾驶或者驾驭的；（三）违反规定载人，或者行驶时速超过十五公里的；（四）进入高速公路的；（五）驾驶自行车、电动自行车、三轮车横过机动车道时未下车推行的；（六）非下肢残疾人驾驶残疾人机动轮椅车的；（七）自行车、三轮车加装动力装置的；（八）电动自行车等安装有动力装置的非机动车未依法登记，或者未按照规定悬挂号牌，或者未携带行驶证的；（九）在划分机动车道、非机动车道和人行道的道路上未按照规定车道行驶的。"

〔2〕《行政处罚法》第 12 条："地方性法规可以设定除限制人身自由、吊销营业执照以外的行政处罚。法律、行政法规对违法行为已经作出行政处罚规定，地方性法规需要作出具体规定的，必须在法律、行政法规规定的给予行政处罚的行为、种类和幅度的范围内规定。法律、行政法规对违法行为未作出行政处罚规定，地方性法规为实施法律、行政法规，可以补充设定行政处罚。拟补充设定行政处罚的，应当通过听证会、论证会等形式广泛听取意见，并向制定机关作出书面说明。地方性法规报送备案时，应当说明补充设定行政处罚的情况。"

〔3〕《行政处罚法》第 9 条、第 11 条对行政处罚的种类和设定权做了规定，行政机关与企业共享个人违法信息，并由后者执行惩处措施这一做法不属于法定行政处罚范围。

要求。

除了联合惩戒机制，地方交通管理部门还通过建立信息数据库、给外卖骑手及电动车统一编码、人脸识别执法等方式实现对外卖骑手违章违法行为"标识—定位—执法"全过程。需要追问的是前述的"特殊识别＋联合惩戒"的创新交通违章监管措施合法吗？解答这一问题需要考察此类选择性执法行为是否违反行政法上的平等原则以及是否符合行政法上的比例原则。无论是将属于非机动车驾驶员一员的外卖骑手纳入人脸识别数据库还是让其身着编码背心，都属于典型的选择性执法，其结果是大幅度提升了被标识当事人因违章被处罚的概率。考虑到执法成本与执法资源使用率，选择性执法行为具有一定合理性和现实性，但仍需受到行政法平等原则之限制。分类识别是否涉及歧视，需从正当性、适当性、必要性和相称性进行判断。交通管理部门进行分类而治的前提在于预设了外卖骑手的违章风险远高于一般非机动车驾驶员，并基于维系交通秩序的需要对其进行特殊识别，以加强对违法行为的威慑力，因此具有目的正当性。概言之，只要交警部门得以证明外卖骑手违章风险和概率远大于一般人员，则对其进行特殊分类不构成歧视。此外，比例原则还要求行政机关采取的手段有助于行政目的的达成，且这一手段对公众造成的侵害最小，或者其所实现的公共利益大于被侵害的个人权利。一方面从权利位阶而言，特殊识别和联合惩戒制度侵害的是外卖骑手的财产权和就业权，其权利位阶低于公众的生命权与健康权。但是另一方面，此类制度对于与外卖平台和各类站点关系疏离、流动性强、难以统计和管理且为数众多的"众包"骑手（即兼职或者自主送单的骑手）却鞭长莫及，因此能否有效降低外卖骑手违章率为待证事实。综上，即使交管部门对外卖骑手人群的特殊识别措施勉强符合平等原则和比例原则要求，仍存在实效性方面的疑义并在效率问题上有待证成，此外选择性执法行为本身也存在执法恣意和不确定性等风险。

（三）骑手违章监管措施的有效性问题

外卖骑手交通违章行为频发所构成的交通规制困境，既是法律性的也是社会性的，从法律视角之外考量前述各类违章监管措施有效性的问题，则可能得到新的启发。对于"特殊识别＋联合惩戒"能否有效且彻底解决外卖骑手们高发的违章问题，笔者认为答案应该是否定的。外卖骑手违章行为背后实质上是智能算法对送餐时间的不断压缩、对行驶路线的不合理规划，以及从业者们因为缺乏最低工资保障、社会保障以及议价能力而铤而走险、不惜代价赚钱的心理。如果未能解决前述问题，再严格、创新的管控制度也无法根治违章问题。

此外，对于法律或制度的评价除了从实效性出发，还需符合民众最朴素的正义观与价值观，实现"良法善治"。回顾以外卖骑手为治理核心的"特殊识别+联合惩戒"制度，不论其是否在合法性层面得到证成，从朴素的法感情出发，该制度并不足以被称为"良善"。因为其不仅没有从根本上解决外卖骑手的高危性问题，为社会地位相对弱势的外卖骑手提供社会保障的"安全网"，反而通过失信系统、黑名单以及强制清退制度增加了其因行政违法行为而接受处罚的风险和受罚程度，看似短时间内解决了道路交通安全的问题，但却有可能给社会增添不稳定因素。因此本文提出，在外卖骑手交通违章监管中应当重视对平台智能算法的规制，并将在后文具体证成为何治理焦点应当从骑手治理转移至算法约束，或者至少二者兼顾。

三、将算法约束纳入骑手违章监管体系

交通违章层面，交通管理部门鲜少将外卖平台及其算法纳入监管与规制的框架，这一现象产生的根本原因在于：一方面，法律专家和监管人员对智能算法所处的计算机科学领域并不熟悉，较难从技术层面透视算法运行原理；另一方面，针对算法以及自动化决策这一新兴领域的法律研究和理论积累较少，缺乏强有力的理论支撑公权力突破"平台—骑手"的浅层法律关系架构，刺破算法面纱并直击其支配性地位。下文拟以居于我国主导地位的外卖平台算法为例，从技术和法律两个层面分析将算法约束纳入骑手违章监管体系的必要性和可行性问题。

（一）平台智能算法的赋权与失控

从 2010 年至今，外卖平台的派单调度系统共经历了四次发展和变革，其最显著的特点就是由电脑决策替代了人工进行路线规划和调度。至今，负责接受点餐、规划路线、预设实践、进行派单的外卖平台系统完成了"虚拟技术劳动"对"传统人力劳动"的全面接管和替代，后者则退出了舞台。[1]外卖系统中，替代人工的自动化决策系统是否会出错，是一个必须被追问的问题。从实践经验与田野调查结果来看，基于人工智能算法的外卖系统并不天然具有"技术正确"的逻辑话语，反而相比人类调度员而言，更容易"忽视"现实路况的复杂程度。[2]例如实践中平台系统可能会按照直线距离计算送餐时间，忽视了拐弯、

---

〔1〕 参见孙萍："如何理解算法的物质属性——基于平台经济和数字劳动的物质性研究"，载《科学与社会》2019 年第 3 期。

〔2〕 参见孙萍："'算法逻辑'下的数字劳动：一项对平台经济下外卖送餐员的研究"，载《思想战线》2019 年第 6 期。

红灯等现实路况，[1]又如系统导航可能出现定位不清的情况，在紧张的时间限制下可能促使赶时间的外卖骑手铤而走险违规行驶。[2]因此，尽管人们具有自动化偏好（更倾向于相信电脑的决定），但依托于人工智能技术的外卖派单系统在进行了路线规划等自动化分析和决策后，仍然存在明显漏洞。当缺乏谈判能力和议价能力的外卖骑手向平台反馈这种漏洞时，面临的却是有限的沟通渠道和低效的局面，即外卖平台系统对外卖骑手配送时间与配送路线享有"单向话语权"，在实质上处于支配和控制地位。

脱离人工控制的外卖平台送餐系统，在取得调配和决策权力后，进入一种"失控"状态，这种状态表现为：系统采用有限的数据和简化的模型对现实送餐调配、路线规划问题进行建模、筹划和运算时，需要依据反馈数据不断进行自我修正，需要符合道路交通规则等约束性条件，使其趋于完善并贴合实际，但是这种反馈通道堵塞时，封闭、依托人工智能算法的系统将会作出错误决策，愈加缩减配送时间，最终体现出一种偏离现实的失控状态，成为外卖骑手高频违章行为的"幕后推手"。

（二）路径规划算法与预计送达时间算法及其支配地位

与外卖骑手道路交通行驶行为紧密关联的是路径规划算法和预计送达时间算法。本文以美团平台为例，对其路径规划算法和预计送达时间算法进行简要说明，阐述为何此二类算法对骑手驾驶行为具有支配地位以及为何需要公权力机关介入对算法设计进行规范与调整。

1. 路径规划算法

计算机科学语境下，算法指的是为了解决某种问题的指令或步骤，依据计算机思维、按照程序语言进行编写的一种规划。[3]在外卖即时配送的情景下，路径规划算法所解决的问题是提供用户、商户和骑手正确位置以及两点之间正确骑行导航。[4]与经典路径规划算法或者导航系统不同，智能配送体系中的路径规划算法不仅需解决两点之间正确导航问题，还需合理规划两个以上订单之间的统筹优化问题，最大效率利用每一次行驶路径实现时间和路径的最优配置。

---

〔1〕 孙萍："'算法逻辑'下的数字劳动：一项对平台经济下外卖送餐员的研究"，载《思想战线》2019年第6期。

〔2〕 吕世成："交通陋习多酿事故　给外卖骑士设置'减速键'"，载《人民交通》2018年第6期。

〔3〕 赵军等编著：《计算思维与算法入门》，机械工业出版社2019年版，第269-271页。

〔4〕 "2019年美团技术年货"，载美团技术团队官方网站，https://awps-assets.meituan.net/mit-x/2018-ebook-bundle4/2018-ebook-ai.pdf，最后访问时间：2021年3月21日。

因此即使是熟悉区域地形的外卖骑手，在同时处理数个订单时也需依赖于该算法，使得运力效率最大化。但是现实场景与虚拟场景的差异性使得路径规划算法必须具备一定容错率，现实场景中可能出现用户定位不准、修路、交通拥堵或者事故等情况。此外，田野调查显示路径规划算法会为驾驶电动自行车的外卖骑手规划步行路线，导致逆行结果产生。

2. 预计送达时间算法

预计送达时间指用户下单后，配送人员将外卖送达用户手中的时间，有研究人员指出平台端对预计送达时间算法参数进行及时审核与合理配置，是解决外卖骑手困境的关键。[1]预计送达时间对外卖骑手行驶行为的支配性地位体现在，是否在算法预计时间内送达直接关联外卖骑手考核、薪资与奖惩。由于配送时间直接影响用户下单意愿和用户体验，因此外卖平台希望尽量压缩预计送达时间，在算法上便体现为算法参数设置时对损失函数的设计希望整体的预估结果尽量前倾。[2]从计算机科学角度，所谓损失函数预测结果前倾，可以理解为预计送达时间算法不可避免地存在误差率，并因为误差而产生损耗并降低效率，但对于可能产生的误差，相比延长预算时间，算法更倾向于缩短预算时间，在这种偏好设计下多次迭代后的算法运行结果就是预计送达时间不断提前。[3]实践中，这种算法设置产生的结果是，外卖配送时间日益缩短，平均配送时长在 3 年内缩减至 50%。[4]日益缩减的配送时间也解释了为何实践中争分夺秒的外卖骑手越来越多，以及对外卖骑手而言时间"丢失"的真实原因。

从对路径规划算法和预计送达时间算法的分析可知，外卖骑手违章自主性背后也具有一定程度的被迫性。替代人工决策的智能算法对外卖骑手行为具有相当支配性和主导地位，仅从外卖骑手层面进行治理未必有效，且未必合理。由于外卖平台作为私人公司具有天然逐利性，而外卖骑手群体又不具备充分议价能力，公权力机关具备对平台智能算法进行约束和管理的必要性。

---

〔1〕 "外卖骑手的解困之策（上）：要让技术容错"，载澎湃新闻网，https://www.thepaper.cn/newsDetail_ forward_ 9417298，最后访问时间：2021 年 3 月 12 日。

〔2〕 "深度学习在美团配送 ETA 预估中的探索与实践"，载美团技术团队官方网站，https://tech.meituan.com/2019/02/21/meituan-delivery-eta-estimation-in-the-practice-of-deep-learning.html，最后访问时间：2021 年 3 月 12 日。

〔3〕 参见 ［美］Stuart J. Russell & Peter Norving：《人工智能——一种现代的方法》，殷建平等译，清华大学出版社 2013 年版，第 593-594 页。

〔4〕 "机器学习在美团配送系统的实践：用技术还原真实世界"，载美团技术团队官方网站，https://tech.meituan.com/2018/12/13/machine-learning-in-distribution-practice.html，最后访问时间：2021 年 3 月 12 日。

（三）刺破算法面纱：公权力算法约束的可行性

目前，骑手违章监管实践鲜少将外卖平台及其算法纳入规制体系原因有二：第一，大数据、算法和人工智能等新兴尖端科技所代表的计算机科学领域与法律学者和立法人员所擅长的传统法学领域之间具有"学科鸿沟"，算法知识于非专业领域人员而言具有技术屏障和知识壁垒。[1]第二，由于自动化决策尚属创新事物，学界缺乏对其规制问题的理论积累，另外国家层面也主张以"包容审慎"的态度监管平台经济，[2]为其提供制度空间和发展环境，因而理论层面未能刺破算法面纱，突破"平台—骑手"之间表层法律关系并实现对处于内核支配地位的算法进行规制与约束。

技术层面，实现算法约束首先要破除对人工智能技术，特别是深度学习算法下的人工智能的误区，即认为由于技术的复杂性和前沿性，其不能被专业领域外的人理解，并且认为算法决策构成"算法黑箱"，具有不透明、不接受审查和无需解释的特点。[3]算法虽然是依赖计算机思维与程序语言编写的一种规划或策略，但其本质仍属于一种解决现实问题的方式，其底层逻辑并不脱离可理解的人类逻辑。技术屏障产生的原因在于编程人员将用人类语言表述的生活逻辑或者数学逻辑转化为程序语言进行描述的计算机逻辑这一"翻译"过程。简言之，算法可以编码亦可解码，其原初逻辑可以由设计者向一般大众进行说明和解释。现实维度，计算机工程师也致力于增加算法的可解释性，[4]此外开源运动作为计算机科学领域的一种现象，其关键也是致力于技术信息的共享与自由交流，以更快推动技术本身的更新发展。因此，所谓"技术屏障"或者"算法黑箱"并非对算法特质的描述，也非不接受审查和监管的理由。

制度层面，虽然政府主张以包容审慎的监管方式支持平台企业创新发展，但也明确提出"要依法规范发展，强化反垄断和防止资本无序扩张维护公平竞争市场环境"。[5]国际上，欧盟于 2020 年 12 月 15 日提出了《数字服务法案》

---

〔1〕 See Jenna Burrell, How the machine 'thinks': Understanding opacity in machine learning algorithms, Big Data & Society, 2016: 1-12.

〔2〕 《国务院办公厅关于促进平台经济规范健康发展的指导意见》国办发〔2019〕38 号。

〔3〕 参见张凌寒："算法权力的兴起、异化及法律规制"，载《法商研究》2019 年第 4 期。

〔4〕 例如美团技术团队在其博客与微信公众号等公众平台推出的《2018—2020 技术年货》对平台数据、算法、系统等技术的更新迭代以及原理进行阐述说明。

〔5〕 "政府工作报告——2021 年 3 月 5 日在第十三届全国人民代表大会第四次会议上　国务院总理　李克强"，载中国政府网，http://www.gov.cn/zhuanti/2021lhzfgzbg/index.htm，最后访问时间：2021 年 3 月 10 日。

（Digital Service Act）和《数字市场法案》（Digital Market Act），其中《数字市场法案》认为大型平台越来越多地在商家和用户之间扮演"守门人"角色，拥有牢固持久地位，并对符合"守门人"标准的平台提出透明性和算法审查要求。[1]美国计算机协会则发布了算法透明原则，提出应当允许第三方机构对算法代码和决策标准进行独立的审计和检查。[2]可见，平台监管和算法审查在我国以及国际上都是政府监管的应有之义。另外，从权力来源看，对外卖平台智能算法的监管体现了政府对外卖骑手的劳动权和道路上其他车辆行人安全权、健康权的保障，是政府道路交通管理和社会保障职能的自然延伸。

四、以算法约束为中心的违章监管和规制手段

回归外卖平台智能算法，外卖骑手高频违章行为所构成的规制困境从技术和法律层面而言是可解的。目前，外卖平台智能算法对外卖骑手享有"单向话语权"，即凭借原初设计逻辑和数据库作为支撑，通过不断输入的现实数据进行自我训练、自我学习，并不断优化，但是这种算法决策一方面可能在设计阶段便存在不合理性，另一方面也可能由于算法损耗和噪声而存在漏洞。由于平台算法并未给使用者（骑手）提供反馈和修正渠道，因此智能算法实质上构成了封闭内循环系统，单向地对使用者享有决定和支配权，催生高违章率和高道路交通风险。区别于传统以骑手治理为中心的违章监管和惩处手段，以算法约束为中心的违章监管和规制手段需要对平台算法提出透明和监管要求，具体而言包括以信息公开的方式提高透明度、将道路交通法规作为强约束从路径规划算法合集中剔除、定期审查算法参数并赋予底线思维。

（一）信息公开与透明度要求

由前文分析可知，算法并不构成严格意义上的黑箱，可以通过公开与解释提高公众了解度并进行审查。一般认为，行政领域的信息公开仅包括一般政府信息或违法信息公开，但是，与上市公司信息披露法理类似，如果私主体收集、掌握或者制作的信息对社会生活产生重要影响，则其进入公共领域也需要在一定程度上公开并接受审查。也有学者批判此类要求可能损害国家秘密、商业秘

---

[1] See Proposal for a Regulation of the European Parliament and of the council on contestable and fair markets in the digital sector（Digital Markets Act），also see European Commission，https://eur-lex. europa. eu/legal-content/en/TXT/？qid=1608116887159&uri=COM%3A2020%3A842%3AFIN.

[2] 参见郑智航、徐昭曦："大数据时代算法歧视的法律规制与司法审查——以美国法律实践为例"，载《比较法研究》2019年第4期。

密和个人隐私。[1]对此笔者认为，考虑到计算机科学领域更新和迭代速度以及开源文化下企业主动公开代码和进行解释的社会现象，公开举措并不足以构成对商业秘密的侵犯。至于个人隐私问题，则属于对算法和数据二者的混淆，算法公开本身并不涉及个人隐私。从公开透明的程度而言，存在以欧盟为代表的强公开模式[2]和以美国为代表的弱公开模式[3]，前者通过立法方式对特定数字平台主体施加强制公开义务与透明要求，而后者则倾向于通过行业监管、自律要求或第三方审查方式进行引导规制。结合我国秉持的包容审慎监管态度和实践中政企联动的创新举措，我国更适宜采纳弱监管方式。从手段上看，美国学者 Alfred C. Aman 和 Landyn W. Rookar 曾主张信息是否需要公开不宜由其制定主体决定，而是由其内容决定，并建议通过民事契约的方式规定私主体掌握的涉及重要公益的信息公开范围和程度。[4]这一观点对我国外卖平台算法公开举措具有借鉴意义，政府可以通过订立民事契约的方式规定包括外卖平台在内的数字经济平台掌握的何种算法信息需要公开。此外，考虑到算法本身的专业性，单纯的公开措施可能会增加行政负累、降低行政效率，因此还需落实外卖平台对智能算法运行原理进行解释说明的义务。

（二）道路交通法规与算法强约束

一般认为，法律是对人行为规范的调整，法律规范的主体是自然人或者其他被赋予法律人格的个体。但是在外卖平台算法与外卖骑手的法律关系中，智能算法替代了人工决策对外卖骑手具有支配性和管理性地位，实质上也构成道路交通违章行为的"参与者"，因此有必要对算法本身提出合法性要求并进行

---

[1] 沈伟伟："算法透明原则的迷思——算法规制理论的批判"，载《环球法律评论》2019 年第 6 期。

[2] 欧盟对数字经济监管和个人信息保护采取较为严格的立场，参见前文"（三）刺破算法面纱：公权力算法约束的可行性"。此外，在 2018 年 5 月 25 日生效的《通用数据保护条例》（以下简称 GDPR）欧盟也采取了赋予数据主体请求解释权等新型权利的举措。GDPR 第 22 条赋予了数据主体基于自动化处理得出决定制约的权利，这一权利在背景引言中被进一步补充细化，即数据主体对自动化决策享有获得解释和对相关决定提出质疑的权利。参见张欣："从算法危机到算法信任：算法治理的多元方案和本土化路径"，载《华东政法大学学报》2019 年第 6 期。

[3] 美国在数字监管方面更倾向于行业监管或自律措施，参见前文"（三）刺破算法面纱：公权力算法约束的可行性"。此外，同样，美国联邦贸易委员会专员斯威尼（Sweeny）提出的"设计责任"概念也提倡在开发算法阶段对算法设计者及其算法作品进行第三方审查，预先甄别算法本身可能存在的问题，例如歧视和偏见。See John Frank Weaver, Artificial Intelligence and Governing the Life Cycle of Personal Data, Rich. J. L. & Tech, 2018（24）：2-9.

[4] See Alfred C. Aman & Landyn W. Rookar, Private government and the transparency requirement deficit, 71 Administrative Law Review 437（2019）.

审查。如前所述，路径规划算法除却本身存在的误差率和损耗外，还可能出现违法规划的情况，例如以人行路线指导驾驶电动自行车的骑手并导致逆行。在技术层面，预防前述违法情况的发生需要平台在设计算法时将单行道、限行路线和过街天桥等不允许电动自行车经过的路线作为强约束集从可行路线集合中剔除。[1] 以美团平台为例，目前平台对于路径规划问题的求解方式是将其作为流水线调度问题，即以订单为目标、取送餐为任务，解决任意两点通行时间与承诺送达时间问题，这一算法关注核心在于如何在预计时间内规划最快路线。[2] 所谓道路交通法规禁驶路线作为强约束集，指的是在所有可行路线（解）中将禁驶路线剔除（无效解），只有不违反任何约束条件的路线才是与算法相容的，又类似于计算机科学中的约束满足问题，其主要思想是识别违反约束值的组合并在大规模搜索中迅速求解。[3] 概言之，平台不仅需在算法设计时结合路况与交通法规，平台算法"守法情况"也需要接受公权力机关定期审查。

（三）赋予算法底线思维

如前所述，在预计送达时间算法中存在的一个偏好设计是对送达时间的不断压缩，外卖骑手在相关联的惩戒措施压力下，时常面临着超速与超时之间的抉择。具有偏好性选择的预计送达时间算法在多次更新迭代的机器学习过程中，会愈发缩减时间，并最终陷入恶性循环。因此有必要赋予该算法底线思维，所谓底线思维指的是为配送时间设置一个合理的、无法通过算法优化而逾越的下限，也即在遵守道路交通安全、满足强约束条件下最快路径的最短通行时间。[4] 该时间下限必须能保证外卖骑手不至于冒着违章风险超速或违法驾驶。对于平台算法设计者而言，满足底线思维需要对算法参数进行适当调整，使其在优化配置的同时兼顾合理的运行时间和道路交通安全规则；对于道路交通法规执法

---

〔1〕"外卖骑手的解困之策（上）：要让技术容错"，载澎湃新闻网 https://www.thepaper.cn/news-Detail_forward_9417298，最后访问时间：2021年3月12日。

〔2〕"美团智能配送系统的运筹优化实战"，载美团技术年货 https://s3plus.meituan.net/v1/mss_e63d09aec75b41879dcb3069234793ac/file/2020%E7%BE%8E%E5%9B%A2%E6%8A%80%E6%9C%AF%E5%B9%B4%E8%B4%A7-%E7%AE%97%E6%B3%95%E7%AF%87.pdf，最后访问时间：2021年3月12日。

〔3〕参见[美] Stuart J. Russell & Peter Norving：《人工智能———种现代的方法》，殷建平等译，清华大学出版社2013年版，第170-189页。

〔4〕"外卖骑手的解困之策（上）：要让技术容错"，载澎湃新闻网 2020年10月1日，https://www.thepaper.cn/newsDetail_forward_9417298，最后访问时间：2021年3月12日。

者而言，则需要对平台算法提出强制性或者自律性要求，并可以借助公众或者第三方监管平台对其算法设计是否符合底线思维进行审核。

五、小结

基于互联网技术的经济新业态动摇了传统的社会结构和社会治理方式，也挑战着传统的法律关系和制度。外卖平台的崛起和壮大催生了日益庞大的外卖骑手群体，也伴随着逐年攀升的外卖电动自行车交通违章率，带来道路交通安全风险和治理难题。本文提出，相比于传统的以外卖骑手为中心的治理手段，应该考虑"平台—骑手"关系中智能算法所处的支配性和管理性地位，将平台及其算法纳入交通违章监管和规制的框架体系内。具体而言，可以通过政府与平台订立民事契约等弱公开模式对平台算法提出公开和透明性要求，以在算法设计时将法规禁驶路段作为强约束集嵌入算法设计理念以及赋予算法底线思维等方式实现交通违章治理中的算法约束。

"主渠道" 定位下行政复议申请人资格标准的反思

——基于 78 份裁判文书的分析

杨正荣*

【摘　要】面对矛盾纠纷多发的社会现实，行政复议被赋予了化解行政争议"主渠道"的定位。复议申请人资格认定标准的宽严决定了行政争议进入复议门槛的高低，考察近两年最高人民法院对"利害关系"的认定，发现只有行政行为直接侵犯了申请人受行政法律规范所保护的利益时，其才是适格的复议申请人。此种与行政诉讼原告资格认定相一致的严格标准，并不能够凸显行政复议的内部监督功能，也不契合行政复议"主渠道"的定位。应扩大"利害关系"的内涵，由公法上的利害关系转变成事实上的利害关系，最大限度地放宽复议申请人的资格标准，从而促进"大复议、中诉讼、小信访"治理局面的形成，但同时也应当妥善处理标准放宽后复议与诉讼之间的衔接问题。

【关键词】行政复议申请人资格；主渠道；利害关系；原告资格；衔接

一、问题的提出

我国目前正处在法治建设的关键时期，为多发的社会矛盾纠纷提供法定的解决渠道，引导社会公众在法治轨道上解决争议，从而维护稳定的社会秩序，实现平安中国与法治中国的统一，是国家治理能力和治理体系现代化的应有之

* 杨正荣，中国政法大学 2020 级宪法与行政法学专业硕士。

义。《法治社会建设实施纲要（2020—2025年）》中指出，"加强行政复议、行政调解、行政裁决工作，发挥行政机关化解纠纷的'分流阀'作用"，作为行政系统内的"民告官"制度，行政复议可以解决数量可观的争议案件（见图1）。"十四五"规划第59章也明确指出要推进行政复议体制改革。行政复议体制改革的目标是明确的，即将行政复议打造成化解行政争议的"主渠道"。习近平总书记强调，要发挥行政复议公正高效、便民为民的制度优势和化解行政争议的"主渠道"作用；应松年教授也早在2010年就提出要在老百姓心中树立行政复议的公信力，使其成为解决行政纠纷的"主渠道"；[1]新公布的《行政复议法（修订）（征求意见稿）》将行政复议的"主渠道"作用写进了法条中，赋予其受法律认可的地位。[2]可见，行政复议成为化解行政争议的"主渠道"，是政治理想与法学理想的深度融合。

行政复议在化解行政争议方面的天然优势，奠定了其"主渠道"的地位。[3]但纵观2015年以来全国的行政复议案件受理量（见图1），行政复议并没有比行政诉讼更受到老百姓的青睐，复议案件量与诉讼案件量不相上下，复议制度的"主渠道"作用并没有实现。究其原因，行政复议尽管在化解争议方面具有天然优势，但也同样因"自己做自己案件的法官"而难以使老百姓信服。复议机关要想消除先天的劣势，就必须通过一件件案件的公正审理，保障老百姓的利益不受违法、不当行政行为的侵害，从而树立自身的公信力。为了确保复议机关公正地履行职责，需要一整套精密复杂又互相协调的制度来规范复议案件的受理、审查和决定，这套制度的起点正是复议申请人资格标准，其决定了哪些行政争议能够进入复议。我国现行的复议申请人资格认定标准，是否契合"主渠道"的定位？是否要作出适时调整以回应当前的法治建设需要？如何调

---

〔1〕 参见应松年："行政复议应当成为解决行政争议的主渠道"，载《行政管理改革》2010年第12期。

〔2〕《行政复议法（修订）（征求意见稿）》第1条规定："为了防止和纠正违法的或者不当的行政行为，保护公民、法人和其他组织的合法权益，监督和保障行政机关依法行使职权，发挥行政复议化解行政争议的主渠道作用，根据宪法，制定本法。"

〔3〕 行政复议与行政诉讼相比，所具有的天然优势体现在：（1）审查程度深。行政复议不仅审查行政行为的合法性，还审查合理性。审查行政行为的实质合法性，更贴切老百姓的真实诉求，也更能实质性化解行政争议。（2）程序简单高效。复议程序在保障公正的基础上，注重提高案件审理的效率，程序设计较简单，以书面审查为原则，复议申请人和被申请人当面辩驳的情形极少；而诉讼为了最大限度地还原案件真相，充分听取当事人意见，程序设计讲究完整性和缜密性。（3）专业性强。与法院相比，上级行政机关对于复议案件的判断更具专业性，有利于行政争议的及时化解。参见黄学贤、杨红："行政复议后行政诉讼适格被告问题探讨"，载《学习与探索》2014年第11期；曹鎏："作为化解行政争议主渠道的行政复议：功能反思及路径优化"，载《中国法学》2020年第2期。

整才能助力"主渠道"目标的实现？本文将会基于最高人民法院在 2019 年和 2020 年作出的 78 份行政裁定书，总结我国现行的复议申请人资格认定标准，并针对以上问题展开讨论。

行政复议案件量与行政诉讼案件量（2015—2019年）

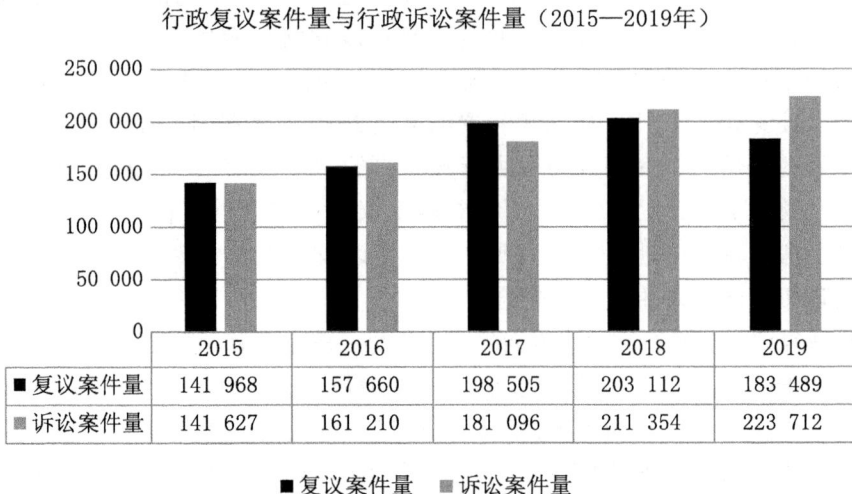

	2015	2016	2017	2018	2019
■复议案件量	141 968	157 660	198 505	203 112	183 489
▓诉讼案件量	141 627	161 210	181 096	211 354	223 712

■复议案件量　▓诉讼案件量

图 1　行政复议案件量与行政诉讼案件量（2015—2019 年）对比图[1]

二、我国现行的行政复议申请人资格认定标准

（一）司法实践：以近两年最高人民法院公开的 78 份行政裁定书为分析样本

本文以"行政复议申请人资格"为关键词，在中国裁判文书网上搜索最高人民法院在 2019 年和 2020 年公布的裁判文书，共检索到 78 份行政裁定书。之所以考察最高人民法院的行政复议申请人资格认定标准，一是因为最高人民法院的认定标准对全国各地各级法院具有指导意义，在一定程度上可以代表整个司法实践关于复议申请人资格的认定标准。二是因为司法是守卫公平正义的最后一道防线，对于各类各样的争议，包括事实上的和法理上的，在个案中都具有一锤定音的效果。司法实践中复议申请人资格的认定标准，是复议机关必须遵循的最低限度标准，对其判断复议申请人资格具有非常强的影响力，甚至可以说是一定程度上的拘束力。考察裁定中关于复议申请人资格的内容，可以发

---

〔1〕 数据来源于司法部行政复议与应诉局公布的 2015—2019 年"全国行政复议与行政应诉案件统计数据"，因成文时 2020 年的数据还未发布，所以图表中不包含 2020 年的数据。

现只有 6 份裁定实质上承认了再审申请人的复议资格（见图 2），不到全部裁定的 8%。从数据上可以初步得出，最高人民法院对于"复议申请人资格"的承认比较谨慎，对于《行政复议法实施条例》第 28 条第 2 项中"与具体行政行为有利害关系"所采取的认定标准较严格。

最高人民法院关于"复议申请人资格"的裁定结果
（2019—2020年）

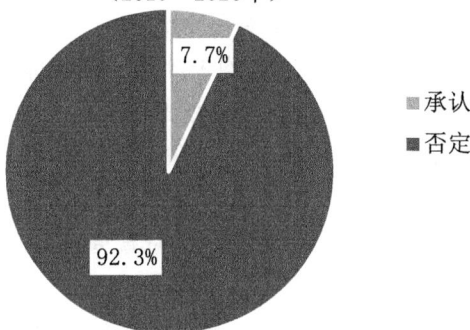

图 2　最高人民法院关于"复议申请人资格"的裁定结果（2019—2020 年）[1]

（二）《行政复议法实施条例》第 28 条中"利害关系"的内涵

"与具体行政行为有利害关系"是法条规定的复议申请人资格认定标准，但何为"利害关系"？法律并没有明确说明，相关司法解释也只是针对某些情形作出了规定，并没有从一般意义上明确"利害关系"的内涵。通过对 78 份行政裁定书的研读，笔者认为实践中关于"利害关系"有三个判断标准：第一，复议申请人所主张的其受到行政机关侵害的利益，必须是法律所保护的利益；第二，此种利益还必须被行政法律规范所保护；第三，复议申请人所遭受的损失与行政行为之间具有直接因果关系。

1. 法律规范保护的利益

公民、法人或其他组织要与行政行为之间具有利害关系，必须要求其被侵害的利益受到法律规范的保护。在"闫庆旺案"[2]中，闫庆旺等 5 人因对天津

---

[1]　在 78 份行政裁定文书中，有 6 份承认了再审申请人的复议资格，72 份否定了再审申请人的复议资格，据此得出承认的比例为 7.3%，否定的比例则为 92.3%。

[2]　参见闫庆旺闫庆广再审审查与审判监督行政裁定书（2020）最高法行申 8645 号。在裁定书中，法院认为："本案中，1024 号函批准征收八里台镇八里台村、大韩庄村的集体土地，闫庆旺等 5 人既不是 1024 号函批准征收的两个集体经济组织成员，也不在被征收集体土地范围内居住生活，5 人未提交证据材料初步证明其与 1024 号函具有利害关系。"

市人民政府的征地行为不服而申请复议，天津市人民政府作出不予受理决定书，闫庆旺等5人不服提起行政诉讼。法院认为，闫庆旺等5人既不是被征收地集体经济组织的成员，也不在被征收地居住，与征地行为不具有法律上的利害关系。在"刘佳靖案"[1]中，刘佳靖等人是柳州市有色冶炼总厂（集体企业）的职工，因不满柳州市政府将总厂的案涉土地变更登记到柳州市有色冶炼股份有限公司名下的行为，向广西壮族自治区人民政府提起复议。耿宝建法官认为，刘佳靖等人是集体企业的职工，享有民主管理权，[2]但却无权对外行使企业法人的权利，"民事和行政法律、法规均未规定城镇集体企业中部分职工可以对外行使企业法人的权利"，因此其与土地变更登记并不具有利害关系，不享受申请人资格。此外，法院认定不具有法律上利害关系的情形还包括了：征地行为完成后，有关被征地后续发生的一系列行为与原土地所有人和使用人之间没有利害关系；公民举报超市存在违法行为，市监管局调查后作出行政处罚，公民与该处罚决定之间不具有利害关系[3]……

可见，司法实践将"利害关系"限定于法律所保护的利益，并不包括事实上的利益。《行政复议法》第9条规定的"合法权益"，也只是指实定法所保护的形式上的利益，而不包括法律规定之外的实质利益。例如，上文中所提到的"刘佳靖案"，尽管企业职工享有民主管理权，与集体企业的活动息息相关，企业名下的土地变少，必然会影响到经营活动和经营利润，最终影响到职工的收入，但法院依旧认为因企业职工无权对外行使法人的权利，职工与变更土地行为并没有利害关系。

2. 行政法律规范保护的利益

法律上的利害关系，仅仅包括公法上的利害关系，即申请人所主张的利益必须受到行政法律规范的保护。在最高人民法院的裁定中，承租人与被征收房

---

〔1〕 刘佳靖、邓翠文再审审查与审判监督行政裁定书（2020）最高法行申184号，与此案相关联的裁定文书还有（2020）最高法行申186号、（2020）最高法行申177号。在以上3份裁定书中，法院都认为刘佳靖等人作为企业职工，与土地变更登记行为并不存在法律上利害关系，因为现行法律规范并未规定集体企业的职工可以对外行使法人权利。

〔2〕 《城镇集体所有制企业条例》第9条规定："集体企业依照法律规定实行民主管理。职工（代表）大会是集体企业的权力机构，由其选举和罢免企业管理人员，决定经营管理的重大问题。集体企业实行厂长（经理）负责制。集体企业职工的民主管理权和厂长（经理）依法行使职权，均受法律保护。"

〔3〕 这些法律上不具有利害关系的情形详见于（2020）最高法行申12800号、（2020）最高法行申8645号、（2020）最高法行申6881号、（2020）最高法行申5193号、（2020）最高法行申1452号和（2020）最高法行申11783号行政裁定书中。

屋之间不具有法律上的利害关系，承租人既不是房屋所有权人，也不是土地使用权人，而是基于民事租赁合同对房屋享有居住权。居住权属于民事权利，而非公法权利，不受到行政法律规范的保护。[1]承租人要想受到行政法律规范的保护，除非其特别重大的利益受到了征收行为的不利影响，比如承租人依托被征收房屋进行生产经营活动，或者对房屋进行了重大添附，只有在这两类情形下承租人才因重大添附损失或者停产停业损失而享有复议申请人资格。[2]直管公房租赁则不同于一般的民事租赁，公房租赁主体之间并不处于平等的法律地位，公房租赁合同是否得以成立取决于政府的统一调配。租赁权是国家提供的一项具有重大财产利益的权利，承租人长期占有和使用房屋，其地位类似于房屋所有权人，因此考虑到征收行为对公房承租人生活所带来的重大影响，其租赁权应当受到行政法律规范的保护，具有复议申请人资格。[3]可见，公民只有在其公法上的利益受到行政行为不利影响时，才符合复议法实施条例所规定的"利害关系"要求。

3. 直接的因果关系

"利害关系"的第三层内涵是公民所遭受的损失与行政行为之间具有直接的因果关系，间接的因果关系并不能使公民获得复议申请人资格。在"国泰房地产综合开发有限公司案"[4]中，法院认为，判断投诉举报人与行政行为之间是否有利害关系，关键有两点：一是投诉举报人是为了自身的合法权益，[5]二是举报人遭受的不利益与行政行为具有直接关联性。本案中，即使住建局查处了雁城公司的违法行为，国泰公司也不能从查处行为中直接获得利益，其依旧需要通过民事途径来主张相关权益，间接的利害关系并不能使其获得复议申请

---

〔1〕 裴玉梅与北京市人民政府再审审查与审判监督行政裁定书（2020）最高法行申 7667 号。

〔2〕 《最高人民法院关于适用〈中华人民共和国行政诉讼法〉的解释》第 13 条规定："债权人以行政机关对债务人所作的行政行为损害债权实现为由提起行政诉讼的，人民法院应当告知其就民事争议提起民事诉讼，但行政机关作出行政行为时依法应予保护或者应予考虑的除外。"

〔3〕 曾树槐曾媛再审审查与审判监督行政裁定书（2020）最高法行申 1096 号。

〔4〕 熊彪、湖南省国泰房地产综合开发有限公司再审审查与审判监督行政裁定书（2020）最高法行申 2677 号，简要案情为：国泰公司与雁城公司签订了合作开发"江山盛筵"房地产项目，国泰公司投入了资金、建设用地使用权，由雁城公司负责开发。后来因为某些原因，双方发生了矛盾。国泰公司向衡阳市住建局举报此项目未获得建设工程施工许可和商品房预售许可，住建局未做处理，于是国泰公司向衡阳市政府申请复议。

〔5〕 最高人民法院有法官认为，"为了自身的合法权益"是指投诉人有区别于其他人的可保护的特别权益，且不能是基于公共利益。

人资格。在另一投诉举报类案件"曾令奇案"[1]中，法院认为，在证券投资领域，投资者因为上市公司的虚假陈述而购买股票造成亏损，请求证监局查处公司的违法行为，证监局不履行查处义务的不作为对投资者的权益具有直接影响，投资者可以申请行政复议。另外，在最高人民法院的司法实践中，集体经济组织的成员并不能因为集体经济利益受到行政行为的不利影响而申请复议，因为行政行为与该成员并没有直接的利害关系。[2]

三、对目前的行政复议申请人资格认定标准的反思

（一）复议申请人资格与原告资格的认定标准是否应一致？

当行政行为侵犯了公民受行政法律规范所保护的利益，并且公民所遭受损失与行政行为之间存在直接的因果关系时，公民才满足"与行政行为有利害关系"的条件，从而具有复议申请人资格，这是实践中的复议申请人资格标准。不难发现，此标准与行政诉讼原告资格的认定标准是一致的。最高人民法院也在裁定中明确指出《行政复议法实施条例》第28条第2项与《行政诉讼法》第25条第1款都有与行政行为有利害关系的表述，故复议申请人资格与原告资格的认定标准应当完全一致。[3]最高人民法院关于原告资格的认定，借鉴的是德国用于识别主观公权利的保护规范理论。在德国的公法体系中，公民权利是法定的，公民请求国家为或者不为特定行为的权利必须由法律明确赋予，这也是主观公权利的内涵，即"公法赋予个人为实现其权益而要求国家为或不为特定行为的权能"。[4]保护规范理论认为，与国家客观义务相对应的空间由主观公权利与反射利益共同构成，反射利益的存在并不能够使利害关系人获得原告

---

〔1〕 曾令奇与中国证券监督管理委员会行政金融管理再审审查与审判监督行政裁定书（2020）最高法行申1259号。

〔2〕 在丁葵章与东莞市人民政府再审审查与审判监督行政裁定书（2020）最高法行申12977号中，法院认为："本案中，丁葵章向东莞市自然资源局提出的举报系为维护集体经济组织利益，东莞市自然资源局所作答复对丁葵章个人的权利义务不产生实际影响，故丁葵章不具有就该答复申请行政复议的主体资格。"

〔3〕《行政复议法实施条例》第28条第2项："行政复议申请符合下列规定的，应当予以受理：……（二）申请人与具体行政行为有利害关系……"《行政诉讼法》第25条第1款："行政行为的相对人以及其他与行政行为有利害关系的公民、法人或者其他组织，有权提起诉讼。"最高人民法院认为，这表明复议申请人资格与原告资格的认定标准完全一致，参见（2020）最高法行申7667号和（2020）最高法行申5193号行政裁定书。

〔4〕 参见 ［德］格奥格·耶利内克：《主观公法权利体系》，曾韬、赵天书译，中国政法大学出版社2012年版，第41页。

资格，只有主观公权利才构成利害关系人的请求权基础。[1]保护规范理论对我国的行政诉讼体系的适应受到了很多学者的质疑，[2]本文对此不做讨论。假设保护规范理论可以用来判断原告资格，这是否意味着保护规范理论也可以作为认定复议申请人资格的工具？换言之，复议申请人资格与原告资格标准是否应一致？对这一问题的回答，必须回溯到行政复议的性质与功能定位上来。

1. 行政复议的性质与功能

行政复议是复议机关居中裁决行政争议的活动，关于其性质的认定，理论上存在行政性、司法性与行政司法性之争。[3]本文认为行政复议的性质属于社会科学的范畴，不能等同于自然科学对事物绝对客观、非此即彼的定性，行政复议属于解释性概念并非自然概念，这就要求对行政复议的定性必须结合具体的时代背景，服务于国家法治建设的整体目标。行政复议制度诞生之初，确实是源于行政机关自我监督的需要，但随着法治建设的不断发展，复议的公正性问题颇受关注，复议的司法性面向凸显出来，应松年教授也秉持行政司法性的主张，"行政复议具有被动性，与一般的内部主动监督不同，并且在监督的过程中需要对行政争议居中裁决，保护相对人的合法利益"。[4]因此，当前法治建设之下的行政复议，兼具行政性和司法性，是一种行政司法活动。

行政复议的行政司法性决定了其功能的多元性：权利救济、内部监督和解决纠纷。权利救济是行政复议运行的原动力，复议与诉讼一样，都奉行"不告不理"原则。如果复议无法保障公民的权益，公民便不愿申请复议，而是转向诉讼、信访等其他途径，导致复议制度名存实亡。解决纠纷是行政复议肩负的重大使命，基于其在化解行政争议方面具有的天然优势，立法者赋予了其"主渠道"地位。内部监督是行政复议的核心特征，上级机关通过复议程序监督下

---

[1] 参见赵宏："保护规范理论的误解澄清与本土适用"，载《中国法学》2020年第4期。

[2] 参见成协中："保护规范理论适用批判论"，载《中外法学》2020年第1期。成协中教授认为，保护规范理论在我国的引入存在较大的逻辑断裂和价值张力，不仅难以实现利害关系判定客观化的预期目标，更会导致宪法赋予行政诉讼的权力监督和权利保障的双重功能严重萎缩。

[3] "行政说"认为行政复议是行政机关的内部纠错行为，复议决定是具体行政行为的一种表现形式；"司法说"认为行政复议是复议机关居中裁决、解决争议的活动，本质上行政机关在行使司法权，"行政复议与行政诉讼一样，是复议机关站在第三方的立场上对当事人双方的争议进行裁决的活动，客观上可能起到监督行政机关依法行政的作用，但性质上是司法行为而非行政行为，不是对下级行政机关的一种层级监督活动"，参见耿宝建、殷勤："《行政复议法》修改如何体现'行政一体原则'"，载《河南财经政法大学学报》2020年第6期。"行政司法说"则认为，行政复议兼具行政性和司法性，行政性体现为复议是上级机关对下级机关的层级监督，司法性则体现为复议机关的居中裁决，不偏不倚。

[4] 参见应松年："对《行政复议法》修改的意见"，载《行政法学研究》2019年第2期。

级机关依法行政，及时纠正违法、不当的行政行为，恢复良善的行政法律关系，实现行政自制。[1]行政复议的三种功能并没有主次之分，它们相互独立又相互支撑，统一于制度运行过程之中。

2. 行政诉讼的功能

《行政诉讼法》的立法目的[2]表明，行政诉讼的主要功能是权利救济，保障公民的合法权益。权利救济的延伸则是监督行政机关依法行政，"我国行政诉讼应当是以救济公民权利为主，以监督行政机关依法行政为辅"。[3]权利救济之所以成为行政诉讼的主导功能，一是司法作为守卫正义的最后一道防线，扮演着"守夜人"的角色，诉讼制度的最大特征或者存在价值便是救济公民的合法权益；二是司法权具有谦抑性，法院并没有促进行政机关行政自制的义务，其只是通过监督行政机关依法行政来保障公民的合法权益。

3. 初步结论

对比行政复议和行政诉讼的功能，发现解决纠纷是二者的共同任务，权利救济则是二者的共同目标，而监督行政机关依法行政对二者的意义却不同。行政复议是行政机关自我监督和纠错的重要制度，发挥着促进行政自制的作用，这也是其作为一项独立的制度区别于行政诉讼的价值所在，"在诉愿（相当于我国大陆的行政复议）之权利救济功能与行政诉讼发生重合的情况下，诉愿最大之附加值应当是'行政自我审查'"。[4]可见，行政复议相较于行政诉讼的明显功能特征便是内部监督。正如一句古老的法谚"目的是全部法律的创造者"，复议申请人资格标准应不同于原告资格，而应当凸显出内部监督的目的面向，从而有利于复议制度实现行政自制的目的。

（二）严格的复议申请人资格标准是否符合"主渠道"定位？

考察行政复议是否成为化解争议"主渠道"的指标之一便是复议案件的数量。正如图 1 所揭示的，我国复议案件数量并没有明显高于诉讼数量，二者几乎处于持平状态。而反观域外的复议实践，不管是建立专门行政法院的德国和

---

［1］ 国家在行政系统内部通过行政复议来进行自我监督，实质上就是要使行政尽可能地实现自我统制（即行政自制）。参见［日］盐野宏：《行政救济法》，杨建顺译，北京大学出版社 2008 年版，第41 页。

［2］ 《行政诉讼法》第 1 条："为保证人民法院公正、及时审理行政案件，解决行政争议，保护公民、法人和其他组织的合法权益，监督行政机关依法行使职权，根据宪法，制定本法。"

［3］ 参见江必新主编：《中华人民共和国行政诉讼法理解适用与实务指南》，中国法制出版社 2015年版，第 123 页。

［4］ 参见林明昕："诉愿新制施行十周年之回顾与展望"，载《诉愿专论选辑》2010 年第 11 辑。

法国，还是建立普通法院的英国和美国，行政复议在案件受理数量方面都具有明显优势，比如美国的行政法法官每年可以化解 90% 以上的行政纠纷。[1]我国复议案件数量低，远远没有达到立法者的预期，一方面是由于"自己做自己案件的法官"的天然劣势，老百姓存在着"官官相护"的疑虑；另一方面，严格的复议申请人资格标准也阻挡了部分争议进入复议，比如上文所提到的"曾令奇案"。简单地说，适格的利害关系人不愿申请复议，被严格标准拒之门外的人却非常想通过复议化解争议。可见，目前的复议申请人资格标准并不利于将更多的行政争议纳入复议审理，不利于"主渠道"目标的实现。

实务界和理论界的主流声音都认可行政复议的"主渠道"地位，并且致力于通过一系列的制度改良，以发挥复议在实质性化解行政争议方面的天然优势。既然如此，行政复议应当实现与行政诉讼的差异化发展，不能囿于诉讼的标准和程序，否则就会失去其存在的制度价值，遑论"主渠道"的制度目标。复议申请人资格标准应当体现出与原告资格标准的差异性，而不是效仿原告资格的严格标准，阻碍"主渠道"目标的实现。

四、"主渠道"定位下复议申请人资格标准的修正

面对当前复议实践困境与"主渠道"目标之间的冲突，适时修正复议申请人资格的认定标准，对于回应法治政府建设需要，充分发挥行政复议化解争议的优势，以及维护社会秩序的稳定和谐具有重要意义。

(一) 放宽复议申请人资格标准的必要性

随着经济建设和社会建设的深入发展，我国当前正处于矛盾纠纷多发的阶段，引导各种各样的纠纷在法治轨道上得到化解，对于平安中国和法治中国的建设至关重要。我国每年的行政纠纷总量是非常庞大的，而大部分的纠纷都涌入了信访，呈现出"信访爆炸"的局面，各级党政领导疲于应对纷繁复杂的诉求，各种极端信访手段更是层出不穷，严重威胁社会秩序的稳定。因此，我国行政诉讼和行政复议都承担着将被不当拒之门外的行政纠纷重新吸纳进来并化解的重大使命。[2]2015 年立案登记制实施以来，解决了行政诉讼立案难的问

---

〔1〕 参见曹鎏："作为化解行政争议主渠道的行政复议：功能反思及路径优化"，载《中国法学》2020 年第 2 期。

〔2〕 贺奇兵："行政复议申请人资格标准的基本定位——基于行政复议与行政诉讼目的差异的视角"，载《法学》2015 年第 12 期。

题，诉讼案件量得到了大幅度的增长，[1]一定程度上缓解了"信访爆炸"的局面。但行政诉讼解决纠纷的效率不及复议，且司法权对行政权保有谦抑性，其在实质性化解纠纷方面的效果无法与复议相媲美，很多终审过的案件还是进入了信访。行政复议在纠正错误行政行为、修复行政法律关系方面具有天然优势，同时行政纠纷的产生与行政机关具有密不可分的关系，通过解决下级机关引发的矛盾，及时纠正违法、不当的行政行为以保证整个行政系统依法行政，也是上级行政机关的职责所在。因此，社会各界都期待出现"大复议，中诉讼，小信访"的行政纠纷化解局面。

为了实现"大复议"的治理局面，就必须降低复议门槛，放宽复议申请人资格认定标准，允许原本被拒之门外的利害关系人得到复议救济。我国台湾地区的"诉愿法"规定权利或利益受侵害者是适格的诉愿人，诉讼法则规定权利或法律上之利益受侵害者是适格的原告。"利益"与"法律上之利益"的区分应当是很明确的，适格的复议申请人范围应当是大于原告范围的。我国目前实践中关于适格申请人的认定标准则类似于"权利或者法律上之利益"受侵害者，对于"与行政行为有利害关系"采取严格解释，仅承认行政法律规范所保护之利益受侵害者的申请人资格，事实上之利益受到行政活动影响的公民无法通过复议救济权利。可见，放宽复议申请人资格标准，不仅符合复议"主渠道"定位的制度逻辑，而且具有强烈的现实逻辑。

（二）扩大"利害关系"的内涵

如何放宽复议申请人资格标准，为更多受到行政活动不利影响的公民提供救济，关键在于如何认定"利害关系"的内涵。正如上文所揭示的，目前法院对"利害关系"采取严格的解释，将其限定在行政法律规范所保护的利益范围内，而不承认民法等其他法律规范所保护之利益或者事实上的利益。在"主渠道"的定位下，复议申请人资格标准的放宽有赖于"利害关系"内涵的扩大，扩大的程度决定了放宽的幅度，决定了哪些公民的利益以及公民的何种利益可以得到复议救济。

1. "越权之诉"对利害关系的判断

法国行政法院是行政的固有组成部分，"越权之诉"是法国最主要的行政

---

[1] 根据司法部行政复议与应诉局发布的数据来看，我国 2013 年的行政诉讼案件量为 66 035 件，2014 年的行政诉讼案件量为 74 288 件，2015 年的行政诉讼案件量为 141 627 件。可见，立案登记制实施的第一年，行政诉讼案件量增长了约 90%。

诉讼类型，虽然名为诉讼，但实质上类似于我国的行政复议。因此，"越权之诉"中关于原告资格的认定可以为我国复议申请人资格标准提供镜照。在"越权之诉"中，只要原告能够证明行政行为对他的影响足够特别和确定，其就具有诉的利益，成为适格的原告。[1]该如何理解和把握"足够特别和确定"？根据法国实践中所运用的"利益圈"理论[2]，只要原告认为行政活动对其事实上的利益造成了影响，他就可以向行政法院提起诉讼，请求法院撤销违法的行政行为。也就是说，是否与行政行为有利害关系，不取决于实定法律规范是否保护被行政行为侵害的利益，而是看行政行为的法律效果是否影响到了原告。那么，在我国行政复议的语境下，意味着只要申请人事实上的利益遭受了行政行为的不利影响，其就具有申请复议的资格。

2. 由公法上的利害关系转变为事实上的利害关系

将现行实践中"利害关系"的认定由公法上的利害关系转变成事实上的利害关系，实际上是向前迈了两大步，因为中间还存在着法律上的利害关系这一标准。

（1）从公法上的利害关系到法律上的利害关系。

公法上的利害关系标准将私法所保护的利益排除在复议救济的范围之外，导致很多与民事相牵连的行政纠纷无法被吸纳进复议。当然行政机关确实不应过多干预平等主体之间的关系，但对于由行政行为所引起的民事争议，行政机关理应依法化解，因为正是行政行为打破了原本稳定、和谐的民事关系。以债权债务关系为例，如果行政行为影响到了债权人的利益，债权人可以通过民事途径来向债务人主张损失，但是也应当可以向行政机关主张民事途径无法救济的部分损失，或者提出"不要破坏其与债务人之间已形成的民事法律关系"的请求。在上文所提到的"曾树槐案"中，曾树槐基于民事租赁房屋合同而对被征收房屋享有居住权，居住权作为一项民事权利，尽管不属于公法的保护范围，但却因为征收行为而真实受到了不利影响，"有权利，必有救济"，行政机关不能忽视房屋的居住权人，应当为其提供表达意见和诉求的渠道。尽管居住权人可以通过民事途径解决合同纠纷，但对于搬家费、临时安置费等因行政行为而

---

[1] 泰勒先生关于个人诉的利益的判断："为了证成具有提起越权诉讼之诉的利益，原告应当证明被攻击的行为对他的影响足够特别、确定和直接。"

[2] "利益圈"理论是指，原告应当位于被完整界定的利害关系人的种类之中，这并不要求其所主张的利益对原告而言是自身的、特别的，但是其应当位于判例所承认的那些宽泛的利益受影响团体之中，但这个圈子又不能扩大至全国性团体的边界之内。参见成协中："保护规范理论适用批判论"，载《中外法学》2020年第1期。

花费的支出，却不属于合同纠纷的补偿范围，行政机关不能以公共利益为由而当然置身事外。不管是从保护公民合法权益的角度出发，还是从行政复议化解行政纠纷的"主渠道"作用来看，公法上的利害关系应当扩大到法律上的利害关系。

（2）从法律上的利害关系到事实上的利害关系。

从法律上的利害关系到事实上的利害关系，意味着判断视角的转变，即由实定法规范到法律效果。之所以发生这样的转变，一是基于行政机关实现行政自制的目的，通过将更多的行政纠纷纳入复议，上级行政机关就可以更好地监督下级机关，纠正更多的违法、不当行为，从而控制、保证整个行政系统依法行政，实现行政自制；二是基于化解行政争议"主渠道"的定位。上文所提到的集体企业职工的利益〔1〕、集体经济组织成员的利益〔2〕，就属于事实上的利益，复议机关应当审查与此相关的行政行为是否合法。需要明确的一点是，事实上的利害关系是排斥纯粹的公共利益的。个人无法成为公共利益的代言人，不能基于纯粹的公共利益而获得复议申请人资格，民众复议〔3〕或者公益复议是不为我国法律所承认的。

五、标准放宽后行政复议与行政诉讼的衔接

行政复议申请人资格标准放宽后，行政复议与行政诉讼该如何衔接呢？本不具有原告资格的复议申请人对复议决定不服，可以就复议决定提起行政诉讼吗？本文分两种情况进行讨论。

（一）复议机关当被告

按照诉讼法的规定，除了复议终局案件，公民不服复议决定时可以向法院提起诉讼。具体的衔接方式为：公民不服复议改变决定的，复议机关作单独被告；不服复议维持决定的，复议机关和原行政行为的作出机关做共同被告。在复议申请人资格标准放宽后，就会有大量的行政纠纷涌入行政复议，那因为标准放

---

〔1〕 参见（2020）最高法行申 184 号、（2020）最高法行申 186 号和（2020）最高法行申 177 号行政裁定书。

〔2〕 参见（2020）最高法行申 12977 号行政裁定书。

〔3〕 民众复议允许公民不仅可以对侵害自己利益的不法行政行为申请复议，还可以对与自己利益无涉而仅仅是损害了公共利益的不法行政行为申请复议，这就意味着民众复议的申请人资格标准实际上采用的是"自己利益或公共利益受侵害"标准。这个标准如此宽泛，以至于复议申请人只需在申请中指出行政行为违法或不当即可。参见贺奇兵："行政复议申请人资格标准的基本定位——基于行政复议与行政诉讼目的差异的视角"，载《法学》2015 年第 12 期。

宽而增加的这部分复议案件，是否可以纳入行政诉讼呢？笔者认为，"有权利，斯有救济"，行政诉讼只保护公民的合法权利，并不救济其事实上的利益，不适格的原告不可以就复议案件提起行政诉讼。对于因事实上的利害关系而享有复议资格的申请人所启动的复议案件，应当归于《行政诉讼法》第13条第4项"法律规定由行政机关最终裁决的行政行为"的情形，即应当属于复议终局案件。

（二）复议机关不当被告

尽管现行的诉讼法规定了复议机关当被告的制度，但很多学者呼吁复议机关作为行政争议的居中裁决者，不应当沦为被裁决者。让复议机关当被告，实际是从规范主义[1]的视角出发，对复议机关施加的负向激励，旨在倒逼其依法履行职责，而实践证明被告制度使得行政复议与行政诉讼趋同。相反，从功能主义的视角出发，废除复议机关作被告的制度，可以激励其发挥主观能动性，全面查清案件事实，及时有效地化解行政争议。麦迪逊曾言"一个虚弱的国家是无法保卫自由的"，同样地，一个虚弱的行政权也是无法维护公民的自由和权利的。只有充分保障复议机关的独立地位，承认其行政司法的特性，才能实现行政复议"主渠道"目标。

《行政复议法（修订草案）》[2]中不仅取消了一直被诟病的"双被告"[3]制度，还规定了复议机关任何情形下都不需当被告。如果修订稿最终通过了全国人大常委会的审议，那复议决定还需要接受司法审查吗？有学者认为，与行政诉讼类似，尽管一审法院不需要当被告，其一审判决依旧会受到二审法院的审查，复议机关在不当被告的情况下其复议决定也应当受到司法审查，成为行政诉讼的程序标的。[4]笔者认为，司法审查作为一种有效的监督手段，可以保

---

〔1〕 公法研究尤其是行政法学研究中的规范主义总是预设一个形而上的抽象价值（民主、自由、权利），以此为前提，行政权被设想为一种"必要的恶"，具有侵犯公民自由与权利的天然倾向，因此需要受到立法权的严密控制。张远昊："行政一体原则的功能主义重塑及其限度"，载《财经法学》2020年第1期。

〔2〕 《行政复议法（修订草案）》第10条规定："公民、法人或者其他组织对行政复议决定不服的，应当就原行政行为向人民法院提起行政诉讼，但是法律规定行政复议决定为最终裁决的除外。"

〔3〕 2014年《行政诉讼法》规定了复议机关作出维持决定时，复议机关与原行政行为的作出机关是共同被告，也就是所谓的"双被告"制度。"双被告"实施五年来，不断有学者质疑其法理基础和现实基础，参见应松年："《对行政复议法》修改的意见"，载《行政法学研究》，2019年第2期；梁君瑜："复议维持'双被告制'之再检讨"，载《河北法学》2019年第6期；曹鎏、冯健："行政复议'双被告'制度的困境与变革"，载《中外法学》2019年第5期；章志远："行政诉讼'双被告'制度的困境与出路"，载《福建行政学院学报》2016年第3期。

〔4〕 参见王青斌："反思行政复议机关作共同被告制度"，载《政治与法律》2019年第7期。

障复议机关依法办理复议案件，但是复议机关对于案件的事实认定应当受到诉讼的尊重，司法审查的程度仅限于法律适用问题，而不涉及事实问题。在具有原告资格的公民不服复议决定而对原行政行为提起诉讼的情况下，法院只审查复议决定的法律适用问题；如果复议申请人不具有原告资格，无法提起诉讼，那就谈不上司法审查了。

六、结论

行政复议基于行政监督权而具有实质性化解行政争议的天然优势，将其打造成化解行政纠纷的"主渠道"以应对当前社会矛盾多发的治理困境，是国家治理能力和治理体系现代化的必然选择。目前实践中所采用的复议申请人资格标准，与行政诉讼原告资格标准实质上是一致的，即只有当行政行为直接侵犯了申请人的公法上的利益时，其才具有复议申请人资格。如此严格的标准将很多行政纠纷阻挡在复议的门外，减弱了复议吸纳行政纠纷的能力，无法与"主渠道"定位相契合；另外，"目的是全部法律的创造者"，在行政复议在权利救济、解决纠纷方面的功能与诉讼发生重合的情况下，复议申请人资格标准应当凸显出其内部监督的目的和功能，彰显其独立的制度价值，而不是与原告资格标准一致。因此，放宽复议申请人资格是具有理论逻辑和现实逻辑的。将"利害关系"认定由公法上的利害关系转变成事实上的利害关系，可以最大限度降低复议门槛，允许更多受到行政行为不利影响的公民通过复议来救济自身权益，同时也有利于上级机关对下级机关的全面监督，促进行政自制的实现。复议申请人资格标准放宽后，因放宽标准而增加的复议案件，应当属于"由行政机关最终裁决的行政行为"情形，复议申请人不服复议决定的，不可提起诉讼。

论见义勇为受伤视同工伤的认定标准

——从最高人民法院指导案例 94 号切入

韩利楠*

【摘　要】最高人民法院指导案例 94 号（以下简称指导案例 94 号）的出台为一些见义勇为人员提供了工伤保障，但司法实践中法院对于见义勇为受伤视同工伤的认定标准存在一定的分歧。见义勇为与《工伤保险条例》第 15 条第 1 款第 2 项中所维护的利益存在部分重叠，但这并不意味着所有见义勇为受伤均应被视同工伤。在对见义勇为受伤人员进行工伤认定时，相关部门对见义勇为行为的行政确认不应成为见义勇为受伤视同工伤的前提，其仅起到初步证明作用；认定见义勇为受伤视同工伤的核心标准应在于见义勇为行为所维护的是国家利益、公共利益而非个人利益，换言之，当见义勇为行为所维护的仅仅是少数特定人的人身、财产权益时，此时见义勇为受伤不应被视同工伤。

【关键词】见义勇为；视同工伤；公共利益；认定标准

一、问题的提出

指导案例 94 号指出，职工为制止违法犯罪行为而见义勇为受伤的，应视同

---

* 韩利楠，中国政法大学 2020 级宪法与行政法学专业硕士。

工伤。[1]此指导案例发布后，一些观点认为见义勇为受伤应视同工伤。[2]个别地方性法规也采类似观点。[3]但在"李素勤与商丘市人力资源和社会保障局工伤认定案"中，[4]一审和二审法院则采取了相反的观点。在该案中，李素琴之子李强为保护同事的人身和财产安全，被刺身亡，后被授予"见义勇为积极分子"称号，但人力资源和社会保障局将李强的死亡认定为非工伤。一审法院认为，李强确实是在维护公共利益、社会利益，其应被认定为视同工伤；二审法院则认为，《工伤保险条例》第15条第1款第2项未将为保护他人的人身、财产安全挺身而出受到伤害的情形列入"视同工伤"的情形，因此李强见义勇为死亡不符合"视同工伤"的情形。

以上案例揭示出，不同法院在见义勇为受伤能否被认定为视同工伤问题上存在分歧，这种分歧的存在一方面不利于司法裁判的统一，另一方面也不利于平等保护见义勇为人员及其家属的合法权益，更不利于中华民族传统美德的传承与弘扬。那么是否所有的见义勇为受伤均可被纳入《工伤保险条例》第15条第1款第2项"视同工伤"的情形？若非如此，则见义勇为受伤应满足哪些条件才能被"视同工伤"？换言之，见义勇为受伤被视同工伤的认定标准是什么？本文拟围绕该问题在厘清见义勇为含义的基础上，结合当下的司法案例及相关见义勇为人员奖励和保护的地方性法规或规章，进一步分析见义勇为受伤被视同工伤的具体认定标准。

二、见义勇为的含义

要解决见义勇为受伤视同工伤的认定标准，首先需要界定见义勇为的具体内涵，明确哪些行为可以构成见义勇为。见义勇为自古以来就为我国法律和道德所鼓励，[5]当下在法律层面，尚缺乏统一的见义勇为行为或见义勇为人员的

---

〔1〕 指导案例94号"重庆市涪陵志大物业管理有限公司诉重庆市涪陵区人力资源和社会保障局劳动和社会保障行政确认案"，参见《最高人民法院关于发布第18批指导性案例的通知》（法〔2018〕164号）。

〔2〕 此种观点参见"职工上班时因见义勇为而受伤应视同为工伤"，载淮安市人民政府网，http://www.huaian.gov.cn/col/8619_438532/art/201907/1564366913332H7u3OrLI.html，最后访问时间：2021年3月6日；"最高院公布典型案例：见义勇为受伤，视同工伤！"，载中国长安网，http://www.chinapeace-e.gov.cn/chinapeace/c54218/2018-07/04/content_11616538.shtml，最后访问时间：2021年3月18日。

〔3〕 《重庆市鼓励公民见义勇为条例》第19条、第21条和《浙江省见义勇为人员奖励和保障条例》第18条。

〔4〕 参见河南省商丘市中级人民法院（2013）商行终字第53号行政判决书。

〔5〕 关于我国古代法律对见义勇为行为的保护、奖励及对见危不救者的惩罚，参见郑显文："中国古代关于见义勇为的立法"，载《中外法学杂志》1999年第6期。

定义，因而关于见义勇为的含义尚有待进一步讨论。

（一）法律规范中关于见义勇为的界定

当下从法律层面对见义勇为作出相关规定的，当推《民法典》第 183 条、第 184 条和《刑法》第 20 条、第 21 条，但以上条款除了在一定程度上揭示见义勇为人员所维护的利益外，并未在法律层面使用"见义勇为"这一词语，更未规定见义勇为或见义勇为人员的含义。除此之外，个别中央规范性文件及一些地方性法规、政府规章虽明确了见义勇为的含义，但仍未能形成统一观点。

在中央层面，《国务院办公厅转发民政部等部门关于加强见义勇为人员权益保护意见的通知》（国办发〔2012〕39 号）（以下简称《通知》）、2017 年公安部发布的《见义勇为人员奖励和保障条例（草案公开征求意见稿）》（以下简称《征求意见稿》）规定了见义勇为的含义。前者从主体义务、所维护的利益及主观要件三方面对见义勇为进行了界定；[1]后者在其第 2 条对见义勇为人员进行了更为全面的界定，明确列举出见义勇为的四种行为表现，并增加"事迹突出"这一结果要件的考量。[2]

在地方层面，自 1991 年首部见义勇为的省级地方性法规颁布以来，[3]截至 2020 年，除我国香港、澳门、台湾地区，以及青海省外，全国共有 30 个省、直辖市、自治区发布有关见义勇为的地方性法规和政府规章，[4]这些法规或规章均明确规定了见义勇为或见义勇为人员的含义。由于各地相关的地方性法规或规章出台时间较早，加之多年未随社会发展变化进行及时修订调整，除河北省和天津市外，其余地方性法规或政府规章对见义勇为的理解与《通知》及《征求意见稿》存在一定的差异，而且各地之间对于见义勇为（人员）的理解或表述也并不完全相同，具体可参见表 1。

---

〔1〕 参见《通知》规定："国家对公民在法定职责、法定义务之外，为保护国家利益、社会公共利益和他人的人身、财产安全挺身而出的见义勇为行为，依法予以保护。"

〔2〕《征求意见稿》第 2 条规定："本条例所称见义勇为人员，是指不负有法定职责、法定义务或约定义务，为保护国家利益、社会公共利益或者他人的人身财产安全，挺身而出，同正在实施的违法犯罪行为作斗争，或者抢险、救灾、救人，事迹突出的公民。"

〔3〕 1991 年辽宁省颁布《辽宁省奖励和保护维护社会治安见义勇为人员条例》，系我国第一部关于见义勇为的省级地方性法规。

〔4〕 其中黑龙江省、上海市、江西省、湖北省和新疆维吾尔自治区五地以省级政府规章的形式规定了见义勇为人员的奖励和保障，其余省、直辖市、自治区则以地方性法规的形式予以规定。

表1　30个省、直辖市、自治区关于见义勇为（人员）的界定

要素	具体表述	省份
主体义务	不负有法定职责	晋、浙
	不负有法定职责、约定义务	吉
主体义务	不负有法定职责、法定义务	冀、辽、闽、鄂、粤、贵
	不负有法定职责、法定义务、约定义务	津、黑、苏、赣、豫、湘、琼、陕、宁、新
	不负有法定职责、特定义务	皖、鲁、渝、云、藏、甘
	不负有特定职责（义务）	蒙、（川）
维护利益	国家、集体利益或者他人人身、财产安全	京、浙、闽、川、云
	国家、社会公共利益或者他人人身、财产安全	津、冀、晋、蒙、辽、黑、沪、皖、赣、豫、鄂、湘、粤、渝、贵、藏、陕、甘、宁
	公共利益和他人人身、财产安全	吉
	国家、集体、社会公共利益或者他人人身、财产安全	苏、鲁、琼
客观表现	与正在发生的违法犯罪作斗争或者抢险救灾行为	京
	与正在发生的违法犯罪作斗争或者抢险救灾、救人（等）行为	（吉）、黑、（皖）、闽、（赣）、豫、（鄂）、（湘）、贵、云、（藏）、（宁）
	同正在发生的违法犯罪作斗争或在抢险、救灾、救人中事迹突出的行为	津、辽、粤、渝、陕
	同违法犯罪行为作斗争和抢险、救灾、救人，事迹突出的行为	晋、苏、甘
	同违法犯罪作斗争	蒙
	同违法犯罪行为作斗争或抢险、救灾、（救人）行为	浙、（琼）、川、新
	制止违法犯罪、协助有关机关打击违法犯罪活动及抢险救灾行为	沪、赣、湘、宁、新

要素	具体表述	省份
主观表现	不顾个人安危	京、蒙、吉、浙、川
	挺身而出	津、晋、苏、闽、鲁、豫、鄂、贵
	不顾个人安危，挺身而出	冀、云

从表1可以看出，多数省级地方性法规或政府规章所界定的见义勇为（人员）主要包括以下四个因素：（1）在主体方面，强调行为并非出自见义勇为人员自身的义务或职责要求，主体是不负有法定职责、法定义务或约定义务的公民，如《天津市见义勇为人员奖励和保护条例》第2条；（2）在维护的利益方面，强调见义勇为人员非为自身利益，其所保护的利益是国家利益、社会公共利益或他人的人身、财产安全，如《湖北省见义勇为人员奖励和保护办法》第3条；（3）在客观表现方面，主要是参与一些具有紧急性，甚至对见义勇为人员的人身具有一定危险性的行为，具体包括同正在发生的违法犯罪行为作斗争或抢险、救灾、救人（等）行为，如《吉林省见义勇为人员奖励和保护条例》第2条；（4）在主观方面，强调行为人要不顾个人安危或挺身而出，如《河北省奖励和保护见义勇为人员条例》第2条。

（二）学理上关于见义勇为的界定

如上所述，我国在法律层面上尚未对见义勇为予以明确定义，各地的地方性法规或政府规章对于见义勇为的定义尚存在诸多不一致的地方。在此种背景下，一些学者在研究见义勇为相关问题时，亦对见义勇为的含义给出了其自身的见解。如有学者考察我国早期关于见义勇为的地方立法，结合理论实践，将见义勇为限定为一种主要发生在维护社会治安问题上的危难救助行为。[1]有学者意识到见义勇为的高度人身危险性，认为其系行政协助行为。[2]也有学者将见义勇为界定为一种正义之举，[3]凸显见义勇为的道德与法律价值。以上学者多以概括的方式对见义勇为作出界定，还有学者以概括和列举的方式界定见义

〔1〕 参见徐武生、何秋莲："见义勇为立法与无因管理制度"，载《中国人民大学学报》1999年第4期。

〔2〕 参见傅昌强、甘琴友："见义勇为行为的行政法思考"，载《行政法学研究》2002年第2期。

〔3〕 参见曾大鹏："见义勇为立法与学说之反思——以《民法通则》第109条为中心"，载《法学论坛》2007年第2期；类似观点参见谭和平、陈红国："见义勇为行为的法理透视"，载《法学杂志》2009年第7期；方世荣等：《见义勇为及其行政法规制》，中国法制出版社2009年版，第16页。

勇为的含义。[1]由此可见，学者们或将见义勇为视作一种危难救助行为、正义之举，或将见义勇为视作一种行政协助行为，虽有差异，但不可否认，这些学者均承认见义勇为并非出于公民的特定职责或义务，维护的系公共或他人利益。以上两点也为我国现行相关见义勇为的立法所承认，由此可见见义勇为的以上两个要素自无争议，但对于见义勇为的客观行为表现及主观方面现在还存在一定的争议。

结合我国法律规范层面以及学理层面对于见义勇为含义的理解，结合当下的实践状况，本文认为见义勇为是指不负有法定职责、法定义务或约定义务的公民，为保护国家利益、公共利益或他人的人身、财产安全，不顾个人安危，挺身而出，制止正在发生的违法犯罪行为或抢险、救灾、救人等行为。

三、对见义勇为受伤视同工伤条款的理解

《工伤保险条例》第 15 条第 1 款明确列举了三种应被"视同工伤"的情形，而且没有设置兜底条款，这在一定范围内扩大了对职工的保护。其中有关见义勇为受伤被视同工伤的规定主要涉及《工伤保险条例》第 15 条第 1 款第 2 项，该条款也是诸多涉及因见义勇为受伤而产生的工伤认定争议的主要依据。因此，在分析见义勇为受伤视同工伤的具体认定标准之前，有必要对该条款予以分析，并从司法实践角度观察法院对该条款的理解。

（一）《工伤保险条例》第 15 条第 1 款第 2 项

从文义解释的角度，《工伤保险条例》第 15 条第 1 款第 2 项中所规定的活动应具有维护国家利益、公共利益的性质，[2]同时根据"等"字的表述来看，此处维护国家利益、公共利益的活动包括但不限于抢险救灾活动。换言之，若其他活动具有类似抢险救灾这种具有维护国家利益、公共利益性质的活动，也应被纳入该条款所未列举的"等"的情形之中。[3]如《辽宁省工伤保险实施办法》第 12 条第 1 款第 2 项、《河南省工伤保险条例》第 13 条第 2 款及《广东省工伤保险条例》第 10 条第 1 款第 4 项等所规定的受单位指派参与防治疫病或前往疫区工作活动，此类活动虽然未被明确列入《工伤保险条例》第 15 条第 1款，但可以经由解释被纳入《工伤保险条例》第 15 条第 1 款第 2 项中"等"

---

[1] 参见郑丽清："法律论域下'见义勇为'概念的厘立"，载《广西社会科学》2011 年第 4 期。

[2] 《工伤保险条例》第 15 条第 1 款第 2 项规定："职工有下列情形之一的，视同工伤：……（二）在抢险救灾等维护国家利益、公共利益活动中受到伤害的；……"

[3] 关于"等"字的解释可参见最高人民法院指导案例 6 号"黄泽富、何伯琼、何熠诉四川省成都市金堂工商行政管理局行政处罚案"的裁判理由。

的范围之内。一方面，参与类似新冠肺炎等重大疫情防控的活动与抢险救灾具有一定的相似性，其本质上均是在维护涉及人民人身和财产安全的重要国家利益和公共利益；另一方面，将此类行为纳入视同工伤的范围也有助于维护在危难时期奋战在一线的劳动者的合法权益。[1]

但如上所述，见义勇为行为的具体表现也包括抢险救灾，也具有维护国家利益、公共利益的性质，那么见义勇为可否被解释进该条款"等"的范围呢？本文认为，为维护国家利益、公共利益所进行的见义勇为行为可以被解释进该条款范围中，而单纯维护个人人身权、财产权的见义勇为行为则不应被解释进该条款范围中去。

一方面是考虑到《工伤保险条例》和"视同工伤"条款的立法目的。该条例具有保障因公受伤职工权益和分散用人单位的工伤风险的双重目的。虽然将单纯维护个人人身权、财产权的见义勇为行为纳入视同工伤的范围，有助于保障职工的合法权益，但见义勇为并非职工的职业要求，更多的是出于职工自身的道德责任感或者"良心"，若将此类行为也纳入视同工伤的范围，在一定程度上会增加用人单位的工伤风险，甚至不利于职工合法权益的维护。同时《工伤保险条例》第15条"视同工伤"的规定是出于人性和社会影响的考量，保障弱势劳动者的地位，该条款是对工伤范围的延伸和突破，这种延伸必须从严把握。[2]此外，对于单纯维护他人权益的见义勇为行为，我国《民法典》第183条规定了相应的民事救济，也有观点认为此类见义勇为行为可以通过民事法律制度加以规范。[3]

另一方面是《通知》和《征求意见稿》第24条至第26条对于因见义勇为牺牲或致残人员的抚恤补助政策也予以区分对待，并未将所有的见义勇为受伤视同工伤或享受工伤保险待遇。虽然上述两个文件并非国家正式出台的法律，但其代表了中央层面对于这一问题的看法，对于工伤认定实践、司法实践以及各地的立法具有一定的参考和指引意义。因此，结合以上两点，该条款所规定的见义勇为行为应仅限于维护国家利益、公共利益的行为，不包括单纯维护他人权益的行为。

---

〔1〕 在此次新冠肺炎疫情防控期间，人力资源和社会保障部、财政部、国家卫健委下发了《关于因履行工作职责感染新型冠状病毒肺炎的医护及相关工作人员有关保障问题的通知》（人社部函〔2020〕11号），加大了对参与疫情防控工作人员的工伤保障力度。

〔2〕 李伟伟："对视同工伤应从严把握"，载《人民司法（案例）》2019年第35期。

〔3〕 参见杨海坤、曹达全："试析行政法意义上的见义勇为行为——兼评我国见义勇为法律制度之不足"，载《法学论坛》2008年第1期。

（二）指导案例 94 号的进路

指导案例 94 号的发布虽然被个别观点解读为见义勇为受伤被视同工伤，进而将因单纯保护个人人身权、财产权的见义勇为受伤纳入视同工伤之中。但从严格意义上讲，指导案例 94 号对见义勇为受伤视同工伤的认定并未摆脱对公共利益因素的考量，其本质上仍遵循了《工伤保险条例》第 15 条第 1 款第 2 项的规定。

本案的基本案情是：某公司保安罗某在上班期间听到某大厦附近有人遭抢劫呼救后，见义勇为并因此受伤，后罗某申请工伤认定，当地人力资源和社会保障局核实罗某见义勇为的相关材料后，认定视同工伤；该公司不服诉至法院，法院判决驳回其诉讼请求。审理法院认为，罗某既保护了他人财产及生命安全，也维护了社会治安管理秩序和社会公共利益。[1] 最高人民法院在该指导案例中明确指出，公民见义勇为，与违法犯罪行为作斗争，系维护社会公共利益的行为。[2] 在肯定了本案中见义勇为所具有的维护社会公共利益性质的同时，也将"与违法犯罪作斗争"解释到《工伤保险条例》第 15 条第 1 款第 2 项"等"的范围之内。

但由于国家利益、公共利益系不确定概念，如何认定本案中罗某的行为不是单纯地维护被抢劫者的个人人身权、财产权呢？本案主审法官之一，结合本案的事实对此作出了解答。本案中所涉抢劫发生于上午 8 点 30 分左右人流量相当大的闹市区，若不及时制止，不但公民的财产权受损，也会对社会公共治安秩序及社会心理造成损害。[3] 因此罗某的行为同时保护了他人权益和公共利益。由此观之，本案中法院对见义勇为受伤的认定，仍是在《工伤保险条例》第 15 条第 1 款第 2 项的框架之内进行的，并未对该条款进行扩张。

（三）司法实践的两种分歧

司法实践中，一些法院采取与指导案例 94 号相同的进路，在处理见义勇为受伤视同工伤的问题上，仍区分见义勇为所维护的利益，考虑见义勇为是否维护公共利益这一要素，认为见义勇为受伤并不必然被视同工伤。如在"孙延河与郏县人力资源和社会保障局、郏县人民政府劳动和社会保障行政管理案"中，[4] 孙延河系孙某的父亲，孙某在非工作时间与同事游玩期间，为救助同行一误入

---

〔1〕 参见重庆市涪陵区人民法院（2013）涪法行初字第 00077 号行政判决书。

〔2〕 参见《最高人民法院关于发布第 18 批指导性案例的通知》（法〔2018〕164 号）。

〔3〕 参见陈立洋、刘芸："见义勇为视同工伤的司法认定——重庆市涪陵法院判决志大物业诉涪陵人社局劳动和社会保障行政确认案"，载《人民法院报》2015 年 4 月 16 日，第 6 版。

〔4〕 参见河南省平顶山市中级人民法院（2016）豫 04 行终 16 号行政判决书。

深水区溺水的同事不幸溺水身亡，后孙某被授予"河南省见义勇为先进个人"荣誉称号，但人力资源和社会保障局对孙某的死亡作出不予认定工伤决定。一审法院从《工伤保险条例》的立法目的出发，认为孙某的见义勇为不属于《工伤保险条例》的调整范围，从而驳回孙延河的诉讼请求；二审法院在肯定孙某见义勇为的基础上，认为孙某的行为不符合《工伤保险条例》第15条第1款第2项的规定，不应视同工伤。

此外，也有一些法院对见义勇为所维护的利益不加以区分，认为见义勇为受伤应属于《工伤保险条例》第15条第1款第2项的情形。如在"杨菊与鄂州市人力资源和社会保障局社会保障行政确认案"（以下简称杨菊案）中，[1]杨菊之夫涂斌在带其儿子和外甥（均系未成年人）于长江游泳期间，在三人面临生命危险的紧急关头，涂斌为救两名未成年人而溺水身亡，后涂斌被授予"见义勇为先进个人"荣誉称号，在杨菊申请工伤认定之时，人力资源和社会保障局则作出不予认定工伤的决定。一审法院认为，相关部门所作出的授予"见义勇为先进个人"荣誉称号，已对涂斌的行为性质作出界定，见义勇为行为属于《工伤保险条例》第15条第1款第2项规定的情形。再如，在"深圳德龙财务管理有限公司东莞分公司与东莞市社会保障局、东莞市人民政府及第三人李中臣、陈秀敏社会保障行政确认纠纷案"中，[2]二审法院认为见义勇为是文明社会的高尚之举，其收益可扩大至全社会，具有维护公益的性质。以上这些案件的法官倾向认同见义勇为受伤一律属于《工伤保险条例》第15条第1款第2项的情形，而未进一步区分不同情况下的见义勇为所维护的利益是否存在差异。

虽然从文义解释角度而言《工伤保险条例》第15条第1款第2项不应被扩张解释，指导案例94号也未进行扩张解释，但实践中法院对该条款理解的分歧为见义勇为受伤能否被视同工伤增加了不确定性，也为平等保护见义勇为人员的合法权益埋下隐患，因此有必要构建见义勇为受伤视同工伤的统一认定标准，以增加司法裁判的可预测性，实现对见义勇为人员合法权益的平等维护。

四、见义勇为受伤被视同工伤的标准构建

经过上文的讨论，可知见义勇为受伤被视同工伤的关键要素在于，其见义勇为行为所涉及的活动具有维护国家利益、公共利益的性质，那么除此之外是

---

[1] 参见湖北省鄂州市中级人民法院（2014）鄂中行终字第00012号行政判决书。

[2] 参见广东省东莞市中级人民法院（2017）粤19行终179号行政判决书。

否需要考量别的因素？本文认为，国家利益、公共利益等非个人利益应是见义勇为受伤被视同工伤的核心标准，除此之外不应附加其他标准。

（一）形式标准：被有关部门认定为见义勇为？

关于见义勇为受伤的工伤认定是否必须先由有关部门进行见义勇为的行政确认，存在一定的分歧。2014 年最高人民法院发布的一份司法文件指出，未经有关部门认定为见义勇为，系不属于视同工伤的情形。[1] 根据该文件，见义勇为受伤若要被认定为视同工伤，首先须被有关部门认定为见义勇为。在该文件的指引下，司法实践中也有一些法院将有关部门出具的见义勇为材料作为视同工伤的一个条件，如在"杨寿昌、许应萍与普洱市人力资源和社会保障局工伤认定行政争议案"中，[2] 一审、二审法院均认为只有被确认为见义勇为，才能从法律上界定行为人受到的伤害是出于维护国家利益、公共利益。类似地，在"胡延夺与本溪市人力资源和社会保障局、第三人辽宁慧远劳务派遣有限公司劳动行政确认案"、[3]"陆文诉庐江县人力资源和社会保障局认定工伤决定案"、[4]"叶丽珍、何俊威等与丽水市人力资源和社会保障局工伤认定案"[5] 等案件中，法院也采取此种观点。

然而，《工伤保险条例》未要求申请人提供被认定为见义勇为的材料。那么是否有必要将有关部门对见义勇为的行政确认，视作见义勇为受伤被认定为视同工伤的一个前提要件呢？并不尽然。

一方面，从见义勇为受伤是否视同工伤这一问题出发，有必要首先由相关部门对见义勇为作出行政确认，以为后续的工伤认定申请提供证明材料。首先，从范围上讲，见义勇为所维护的利益范围要广于《工伤保险条例》第 15 条第 1 款第 2 项所涵盖的利益范围。尽管目前各地方性法规、政府规章对于见义勇为或见义勇为人员的定义并不一致，但从整体上来看，各地所定义的见义勇为所涵盖的行为范围不仅包括《工伤保险条例》第 15 条第 1 款第 2 项，还包括维护个人权益的行为。因此相关部门出具的见义勇为材料，可以用来证明该行为可

---

[1] 参见《最高人民法院行政审判庭关于非因工作原因对遇险者实施救助导致伤亡的情形是否认定工伤问题的答复》（〔2014〕行他字第 2 号）。

[2] 参见云南省普洱市中级人民法院（2018）云 08 行终 12 号行政判决书。

[3] 参见辽宁省本溪市平山区人民法院（2019）辽 0502 行初 66 号行政判决书、本溪市中级人民法院（2019）辽 05 行终 125 号行政判决书。

[4] 参见安徽省合肥市庐江县人民法院（2015）庐江行初字第 00249 号行政判决书、安徽省合肥市中级人民法院（2016）皖 01 行终 182 号行政判决书。

[5] 参见浙江省丽水市莲都区人民法院（2015）丽莲行初字第 19 号行政判决书。

能具有的维护国家利益、公共利益的性质，起到初步证明作用。其次，由于国家利益、公共利益系典型的不确定法律概念，相对人在申请工伤认定时，也需要证明其所参与活动的维护国家利益、公共利益性质。虽然《工伤保险条例》并未明确要求这些材料，但一些地方性规章，如《北京市实施〈工伤保险条例〉若干规定》第 8 条第 1 款第 5 项、《安徽省实施〈工伤保险条例〉办法》第 16 条第 5 项、《广西壮族自治区实施〈工伤保险条例〉办法》第 13 条第 2 款第 5 项则要求申请人出具相关单位的证明。

另一方面，一些行为虽未被有关部门确认为见义勇为，但其仍具有维护国家利益或公共利益的性质，此时若将见义勇为行政确认材料作为申请工伤认定的一个前提，则可能会影响相关人员权益的保护。在个别案件中，如"浙江万羽针织有限公司诉义乌市人力资源和社会保障局，第三人马绍盟、义乌市晒康塑胶厂工伤认定案"，[1]未被认定为见义勇为的人员，其受伤也被认定为属于《工伤保险条例》第 15 条第 1 款第 2 项中的情形。此外，一些地方性法规、政府规章所规定的见义勇为行政确认程序不规范、繁杂、混乱，[2]所要求见义勇为行政确认的高人性标准不尽合理，[3]使得其所作出的行政确认效力也值得怀疑。

因此，有关部门出具的见义勇为行政确认材料对于见义勇为人员后续的工伤认定仅具有初步证明作用，其不应成为见义勇为人员申请工伤认定的一个必要条件或者前提。申请人已提交《工伤保险条例》所要求的材料，而未提交见义勇为证明材料的，不应影响其后续的工伤认定。

（二）实质标准：维护国家利益、公共利益

通过上面的分析，可以发现见义勇为的含义与《工伤保险条例》第 15 条第 1 款第 2 项的重叠之处在于，不负特定义务或职责的人员参与的维护国家利益、公共利益等活动。一些地方规范性文件也明确指出，应只将在维护国家利益、公共利益活动中被认定的见义勇为受伤"视同为工伤"，[4]因此，维护国家利益、公共利益应当是见义勇为受伤被视同工伤的实质标准。换言之，工伤认定部门或者法院在实践中，应重点审查见义勇为行为所维护的利益内容。

尽管单纯维护他人权益也是见义勇为行为的一种表现，如救助意外落水的

---

〔1〕 参见浙江省义乌市人民法院（2014）金义行初字第 44 号行政判决书。

〔2〕 参见董伟霞："见义勇为的行政法保护"，载《河南省政法管理干部学院学报》2008 年第 1 期。

〔3〕 参见郑丽清："法律论域下'见义勇为'概念的厘立"，载《广西社会科学》2011 年第 4 期。

〔4〕 《浙江省劳动和社会保障厅关于企业职工见义勇为致伤可以视同为工伤的批复》（浙劳社厅字〔2004〕27 号）。

人员，托举坠楼儿童等，[1]但在此类情况下，见义勇为人员维护的系被救助人的人身权益，因此在此类活动中受伤不宜纳入视同工伤的范围。不过有观点认为见义勇为人员保护的并非是个体私益，而是社会公共利益，[2]其受益人是国家，而非单个主体。[3]若依据此观点，则所有的见义勇为受伤均应被纳入视同工伤的范围。但考虑到《工伤保险条例》及"视同工伤"条款的立法目的，《工伤保险条例》第15条第1款第2项不应被扩张解释，因此对于国家利益、公共利益的界定也应从严把握。不过个人利益与公共利益等往往交织在一起，如何识别见义勇为的某一行为仅仅维护的是他人的个人利益而不包含国家利益、公共利益，成为判断见义勇为受伤是否构成视同工伤必须解决的一个问题。

公共利益、国家利益、集体利益这些不确定概念在我国法律上被广泛使用，但我国法律并未就公共利益、国家利益、集体利益的含义作出进一步解释，学理上关于公共利益概念的界定也存在不同的学说。[4]因此，从公共利益概念出发来辨析某一见义勇为行为所维护的仅为他人的个人利益，还是公共利益实非易事，故而本文试从危险的来源角度来区分见义勇为所维护的利益种类。其中危险的来源是指引发行为人对某一活动采取见义勇为行为的源头，在此主要区分两类危险来源，一类是自然灾害、重大疫情、违法犯罪等非被救助人引起的活动，另一类是意外坠楼、落水等因被救助人自身原因引发的活动。

如果见义勇为的危险源自自然灾害、重大疫情、重大生产事故、正在进行的违法犯罪行为等，此时见义勇为人员参与到此类活动中，并因此而受到伤害的，则应认定其所维护的系国家利益、公共利益。自然灾害、重大疫情等往往侵害的是不特定多数人的生命或财产权益，影响着国家的社会生产生活秩序，而违法犯罪行为在侵害特定人的人身或财产利益的同时，往往会干扰影响正常的社会管理秩序，而且此类活动往往非因被救助人的原因发生，且非被救助人所能控制，此类活动中受害人的救助责任应由国家和社会承担。因此见义勇为人员参与到此类活动中，其所维护的利益不仅仅是特定个人利益，还包括公共

---

[1] 此类接住或托举坠楼儿童的见义勇为事件屡见不鲜，如2011年"最美妈妈"吴菊萍托举坠楼女童，参见"全国见义勇为模范吴菊萍：双手托举凝聚大爱"，载中国文明网，http://www.wenming.cn/ddmf_296/sd/201112/t20111216_428290.shtml，最后访问时间：2021年2月28日。

[2] 参见于杰兰、李春斌："见义勇为人员权益保障的限度：一个分析框架"，载《重庆社会科学》2012年第7期。

[3] 参见李春斌："浅谈'见义勇为人员权益保障法'的构建"，载《法治论坛》2008年第3期。

[4] 关于公共利益的讨论可参见胡建淼、邢益精："公共利益概念透析"，载《法学》2004年第10期；黄学贤："公共利益界定的基本要素及应用"，载《法学》2004年第10期。

利益或国家利益。对于见义勇为人员因此所遭受到的伤害由见义勇为人员所在单位、国家有关机关来进行填补，也与这些主体所承担的社会责任与使命具有一致性。[1]因而在此种情况下，见义勇为受伤应当视同工伤。

如果见义勇为危险仅仅源自意外事件或者被救助人自身所造成的危险，如不慎落水、不慎坠楼等，由于此类意外事件往往涉及少数特定人，且不具有法律上的违法性，因此其对社会秩序、公共利益的影响相对较小。而且在此种情况下，危险系被救助人自身引起，或者是对被救助人负有特定义务的人员所引起，如上文所提及的杨菊案，此时救助的责任应归为特定的义务人员，如监护人或相关负有职责或义务的救助部门。见义勇为人员所进行的施救行为保护的仅仅是特定人的人身或财产权益，不宜扩大到社会公共利益。对于见义勇为人员在此活动中所受到的伤害应由受益人即被救助人从民事层面予以补偿，同时按照《伤残抚恤管理办法》有关规定，由民政部门予以保障，而不宜被视同工伤。

综上，相关部门所作出的见义勇为行政确认材料不应成为见义勇为受伤被视同工伤的前提要件，国家利益、公共利益是见义勇为受伤视同工伤的实质标准，而见义勇为的危险来源可作为识别见义勇为行为是否保护国家利益、公共利益的一种方式。

五、结语

大力弘扬见义勇为这一中华民族的传统美德，要求构建起全面保障见义勇为人员合法权益的体系，当下尽管各地已出台地方性法规或政府规章为见义勇为人员提供奖励和保障，但关于见义勇为人员因此受伤能否视同工伤，享受工伤待遇，地方性立法及司法裁判存在一定分歧。这种分歧的存在影响着对见义勇为人员的平等保护，未来应加强对见义勇为人员的公法保护研究，进一步明晰见义勇为受伤视同工伤的具体认定标准，依法保障见义勇为人员的合法权益，让见义勇为精神在新时代继续发扬光大。

---

〔1〕 参见崔素琴、何祎："见义勇为的合法性分析及风险责任承担"，载《河北法学》2012年第12期。

党政联合发文司法审查实质化路径初探

——以 57 份行政判决与裁定为例

张晓晨*

【摘　要】 党政融合机构的兴起使党政联合发文呈现"井喷式增长"的态势，作为党政协作关系的文本体现，联合发文兼具"政治性"和"行政性"双重属性，引发了对于行政主体理论、行政法律渊源体系独立性理论的冲击。在实定法中法院长期持回避式态度，目前尚未构筑起完整的司法审查规范体系，大多数法院从形式审查的立场确定其性质，对于以"党委机关"署名的规范性文件不予审查。本文以 57 份行政判决和裁定为样本，试图在厘清党政联合发文的司法审查现实及既存问题的基础上，反思对党政联合发文进行形式化审查的弊端，从法治体系一性的角度出发，对司法审查引发的主体理论和法源基础的挑战展开探索，进而探究党政联合发文司法审查实质化的路径。

【关键词】 党政联合发文；司法监督；信息公开；实质化审查

引言

党内法规与国家法律共同构成了中国特色社会主义法治体系，二者在外观上似乎泾渭分明，无论是两者的制定主体、调整范围、制定程序，还是在实施适用、监督救济、备案审查等方面都存在显著不同，但在实质意义上也存在些许共通之处。

---

* 张晓晨，中国政法大学 2020 级宪法与行政法学专业硕士。

现有党政联合发文从广义上来说包含三种形式：党政机关联合制定的混合性党规，[1]即同级党政机关就职权管理范围内的相同、相似事项共同制定的法治规范；党政联合制定的规范性文件；党政联合制定的其他文件。混合性党规备案审查机制自成体系，司法机关无权干涉，本文探讨的党政机关联合发文，主要限定于联合制定的规范性文件。[2]对于联合发文能否审查的问题，理论界对此争论频仍。学者孙轩柏否认了人民代表大会（以下简称人大）对党政联合发文审查的权利。[3]他认为，现有立法没有直接规定人大常务委员会对党政联合发文的审查监督职能，人大对规范性文件备案审查并非是对党的活动的监督，而是对行政机关依法行政的要求。学者章志远则认为相对人可以针对行政行为所依据的党政联合发文提起一并审查之诉维护切身合法权益，推动依法治国与依规治党有机统一。[4]学者徐信贵也提出应加强党政联合发文备案审查的主体协同，形成"人大审查机制""司法审查机制""党外审查机制"等多主体共同参与的审查衔接联动机制。[5]

现有对于党政联合发文审查机制的研究甚少，且大多集中于党政联合发文的特点、适用范围、规制机制等方面，对于司法审查机制的探索多有含混之处。本文试图通过司法实践中对于党政联合制定的规范性文件的判决和裁定结果，来浅析案涉文件在司法审查中的困境，从摒弃形式化审查的角度对完善审查路径提出一些思考。

一、党政联合发文司法审查的现实基础

党的十九大报告提出"在省市县层级，推动党政机关合设合署"，[6]该举措以推进党和国家机构职能优化协调为着力点，大幅度地推进了党政机构整合的趋势，而党政联合发文是我国党政协作关系的文本体现，作为我国独有的政治实践，承载两方或者多方制定主体的意志和主张，已从纯粹的政策载体演变

〔1〕 参见欧爱民、李丹："混合性党规的正当性证成与适用范围——党政联合制定党规的一种理论回应"，载《中南大学学报（社会科学版）》2020年第1期。

〔2〕 党政联合制定的规范性文件，即在宪法和法律规定的范围内，党组织和行政机关就政治、经济、文化、社会等具体事务发出的指导性意见或决定。

〔3〕 参见孙轩柏："不应审查党政联合发文"，载《人民代表报》2013年7月23日，第3版。

〔4〕 参见章志远："挑战与回应：党政联合发文的法治化路径初探"，载《党内法规理论研究》2019年第1期。

〔5〕 参见徐信贵："党政联合发文的备案审查问题"，载《理论与改革》2020年第3期。

〔6〕 "十九大报告透露的八大改革着力点"，载新华网：http://www.xinhuanet.com/politics/19cpcnc/2017-10/22/c_1121838914.htm. 最后访问时间：2021年3月1日。

成一种治国理政的常态化工具。

（一）党政联合发文的政策载体

党政机关联合创制并发布文件的做法由来已久。1956 年发布的《中国共产党中央委员会、国务院关于加强农业生产合作社的生产领导和组织建设的指示》，是新中国成立以后中共中央首次与国务院共同发文的文件。改革开放后，我国政治体制开始由"党政合一"转向"党政分开"，与此同时，党的领导事项也逐步实现从"全面"到"重点"的转变。而这在实践中则表现为，党政联合发文机制的作用涉及两个以上部门的职能以及基层党组织落实的有关事项，对于宏观的、公共事务管理方面，党则仅仅提出指导性意见，而不做规范性联合发文。[1]20 世纪 90 年代，国务院和党中央也有相应文件规定了同级党组织与行政机关之间可以联合行文；[2]而后实施的《党政机关公文处理工作条例》[3]和《国家行政机关公文处理办法》[4]在综合上述规定的基础上，对联合发文作了统一规定，赋予了党政联合发文的法律基础。2013 年《中国共产党党内法规制定条例》对党内法规的制定主体、权限和表现形式作了具体规定，区分了党内法规及规范性文件，但对联合发文的直接规定较少。[5]上述规定构成了我国党政联合发文的制度和政策基础，总体而言，联合发文的优势在于既能避免党直接面对公众发布相关文件，又能将党的意志贯彻于政策执行。

（二）党政联合发文的现实需求

党的十九大报告要求进一步在地方推进职能相近的党政机关之间实行党政合署。党的十九届三中全会也提出了一系列党政机构合设、合署的制度安排，大幅度地推进党政机构整合的方案，[6]这一改革体现了中国党政关系的重大变革。党政机构融合不是建立"党政合一、党政不分"的体制，而是在加强党的全面领导的基础上，根据不同的工作内容进行深度高效的党政融合。如为开展党的组织、意识形态、民族宗教事务等中心工作，党政机构合并设立；或实行

---

〔1〕 参见徐信贵："党政联合发文的备案审查问题"，载《理论与改革》2020 年第 3 期。

〔2〕 《中国共产党机关公文处理条例》第 12 条第 4 项；《国家行政机关公文处理办法》第 16 条。

〔3〕 《党政机关公文处理工作条例》第 17 条：同级党政机关、党政机关与其他同级机关必要时可以联合行文。

〔4〕 《国家行政机关公文处理办法》第 16 条：同级政府、同级政府各部门、上级政府部门与下一级政府可以联合行文；政府部门与相应的党组织和军队机关可以联合行文；政府部门与同级人民团体和具有行政职能的事业单位也可以联合行文。

〔5〕 参见徐信贵："党政联合发文的备案审查问题"，载《理论与改革》2020 年第 3 期。

〔6〕 参见《中共中央关于深化党和国家机构改革的决定》《深化党和国家机构改革方案》。

归口管理；或者在地方层面进行合署办公，"两块牌子、一套人马"。相较于党政机关合并设立，合署办公能有效避免职能的交叉重复，提高行政效能。[1]在党政融合的机构改革深入推进的情况之下，党政融合机构联合发文在日常政治生活中也占据了越来越大的比重。

此外，责任下沉基层后，为推进落实工作和职责，党政联合发文的数量也在增加，如《脱贫攻坚责任制实施办法》及在生态环境损害的追责[2]上，通过联合发文规定了市县级党委政府的责任落实。[3]在加强党的全面领导的背景之下，党政联合发文更有利于强调党在基层工作中的领导地位，使得基层工作更好地落实，因而愈加广泛地被各级党政机构采取。

（三）党政联合发文的既存问题

如前所述，基于我国自身的制度基础和现实需求，党政联合发文的数量呈现井喷式态势。但是由于党政联合制定的规范性文件产生着"管到党外"的事实上的约束力，却因为既无法律羁束又缺乏党规作具体限制，因而存在一定问题。秦前红教授认为，党政联合发文实际上是一种重效率而轻法治的做法，偏离依法行政的要求。[4]

1. 合规性瑕疵

如上文所述，现行党政联合发文的政策基础主要来源于国务院与党中央的相应文件，二者只是笼统地规定了"可以"联合行文的主体，但"必要时""可以"均属不确定法律概念，难以明晰范围，且对如何联合发文、发文字号、联合发文的具体程序、备案审查等均未有明确规定。例如对什么性质的工作联合发文不确定，党政机关既可以在实践中对具有长远意义的实施社会管理的工作联合发文，也可以对具有时段性意义的表彰年度立功受奖人员的工作联合发文。党政联合发文这一做法缺乏有效制度规范，难免存在随意性，而随意性的出现必然伴随着合规性的瑕疵，如湖南省双牌县村民上访行为，被以涉嫌"冲击国家机关"罪立案侦查，县委向永州市公安局签发的"劳动教养函"[5]行文

---

[1] 参见金国坤："党政机构统筹改革与行政法理论的发展"，载《行政法学研究》2018年第5期。

[2] 参见《党政领导干部生态环境损害责任追究办法（试行）》。

[3] 参见徐信贵："党政联合发文的备案审查问题"，载《理论与改革》2020年第3期。

[4] 参见秦前红、苏绍龙："党内法规与国家法律衔接和协调的基准与路径——兼论备案审查衔接联动机制"，载《法律科学（西北政法大学学报）》2016年第5期。

[5] 参见谭剑、谢樱："县委书记签发劳教文件，胡闹！"，载《中国青年报》2010年6月25日，第1版。

缺乏规范，文件主题、决定内容、法律依据、签发程序均无明确依据，党政联合发文的合规性瑕疵现状对其效果产生了负面影响。

2. 规避监督的倾向

法院在审判实践中倾向于认为党委、人大和军事机关制定的规范性文件因其制定主体不属于传统意义上的"行政机关"，因而不属于《行政诉讼法》第53条规定的规范性文件的范围。在此种环境下，党政联合发文数量的迅速增长，会造成部分规范性文件处于司法审查的盲区，使既有的法治秩序面临一定的风险。

目前司法实践中存在较多争议的党政联合发文案主要集中在"信息公开"领域，争议点主要在于党政联合发文信息是否属于"政府信息"的范畴。实践中，党组织发文字号的文件往往不予公开，或者采用"党委授权"的规则。[1]如在"淄博市人民政府环境保护案"[2]中，原告申请公开的相应文件，[3]由党政机关联合制发，在裁判中被认定为党政混合信息，应由联合发文机关的行政机关向党组织提出申请，是否公开由党委决定。这种行为可能造成行政机关为了规避"政府信息公开"，有意联合同级党组织，借此把不愿公开的政府信息以联合发文的形式作出，对公众的知情权构成了威胁。

特别是法治政府建设对地方政府的政绩考核提出了新的要求，"政府信息"公开率、答复内容、回复周期等都成了考核指标，上级部门和中央政府对于法治建设的重视有可能倒逼地方政府将信息通过党政联合发文的形式作出，以规避公开审查。倘若不对兼具"政治性"和"行政性"的党政联合发文进行属性定位，片面地从形式角度认定党政联合发文的性质，则会加重治理盲区的出现，使党政联合发文的数量急速增加，不利于对相对人和社会公众合法权益的保护，也会损害党的权威性。

二、司法裁判样本分析

笔者以"联合发文""行政案由""党委"等关键词在中国裁判文书网上检索，筛选出59个案例。从筛选过程来看，党政联合发文相关纠纷多见于信息公开及党政联合制定规范性文件一并审查案件中。在57份司法最终裁判文书中，有3份由基层人民法院作出，41份由中级人民法院作出，12份由高级人民法院

---

〔1〕 参见张力："党政联合发文的信息公开困境与规则重塑：基于司法裁判的分析"，载《中国法学》2020年第1期。

〔2〕 参见山东省淄博市中级人民法院（2018）鲁03行初55号行政判决书。

〔3〕 淄委〔2017〕101号文件及《淄博市贯彻落实省环境保护督察组第四组督察反馈意见整改方案》。

作出，1 份由最高人民法院再审作出。判决原告胜诉的仅 3 件，其他都以归属于党委文件或混合性文件，不属于政府信息公开，或不属于行政诉讼受案范围为由判决原告败诉。具体数据如下表所示。

表 1　57 件司法裁判样本汇总

序号	案号	层级	案件类型	判决结果
1	（2020）桂行终 637 号	高级人民法院	政府信息公开	属于党政联合发文，不予公开
2	（2019）京行终 9224 号	高级人民法院	政府信息公开	属于党政联合发文，不予公开
3	（2020）苏行终 316 号	高级人民法院	政府信息公开	属于党政联合发文，不予公开
4	（2019）浙行终 961 号	高级人民法院	政府信息公开	属于党政信息，不予公开
5	（2017）苏行终 1588 号	高级人民法院	政府信息公开	属于党政联合发文，不予公开
6	（2017）津行申 421 号	高级人民法院	政府信息公开	属于党政联合发文，不予公开
7	（2017）苏行终 1308 号	高级人民法院	政府信息公开	属于党政信息，不予公开
8	（2016）浙行终 1335 号	高级人民法院	政府信息公开	程序违法，且事实认定有误，应予撤销
9	（2015）苏行终字第 00613 号	高级人民法院	政府信息公开	属于党政信息，不予公开
10	（2020）苏 01 行初 184 号	中级人民法院	政府信息公开	属于党政信息，不予公开
11	（2019）辽 02 行初 306 号	中级人民法院	政府信息公开	属于党政信息，不予公开
12	（2018）津 0101 行初 115 号	基层人民法院	政府信息公开	属于党政联合发文，不予公开
13	（2018）津 01 行终 743 号	中级人民法院	政府信息公开	内部部署工作信息，不予公开
14	（2018）渝 05 行初 397 号	中级人民法院	政府信息公开	内部部署工作信息，不予公开
15	（2018）鲁 03 行初 55 号	中级人民法院	政府信息公开	属于党务信息，其是否公开由党委或其部门决定
16	（2018）豫 01 行终 527 号	中级人民法院	政府信息公开	属于党政信息，不予公开
17	（2017）浙 01 行初 343 号	中级人民法院	政府信息公开	属于党政信息，不予公开
18	（2016）苏 05 行初 148 号	中级人民法院	政府信息公开	并非属于政府信息，不予公开
19	（2015）赣中行初字第 79 号	中级人民法院	政府信息公开	党委信息涉及履行社会公共管理职责内容的，应公开
20	（2019）苏 01 行初 561 号	中级人民法院	政府信息公开	属于党务信息，不予公开
21	（2019）闽行终 294 号	高级人民法院	一并审查	不属于受案范围
22	（2019）最高法行申 953 号	最高人民法院	一并审查	不属于受案范围
23	（2020）闽 09 行终 17 号	中级人民法院	一并审查	不属于受案范围
24	（2018）苏 1202 行初 306 号	中级人民法院	一并审查	不属于受案范围
25	（2018）皖 16 行初 65 号	中级人民法院	一并审查	不属于受案范围
26	（2018）苏 03 行终 112 号	中级人民法院	一并审查	不具有实际影响力，不属于受案范围
27	（2017）陕 10 行终 29 号	中级人民法院	一并审查	不能认定行政机关作出具体行政行为，不予审查
28	（2015）浙温行初字第 158 号	中级人民法院	一并审查	不具有实际影响力，不属于受案范围

续表

序号	案号	层级	案件类型	判决结果
29	（2020）闽09行终13号	中级人民法院	一并审查	
30	（2020）闽09行终1号	中级人民法院	一并审查	
31	（2020）闽09行终21号	中级人民法院	一并审查	
32	（2020）闽09行终4号	中级人民法院	一并审查	
33	（2020）闽09行终6号	中级人民法院	一并审查	该文件系党政联合发文，属地方党委政府履行保护生态环境职责和基于内部层级关系对下级党政部门、直属单位督促履行职责的内部行为，该文件的制定和印发的行为并不对当事人权利义务产生实际影响，不予审查
34	（2020）闽09行终24号	中级人民法院	一并审查	
35	（2020）闽09行终2号	中级人民法院	一并审查	
36	（2020）闽09行终5号	中级人民法院	一并审查	
37	（2020）闽09行终12号	中级人民法院	一并审查	
38	（2020）闽09行终9号	中级人民法院	一并审查	
39	（2020）闽09行终19号	中级人民法院	一并审查	
40	（2020）闽09行终14号	中级人民法院	一并审查	
41	（2020）闽09行终8号	中级人民法院	一并审查	
42	（2018）湘1382行初56号	基层人民法院	一并审查	该行政裁决属于具体行政行为，不属于规范性文件
43	（2019）晋1124行初27号	基层人民法院	一并审查	该行政裁决属于具体行政行为，不属于规范性文件
44	（2019）闽0981行初129号	中级人民法院	一并审查	
45	（2019）闽0981行初142号	中级人民法院	一并审查	
46	（2019）闽0981行初140号	中级人民法院	一并审查	
47	（2019）闽0981行初126号	中级人民法院	一并审查	
48	（2019）闽0981行初137号	中级人民法院	一并审查	该文件是党政机关为贯彻落实上级决策部署，基于内部层级监督关系对所领导的单位或者下级行政机关作出的执法检查、督促履责等进行部署的文件，排除于合法性审查范畴之外
49	（2019）闽0981行初135号	中级人民法院	一并审查	
50	（2019）闽0981行初127号	中级人民法院	一并审查	
51	（2019）闽0981行初134号	中级人民法院	一并审查	
52	（2019）闽0981行初132号	中级人民法院	一并审查	
53	（2019）闽0981行初139号	中级人民法院	一并审查	
54	（2019）闽0981行初133号	中级人民法院	一并审查	
55	（2018）浙06行终527号	中级人民法院	一并审查	不属于受案范围
56	（2017）陕行申472号	高级人民法院	一并审查	党委作出的人事决定，不属于行政诉讼审查范围
57	（2015）苏行终字第00195号	高级人民法院	一并审查	党政机关内部工作安排、指导文件，不予审查

（一）政府信息公开案

绝大多数法院在对于"政府信息"的认定上采用严格界定标准，凡是党组织参与制定的党政联合发文都不属于"政府信息"的范畴。如在"楼永清政府信息公开案"〔1〕中，仅从形式角度出发，认为其发文机构浦江城乡一体化工作领导小组和县农办系党委机构，因此并不属于政府信息的范畴。也有法院忽视案涉文件的行政属性，直接认定党政联合发文不属于政府信息公开的范畴，如"刘其昌政府信息公开案"。〔2〕

多数法院在认定时，从案涉文件的"冠名""发文编号""归档单位"等方面判断是否属于党务信息。在"王春明政府信息公开"〔3〕一案中，法院裁判认为案中意见编号为镇江市委的发文编号，印发机关亦是镇江市委办公室，主办机关为镇江市委办公室，且由镇江市委办公室归档，因而认定为"党务信息"不予公开。这一逻辑标准之下，认定党政联合文件是否属于政府信息最重要的标准是外在形式要素即文件的制定主体，而非文件内容的实质要素。

值得注意的是，在"鲁德辉、胡荣豪政府信息公开案"〔4〕中，被告认为涉及党务信息，是否公开应当遵循"党委授权"原则，由党委或其部门决定。法院认为原告提出申请后，被告应就自身是否已经制作或获取了相关信息进行合理的检索，如存在相应的信息，则需要进一步识别是否属于"政府信息"范畴。此外，法院还提出，被告在作出不应公开的回复时，应就原告申请的信息尽合理的检索义务，对相关内容是否是在履行职责过程中制作或获取的政府信息进行判断和说明。该案最终以程序违法，事实存疑为由，判决被告撤销不予公开的回复。这一逻辑更倾向于以内容实质性标准来审查党政联合文件的性质，即认为行政机关介入了联合发文的行为，并以一定方式保存的文件应当属于政府"获取的信息"，属于政府信息的范畴。

"袁西北、袁龙云政府信息公开案"〔5〕中法院以实质性标准对"政府信息"进行了界定，尽管制作主体不属于政府部门，但本案中，法院认为党委制作的信息已涉及社会管理，对社会公众的权利造成影响，实质上属于政府信息范畴。当事人申请公开的文件虽然是以党委文号发行，但是其内容已涉及社会管理，不应排除在信息公开的范围之外。本案中法院对于政府信息的界定同样采用了实质标准，从保护当事人权益的角度出发，笔者认为这一标准更具有可采性，但遗憾的是以统计数据而论，采取形式标准的法院在实践中仍占据多数。

---

〔1〕　参见浙江省高级人民法院（2019）浙行终961号行政判决书。
〔2〕　参见北京市高级人民法院（2019）京行终9224号行政判决书。
〔3〕　参见江苏省高级人民法院（2017）苏行终1308号行政判决书。
〔4〕　参见浙江省高级人民法院（2016）浙行终1335号行政判决书。
〔5〕　参见江西省赣州市中级人民法院（2015）赣中行初字第79号行政判决书。

（二）党政联合制定规范性文件一并审查

在该类案件的审查中，部分法院也未区分涉案文件的具体性质，对于政府联合发文，在作出判决时未特别区分，仅确定不属于审查范围。如在"陆惠再审行政裁定书"[1]中对于绩效考核办法[2]的内容进行合法性审查，认为教师的绩效考核、奖金发放等均属于特别权力关系中的"管理关系"，要求进行附带性审查的相关文件也不属于行政规范性文件的审查范围。

但在部分案件中，也出现了一些实质化判断标准。尽管"张有亭诉丹凤县商镇人民政府行政处理一案二审行政裁定书"也判断该涉案文件不属于被审查范围，但是法官在审理时，除了从文件的形式和内容上判断其属于商镇委员会的规范性文件外，[3]也从行政职能的角度判断决定村委会主任停职并非该镇人民政府的法定职权，商镇人民政府在镇党委的文件上盖章不能认为是其作出了相应的具体行政行为，因而作出"不属于行政诉讼审查范围"的判决。笔者认为，这样的思考模式也不够审慎，从依法行政原则的角度出发，行政机关在未经授权的情况下作出相应行为，应构成违法，以行政机关不具有相应职权判定其未作出相应行为，理由并不充分，其背后逻辑值得更多检视。

三、党政联合发文司法审查的理论基础

在探索党政联合发文司法审查路径之前，需要对两个基础理论问题作出阐释。党政机构的融合，就制度层面而言是一种组织嵌入，让居于"幕后"的党的机构更多地走入公众视野，因此对于联合发文中的"政治性"部分的认同，冲击了行政主体概念及以行政主体理论为基础构建的行政救济制度。此外，法院一并审查联合发文的前提，是要判断该文件是否能作为行政行为合法性的依据，是否具有行政法法源的功能。

（一）行政主体理论的冲击

我国行政法上"行政主体"的概念与末端的救济制度有着紧密的联系，是一种本土化的"诉讼主体模式"，其核心在于以外部责任归属的救济理论来确

---

[1] 参见最高人民法院（2019）行申 953 号行政判决书。

[2] 参见《紫云自治县 2017 年度机关目标管理考核办法》（紫党办发〔2017〕74 号）第 22 条。

[3] 参见丹商发（2017）74 号《中共商镇委员会、商镇人民政府关于对张村村委会主任张友亭同志予以停职的通知》：该文件的文头显示的是"中共丹凤县商镇委员会"，文件挂的是商镇委员会的文书编号，内容中清楚表述有"经 2017 年 4 月 11 日镇党委会研究"的字样，末尾加盖中共商镇委员会的印章，故该文件应当认为是商镇委员会的规范性文件。

定主体概念，导致实体法上的权利主体与诉讼法上的诉讼主体趋同。与西方行政主体理论不同，我国对"行政主体"的理解往往以行政机关有无独立的行政职权为判断标准。[1] 司法机关审查行政行为时以行政职权为前提，而"行政职权"通常理解为"由行政机关作出的对外对内具有法律效力的权利"。对于以党政共同名义作出的行为可否纳入行政法的调整范畴，是判断司法机关有无审查权限的基础，而在现有的行政法理论和制度框架下，"党"的行政角色缺乏明确定位。[2] 现有的"权力—权利""政府—公民"的制度设计下，除了有限的公益诉讼外，行政法上权力的行使者仅限于行政主体。有学者提出，"党组织机关"能否通过教义学解释进入"授权组织"概念的范畴，从而使其接受行政诉讼审查。但受限于我国目前的政治实践，这一设想仍停留在理论状态。

行政诉讼中的附带审查制度排除了对规章以及国务院制定的规范性文件的审查，[3] 党政联合发文可以分为以下两种情形：若该文件是单纯具有"行政性"的文件，在现有的制度框架下进行审查不应存在障碍；若是该文件兼具"政治性"和"行政性"，能否进行审查，在行政法上就成为问题。笔者认为，对于涉"党"事务，应当采取实质化审查的角度，若该事务属于"法律执行"范畴，对相对人的权利义务可能产生实际影响，理应具备国家法上的依据，同时也应允许司法救济，应当接受司法程序的审查。有学者提出，修改行政法上一些传统概念，从公法视角上进行笼统概括，对党委和行政机关的"法律执行"职能不做形式区分，如将"行政主体"改为"公法主体"，"行政诉讼"改为"公权诉讼"，以摆脱司法实践中"循名而不务实"的回应方式。[4] 从实质法治主义出发，这种修改并无必要，对于"行政"概念的理解，我们应着眼于"行政权"是否实际发生，对此概念作出实质化理解，而不是仅从行使主体的自身权属来确定。

（二）行政法渊源体系的独立性

行政法的法源是行政法的基础性问题，一般认为宪法、法律、行政法规、规章、国际条约等可以作为行政法的正式法源，法律解释、惯例、判例等作为非正式法源。行政规范性文件虽然不能成为实定法的依据，但其中合法合宪的

---

〔1〕 参见薛刚凌："多元化背景下行政主体之建构"，载《浙江学刊》2007年第2期。

〔2〕 参见林鸿潮："党政机构融合与行政法的回应"，载《当代法学》2019年第4期。

〔3〕 参见《行政诉讼法》第53条。

〔4〕 参见姬亚平："机构改革对行政复议与诉讼的新要求"，载《人民法治》2018年第C1期。

规定，同样具有重要意义，我们认为其可以作为行政法的形式渊源之一。[1]在这一层意义上，规范性文件在行政法律规范体系以及司法裁判中的地位亟需确定。

在涉及行政决策和行政责任方面，党政联合制定的条例、规定、办法，如中共中央办公厅与国务院联合制定的《党政机关公务用车管理办法》，既是对党政事务的约束，又关涉对行政机关的制约，关涉"法律执行"范畴，应当作为行政法的渊源。但在实务中依法治国、依规治党已成常态，若该规范性文件只是纯粹符合联合发文的外观要求，但究其实质内容仅涉及"党的政策"，则不应作为行政法的法源。[2]但在这类文件中，受党政机构融合的影响，出现党政合并设立、实行归口管理或合署办公的形式，党委领导和行政工作人员出现职能交叠，规制对象不仅有党委工作人员，还包括行政机关工作人员的，如《党政领导干部选拔任用工作条例》，其内容上对行政组织编制、人员管理也作出了调整，属于上述第一种情形，涉及对行政机关的约束，应当纳入行政法的渊源。

四、党政联合发文司法审查实质化路径

在我国法规范体系内部，有关行政规范性文件的审查和监督有多种机制且已形成体系化，多种审查监督方式使行政规范性文件实质化审查有章可循。相较之下，对党政联合制定的规范性文件的审查监督机制还处于较为空白的时期，现有法律仅对备案审查作出部分规定，完善党政联合发文的司法审查之路任重道远。下文将从构建性质识别机制角度出发，细化司法审查实质化的标准。

（一）构建党政联合发文的性质识别机制

从形式角度来说，可以根据发文范围、发文字号、发文主体、发文标题等因素来对文件属性进行表面审查，也要综合考量联合发文的牵头主办机关、联署主体的排序、联合发文的审议形式等，判断其属性及党委机关作用的大小。但是，这仍是就形式化审查标准的逻辑而言作出的判断，司法机关在识别性质时甚至无需考察案涉文件的具体内容。对于一些法院而言，形式化的判断足以排除大多数联合发文的司法审查，即使部分法院受理了相关案件，与之相关联的是被告证明责任的改变，被告只需要证明案涉文件是党组织作为发文主体，

---

〔1〕 参见张树义主编：《行政法学》，北京大学出版社 2012 年版，第 14 页。
〔2〕 参见张力："党政联合发文的信息公开困境与规则重塑：基于司法裁判的分析"，载《中国法学》2020 年第 1 期。

无需对其行政行为所依据文件的合法性加以佐证。根据上述数据，在现有司法实践中，绝大多数法院都以此为依据认为联合发文不属于审查范畴，党政联合发文难免在形式化审查的"庇护伞"下成为"法外之地"，对相对人的合法权益产生较大的威胁。

因此，仅有形式标准是远远不够的，更需要确定实质标准判断该内容是党的内部事务还是国家职权事项。实质性的判断标准应当以"规范性文件"的具体内涵为依据，围绕"约束力""反复适用"等概念进行界定，进而对文件的实质内容进行识别，而不是根据形式标准将"以党的名义对外行使行政职权的行为"直接排除在司法救济之外。进言之，司法机关在识别党政联合发文的性质时，首先应当判断案涉文件是否具有"实际影响力"，能否对相对人或相关群体的具体权益产生限制；其次判断联合发文是否具有"法律执行"性，能够确保行政管理行为的实施，在事实上能否作为行政机关管理行政活动的依据。如在"袁氏诉于都县人民政府信息公开案"中，[1]《于都县农村危旧土坯房改造工作实施方案》是针对土坯房改造事项，党委和行政机关联合制发的具体工作方案，该文件文号虽属于党委发文文号，但是行政机关在后续对土坯房实施改造时皆以此为依据，产生了对特定群体的实效性。因此，这类党政联合发文应当纳入行政规范性文件的范畴，接受司法审查。

（二）细化党政联合发文的司法审查基准

如上文所述，法院依据一定的审查规则判断各类主体是否在法治的框架内行为。在党政联合发文领域，审查规则是法院判断联合发文是否符合法律规定的判断依据。从立法效率角度出发，联合发文的审查规则并不需要重新设立全新的标准，考虑到其与行政规范文件的相似性，党政联合发文审查的规则体系可以建立与行政规范性文件一并审查规则体系相近的逻辑与结构。

1. 审查形式

就审查形式来看，我国法院对规范性文件的审查分为依职权有限审查和依申请附带审查两种类型。依职权有限审查的目的在于检验作为行政行为依据的规范性文件的合法性。[2]此时，规范性文件应定义为"准证据"，党政联合制定的规范性文件也可以作为证明行政行为合法的依据在诉讼中出现，此时已经内蕴着法院对规范性文件进行审查的意味。依申请附带审查则是行政诉讼法上

---

〔1〕 参见江西省赣州市中级人民法院（2015）赣中行初字第79号行政判决书。

〔2〕 参见张显伟："论行政诉讼预审程序的功能及其实现"，载《湖北社会科学》2010年第4期。

所规定的附带审查制度。[1]笔者认为对党政联合制定的规范性文件审查时，对审查主体的效力等级也应有所区分，对于中央党组织下属委员会和地方党组织及其下属委员会与同级政府部门制定的规范性文件可以审查，对于党中央与国务院联合制定的规范性文件，人民法院不适宜直接审查。

2. 审查标准

对于党政联合发文的审查标准，应当参考行政诉讼的模式，考虑到专业性以及避免司法权的僭越问题，笔者倾向于以"合法性标准"为主。当然此时"合法性标准"的基本内涵应当是实质合法，而非形式合法，对明显不合理的情况也应进行审查。法院在审查时应首先判断案涉规范性文件是否符合上位法及党内法规的直接规定，不能与上位法的明文规定相冲突；其次应当由法院评估案涉规范性文件的权威性程度，根据权威性程度的高低进而确定有针对性的审查标准。[2]审查党政联合制定的规范性文件合法性标准也可以从主体、权限、程序、内容四个维度着手，判断是否有超越法定职权，与上位法相抵触，未按照法律规定履行批准、公开发布等程序，内容上违法增设相对人义务或减损相对人合法权利的行为。对于存在相应违法情形的，根据相关规定进行处理。[3]

3. 审查程序

就审查程序来看，除诉讼的一般程序之外，人民法院也应积极行使司法建议权，党委机关对联合发文也应保持审慎严谨态度，推动联合制定规范性文件迈向法治化的轨道。在审查行政规范性文件时，人民法院发现该文件合法性存疑，应当听取制定机关的意见。[4]因此，对于联合制定的规范性文件，人民法院进行司法建议的对象应当包含党委机关。在判断党政联合发文的合法性时，人民法院可以邀请制定文件的党委机关及行政机关出庭，或采用书面答复的方式，听取制定机关的意见。人民法院需充分利用司法建议等有效机制，在"府院"之间架起沟通的桥梁，增强司法机关与制定机关的互动。

---

[1] 《行政诉讼法》第53条第1款："公民、法人或者其他组织认为行政行为所依据的国务院部门和地方人民政府及其部门制定的规范性文件不合法，在对行政行为提起诉讼时，可以一并请求对该规范性文件进行审查。"

[2] 参见俞祺："规范性文件的权威性与司法审查的不同层次"，载《行政法学研究》2016年第6期。

[3] 参见《最高人民法院关于适用〈中华人民共和国行政诉讼法〉的解释》第148条。

[4] 参见《最高人民法院关于适用〈中华人民共和国行政诉讼法〉的解释》第147条。

结语

由于制定主体的二元性，在现有的司法审查实践中，党政联合发文的司法监督几近空白，或是"制定者的巧妙安排"，或是"执行者用力而为"。但是，在责任政治的建设中不应存在权力行使的法外空间，在制度的设计上应尽可能避免党政机关以联合制定为契机规避法律的监督。形式化的司法审查标准使法院在司法审查中对联合制定的规范性文件的制定主体作出严格解释，忽视了规范性文件在事实上可能作为行政机关管理行政活动的依据，对案涉群体产生的实质影响力。涉及政府职权权属事项的党政联合发文，应当受到司法机关的监督和约束。笔者以实质化审查作为路径依托，以期构建党政联合发文的性质识别机制，细化党政联合发文的司法审查基准，可以预见的是，人民法院充分发挥司法审查权、充分利用司法建议机制，能有效促进党政联合发文朝着法治化方向阔步前进。

行政诉讼非法证据的认定与审查路径

刘子钰[*]

【摘　要】行政诉讼非法证据排除规则在立法上正式确立，促进了行政诉讼制度的发展完善，而在司法实践中却难以得到落实。其申请率低、规避率高的根源一方面在于行政违法取证程度不同于刑事诉讼，并未达到摧毁相对人意志并使其作出不自愿供述的程度，另一方面行政诉讼具有特定的证明对象即被诉行政行为的合法性，这一点不同于其他诉讼制度。行政诉讼中应确立具有其自身特性的非法证据认定规则，使依法行政理念为非法证据排除规则的适用提供价值基础和目标导向，在证据规则正当性的基础上对证据认定、排除方法及后果进行制度设计，促进真正落实发挥其程序价值，为行政法典制定提供指导。

【关键词】非法证据排除；依法行政；毒树之果；合法性审查

一、问题的提出

依法治国方略的推进，促进了我国行政诉讼证据制度的进一步发展，在《最高人民法院关于适用〈中华人民共和国行政诉讼法〉的解释》中对非法证据种类做了具体规定，[1]这是自新《行政诉讼法》[2]纳入非法证据排除规则之

---

[*] 刘子钰，中国政法大学 2019 级宪法与行政法学专业硕士。

〔1〕《最高人民法院关于适用〈中华人民共和国行政诉讼法〉的解释》第 43 条："有下列情形之一的，属于行政诉讼法第四十三条第三款规定的'以非法手段取得的证据'：（一）严重违反法定程序收集的证据材料；（二）以违反法律强制性规定的手段获取且侵害他人合法权益的证据材料；（三）以利诱、欺诈、胁迫、暴力等手段获取的证据材料。"

〔2〕《行政诉讼法》第 43 条第 3 款："以非法手段取得的证据，不得作为认定案件事实的根据。"

后，又一次更为具体的规定。在法条规范上，这可视为非法证据排除制度在行政诉讼中得以确立，但其实践效果并未随着立法的日臻完善而得到同步提升。尽管有一些较有代表性的案例，但总体而言，由于法官对排除非法证据持消极态度，行政诉讼非法证据排除制度一直处于"默默无闻"的状态，没有发挥应有的作用。[1]从近年来的大量司法判例可知，一方面，非法证据排除的适用尚不能达到严格排除的程度；另一方面，由于行政诉讼的特殊性，在证据本不易获得的情况下过多的排除无疑是雪上加霜，所以在司法实践长期的消极适用下这一制度被渐渐冷却。然而证据在诉讼制度中地位极高，提高对证据制度的重视，将对转变我国"重实体，轻程序"的传统观念、促进行政诉讼发挥其应有的价值起到极大的作用，从而更好地保护相对人的合法权益。

我国尚未有统一的行政程序法典，缺少对行政非法证据排除的一致性规定，导致大量非法证据无法得到有效排除。对于非法证据排除制度在行政诉讼中确立的正当性，以及证据的认定、如何排除等问题都亟待作出更为具体的规定，以促进非法证据排除制度在行政诉讼中真正发挥应有的作用。我国刑事诉讼领域首先确立了非法证据排除制度，在人权保障方面以审判为中心的非法证据排除改革促进刑事诉讼向前跨越了一大步。而在行政诉讼领域，证据制度建设尚在初期，非法证据排除制度主要来自对其他制度的移植，因缺乏对其自身价值特性的考量而无法在司法实践中得到落实，在理论和实务中进一步发展还有较大的空间。

二、行政诉讼非法证据排除规则的正当性

在现代法治国家，依据依法行政原则首先要做到行政诉讼证据主体、程序等都必须是法定的。将不合法的证据予以排除符合价值理念，在不断发展中将其运用于行政诉讼领域，可通过行政诉讼的自身特性探究其正当性。

（一）"毒树之果"：非法证据排除制度渊源

"毒树之果"指的是从毒树中的线索获得的证据。因为是从非法途径取得了证据，与之相关的其他证据也应该进行排除。[2]美国最早采用严格标准，但产生了较为极端的影响，在近些年为了更好地打击犯罪逐渐放宽标准，引出众多例外条款。

---

〔1〕 张硕："行政诉讼非法证据排除规则适用的困境与出路——以 218 份裁判文书为样本"，载《行政法学研究》2018 年第 6 期。

〔2〕 金诚："行政诉讼非法证据的内涵界定"，载《行政法学研究》2002 年第 3 期。

非法证据排除制度在我国最早发源于刑事诉讼领域，作为一种程序性制裁机制，主要是防止侦查机关的违法行为，保证程序正义，可以使得法制更加健全，更尊重人权，在减少冤假错案上也能起到积极作用。在提出"推进以审判为中心的诉讼制度改革"后，我国的刑事诉讼得到进一步发展完善，最高人民法院、最高人民检察院、公安部、国家安全部和司法部联合发布《关于办理刑事案件严格排除非法证据若干问题的规定》，再一次从各方面明确了非法证据的认定标准和排除程序，对非法证据排除制度在当下的适用具有建设性意义，推进了非法证据排除制度在刑事诉讼领域不断发展。具体来讲，首先，对证据来源的合法性作出条文性规制，从制度上保证在诉讼中所提供的证据真实且符合程序正义。其次，维护了公民的宪法性权利，保障人权。很大程度上遏制了侦查机关的的违法行为，保证了证据的更加真实，从根本上保证了法律的尊严。

（二）从依法行政角度论非法证据排除制度在行政诉讼中的适用

相较于民刑领域对于非法证据排除制度研究的热潮，这一制度在行政诉讼中的适用始终未得到更多关注，行政诉讼非法证据排除理论的正当性则众说纷纭。一些观点[1]认为"毒树之果"理论不适用于行政诉讼，因为刑事诉讼法重在人权保障，而行政诉讼的价值目标则更讲求效率；但更多观点侧重于肯定"毒树之果"在行政诉讼中利益衡量下进行运用，只是争议点在于对于非法证据如何排除。[2]在此研究基础上，笔者认为可以通过依法行政原则这一宏观视角，来探究非法证据排除制度在行政诉讼中运用的正当性。

依法行政原则是行政诉讼的重要原则，在法治国家建设的进程中，应始终以这一理念为导向促进法治发展。其中证据在诉讼制度中又是不可忽视的重要部分，很多时候"打官司便是打证据"，可见证据的规范对控制行政权力的影响之深。规范层面上 1989 年《行政诉讼法》第 33 条及《关于贯彻执行〈中华人民共和国行政诉讼法〉若干问题的意见（试行）》第 28 条，[3]对收集证据作出禁止性规定，开启了遵守"先取证后裁决"程序的先河。2002 年《最高人民法

---

〔1〕 赵毅、王丽丽："公安行政非法证据排除制度之路径选择——兼论司法体制改革背景下依法行政方略"，载《天津行政学院学报》2018 年第 5 期。

〔2〕 张硕："行政诉讼非法证据排除规则适用的困境与出路——以 218 份裁判文书为样本"，载《行政法学研究》2018 年第 6 期。

〔3〕《关于贯彻执行〈中华人民共和国行政诉讼法〉若干问题的意见（试行）》第 28 条："根据行政诉讼法第三十三条的规定，在诉讼过程中，被告不得自行向原告和证人收集证据，作为被告的诉讼代理人的律师，同样不得自行向原告和证人收集证据。"

院关于行政诉讼证据若干问题的规定》的出台通过第 57 条前 3 项〔1〕，第 58 条〔2〕和第 60 条〔3〕，确定了证据种类的判断标准，使我国行政诉讼非法证据规则体系得到初步构建。2015 年《行政诉讼法》第 43 条的规定被视为行政诉讼非法证据排除制度正式确立，于 2018 年 2 月 8 日起施行的《最高人民法院关于适用〈中华人民共和国行政诉讼法〉的解释》，第 43 条将非法证据列举为三种，通过具体化地描述增加了非法证据排除制度在司法实践中运用的可落实性。

1. 合法行政原则与行政非法证据排除制度

合法行政要求行政机关行使行政权力必须依照法律规定，没有明确的法律规定不能作出影响公民合法权益的行为，以充分保障相对人合法权益，其中法律优位源自国家的民主性与理性化要求。〔4〕非法证据排除制度以证据符合法律规定为第一要素，是对法律优位的重要体现，以证据获取手段的合法来保证行政诉讼公平进行，约束处于不同法律层次的双方尽可能实现透明平等。合法行政不仅对行政行为内容的合法性提出要求，对行政程序也提出了更高的标准，这意味着行政机关为了证明行政行为合法性，所取得的证据不仅要满足证据内容本身合法，还要实现获取程序公正合法，以约束其在救济中置相对人于不利地位。

2. 合理行政原则与行政非法证据排除

合理行政意味着由形式法治向实质法治的过渡，非法证据排除规则符合其内在要求。在某种程度上保证合理性意味着给予行政机关一定的自由裁量权，但这种裁量权是存在必要限度的，过度裁量可能会导致行政行为违法，在证明行为的合法性过程中所提供的证据也应当符合比例原则，证据的获取手段要合目的，且不能以损害相对人合法权益为手段。如在"王某诉某县公安局留置盘问案"中，被告县公安局对相对人延长盘问，却未能提供相关的审批手续，这

---

〔1〕《最高人民法院关于行政诉讼证据若干问题的规定》57 条："下列证据材料不能作为定案依据：（一）严重违反法定程序收集的证据材料；（二）以偷拍、偷录、窃听等手段获取侵害他人合法权益的证据材料；（三）以利诱、欺诈、胁迫、暴力等不正当手段获取的证据材料；……"

〔2〕《最高人民法院关于行政诉讼证据若干问题的规定》58 条："以违反法律禁止性规定或者侵犯他人合法权益的方法取得的证据，不能作为认定案件事实的依据。"

〔3〕《最高人民法院关于行政诉讼证据若干问题的规定》60 条："下列证据不能作为认定被诉具体行政行为合法的依据：（一）被告及其诉讼代理人在作出具体行政行为后或者在诉讼程序中自行收集的证据；（二）被告在行政程序中非法剥夺公民、法人或者其他组织依法享有的陈述、申辩或者听证权利所采用的证据；（三）原告或者第三人在诉讼程序中提供的、被告在行政程序中未作为具体行政行为依据的证据。"

〔4〕王贵松："论行政法上的法律优位"，载《法学评论》2019 年第 1 期。

与《人民警察法》第9条第2款〔1〕的要求不符，因而其提供的询问笔录属于非法证据应被排除。在行政诉讼中确立非法证据排除规则，有利于合理行政原则的贯彻落实，符合实质法治的要求。

3. 程序正当原则与行政非法证据排除

从程序正当原则的角度来看，制度也具有正当性。在法治发达的西方国家，都制定了行政程序法典来保证行政活动更高效合法地进行。我国目前尚未制定统一的法典来规制行政机关的活动，但随着行政法学的不断发展进步，其在酝酿当中且最终通过已成必然趋势，在此背景下证据制度在整个制度体系中的作用不容忽视，而确立非法证据排除制度对于整个证据制度的构建都具有积极作用，其正当性应得到肯定。同时在我国证据制度中仍存在较多问题，对于非法证据排除制度无法在司法实践中得到有效落实，一个重要原因在于行政证据与行政诉讼证据的界限还未清晰列出，在地方司法水平不高的情况下漏洞很容易被利用，使得行政机关在行政执法等活动过程中违反程序获得的证据未作为非法证据被予以排除，从而损害了行政相对人的合法权益。所以确立非法证据排除制度能促进实现程序正当所包含的公开公正等要求，从而促进依法行政，推进法治建设。

因此笔者认为，对于非法证据排除规则在行政诉讼中运用正当性的问题，可从依法行政理念支撑下的行政法独有的特性中去寻求路径，肯定其作用并以此来解决问题，实现其在司法实践中的真正落实。

三、非法证据的认定

行政诉讼非法证据排除规则难以在实践中落实，一大重要问题在于行政诉讼领域证据制度过度移植于刑事诉讼的证据制度却未能体现出行政诉讼独有的特性，对于举证责任、证明方式、证明标准及排除程序等支撑该规则运行的基本问题尚无明确的规定，〔2〕致使行政诉讼非法证据排除制度发展迟滞。所以可以从非法证据排除制度在不同诉讼的认定方式对比当中提炼出个性，使其在立

---

〔1〕《人民警察法》第9条第2款至第3款：对被盘问人的留置时间自带至公安机关之时起不超过二十四小时，在特殊情况下，经县级以上公安机关批准，可以延长至四十八小时，并应当留有盘问记录。对于批准继续盘问的，应当立即通知其家属或者其所在单位。对于不批准继续盘问的，应当立即释放被盘问人。经继续盘问，公安机关认为对被盘问人需要依法采取拘留或者其他强制措施的，应当在前款规定的期间内作出决定；在前款规定的期间内不能作出上述决定的，应当立即释放被盘问人。

〔2〕杨波："由证明力到证据能力——我国非法证据排除规则的实践困境与出路"，载《政法论坛》2015年第5期。

法层面得到提升。

（一）刑事、民事诉讼中非法证据认定标准的比较

首先在刑事诉讼中，排除非法证据的目的在于遏制侦查机关的违法执法行为，保护人权，根据《刑事诉讼法》第56条[1]非法证据主要指通过刑讯逼供等非法手段获取的证据，同时程序严重不合法也无法补正的也进行排除。由于刑事诉讼的非法证据排除制度较之民事诉讼和行政诉讼是最为完善的，其在司法实践中运用最多，在经验的积累等方面更具有优势，因而非法证据界定的范围更具体，对于举证责任、证明力及后果等问题有详尽规定，在发展中非法证据排除程序已较为完整。如对于证据非法认定标准规定为"采取殴打、违法使用戒具等暴力方法或者变相肉刑的恶劣手段"等具体情形，被学者称作"痛苦规则"，这一点行政诉讼可在实践中积累经验以对界限做详尽规定。刑事诉讼中主要有非法言词证据和非法实物证据，就实用性而言非法实物证据还未得到更广泛应用，但对于非法收集的言词证据排除已在防止冤假错案等问题中有极大帮助。

而在民事诉讼中，主要将"非法证据"之"非法"方式的要件特征确立为"严重侵害他人合法权益""违反法律禁止性规定"和"严重违背公序良俗"[2]三种。第一，对于严重的程度主要依靠法官的自由裁量，这是民事诉讼针对平等主体本质特性的体现，同时也是非法证据排除规则适用中的难点。第二，法律禁止性规定是衡量证据非法的一个重要标准，若在合法取证手段与保护机制还不健全的情况下，对于禁止性规定采取过于严格的限制可能影响公正，所以多数情况下要求违反法律禁止性规定应满足损害当事人合法权益的程度。第三，公序良俗是民法的重要原则，把违背公共秩序善良风俗作为非法证据认定标准也与民法契合，且符合自身特性。

（二）行政诉讼非法证据认定

根据《最高人民法院关于适用〈中华人民共和国行政诉讼法〉的解释》，将以非法手段取得的证据举出三种具体情形，笔者试图通过依法行政原则对非

---

[1] 《刑事诉讼法》第56条："采用刑讯逼供等非法方法收集的犯罪嫌疑人、被告人供述和采用暴力、威胁等非法方法收集的证人证言、被害人陈述，应当予以排除。收集物证、书证不符合法定程序，可能严重影响司法公正的，应当予以补正或者作出合理解释；不能补正或者作出合理解释的，对该证据应当予以排除。"

[2] 高翔、肖明明："民事诉讼'非法证据'认定规则的解释与运行——以'民事诉讼法司法解释'施行后的62份判决书为分析样本"，载《山东法官培训学院学报》2018年第1期。

法证据认定的具体情形进行分析。

1. 严重违反法定程序收集的证据材料

依正当程序原则要求，首先，调查取证时与案件有利害关系的人员未进行回避则应将由此而取得的证据进行排除，这也即英国自然公正原则中"不能做自己的法官"的体现。回避既包括主动回避与当事人申请回避，又包括不得单方接触。其次，要求行政公开满足公民的知情权，保护宪法规定的基本权利。在收集证据过程中，应向行政相对人说明理由、表明身份等，此要求可保证行政机关审慎决策，同时加强了相对人自我保护防卫的能力，所以以未表明来意、说明理由、表明身份的收集方式取得证据也是程序严重违法，可通过非法证据排除规则进行排除。如在"山东壮壮嘉吉肥业有限公司与新泰市工商行政管理局行政处罚纠纷上诉案"[1]中，在未通知原告到场的情况下被告对其投诉的化肥抽样取证，因而检验报告这一证据的获得严重违反法定程序，根据《最高人民法院关于行政诉讼证据若干问题的规定》，不得作为定案依据。可见在行政许可等具体行政行为当中，行政机关的违法取证会直接影响到行为结果，对相对人的合法权益构成侵犯，将违反法定程序的非法证据进行排除有助于达到程序正义促进实质正义的发展。

2. 以违反法律强制性规定的手段获取且侵害他人合法权益的证据材料

对于"违反法律强制性规定的手段"需要进行利益衡量以符合行政合理性，保证公正，所以对于证据程度的认定要以侵害他人权益为标准。但通过在"北大法宝"中检索发现对运用此规则进行证据认定的情形极少，究其原因在于对"违反法律强制性规定"这一认定标准较为抽象，法官在审理案件过程中可操作性相对较低。在笔者检索到的三个案例当中，均未能因此理由而影响案件事实的认定。如在"黄某某诉天等县公安局公安行政管理案"[2]中，黄某某在上诉中称"天等县公安局未依照法定程序调查取证，以违反法律强制性规定的手段且侵害他人合法权益取得的证据，不能作为定案根据"，法院在判决中提到"公安机关办理行政案件，在询问时可以全程录音录像而非应当全程录音录像。本案中，天等县公安局因设备损坏而未能在询问黄某刚、黄某辉、黄某星和黄某洋时进行同步录音录像，进而不能向一审法院提供询问过程的录音录像并未违反上述法律规定。据此，对上诉人这一主张，本院不予支持"。由于

---

〔1〕 参见山东省东平县人民法院（2014）东行初字第 92 号行政判决书；（2015）泰行终字第 12 号行政判决书。

〔2〕 参见广西壮族自治区崇左市中级人民法院（2018）桂 14 行终 21 号行政判决书。

"违反法律强制性规定的手段"这一规则较为抽象，一方面难以举证证明取证行为的违法性，加重行政相对人负担而有可能损害其合法权益，另一方面由于对技术的要求极高而易造成法官的消极适用。在未来的修法中可对此条进行更为细致的规定，以保证其发挥实际效能。

3. 以利诱、欺诈、胁迫、暴力等手段获取的证据材料

此类证据作为非法证据排除最为常见，不同于刑事诉讼当中的暴力取证、严刑逼供，在行政程序中多为通过行政人员的掩饰引诱当事人实施某种行为，而以此作为认定实施的根据。第一，在这种情况下出现了较为极端的"钓鱼执法"，其通过诱惑相对人产生犯意则严重违反了诚实信用原则，不利于保持行政机关的形象。但是在法律制度致力于提高社会福利的假定之下，证据法的目标可以被恰当地解释为既非一味减少错判的数量，亦非单纯降低取证的成本，而是最小化错判损失与取证成本之和。[1]所以在这类"利诱"式的执法中要进行充分的利益衡量，并非一味排除所有的证据。在程序正义的"平衡论"中，提出应保证执行程序的成本与收益保持平衡，所以其可以容忍一定程度的误差，而由此造成的损失从其他方面再获得超额补偿，在相对人没有犯意而执法人员引诱的情况下发生行政违法行为才作为非法证据排除。第二，以"胁迫""暴力"获得的证据类似于刑事诉讼当中的刑讯逼供获取证据，提供证据人由于意志不自由而导致提供的证据不真实，本质上是对人权的侵害。但对于此类规定较为原则，还未能更清晰地体现行政法自身的特性，更多地出于对刑事诉讼的移植，倘若在司法实践中进行具体落实还存在难度，这也是整个非法证据排除制度存在的重要问题的折射。

当然，广义的非法证据是违背有关法律对证据之规定的证据。在当前行政诉讼的规范层面，对于证据种类的认定还存在局限与不足，这也会在一定程度上使得司法实践中过于拘谨，消极适用这一规则。可以从其他制度当中得到更多的借鉴以丰富非法证据的外延，促进其灵活运用。如在刑事诉讼中初步确立了重复性供述的排除规则，即在犯罪嫌疑人作出有罪供述之后，又作出与前述供述相同的有罪供述，且前述有罪供述是基于侦查人员的刑讯逼供作出的。在行政诉讼中，存在行政执法暴力刑讯取证等行为，其与刑事诉讼有相同的性质，所以也可以借鉴应用重复性供述作为非法证据排除的规则。同时，在司法判例中也存在较多的非法证据类型，可在条件成熟时作出新的归纳总结，也可以概

---

〔1〕 参见［美］理查德·A. 波斯纳：《证据法的经济分析》，徐昕、徐昀译，中国法制出版社2001年版，第36页。

括式条款的形式规定给予法官自由裁量的空间，以适应不断发展的社会现实变化。如在"重庆天盛金属制造有限公司与重庆市财政局行政处罚纠纷上诉案"〔1〕中，出现了并非《最高人民法院关于行政诉讼证据若干问题的规定》第57条至第62条规定应当排除在定案依据之外的非法证据，对于检查结论征求意见书的送达回证的合法性认定是原告质疑的焦点。案中所涉及的送达回证存在倒签送达时间的问题，违反了"先取证、后裁决"原则，也可作为非法证据予以排除。随着现代科技的发展，许多新兴证据也在不断丰富证据的外延，这更要求法官提高专业能力，对双方证据进行科学的评判，以促进行政法治发展。

四、非法证据的审查路径

（一）如何排除行政诉讼非法证据

对于行政诉讼非法证据排除的程序设计，在法条中尚无较为具体的规定，这也在一定程度上造成司法实践中适用的混乱。

1. 非法证据排除制度在行政诉讼中的异化

相较于在民事、刑事诉讼中的适用，行政诉讼非法证据排除制度尚处于不够成熟的阶段，尤其在立法层面也仅是初步确立，尚无对于如何排除等具体程序设计，在实践当中多由相对人主动申请，但法院对规则的运用多数情况下持消极态度。如在"吴某某诉汕头市劳动教养管理委员会行政强制案"〔2〕中，上诉人提出证人证言是公安机关诱供所做的伪证，可信度极低，应当作为非法证据予以排除，但由于其未能提供有说服力的证据加以证明，法院不予采纳。在实践当中相对人一方提出要求排除非法证据的申请，其也需承担一定的证明责任，在处于弱势地位无从证明的情况下非法证据排除程序的提起会直接受阻。即使在非法证据排除能启动的情况下，行政机关需要证明证据的合法性，在能证明证据合法的情况下可保留证据，而在证据无从证明时则由法院裁量对证据是否进行排除，衡量标准主要为损害公共利益或相对人合法权益。可见对于非法证据排除的适用态度相对消极，尤其对于相对人处于较弱证明能力地位时启动的阻力更大。所以整个制度在实践当中的运用由于申请率低，相对人理解偏差等原因导致申请错误率高，将取证不真实、证据形式瑕疵等问题视作非法证据进行排除，无法发挥制度本身的价值。好的程序设计对于诉讼制度完善意义

---

〔1〕 参见重庆市第一中级人民法院（2008）渝北法行初字第49号行政判决书；（2008）渝一中法行终字第348号行政判决书。

〔2〕 参见广东省汕头市中级人民法院（2005）汕中法行终字第16号行政判决书。

重大，其可在利益衡量中实现利益最大化，尽可能保证法律天平两方能处于实质平等的地位维护自身的权利。

2. 严格审查模式下非法证据排除方式

不同国家受历史传统、司法观念等因素的影响，往往表现出不同的特点。美国的非法证据排除规则采取强制排除模式，只要证据的收集取得不符合法律的规定就必须予以排除，法官在非法证据排除上没有任何裁量权。与此相反，英国的非法证据排除规则采取的是自由裁量模式，因为英国普通法早期存在着一个原则，证据取得的方式不影响证据的可采性。非法程度对该证据的影响由法官进行裁量，因此，自白证据的真实有效性是可采性的关键，而与取得的合法性没有必然联系。德国作为典型的大陆法系成文法国家，非法证据排除规则的适用由法律明文规定。根据非法证据侵害的法定权利不同，从三个方面进行规定：首先，违反宪法性原则的非法证据一律排除。其次，违反法律的强制性规定的非法证据也一律排除。最后，对于违反《德国刑事诉讼法》第 136 条[1]规定范围之外的证据，则由法官衡量各方面的因素决定是否采纳。

我国行政诉讼对证据和事实问题的审查模式类似于大陆法系行政法院的严格审查模式。[2]且在排除过程中，主要排除的证据为不相关证据，即案卷外的证据，对于直接影响认定事实的证据限于其不足的行政专业水平而不做过多干涉。同时，通过对不同违法程度的行为判断对行政程序整体合法性的影响大小，决定法律后果。影响较大的违法取证程序需承担相应的后果，而影响相对较小的则需要通过利益衡量对证据排除进行取舍。而且较之于行政法治发达的国家，我国行政诉讼非法证据缺乏行政程序法的支撑，所以亟待统一的程序法典为证据制度提供系统的适用标准，在证据制度能够更为整合的情况下，此类程序性制裁能重新激发活力。

（二）行政诉讼非法证据排除法律后果

在行政立法当中，对于非法证据排除的法律后果未做详尽的规定，通过检索相关案例可知，大量案件中相对人在上诉中提出认定证据系非法证据，请求撤销一审判决，依法改判或将案件发回重审未得到支持。如"严纯德与岑巩县

---

[1]　参见《德国刑事诉讼法》第 136 条："对于被指控的人进行讯问，用虐待、疲劳战术、伤害身体、服用药物、折磨、欺诈或者催眠等方法予以侵犯，或者以刑事诉讼法禁止的措施相威胁，以法律没有规定的利益相许诺获得的陈述，即使被指控人同意，也不允许使用。"

[2]　参见徐继敏："我国行政诉讼全面审查制度再思考——法院对行政机关认定事实的态度分析"，载《现代法学杂志》2004 年第 6 期。

公安局治安管理上诉案"〔1〕中，上诉人认为对于行政处罚过程中没有立案审批表属于程序违法，因此而产生的笔录为非法证据应予排除，不能作为认定行政行为合法性的依据。对此，作出的答复是次日及办理受案登记，并未违反上述法律及规章的规定。原则上，行政处罚应当先立案后调查，但也不排除特殊情况下先调查后立案。最终在利益衡量下非法证据排除规则未能影响案件的判决结果。同样，如在"合肥伍伍壹网络科技服务有限公司诉国家工商行政管理总局商标评审委员会商标行政管理案"中，上诉人提出第三人因不具有经营金融业务的资质，其违法经营所形成的证据属于非法证据请求予以排除，法院审理后认为这一问题不是本案审理的范围，也不影响人民法院根据 2001 年商标法的相关规定对诉争商标进行审查，因而不支持相对人非法证据排除请求。

通过对检索到的涉及非法证据认定的行政案件进行统计，在相对人对于证据合法性提出排除请求，并希望以此作出影响诉讼结果的判决情形中，近七成的案件未得到法院的支持。这一困境的根源，笔者认为可以从以下几个方面探讨。（1）即使行政相对人在诉讼过程中提出证据的取证过程违法，在法院认定中，此种侵权因为程度过轻，并不认为其达到了需要排除的程度。而在这些样例当中，很少会直接认定证据取得的过程极端不合法，所以对于侵权程度的认定会影响证据违法程度的认定，而在规范层面无具体的裁量基准，以至于对这一程度的裁量权交由法官。（2）对于证据取得违法行为可以通过其他的方式加以认定，如在判决中因为非法证据排除而判定证据不合法而作出撤销判决，同时也可以另一种事由得出相同的结果，即程序违法，这也可以起到不认定非法证据的作用。（3）法官在诉讼中将认为不合法的证据加以排除的成本极高，其需要重新进行证据收集，从而影响案件进度，却难在实体结果中获得收益。以成本效益分析的思路看待非法证据排除规则在行政诉讼中的运用，其实际价值远远没有在刑事诉讼中那么明显。因为以上几种原因，行政诉讼中对证据合法性提出排除的申请，多数情况下难以得到认定。

总体而言，对于行政诉讼非法证据排除程序设计的运用，应产生以下几种法律后果：（1）取证方式等存在不合法，但未影响整体事实认定。在这种情况下行政行为依旧维持，且在上诉中不会改变一审判决。主要在于不合法程度轻微，并不能对相对人合法权益造成较大影响。（2）部分证据存在违法情形，对其进行排除。但由于这些证据未能直接干预到最终事实认定，仅判决行政行为

---

〔1〕 参见贵州省黔东南苗族侗族自治州中级人民法院（2018）黔 26 行终 58 号行政判决书。

违法，不影响最终判决结果，例如多数提出非法证据排除的情形出现在上诉中，撤销原判等请求并未能得到实现。（3）程序违法导致非法证据影响相对人实体权益。在此情况下，应支持相对人的程序性权利诉求，作出确认违法或撤销判决。

五、结论

非法证据排除规则在行政诉讼中的适用，尽管其存在的必要性得到了肯定，但在司法实践中的适用率却很低。原因在于非法证据排除成本高昂，有的法官认为现在的法治化水平并没有达到能严格排除非法证据的程度，同时行政诉讼的特点导致其证据的采集本身具有难度，过多排除会更加剧证据少的问题。如在上海正昌物业管理有限公司与上海市财政局投诉处理决定二审行政判决书中写道，非法证据排除规则具有一定的适用范围，限制非法证据排除规则的适用，可以让更多的证据能够成为定案证据，更加有利于及时查清案件事实，实现实质正义。[1]法院在很多情况下选择消极适用此规则，最终作出驳回上诉，维持原判的决定。行政诉讼适用非法证据排除规则得到学界的肯定，争议点主要在于如何排除的问题，所以应有与实践相适应的制度设计，更好地促进非法证据排除制度落实。我国的行政诉讼非法证据排除制度更多地照搬刑事诉讼，然而尽管同为诉讼制度，二者在价值理念、功能等方面都存在较大的差异，就行政诉讼而言，由于行政行为具有强制性，首要目的是通过事后司法救济的方式，以保护因行政行为导致相对人合法权益受损获得救济，另一重要目的在于控制行政权力，通过司法权的监督促进行政机关依法行政。行政证据用于证明行政行为的合法性，遵循正当程序原则，不同于刑事诉讼惩罚犯罪保障人权。所以笔者认为若使其发挥应有的作用，首先应立足于行政诉讼自身的独有特性，体现其原则理念，同时可借鉴行政证据相对成熟的其他国家的非法证据排除制度，再在未来的行政程序法典中进行系统的规定，提高适用性以避免过度移植的水土不服，使其发挥真正的价值。以依法行政原则为角度，旨在突出行政诉讼的特点，通过价值理念的指导可以使非法证据排除制度在自己轨道上运行，以保护相对人的合法权益。

---

[1] 参见上海市第三中级人民法院（2018）沪03行终409号行政判决书。

第 五 部 分

立法学

司法解释立法化问题研究

蓝禹柔*

【摘　要】 由于历史文化、立法技术、法治建设等因素的综合影响，近年来司法解释日益呈现出"立法化"的态势，并成为司法实务中重要的审判依据。虽然司法解释能够更好地适应社会生活层出不穷的变化，填补法律的漏洞，对审判实践也具有指导作用，但这并不意味着它的存在无可指摘。最高人民法院发布的脱离个案与具体法律条文的抽象解释，一直难逃合法性与有效性的质疑。而"立法化"现象的背后亦是司法权对立法权的侵越，这也与现代司法理念背道而驰。本文通过分析我国司法解释立法化的现象，以合理性与合法性为切入点，探究其在法制体系中所面临的困境，同时探讨可行的解决之道。

【关键词】 司法解释；立法化；合理性；合法性

一、司法解释立法化的内涵

司法解释这一法律概念在新中国成立初期就已经产生，并且极具中国本土特色。但其地位与作用真正得到空前提高是自《全国人民代表大会常务委员会关于加强法律解释工作的决议》发布开始。自那时起最高人民法院、最高人民检察院发布司法解释有了正式的法律依据，最高人民法院也逐渐脱离个案对法律文本进行全面而抽象的解释。其性质已不局限于对具体文字含义的阐释，而是偏离了文本固有的边界，演变成对法律未决之事项进行创制性的规定。不论是数量之繁多，涉及范围之广，还是在司法实践中的地位，司法解释都已成为

---

* 蓝禹柔，中国政法大学2019级宪法与行政法学专业硕士。

法律体系中不可或缺的一部分。但这与司法解释的设立初衷是相违背的。

司法解释本质上依然是法律解释，只不过解释的主体为司法机关，其解释语境应当是个案中法律的适用存在争议和困难的时候，其解释对象则是具体的法律条文。法官并不是主观能动地创造判断依据，而是在现有的法律体系内找到正确合适的依据，并运用合适的解释方法阐明合适的理由。当我们使用"立法化""泛立法化"等概念去形容司法解释的趋势特征时，就意味着司法机关在行使法律解释权时，已经超越了司法权固有的边界，具备了立法活动的外观特征和实质，而衍生为一种准立法行为。[1]

二、司法解释立法化的表现

（一）形式表现

1. 数量泛滥

笔者利用专业数据库检索了自《全国人民代表大会常务委员会关于加强法律解释工作的决议》颁布后至今，全国人民代表大会常务委员会及最高司法机关所发布的有关法律解释的分类数据，发现全国人民代表大会常务委员会发布的立法解释共 27 个，现行有效的 24 个，其中绝大部分解释是关于刑法与刑事诉讼法的解释，这与我国的罪刑法定原则有关。剩下的则是关于香港基本法以及国籍法的解释。从立法解释的内容上可以看出其涉及的领域十分有限，解释的条款也屈指可数，并且最新的文件还是 2016 年颁布的，这几年间，立法机关都未积极地行使过法律解释权，使得立法解释像一位隐世高人，正在慢慢淡出人们的视线。相比之下，司法机关则日益活跃，多年来发布的司法解释共 7000多个，现行有效的有 5514 个，数量较之立法解释早已不可同日而语。且司法解释涉及领域广泛，几乎包含了所有的部门法。因此我们不得不承认，立法机关狭小的解释面为司法解释的扩张提供了广阔的空间。缺位的立法解释使得法律规范面对纷繁复杂的社会问题时捉襟见肘，为了满足实际审判的需求，司法机关不得不扮演"立法者"的角色，在空白的领地上大刀阔斧，造就了如今实践中司法解释举足轻重的局面。

2. 形式不规范

司法解释除了解释、批复等四种法定形式外，还存在其他类似司法解释的规范性文件，例如会议纪要、审判总结、关于某种问题的通知，等等。这些规

---

[1] 梁治平编：《法律解释问题》，法律出版社 1998 年版，第 165–168 页。

范文件并不属于正式的司法解释，但实际上它们除了文号上与司法解释不同，形式内容上并无二致。如《全国法院审理经济犯罪案件工作座谈会纪要》中对"国家机关工作人员""从事公务"等概念的解释，就是典型的对法律概念的进一步明晰。而例如《全国法院民商事审判工作会议纪要》等文件，也对审判工作有实际的规范指导作用，它们的性质与司法解释类似，一般被称为"准司法解释"，这些文件也同样会被作为裁判推理的依据。

笔者认为这种做法是值得推敲的。因为这些文件能够在裁判过程中被法官适用来推理并判定当事人的责任，就意味着默认了其具有法律效力。但其又不属于上述明文规定的几种具有法律效力的形式，那么这些规范性文件的法律效力来源为何？如果它们既不是法律、行政法规、规章，也不是司法解释，但却能够和正式的司法解释一样对当事人权利义务产生实际的影响，那么它的合法性便会不可避免地受到质疑，也会导致司法解释的权威遭受侵蚀，规范司法解释形式的意义也将不复存在。

3. 条文冗长

通过对比部分司法解释与原法律文件的条文数量（如图1所示），可以发现司法解释的条文内容较之其解释的法律规范本身均"有过之而无不及"。

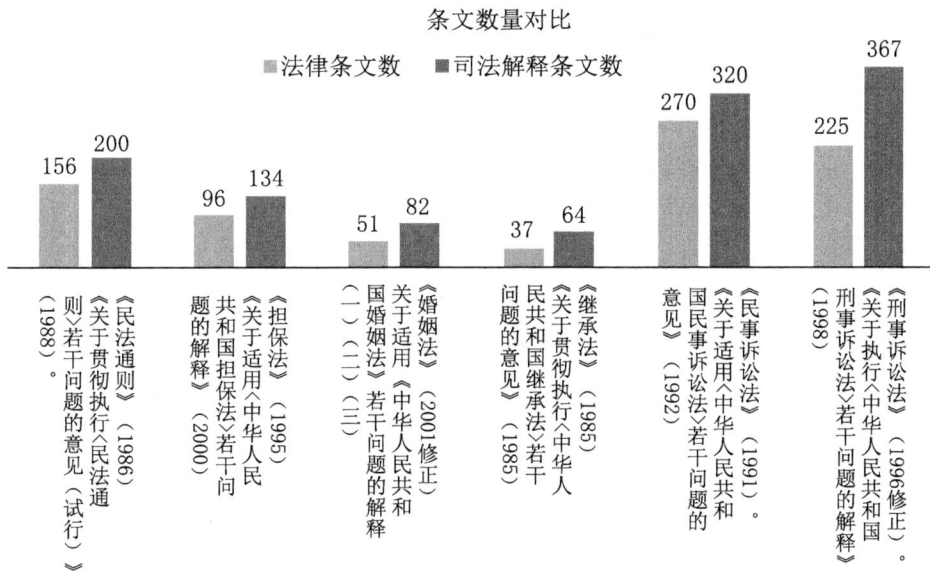

条文数量对比

■法律条文数　■司法解释条文数

法律文件	法律条文数	司法解释条文数
《民法通则》（1986）。《关于贯彻执行〈民法通则〉若干问题的意见（试行）》（1988）	156	200
《担保法》（1995）《关于适用〈中华人民共和国担保法〉若干问题的解释》（2000）	96	134
《婚姻法》（2001修正）《关于适用〈中华人民共和国婚姻法〉若干问题的解释（一）（二）（三）》	51	82
《继承法》（1985）《关于贯彻执行〈中华人民共和国继承法〉若干问题的意见》（1985）	37	64
《民事诉讼法》（1991）。《关于适用〈中华人民共和国民事诉讼法〉若干问题的意见》（1992）	270	320
《刑事诉讼法》（1996修正）。《关于执行〈中华人民共和国刑事诉讼法〉若干问题的解释》（1998）	225	367

图1　条文数量对比

法律解释的目的应该是使法律条文返璞归真，而不是锦上添花。而如今演变成最高人民法院对法律文本进行整体而全面的解释，其解释文本并非是零散的，而是具备了系统性与逻辑性。其已不局限于对法律条文的文意进行剖析，而是脱离原文本所涵盖的框架，甚至上升到创立法律未曾明确的行为规则，其解释已不限于对法律具体适用的解释，而是作泛化解释，已经具备了立法的属性。

（二）内容表现

1. 对立法整体性的侵越

2001 年发布的《最高人民法院关于民事诉讼证据的若干规定》（以下简称《若干规定》）对于民事诉讼中的举证责任、举证期限、证据的审查认定等诉讼制度均进行了创造性的规定，这些规定在《民事诉讼法》中并不能找到相应的法律依据。而《立法法》明确规定了，民事基本制度只能由法律规定，证据制度无疑是民事诉讼基本制度之一，应当在《民事诉讼法》中进行规定。因此《若干规定》这种原创性的抽象解释被批评为"有解释之名却无解释之实"。[1] 再如我国《刑事诉讼法》第 162 条第 1 款从立法本意上只是明确了刑事案件的证明标准，并未涉及人民法院是否有权变更公诉人指控的罪名。而《最高人民法院关于适用〈中华人民共和国刑事诉讼法〉的解释》第 295 条第 1 款第 2 项却规定若检察机关指控的罪名与人民法院审理认定的罪名不一致的，应当作出有罪判决。这说明该司法解释赋予了最高人民法院变更指控罪名的权力，改变了刑事诉讼法的规定。但《立法法》明确规定诉讼制度是"必须制定法律"的事项，因此该司法解释的出台不可不谓是对立法权限的侵越。

2. 对立法创制性的侵越

这是指司法解释对法律条文和立法原意有所突破的问题。例如《最高人民法院关于审理盗窃案件具体应用法律若干问题的解释》第 1 条第 2 项表明，如果盗窃未遂，但情节不严重的，可不定罪处罚。即情节的严重程度可以决定是否定罪。但是按照我国《刑法》的规定，犯罪未遂只是法定量刑情节，不应当对定罪产生影响。该司法解释如此规定，显然与立法原意不符。再比如《担保法》第 84 条规定了留置的适用范围为保管合同、运输合同、加工承揽合同。而《最高人民法院关于适用〈中华人民共和国担保法〉若干问题的解释》第 95 条则明确了因质押合同担保的债权未受清偿的，质权人也享有留置权，即增加了

---

[1] 董皞：《司法解释论》，中国政法大学出版社 1999 年版，第 16 页。

可以适用留置权的其他合同类型，这与《担保法》中将扩张适用留置权范围作为法律保留事项产生了冲突。由于原法律中并未出现质押合同，因此该司法解释实际上修改了法律适用的范围。

3. 对立法矛盾性的侵越

矛盾性的侵越是指司法解释的内容实际上与被解释的法律条文相互悖逆。例如 1995 年《担保法》第 49 条规定的抵押人未通知抵押权人或者未告知受让人的转让行为无效。而《最高人民法院关于适用〈中华人民共和国担保法〉若干问题的解释》第 67 条则认为即使抵押人未就转让抵押物通知抵押权人的，转让抵押物的行为依然有效。这与《担保法》的规定矛盾。再如 1999 年《合同法》第 51 条认为，如无权处分人擅自移转或设定权利，之后也没有得到原权利人的追认，嗣后也未取得处分权的，往往会被法院认定为无效。但 2012 年《最高人民法院关于审理买卖合同纠纷案件适用法律问题的解释》第 3 条则说明最高人民法院对无权处分合同的效力持肯定的态度，但这与 1999 年《合同法》的规定存在冲突。最高人民法院认为，1999 年《合同法》第 51 条中的"处分"和"合同"应限缩解释为"处分行为"，而司法解释中的处分合同指的是"负担行为"，二者并不矛盾。笔者认为，1999 年《合同法》作出该规定时并未涉及"债权行为"与"物权行为"二分的理论，最高人民法院借此作出限缩解释已然背离了立法原意，因此买卖合同的解释与 1999 年《合同法》的规定无法圆融。

实践中司法解释与法律条文之间无法洽和、存在冲突、有违立法原意等情形不胜枚举，解释文本中虽然也有说明法律歧义的条款，但更多的是在法律由于天然滞后性造成文本与现实脱节、不适应的情况下，对不妥当之处进行调整，或者是在上位法缺失无法可依的时候承担创设新的制度与规则的责任。其实从狭义的角度来看，即使是对原法律文本的解释，也是一种突破与创制，限缩解释也好，扩张解释也罢，都不会做到与立法原意完全一致，只是尽可能地去还原贴合。因此法律解释权本身就隐含创制法律规则的功能，司法解释作为法律解释的一种，具备这种功能也理所应当，这也是司法机关能动地弥补法律存在的不足、完善法律体系的重要方式。但是司法权作为一种被动性的权力，意味着司法者是在被动地适用已经存在的法律规定，而非主动地创造规则，即使出于审判实践的需要，也必须尊重现行法律。[1]

---

[1] 胡玉鸿、吴萍："法律解释与'尊重法律'"，载《东吴法学》2001 年专号。

（三）效力表现

1. 效力的独立性

从原理上说，司法解释作为一种法律解释，其效力应当依附于所解释的法律，法律的效力范围就应当是司法解释的效力范围，因而司法解释的生效和失效以及溯及力问题不应当采用独立的表达方式，但是由于目前司法解释日益抽象化，其效力无法通过原法律文本推定，因此《最高人民法院关于司法解释工作的规定》明确了废止和修改司法解释需要由司法解释进行规定，将司法解释视为具有独立效力的法律文件。

2. 对司法裁判具有法律约束力

对于司法解释能否作为裁判依据这一问题的态度也经历了多次变迁。最初，在最高人民法院的法（研）复（1986）31 号批复中，其认为最高人民法院提出的各类司法解释，应当贯彻执行，但也不宜直接引用。之后又从"不宜在裁判文书中写明"逐渐演变成可以在裁判文书中写明，进一步放宽至可以在裁判文书中引用。这标志着最高人民法院的司法解释正式成为人民法院裁判的依据。而行政诉讼法司法解释则明确赋予了司法解释优先于检察解释的效力。但问题在于上述两个文件的性质都属于司法解释，由司法解释赋予自身法律效力这一行为本身就不妥。最高人民法院以司法解释的形式规定司法解释的效力就等于裁判者自己制定裁判规则，有违"任何人不得做自己的法官"这一朴素原理。[1]

3. 司法解释民主化

近年来司法解释的制度越发民主公开化，不仅要征求相关部门和行业的意见，组织法学专家进行研讨，还会在公报和相关网站上公布草案，广泛征求社会群众的意见，最后才由审判委员会讨论通过。最高人民法院表示征求意见的初衷，是为了司法解释能够切实地反映出群众的真实意愿，也有利于其内容更加科学合理。但这也体现出司法解释的制定更像是一次立法活动，它所追求的价值不再是运用何种解释方法才能明确法律文本的含义，而是更加注重利益表述和利益重整，考虑怎样规定才能科学合理，并符合公平正义。[2]

---

〔1〕 孙笑侠、褚国建："论司法批复的解释论证功能及其局限"，载《浙江大学学报（人文社会科学版）》2009 年第 6 期。

〔2〕 陈林林、许杨勇："司法解释立法化问题三论"，载《浙江社会科学》2010 年第 6 期。

三、司法解释立法化的形成原因

(一) 立法粗疏，法制不健全

1949 年，中共中央废除了国民党的"六法全书"，彼时我国正处于"百废待兴"的时期。此后，因为"文化大革命"等历史因素，我国的法律体系遭到毁灭性的打击，在长达二十年的时间里，我国的法制建设几乎是全面停摆的状态，能够用得上的法律文件屈指可数。但现实生活中的法律纠纷不会因法律的缺失而减少，为了缓解法院在审理案件过程中无法可依的窘境，最高人民法院只能率先发布一些解释来弥补立法上的欠缺与不足。经年之下，逐渐形成了以颁布司法解释替代立法的惯例。[1]1978 年以后，由于实行改革开放的政策，我国的政治经济体制开始了剧烈的转型，社会生活中新兴事物层出不穷，一夕之间风云迭起，各个领域对法律的需求量陡升，立法机关无法在短期内承受如此巨大的工作量，因此只能采取宜粗不宜细，先制定、后修改的策略。这使得一些法律规范从出台之日起就天然带有内容粗疏、不适宜具体操作等弊端。在这种情形下，制定程序相对简单的司法解释也就自然成为弥补后续不足，在法律规范捉襟见肘时挺身而出的便宜工具了。

(二) 社会情势快速变更，法律具有天然滞后性

在改革开放期间，我国无论是政治、经济还是法律等各项社会制度都需要重新构建。变革的复杂性与经验的匮乏注定了这是一个曲折坎坷的过程，其间充斥着无数次的失败、推翻、重来，如此反复。而立法程序的严格性使得法律具有稳定的本质特征，无法及时修正，因此不完美的法律体系更加无法适应日新月异的社会。而政策方针是灵活多变的，为了紧跟国家发展的步伐，相对于直接忽视或突破现有法律而言，通过颁布司法解释来满足现实审判的需要也就成为一种较为稳妥的权宜之计。[2]不得不承认，司法解释也的确发挥了无可替代的作用。因为法院作为社会纠纷的审判机关，能够直接地感受到社会生活中存在的种种问题，因此制定的司法解释也与时事变化紧密相连，在司法解释条文的背后折射出对当下政策的呼应，司法解释的内容也可以让世人窥见社会背景与政治文化的一隅。

---

〔1〕 袁明圣："司法解释'立法化'现象探微"，载《法商研究》2003 年第 2 期。
〔2〕 王晨光："从'错案追究制'谈法律运行中的不确定性"，载梁治平编：《法律解释问题》，法律出版社 1998 年版，第 247-268 页。

（三）下级法院的审判路径依赖

如前所述，司法解释的地位与作用都不亚于正式的法律法规，而最高人民法院也是通过司法解释对下级法院的审判工作进行统一的指导。这种做法的弊端便是下级法院若审理到较为复杂的、争议性较大的案件，就会去翻阅司法解释的条款来寻求答案，而不会积极地运用裁判者的智慧解决问题。这种请示批复的现象，造成了司法解释立法化所带来的"审判路径依赖"问题。[1]加之目前的个案监督、错案追究等制度也在某种程度上抑制了法官的主观能动性。[2]为了规避风险，在法律规定有争议或是空缺的情形下，审判者更倾向于向上级请示而不是独立作出决定。但是这种依据司法解释按图索骥的做法，也阻碍了法官运用解释推理技术，恰当地解决审判时遇到的疑难与争议，进而提高业务水平。[3]

四、司法解释立法化的两难困境

（一）其存在的合理必要性

1. 统一解释法律，保证法律适用的准确性和统一性

首先是统一性的问题。我国现行的多部门、多层级的立法体制必然导致立法的部门化或地方化，且在地方人民法院的人事权和财政权被地方政府掌握的情况下，试图通过司法解释抵制地方保护主义和部门保护主义是不大可能成功的。[4]而且，司法审判中个案的特殊性与复杂性以及解释方法的多样性也决定了解释的差异性。

其次是适用准确性的问题。如何才能称得上是准确适用呢？最高人民法院认为是体现"立法本意"，然而对立法本意的解读有时也会莫衷一是。且符合了立法本意也并不意味着案件审判的正确和公正。因为正确和公正是针对个案而言，没有具体的案件事实作为背景则很难说明对一个规则的解释是正确的。这其实是主观论和客观论两者的冲突。司法解释立法化则是过分强调社会效果的结果，虽然能够更好地适应社会情势的变化，但却忽视了法律不可朝令夕改的本质特征。法律之所以为法律就在于它能一视同仁，给熙熙攘攘的人世间提

---

〔1〕 陈林林、许杨勇："司法解释立法化问题三论"，载《浙江社会科学》2010年第6期。

〔2〕 纪诚："最高人民法院司法解释研究"，中国政法大学2006年博士学位论文。

〔3〕 纪诚："最高人民法院司法解释研究"，中国政法大学2006年博士学位论文。

〔4〕 袁明圣："司法解释'立法化'现象探微"，载《法商研究》2003年第2期。

供足够的安定预期。[1]

2. 填补法律适用的空白，完善法制

在立法条件尚不成熟、经验不足的情况下，司法解释能够满足审判的需要，再通过实践积累必要的经验、发现问题，这有利于提升立法技术。周道鸾先生曾明确指出司法解释为立法的发展提供了有利条件。我国立法机关制定或者修改的一些主要条款，都是长期司法实践的经验总结。[2]但是司法权的长期僭越，使得立法者愈发依赖司法解释而怠于行使立法权，这种非良性的互动导致司法解释并未如预期般促进立法技术的提高，反而是此消彼长。

3. 促进司法公正

司法解释的实施是为了弥补法律的缺失与滞后，是为了满足司法实践的需求。如果要求司法机关严格奉行法律文本主义，等于剥夺了当事人司法救济的权利。[3]但笔者认为，司法公正也是从个案中体现的，或者说是由无数个使人们感受到"正义"的裁判结果所积累起来的对司法权的信仰与尊重。但司法解释大多不是针对个案，而是抽象性的规定，其并不能够适用于实践中纷繁复杂的案例，因此依靠司法解释不足以保证司法公正。

（二）其存在的正当性与合法性

司法权对立法权的侵越是成文法本身所存在的局限性与社会发展的需要之间张力作用的结果。[4]立法的僵化可以由司法机关在适用法律时予以修正，但这并不意味着司法权可以无底线地扩张，侵入立法领域。我国是成文法国家，更应强调解释者对法律文本的尊重，否则法律的抽象化解释只能增加法律的模糊和混乱。如果司法机关频繁地修正立法，那么法律的安定性会遭到破坏，无法为人们提供稳定的预期。

五、结论

通过前文对司法解释立法化现象的分析可知，司法机关与立法机关更像是一种分工合作的关系，虽然立法机关也要对其制定的法律是否满足现实社会的需要以及施行状况进行不断地反思，改进立法，但我国的立法机关是权力机关，

---

[1] 参见季卫东：《法治秩序的建构》，中国政法大学出版社1999年版。

[2] 最高人民法院研究室编：《中华人民共和国最高人民法院司法解释全集》，人民法院出版社1994年版，第10—11页。

[3] 纪诚："最高人民法院司法解释研究"，中国政法大学2006年博士学位论文。

[4] 袁明圣："司法解释'立法化'现象探微"，载《法商研究》2003年第2期。

其工作性质决定了我国的立法程序严格、周期长，要想在短期内得到法律的适用情形的反馈，司法机关才是首选。允许司法机关在个案中根据具体的情境解释法律，是为了使法律适应不断变化的社会。但是不论是通过创制规定或是其他方式对现行立法进行必要的补充、细化，它都不应当是无节制的，而是有限度的，必须受制于个案，且尊重法律文本。有学者提出应当建立案例指导制度，[1]但是案例的缺点是内容较长，理解一个案例需要花费较长时间，不易学习。然而，案例的长处在于其具有详细的法律事实，严密的法律分析、推理、论证、对各种价值进行权衡的过程，因此学习案例可以使人更深刻地理解各种法律价值在案件裁判过程中的运用。而抽象的规则容易在人的头脑中形成教条。对制定法的一般性学习不利于深刻了解法律背后的各种价值，也不能形成对事实精细分析、推理和论证的习惯。法官容易变成法律的自动售货机。

以案例作为司法解释的主要形式必然会遇到判例法的难题，随着时间的流逝，案例的数量会汗牛充栋，使后人面对浩如烟海的案例汇编只能望洋兴叹。这必然产生将案例中判决的核心规则提炼为立法规则的强烈需求。笔者认为，可以将最高人民法院的司法解释编纂成简洁明了的法律规则，虽然将规则剥离于案件事实有很大的弊端，但简洁明了确实是规则的优势所在。应将案件的规则抽象出来然后进行系统的编排、整理，并形成条文形式，但不应再赋予它法律的效力。也就是说，把案件规则编纂成条文形式作为法官裁判案件的参考已经足够，再进一步赋予它法律效力就闯入禁区了。我们也许可以在当前的法制框架下思考一些具体的制度设计。

---

[1] 陈林林、许杨勇："司法解释立法化问题三论"，载《浙江社会科学》2010年第6期。

党 内 法 规

超越二值

——党政联合发文附带性审查规则新论

陈思羽*

【摘　要】在传统二值思维下，党政联合发文规范由于其复合了"党"的属性，在理论和实务上往往被认定为党内规范，对其不予附带审查，从而导致行政机关滥用联合发文，损害相对人权益。文章针对此种现象，以二元思维突破二值思维，运用实证分析、规范分析和数学分析等方法，提出新实质标准作为联合发文规范性质判断的依据，并针对不同性质的联合发文规范是否具有可附带审查性、如何审查及审查后效力等问题进行规则和理论重构。

【关键词】党政联合发文；附带性审查；性质；二元思维

一、引言

习近平总书记提出要"注重党内法规和国家法律的衔接协调"，党政联合发文作为中国特色社会主义法治体系下的特殊制度形态，处于党规和国法的交叉地带，是二者衔接协调的重要制度路径。当前党政联合发文规范呈现出"井喷式"增长的现象，越来越多的党政联合发文规范被行政机关直接作为行政行为的依据，但由于其复合了"党"的因素，从而产生了能否适用法律规范体系下附带性审查制度的疑问，这也给党政联合发文制度实践带来了诸多困惑。笔者检索后发现，中国裁判文书网中共有 43 件关于党政联合发文的案例，其中 40

---

* 陈思羽，中国政法大学 2020 级党内法规专业硕士。

表1 网络中检索到的关于党政联合发文的案件

序号	名称	审级	案号	类型	结果	序号	名称	审级	案号	类型	结果
1	范某与太原市人民政府、山西省人民政府行政复议行政判决书	二审	（2020）晋行终453号	信息公开	未公开	23	唐一相与梁平区人民政府请求撤销政府信息公开回复一案一审行政判决书	二审	（2020）渝02行初110号	信息公开	未公开
2	刘江、宁乡市人民政府二审行政判决书	二审	（2020）湘行终881号	信息公开	未公开	24	陈秀娟与湛江市坡头区人民政府、房屋拆迁管理（拆迁）一案行政一审行政判决书	二审	（2020）08行初104号	信息公开	未公开
3	成都海天实型铸造有限公司、崇州市人民政府其他行政管理二审行政判决书	二审	（2020）川行终874号	信息公开	未公开	25	188沈洪发与无锡市滨湖街道办事处、无锡市滨湖区人民政府行政复议二审行政判决书	二审	（2020）苏02行终188号	信息公开	未公开
4	陈洪龙、温州市人民政府行政批准二审行政判决书	二审	（2020）浙行终906号	附带审查	不予审查	26	童婉珍、慈溪市人民政府行政监察（监察）二审行政判决书	二审	（2020）浙02行终231号	信息公开	未公开
5	严翠兰、官华、四川省人民政府二审行政判决书	二审	（2020）川行终734号	信息公开	未公开	27	梅桂英与常州市天宁区人民政府、常州市人民政府行政监督、行政复议一审行政判决书	二审	（2019）苏04行终59号	信息公开	未公开
6	张如英与南通市崇川区人民政府行政监督二审行政判决书	二审	（2020）苏行终316号	信息公开	未公开	28	汤俩伟、福建省自然资源厅、中华人民共和国自然资源部行政监察（监察）二审行政判决书	二审	（2020）01行终349号	信息公开	未公开
7	唐小明、阳朔县人民政府二审行政判决书	二审	（2020）桂行终637号	信息公开	未公开	29	刘江与宁乡市人民政府一审行政判决书	一审	（2020）湘01行初118号	信息公开	未公开
8	刘其昌与北京市东城区人民政府其他二审行政判决书	二审	（2019）京行终9224号	信息公开	未公开	30	兴化市千垛镇人民政府与浙江长裕珍珠有限公司、兴化市公安局等行政强制二审行政判决书	二审	（2020）苏12行终61号	附带审查	不予审查
9	漳浦县人民政府和漳州市人民政府因洪桂美、林荫花诉其政府信息公开及行政复议一案二审判决书	二审	（2019）闽行终1169号	信息公开	未公开	31	郭文豪与大连市人民政府、辽宁省人民政府一审行政判决书	一审	（2019）辽02行初306号	信息公开	未公开
10	戈友珍与东台市人民政府行政监督二审行政判决书	二审	（2018）苏行终1312号	信息公开	未公开	32	广州市番禺区人民政府一审行政判决书	一审	（2019）粤71行初462号	信息公开	未公开
11	卓国辉、南安市人民政府二审行政判决书	二审	（2019）闽行终520号	信息公开	未公开	33	赵光与烟台市人民政府一审行政判决书	一审	（2019）鲁06行初9号	信息公开	未公开
12	徐春苗、舟山市定海区人民政府、舟山市人民政府行政监督二审行政判决书	二审	（2019）浙行终902号	信息公开	未公开	34	宋辉辉与东乡区人民政府、抚州市人民政府一审行政判决书	一审	（2018）赣10行初147号	信息公开	未公开
13	张遂荣张放、张梦杰二审行政判决书	二审	（2019）川行终543号	信息公开	未公开	35	贾俊伟与哈尔滨市南岗区人民政府一审行政判决书	一审	（2018）黑01行初394号	信息公开	未公开
14	贾俊伟、哈尔滨市南岗区人民政府二审行政判决书	二审	（2019）黑行终202号	信息公开	未公开	36	张遂荣、广安市人民政府其他一审行政判决书	二审	（2018）川16行终57号	信息公开	未公开
15	陈士华、胡银锅、东阳市人民政府行政监督二审行政判决书	二审	（2019）浙行终7号	信息公开	未公开	37	成都海天实型铸造有限公司、崇州市人民政府其他一审行政判决书	二审	（2018）川01行初162号	信息公开	未公开
16	王小琳与常州市政府、江苏省人民政府不履行法定职责、行政复议二审行政判决书	二审	（2017）苏行终1509号 浙行终8号	信息公开	未公开	38	黄波、郑州市金水区国基路街道办事处二审行政判决书	二审	（2018）豫01行终527号	信息公开	未公开
17	王春明与镇江市人民政府、江苏省人民政府行政监督、行政复议二审行政判决书	二审	（2017）苏行终1308号	信息公开	未公开	39	徐军、青岛市市中山路街道办事处二审行政判决书	二审	（2017）鲁02行终206号	信息公开	未公开
18	刘卫东、青岛市李沧区人民政府二审行政判决书	二审	（2017）鲁行终891号	信息公开	未公开	40	王小琳与常州市人民政府、江苏省人民政府行政复议一审行政判决书	二审	（2016）苏04行初78号	附带审查	不予审查
19	郭小兵与江苏省人民政府行政监督二审行政判决书	二审	（2017）苏行终127号	信息公开	未公开	41	张业杰诉北京市人民政府等政府信息公开案一审行政判决书	二审	（2015）二中行初字第2052号	信息公开	未公开
20	泰顺县人民政府与鲁德辉、胡荣豪行政监督二审行政判决书	二审	（2016）浙行终1335号	信息公开	未公开	42	原告孙玉荣等五人因要求确认被郑州市中原区人民政府于2014年12月25日作出的信息公开答复违法一案一审行政判决书	二审	（2015）郑铁行初字第194号	信息公开	公开
21	王林生、周口市川汇区人民政府二审行政判决书	二审	（2016）豫行终2631号	信息公开	未公开	43	赵艳与天津市津南区农业经济委员会农业行政管理（农业）一审行政判决书	二审	（2018）津0112行初84号	信息公开	未公开
22	张竹乔、如皋市人民政府如城街道办事处行政监督二审行政判决书	二审	（2021）苏06行终10号	信息公开	未公开						

件属信息公开案，涉及附带性审查的案例仅有3件。但不论是信息公开案还是请求附带性审查的案件，法院均以"属于党务信息、党务规范"为由驳回原告

的诉求。这极易诱使国家机关为其公权力行为披上"外衣"，从而开辟出一条"特殊通道"，[1]既不利于相对人权益的保障和救济，也不利于充分发挥党总揽全局、协调各方的领导核心作用，最终损害党和国家的公信力，阻滞全面依法治国进程的推进，因而亟需理论上的回应。

事实上，学术界已经关注到党政联合发文的实践之问，但目前相关研究仅处于起步阶段。笔者通过"中国知网"对文献检索后发现，当前学术界关于党政联合发文的研究多集中在信息公开领域，以回应实践之需。除此之外，有关党政联合发文的备案审查制度和类型化分析等方面也略有涉足，但尚未有直接关于附带性审查的研究，在党政联合发文的性质、能否附带性审查、如何审查及审查后效力处理等方面仍未能回应实践的需求。因此本文试图通过打破传统二值思维，以新的二元思维为指导，结合实证分析、规范分析和数学分析等方法，从党政联合发文规范的性质入手，对党政联合发文附带性审查的规则和理论进行重构，以期弥补原有理论的不足，回应实践需求。

二、先决难题：审查前性质认定的传统进路

（一）面对性质的两种策略

党政联合发文，即党的组织机构与国家机构因特定需要或职权交叉而共同发布规范的制度现象。[2]因其发文主体既包括党的机构，也包括国家机构，故而在性质上存在两种可能：党内规范和行政规范。实践中之所以驳回申请人或原告的请求，就在于将党政联合发文规范的性质归属于党内规范的范畴，自然地，法律规范体系下的《行政复议法》《行政诉讼法》等法律法规和解释就无法适用于有关案件当中。由此便产生了一种逻辑矛盾，即行政机关在作出具体行政行为时，认定党政联合发文规范具有适用的效力，是具体行政行为的依据。而一旦进入监督行政法律关系当中，便不再认定党政联合发文规范具有可附带审查性，虽然相关法律文书并未明示其不属于行政行为的依据，但却以其属于党内规范性文件为由否定当事人的请求。换言之，行政机关在作出具体行政行为时，默认其性质为行政规范，而在监督行政法律关系中则认定其性质属于党内规范。显然，这一矛盾将本就处于弱势地位的行政相对人置于更加不利的境地，原本作为实现"天秤平衡"的行政监督救济制度难以发挥应有的

---

〔1〕 张力："党政联合发文的信息公开困境与规则重塑：基于司法裁判的分析"，载《中国法学》2020 年第 1 期。

〔2〕 姚琪："论党政联合发文的分类治理机制"，载《法治社会》2020 年第 3 期。

作用。

与其说这是种逻辑矛盾，倒不如说是行政监督救济机关的策略：一方面，法律法规并未将党内规范列入附带性审查的范围中；另一方面，对党内规范进行审查也不符合我国的现实。故而又回归到最根本的问题，即党政联合发文规范的性质问题。可以说，明确其性质归属是解决党政联合发文附带性审查问题的先决条件。

（二）性质认定的形式标准

实践中认定党政联合发文规范的性质往往采用形式标准。所谓形式标准，即以党政联合发文规范的外观作为性质判定的标准，通过对规范的发文字号、署名机关及其排列顺序、发文机关标志等要素进行判断，确定该规范为何种性质——其中主要是依据发文字号。形式标准的合理性在于，任何规范性文件都存在与之相适应的独一无二的发文字号，它简明地表达出文件的制定机关、发布时间和发文顺序，据此便能够推断、检索出该规范性文件并确定其性质。但从本质上来讲，其性质的确定依据依旧是规范性文件的制定和发布机关，发文字号本身并没有任何法律效力，其作用仅在于传达文件的上述信息。这一点从《党政机关公文处理工作条例》（以下简称《处理条例》）第9条"（五）发文字号。由发文机关代字、年份、发文顺序号组成。联合行文时，使用主办机关的发文字号"的规定中能够得以佐证：发文字号仅表明文件的主办机关，尚不能表明其他参与机关，更不用说其性质了。

同时，如果仅仅根据发文字号等外观来判定党政联合发文规范的性质，实质上就改变了附带审查案件中行政机关证明责任的对象——无需证明所要审查的规范性文件符合上位法的要求，只需证明该文件的发文字号为党的发文字号即可。[1]此外，形式化标准既不能防止行政机关滥用职权，也难以纠正其错误地行使职权，反而可能促使行政机关滥用党政联合发文的形式，随意地将其规范性文件披上"外衣"，以规避监督。最终，使得相关法律法规形同虚设，导致相对人权益难以得到保障和救济。从《处理条例》对联合发文的要求上来看，其第17条第1款"同级党政机关、党政机关与其他同级机关必要时可以联合行文。属于党委、政府各自职权范围内的工作，不得联合行文"更是明确了只有涉及双方共同职权的时候，才能够采用党政联合发文的方式。由此可知，

---

[1] 张力："党政联合发文的信息公开困境与规则重塑：基于司法裁判的分析"，载《中国法学》2020年第1期。

党政联合发文规范既包含党组织机构的职权，也包含国家机构的职权。单纯的形式标准易以外观掩盖实质性多元职权。由此，应当及时摒弃形式标准，转而迈向性质判断的实质标准。

（三）性质认定的实质标准

相比于形式标准，实质性标准更关注党政联合发文规范外观背后的本质，即以党政联合发文规范的制定程序和具体内容作为判定标准。但实质标准不应当排除形式外观，只是不唯形式外观作为判断依据——既然名为"党政联合发文"，则发文主体中必然既包含党的组织机构又包含国家机构，故而仅从发文主体、发文字号或落款等直观角度加以审查难以摆脱选择的两难（党内规范与行政规范）境地。那么实质标准如何对非外观性要素进行审查？就制定主体而言，主要是通过落款署名加以判断，在落款处究竟加盖何者的印章；对具体内容的审查则集中于规范文本本身，即文本中是否涉及行政管理等行政职权的内容。

实质标准解决了形式标准单一外观判断的不足，从规范本身的制定和内容等实质要件层面更准确地定位性质。但实质标准仍未从根本上解决选择的两难境地，在最终结果上仍然是党内规范性文件或行政规范性文件两种选择，其无非是通过更多的要素对形式标准加以精细化。实质标准虽然考虑到了制定程序问题，但审查方式只能是查看落款署名，无法对制定过程中的具体情形加以考察。而现实中多数联合发文规范最终的落款署名都体现为党的组织机构和国家机构两个主体，如果强迫审查机关选择其一，最终又必然诉诸署名先后，再次回归形式标准。如在"张竹乔诉如皋市人民政府如城街道办事处信息公开案"中，江苏省南通市经济技术开发区人民法院指出："虽如皋市政府办是上述46号文的参与制作机关，但该文件的版头部分载明的单位是'中共如皋市委办公室文件'，发文字号是'皋办'，而非'皋政发'或者'皋政办发'等发文字号，发文机关署名排列为中共如皋市委办公室在前、如皋市政府办公室在后，结合党政机关公文格式要求，可以认定该文件的牵头制作单位是中共如皋市委办公室，故被告认定该文件系党政联合发文，且如皋市委系牵头制作主体，不予公开并无不当。"[1]

---

[1] 张竹乔诉如皋市人民政府如城街道办事处信息公开案，江苏省南通市经济技术开发区人民法院（2020）苏0691行初905号行政判决书。

三、思维突破：审查前性质认定的新型进路

（一）二元思维下的新实质标准

事实上，前述两种标准不论何者，本质上均属于二值思维，[1]所以无论判定要素如何精细准确，都难以突破"0"和"1"的经典计算机式逻辑，自然地也无法突破二值思维下的种种缺陷。有鉴于此，必须颠覆传统的二值思维，代之以新的二元思维。"二元思维"不同于"二值思维"，是一种二元并存的思维体系，更类似于量子计算机式的"量子纠缠"逻辑，本质为二元论。在二元思维的基础上，笔者对原有的实质标准加以改造，提出新的实质标准作为性质判断标准。新实质标准不同于传统标准，其不以某项固定的指标作为审查依据，转而寻找规范文本中一切可能影响性质的因素，并按照这些因素的重要程度进行加权，在对各项因素进行综合权衡计算以后最终对性质加以确定。

新实质性标准对两项变量加以考察：意志表达程度和权责表达程度。所谓意志表达程度，是指党政联合发文规范从制定到废止、从外观到内容等各方面对主体意志的体现程度；权责表达程度是指联合发文规范中关于不同主体职权、职责的规定程度。需要说明的是，虽然权责表达也是意志表达的一种，但这里的意志表达是除权责表达以外的其他方面的意志表达。一方面是因为与其他意志表达相比，职权和职责构成党政联合发文规范的主要内容和目的，另一方面是由于权责对相对人权益影响更大，也是行政机关行政行为的直接依据，故而将权责表达独立出意志表达，给予其不同于其他意志表达的权重。

上述只是纯粹理论层面的应然构想，在实然规范中，往往存在党的意志与行政意志、党的权责与行政权责杂糅在一起的情形。这主要是以下原因所导致：首先整个国家治理过程中，党始终发挥着总揽全局、协调各方的领导核心作用，这既是历史和人民的选择，也是宪法的规定和要求，接受党的领导是国家机构的宪制职责。其次，我国的党政具有天然的协同性。[2]这种协同性是接受党领导的结果——党的组织机构深入国家机构当中，使得国家机构与党的机构具有同构性，大多数领导干部均为党员，在人员身份上具有双重性；最后，党的职能

---

〔1〕"二值思维"作为一个哲学或逻辑学概念，主要是指在一个命题中只存在"真"与"假"或"是"与"否"两种非此即彼的可能，"二值逻辑"本质上为一元论。

〔2〕喻少如、刘文凯："党政机构合署合设与行政主体理论的发展"，载《南京社会科学》2019年第4期。

和国家职能在某些方面存在交叉，[1]这些交叉主要存在于具有重要性、特殊性和紧迫性的领域。

本质上讲，党政具有同一性，党政权责存在交叉性，在我国党政制度下，如果强行将交叉的意志和权责泾渭分明地区分开来，既不可能也不现实，即便能够区分，也将耗费巨大的时间和人力成本。因此，为了在实务中更具可行性和操作性，笔者提出"法定原则"作为判断党政意志和权责的方式。由于党内规范性文件受党内法规体系的约束，再加上党的领导是一种宏观性和总体性领导，具有统揽全局的顶层设计作用，其对行政机关、行政权责的规定极易存在跨机关、超越单一机关权责的情形，因而可用以作为判断和审查标准，此即"法定原则"。申言之，先依据上位法对行政机关的权责和意志表达进行判断，审查哪些规范内容或意志表达方式超出了法定的范围；对于超出范围的，应当认定为党的意志或党的权责；没有超出范围的，认定为行政机关的意志或权责。这种方式实际上以行政意志和权责吸收了党的意志和权责。之所以如此，是因为存在吸收的可能：从党政意志包容性上看，任何行政意志都包含于党的意志当中，或是来源于党的意志，或是经党的意志所允许；从党政权责包容性上看，交叉领域中党内法规关于党的组织机构权责的规定与党的领导密切相关，故而更为原则和抽象，而行政权责更加具体，可以与党的组织机构权责相对应。

事实上，对复议、审判等实务人员而言，由于联合发文规范复合了党的意志和权责，因而对审查和性质判断造成了极大的困难——专精于法学的实务人员对党内规范的理解程度远不及法律规范，哪些规范内容和意志表达载体体现了党的意志和权责并不容易区分。"法定原则"能够在一定程度上缓解此种尴尬，使实务人员在法律规范体系的范围内进行判断、审查。仍然需要强调的是，上述"法定原则"只适用于党政相互交织、难以区分的交叉领域，对于非交叉领域，则可直接加以判断和审查。

（二）新实质标准对性质认定的重构

前已提及，形式标准和传统的实质标准难以走出选择两难困境的原因在于二值思维，因此正确认定性质的前提就在于突破非黑即白式的二值思维。较之于二值思维，兼容并包的二元思维能够更加准确地反映党政联合发文规范的性质，它承认某项事物中存在多种形式和性质，故称为"二元"，这里的"二元"

---

[1] 欧爱民、李丹："混合性党规的正当性证成与适用范围——党政联合制定党规的一种理论回应"，载《中南大学学报（社会科学版）》2020年第1期。

即"党元"和"政元"。换言之，在此种思维之下，党政联合发文性质由单纯的党内规范和行政规范两种可能扩展至党内规范、行政规范和二者兼具三种可能。二元思维源自于辩证唯物主义立场，辩证唯物主义认为：物质实体的属性源自于物质实体并由物质实体本身所决定。事物之间的联系具有普遍性，因而一个事物能够表现出多种不同的属性，但事物不是属性的简单相加，而是它们的有机统一，[1]不能以单一性质湮灭多样属性。《处理条例》第17条关于联合行文的规定实质上表明了二元思维，即只有既涉及政府职权又涉及党委职权的时候才允许联合发文——相应地也就存在二元性质。从另一角度讲，行政机关和行政监督救济机关对联合发文规范两种不同的策略也恰好说明了二元性质——如果其性质为单一维度，又如何既作为行政行为的依据又因党的发文字号而拒绝接受审查？

在二元思维下，传统二值思维据以定性的"绝对优势原则"不再适用。绝对优势原则根据联合发文规范中党政二性何者占据绝对的优势地位来认定规范本身的性质，或是以形式外观作为绝对优势的认定标准，或是以规范的制定程序和具体内容作为绝对优势的认定标准。但不论以何为标准，都将以优势湮灭和掩盖弱势，消解弱势性质对相对人的损益。因此，二元逻辑下的新实质标准将采用"相对平衡原则"。相对平衡原则依据同一规范中党政意志表达程度比和权责表达程度比之间的比例确定该规范的性质。具言之，先分别审查联合发文规范中党政各自的意志表达程度并估算出二者的比值，再以相同的方式审查党政各自的权责表达程度并估算出二者的比值。为了使此方式更加直观化，笔者通过数学公式加以表达：用 P（W）表示党的意志表达程度，G（W）表示行政机关的意志表达程度，P（P）表示党组织机构的权责表达程度，G（P）表示行政机关的权责表达程度，那么，意志表达程度比为：

$$W = \frac{P(W)}{G(W)} \qquad 式（3-1）$$

权责表达程度比为：

$$P = \frac{P(P)}{G(P)} \qquad 式（3-2）$$

---

〔1〕 王守安、田凯："论我国检察权的属性"，载《国家检察官学院学报》2016年第5期。

因而，党政联合发文的性质数值 N 为：

$$N = \frac{W}{P} \qquad\qquad 式（3-3）$$

需要说明的是，党政各自的意志表达程度和权责表达程度均为抽象性的难以量化的概念，因而对其数值的评估和对上述公式的运用，仍然需要依靠审查人员的内心确信。质言之，由审查人员对各种影响意志表达程度和权责表达程度的因素进行加权赋值或根据其中可量化的标准确值。在赋值和确值的过程中，审查人员应当保持客观中立，秉持合理公正原则，对任何一方都需要一视同仁，不偏不倚，排除不相干因素的侵扰，对每项因素的确值都应当符合一般理性人朴素的情感和判断。所赋予的和确定的数值应当明确合理区间，数值判断标准应当一致，从而保证公平性、客观性和便捷性。

在对性质进行具体审查时，首先需要判断 W 与 P 的大小，如果 W 和 P 同时大于合理区间，则说明该联合发文规范几乎只反映党的组织机构的意志和权责；相反地，如果 W 和 P 同时小于合理区间，则说明该联合发文规范几乎只反映行政机关的意志和权责。此时，应当将其性质认定为党内规范性文件或行政规范性文件一元性质，另一主体仅仅为名义上，而非实质性的。在合理区间内，当 N 趋近于 1 时，说明党政意志和权责在该规范中成标准的恰当比例，意志表达程度与权责表达程度基本一致，此时应当认定联合发文规范的性质为党内规范兼具行政规范；W、P 在合理区间内，当 N 趋近于 0 或 N 趋近于 +∞ 时，虽然表明党政意志表达程度和权责表达程度不成合理比例——或是党的意志表达少、权责表达多，或是行政意志表达少、权责表达多，但仍然将该联合发文规范的性质认定为党内规范兼具行政规范的二元性质，原因在于上述两种不成比例的情形是由党政机关自身的过错所导致，党政机关不能因自己的过错而给自己带来利益、给相对人带来损益，故而从相对人利益保障和规范党政机关行为的角度出发，认定其为二元性质。

表 2　合理区间下 N、W、P 之间的关系

N	W、P	党政意志、权责表达关系
→1	成恰当比例	党政意志表达程度和权责表达程度一致
→0	不成恰当比例	党的意志表达少、权责表达多
→∞	不成恰当比例	行政意志表达少、权责表达多

综上，根据公式推理，可以总结出如下非公式化审查标准：第一，在同一联合发文规范中，党政意志表达程度与权责表达程度之间对应一致成比例时，该规范性质为党政二元性质；第二，如果党政某一方的意志和权责表达程度畸高，而另一方意志和权责表达程度畸低，则该规范的性质为畸高一方的一元性质；第三，某一方的意志表达程度和权责表达程度不均衡、不成比例，但不存在畸高畸低的情形时，为了规范公权行为和保护相对人权益，将该规范性质认定为党政二元属性。

四、附带审查：二元思维下审查制度的新面向

（一）可审查性

对规范性文件进行附带审查的直接依据为《行政诉讼法》第 53 条和《行政复议法》第 7 条。根据二者的规定，一项行政规范性文件被进行附带审查，需要满足以下三个条件：第一，必须具有行政规范性文件的性质。第二，由行政机关制定。虽然《行政复议法》并未明确要求由行政机关"制定"，但其所采用的表达为"规定"，而"规定"暗含了该机关的"制定"要素。第三，是行政行为的依据。[1]对党政联合发文规范进行附带审查，也需要满足上述三个条件。

联合发文规范的定性是进行附带审查的前提。上文已经论述，党政联合发文规范存在三种性质的可能：党内规范、行政规范和两者兼具的二元性质。党内规范和行政规范的性质较为明确，能否审查自不待言；对于兼具二者性质的联合发文规范，由于其具有部分行政规范的属性，因此对于具有行政规范属性的部分应当认定为满足附带审查的条件。

---

〔1〕 王红卫、廖希飞："行政诉讼中规范性文件附带审查制度研究"，载《行政法学研究》2015 年第 6 期。

存在较大疑问的在于"制定"条件，即党政联合发文规范是否由行政机关制定。一般意义上讲，"制定"是制定主体在职权范围内，依照法定的程序，创制、补充、修改和废止规范性文件的活动。换言之，某一制定主体只要按照有关制定规范的要求，经过特定的制定程序出台、修改和废止了某一规范，就认定为该机关"制定"了该规范。对于单一性质的规范，往往通过形式外观对该机关的整个"制定"过程加以固定，因而实践中常以发文字号、发文机关署名等方式作为判断制定的依据。但党政联合发文规范具有特殊性，它处于党内法规体系和法律规范体系的交叉地带，党政两主体在其中紧密联系、相互复合，究竟何者是制定主体难以判断。而根据《处理条例》的规定，发文字号、发文机关等形式外观也仅仅表明主办机关而非制定机关，因此不能将之作为判断制定主体的依据。法律规范体系虽然难以明确联合发文的制定主体，但党内法规体系下的《中国共产党党内法规制定条例》对此进行了补充，其第 13 条第 2款规定："制定党内法规涉及政府职权范围事项的，可以由党政机关联合制定。"该款明确了行政机关制定主体的地位。虽然其规定的是制定"党内法规"可以"联合制定"，进而行政机关是制定主体，但按照"举重以明轻"的原则，行政机关尚且可以成为党内法规的制定主体，更不用说成为二元性质规范的制定主体。何况，根据上文的分析，这里的"党内法规"实际上兼具了法律规范的双重属性。

是否为行政行为的依据也是进行附带审查的必要条件。"依据"是指行政行为与规范性文件之间存在一定的关联性，或者说规范性文件是行政行为作出的根据。[1]这里的关联性，按照最高人民法院的理解，必须具有直接性，即是行政行为的直接依据。[2]司法实践中原告请求对联合发文规范进行审查时，法院驳回请求的主要原因之一即为该规范性文件并非行政行为的依据。在"寿宁县 23 家石材厂诉寿宁县人民政府环境保护行政管理案"中，宁德市中级人民法院和福建省高级人民法院认为寿委办〔2016〕81 号通知"属地方党委政府履行保护生态环境职责和基于内部层级关系对下级党政部门、直属单位督促履行职责的内部行为"，并非行政行为的直接依据，故而予以驳回。[3]事实上，实践

---

〔1〕 王春业："论行政规范性文件附带审查中'依据'的司法认定"，载《行政法学研究》2019 年第 3 期。

〔2〕 成都金牌天使医疗科技有限责任公司诉四川省成都市科学技术局科技项目资助行政许可案，最高人民法院第一批行政诉讼附带审查规范性文件典型案例（2018）。

〔3〕 寿宁县 23 家石材厂诉寿宁县人民政府环境保护行政管理案，福建省高级人民法院（2019）闽行终 294 号。

中存在的党政联合发文规范多数都并非行政行为的直接依据，只是党委基于其本身的领导职责对相关事项开展的安排、部署和要求，这些联合发文规范还需要通过行政机关出台具体的行政规范予以贯彻落实——这些行政规范才属于行政行为的直接依据。但仍有相当一部分联合发文规范被作为行政行为的直接依据，此时需要审查机关根据具体情形判断行政行为的直接依据。

（二）审查方式及审查后的效力认定

一元性质的党内规范性的党政联合发文规范本质为党内法规，不得进行规范性审查，而行政规范性党政联合发文规范本质上与普通的行政规范性文件差异不大，审查方式也基本相同，关注的重点在二元性质党政联合发文规范的审查方式上。事实上，采用"新实质标准"对联合发文规范的性质进行判断时，就已经在对规范进行附带审查了。申言之，在"新实质标准"需要对意志表达程度和权责表达程度进行判断，此时就已经需要对规范的制定程序、是否符合上位法等内容进行实质的合法性审查了。因而一旦判断出联合发文规范的性质，实质上就已经完成了附带审查的主要工作。

但在进行附带审查时，不能盲目适用"法定原则"。"法定原则"在交叉相融的意志表达和权责表达中人为地将超越权限范围的内容划定为党的意志和权责，从而造成一种困境，即将越权等那些不合法的规定和内容归属到党内规范当中。附带审查的目的在于"加强对行政规范性文件的监督"，从源头上减少和纠正违法行政行为。[1]如果机械地适用"法定原则"，会导致附带审查制度失去存在的意义，因为一旦发现违反上位法的情形就可将之归于党内法规体系当中，并以此回避附带审查本应具有的法律效果，则其最终将沦落为"无的放矢"的规范性质审查。因此，"法定原则"主要作用在于判断联合发文规范的性质，不能将判断结果简单地复制到合法性审查当中。相反地，应当在联合发文规范性质判断完成以后，对所有涉及具体行政权责的内容按照普通行政规范性文件的审查方式逐一进行合法性审查。

党政联合发文规范在经审查被认定为违法后，复议机关按照《行政复议法》的规定自行处理或移送有权机关处理，法院按照《行政诉讼法》的规定向制定机关提出处理建议。一元性质的联合发文规范如何处理和认定效力自然不存在问题，但二元性质的联合发文规范横跨两种规范体系，其效力应当如何认

---

[1] 黄学贤："行政规范性文件司法审查的规则嬗变及其完善"，载《苏州大学学报（哲学社会科学版）》2017年第2期。

定？笔者参考大陆法系国家有关政府采购的"两阶段理论"，提出"双重性质构想"。两阶段理论将政府采购原本"完整、连贯的民事私法行为"划分为公权行为和私权行为两个阶段，从而给予协议供应商公法救济的途径。[1]"双重性质构想"与之类似，它将同一规范认定为双重性质，既是党内法规体系下的党内规范，又是法律规范体系下的行政规范，在其中一种体系下对该规范的处理并不影响其在另一规范体系下的效力。照此构想，在附带审查中所认定的联合发文规范违法并不影响其作为党内规范的应有效力，有关机关依旧应当按照该规范的要求在各自体系范围内以合规合法的形式履行、贯彻和落实。这样，不仅解决了党政联合发文规范的违法处理问题，也缓和了两体系之间的对立。

五、结论

习近平总书记强调，要坚持"依法治国和依规治党有机统一"，党政联合发文便是二者有机统一的制度联结点。对其附带审查问题的研究，不仅仅关系到能否审查、如何审查等表层理论问题，更关系到整个中国特色社会主义法治体系和法治理论的建设发展等深层问题。"每一种法治形态背后都有一套政治理论，每一种法治模式当中都有一种政治逻辑，每一条法治道路底下都有一种政治立场。"党政联合发文的制度现实已经表明，传统法律一元主义下的二值思维难以适应我国的新型法治形态和法治实践，因此必须打破二值思维的固有逻辑，以新的二元思维取代。在二元思维之下，采用新实质标准审查党政联合发文规范的性质，其中行政规范一元性质与党政二元性质的联合发文规范具有可审查性，其审查方式与新实质标准类似。对于审查后违法的联合发文规范则应当按照"双重性质构想"处理其效力。

---

〔1〕 陈又新："政府采购行为的法律性质——基于对'两阶段理论'的借鉴"，载《行政法学研究》2015 年第 3 期。

村级组织负责人"一肩挑"制度的逻辑理路与实践路径

张梦林*

【摘　要】村级组织负责人"一肩挑"制度是指农村党组织书记与村委会主任通过法定程序兼任两个职务的体制机制。2018 年，该制度经过二十余年的试点推行、经验总结后被正式写入党内法规，标志着中国共产党执政方式现代化、依规治党进程的又一突破。

"一肩挑"制度的起点在于化解农村"两委"〔1〕矛盾，实现组织意图及村民意愿的协调适应，最终旨在达成党的领导与村民自治的内在统一。该制度的功能定位在于贯彻党在农村地区全面领导、坚持以人民为中心执政理念以及完善乡村治理现代化体制机制。但在推行过程中，尚存政党自治规范效力发生外溢、执政权与自治权之间存在张力、党内民主与党外监督不相协调等理论困境。

基于以上问题，本文提出"一肩挑"制度完善向度在于兼顾制度规范性与灵活性、利用法规范学解释为实践提供学理性证成路径，以及从社会系统论出发，达到党内法规系统与法律系统相调和的目标。

【关键词】一肩挑；两委；农村基层党组织；党内法规

《中国共产党章程》第 30 条第 1 款规定，在农村地区三人以上应当成立党支部；第 33 条第 1 款规定，村领导农村地区的工作和基层社会治理，支持和保证行政组织、经济组织和群众自治组织充分行使职权。在乡村基层治理的实践中，我国逐渐形成了党组织总揽全局，农村自治组织进行自治的二元权力并行

---

* 张梦林，中国政法大学 2019 级党内法规专业硕士。
〔1〕 "两委"指村党支部委员会和村民委员会。

的局面。二元权力主体下，"两委" 长期的决策冲突性，以及农村党组织领导弱化、边缘化的现实问题，催生了 "一肩挑" 制度的产生。"一肩挑" 是指农村党组织书记与村委会主任通过法定程序兼任两个职务，两委成员交叉任职的制度。[1]在党总揽全局、协调各方以及国家治理能力与治理体系现代化的宏观背景下，作为强化党在基层领导与建设的重要方式，作为一项自上而下被逐渐推广的制度，"一肩挑" 制度在整合乡村资源、振兴乡村经济以及提升乡村治理水平上取得了卓越成效，20 世纪 90 年代以来，各地逐步压茬推进具有地方特色的 "两委" 负责人职务兼任制度，并首先在山东、广东、海南、浙江等地取得实效，试点推行地域不断扩张的同时，覆盖规模也从千人小村到全镇范围。最具代表性的从村支书到村主任的 "顺德模式" 以及从村主任到村支书的 "威海模式"，[2]成为各地推行 "一肩挑" 制度的范式。2018 年《中国共产党支部工作条例（试行）》（以下简称《党支部工作条例（试行）》）[3]《中国共产党农村基层组织工作条例》（以下简称《农村基层组织工作条例》）[4]先后将该制度以党内法规的形式正式确认，自此摆脱了无规可依的困境，该制度的背后，有其积极的功能导向，同时也尚存理论与实践中的困境，实践路径亟待优化。

一、"一肩挑" 制度遵循的功能定位

（一）核心功能：贯彻党在农村地区的全面领导

以十九大为时间节点，十九大前，涉及村 "两委" 负责人 "一肩挑" 的文件主要有《中共中央办公厅、国务院办公厅关于进一步做好村民委员会换届选举工作的通知》《民政部关于做好 2005 年村民委员会换届选举工作的通知》《中共中央组织部、民政部关于认真做好村党组织和村民委员会换届工作的通知》

---

〔1〕 参见徐勇：《中国农村村民自治》，生活·读书·新知三联书店 2018 年版，第 180 页。

〔2〕 "顺德模式" 是指村党组织换届选举在先，之后通过法定程序，正确引导大多数村党组织的成员成为村委会成员；"威海模式" 是指提倡村党委书记和村委会主任由一人兼任，村委会换届在先或村党组织和村委会换届同时进行，拟任村党委书记者参加村委会选举，当选成功，则党组织按程序通过其党内职务的任命，当选不成功则将新任村委主任调整为村党委书记或者发展非党员的村委主任成为党员。"威海模式" 在 "一肩挑" 模式的探索中长时间处于主流地位。

〔3〕《中国共产党支部工作条例（试行）》第 24 条第 2 款："……符合条件的村、社区党支部书记可以通过法定程序担任村民委员会、居民委员会主任"。

〔4〕《中国共产党农村基层组织工作条例》第 19 条第 2 款："村党组织书记应当通过法定程序担任村民委员会主任和村级集体经济组织、合作经济组织负责人，村 '两委' 班子成员应当交叉任职。村务监督委员会主任一般由党员担任，可以由非村民委员会成员的村党组织班子成员兼任。村民委员会成员、村民代表中党员应当占一定比例。"

《中共中央办公厅、国务院办公厅关于加强和改进村民委员会选举工作的通知》等 4 份文件。十九大以来，明确提出村党组织书记"一肩挑"的文件主要为《中共中央、国务院关于实施乡村振兴战略的意见》《乡村振兴战略规划（2018—2022 年）》《中共中央、国务院关于坚持农业农村优先发展做好"三农"工作的若干意见》《中共中央、国务院关于建立健全城乡融合发展体制机制和政策体系的意见》等 9 份文件，[1]规范性文件数量在增长的同时，文件对于"一肩挑"制度的态度语词描述也从鼓励、倡导性的"提倡"转变为要求性的"应当"，[2]可见党加强乡村治理工作的迫切性。2020 年 12 月底召开的中央农村工作会议中指出我国的农村工作重点已经由脱贫攻坚转向乡村振兴，在两个阶段的过渡时期，有序、高效地领导农村地区实施深层次、宽领域的乡村振兴是中国共产党当前与未来的一项战略任务。

党管农村工作是中国共产党的优良传统，农村工作的重要战略地位也要求党积极发挥领导核心的作用，故此"一肩挑"制度最为核心的功能在于如何使党在乡村地区的领导向纵深发展。但村党组织的领导核心作用发挥效能如何，在实践中取决于个体，即村党委书记以及村委主任对"领导核心"的理解与实践，实践中"两委"班子往往"有利则争""有难就推"，亟需一种兼具实用性与规范性的制度来使党的领导核心地位实际化、具体化。在"一肩挑"制度下，村党组织书记通过兼任村委主任的形式，实质上将党的领导嵌入乡村自治之中，[3]这能够更好地贯彻与落实党的主张，支持与保证群众自治组织的运行。

（二）基础功能：坚持以人民为中心的执政理念

习近平总书记指出，始终坚持全心全意为人民服务的根本宗旨，是我们党始终得到人民拥护和爱戴的根本原因，对于充分发挥党密切联系群众的优势至关重要，[4]"一肩挑"制度设置的价值取向应当是以最广泛的民主为基础。其一，传统的村党组织书记的选任，由乡镇党委任命、推荐，或经支部委员会会议选举产生，容易造成村党组织支书仅对上级党组织或其支部党员负责，但忽

---

[1] 参见易新涛："村党组织书记'一肩挑'的生成逻辑、内涵解析和实施指向"，载《探索》2020 年第 4 期。

[2] 参见肖向前："论农村选举'一肩挑'模式的困境与出路——基于'党政·社会·选民'视角"，载《中共云南省委党校学报》2018 年第 2 期。

[3] 参见马丽："党的领导与基层治理：嵌入机制及其发展"，载《当代世界与社会主义》2020 年第 1 期。

[4] 参见习近平："始终坚持和充分发挥党的独特优势"，载《求是》2012 年第 15 期。

视人民群众的利益的问题。《中国共产党章程》第 30 条第 2 款规定"提出委员候选人要广泛征求党员和群众的意见",虽然在村党组织书记的选任过程中,也要倾听群众意见,但村民的发言与态度仅是一种参考,"一肩挑"制度下拟任的党组织书记在参与村民委员会选举的过程中要经过村民的选择,提高群众对其认可度的同时使其成为村民利益的代表者,做到对上对下的双重负责。其二,通过"一肩挑"制度的运行,被选举者的思想素质、管理能力、文化水平以及群众基础经过双重检验,"两委"班子的整体素质不断提高,能够更好地进行乡村建设。

(三)根本功能:完善乡村治理现代化体制机制

乡村治理现代化即乡村治理能力与治理体系的现代化,完善的乡村治理现代化体制机制必将推动国家治理能力与治理体系的发展。随着乡村治理由乡政村治模式向法治、德治、自治相结合的新型治理模式转变,乡村治理的主体、重心也发生相应的变化。首先,乡村治理的主体从强调多元主体治理向强调协同治理方向转变,"一肩挑"制度的实行并非一人兼任两职的职务简单合并,而是顺应乡村协同性治理的组织创新。[1]其次,乡村治理的重心由"党务"转向"村务",通过"一肩挑"推动党的领导重心下沉到基层,拓宽党管农村事务的领域,实现党的领导、人民当家作主以及依法治村的有机统一。最后,"三治"结合的治理体系是法治社会建设的基本原则,需要辅之以组织、机制进行跟进。"一肩挑制度"的实施通过健全党组织领导的村级组织体制机制,能够整合经济、人才等资源,使涉及乡村治理事务的决策、执行程序更加流畅。

二、"一肩挑"制度面临的理论问题

(一)政党自治规范效力外溢:党内法规与国家法律发生交集

虽然"一肩挑"从党内的倡导性政策到写入党内法规,历经了试点推开、经验总结以及制度化、体系化设计,但仍有两处制度设计的逻辑尚待厘清。一是从传统的政党自治理念来看,规定"一肩挑"制度的两部党内法规,即《党支部工作(试行)》以及《农村基层组织工作条例》均应是政党对其组织建设进行顶层设计的文本,不应当涉及基层自治组织换届工作内容,"两委"换届工作依据的规范应当分别对应党内法规以及国家法律,本应各行其道的两种法治规范交集时,就出现了政党自治规范的效力外溢至农村自治规范之中的情

---

[1] 参见李绍华:"全面推行村级组织负责人'一肩挑'的现实逻辑与实践进路",载《党政研究》2020 年第 6 期。

况。[1]虽然村党委书记"通过法定程序"担任村自治组织主任的表述符合《中国共产党章程》总纲中"党必须在宪法和法律的范围内活动"的表达，即党的领导与执政活动权源于国家法律体系，但实则造成了党内组织工作制度设计与自治组织制度体系交叉。二是"一肩挑"制度的推行使用的是"应当"语词，转换为执行力度，对应的应当是"全面推行"，此种情况又会造成两个问题，一是无差别的推行可能造成制度与当地村党组织、自治组织现实情况的脱节；二是党组织"总揽全局、协调各方"的功能可能因"一肩挑"制度被误认为对村务的绝对控制，造成引领性、指导性功能的偏向。

（二）党乡决策价值理念不一：执政权与自治权之间存在张力

村民委员会的权力由村民赋予，党组织的权力经党授权，二者分属不同体系，两种权力分别对应以自由为核心价值的自治权以及以稳定为目标取向的执政权。两种权力之间价值取向的不同使二者之间存在一定的张力：其一，虽然村委会并非一级政府，但从其职责来看，具有公共服务性，可以视为行政职责的纵向延伸。"两委"的运作模式类似于执政权与行政权，村务与党务的融合以及负责人身兼两职的现状极易造成两权不分的情况，这一方面有损党在基层治理中的领导权威，易发生"以党代政"的倒退，另一方面侵蚀村民自治的"自我"价值。其二，从政治实践角度出发，政党的意志与主张应当通过转化落实到具体行政中，不可通过混淆职责的方式来达到政党直接干预村务的目的。从文本来看，这种张力既有存在于党内法规内的，也有存在于党内法规与国家法律之间的。《农村基层组织工作条例》第10条列明了6项村党组织的职责，其中第2项将"决策权"分别赋予了村党组织以及村委会，村党组织对于涉及村内政治、经济、文化、社会、生态以及党的建设问题进行讨论与决定，村委会对"重要事项"提请村民（代表）会议或集体经济组织进行决定，两种"决策权"背后是集中与民主的不相协调的问题，"重要事项"指向不明也易造成对自治权的侵蚀。《村民委员会组织法》第8条至第10条列明了村委会的职责，村委会及村党组织都具有"支持与保障"的职能，村委会支持村民开展经济活动、支持村集体经济组织独立开展经济工作，村党组织支持和保障村民开展自治活动，两者之间存在交集，有村党组织包办一切之嫌。

（三）"两委"换届次序不明：党内民主与党外监督不相协调

"一肩挑"制度的贯彻还存在着党内民主与党外人民群众监督如何衔接统

---

[1] 参见欧爱民：《党内法规与国家法律关系论》，社会科学文献出版社2018年版，第9-10页。

一的问题,而造成两者不相弥合的决定性因素是"两委"换届顺序。从现行党内法规的表达来看,应当是党组织换届完成后,再行村自治组织的换届工作,如此次序符合党的领导地位以及政治传统,在党内推选出的书记能够发挥模范带头作用,其按法定程序当选村民委员会主任的可能性也相应增加。

但在前文所述的"威海模式"下村民委员会的选举可能先于或平行于村党组织的换届选举,当选的村民委员会主任如若并非拟任的村党组织书记,党内再按相应程序进行调整或者积极发展非党员的村民委员会主任成为党员,《中国共产党基层组织选举工作条例》第 18 条第 2 款规定:上级党的组织认为有必要时,可以调动或者指派下级党组织的负责人,为全面推动"一肩挑"制度建设提供了路径。但从本质上来看,在此换届次序下,村党组织负责人并非通过党内民主的方式推选而出,党内选举是形式,乡(镇)党委选举是手段,群众选举才是本质。[1]此种情形混淆了党内民主与党外监督,村党组织书记候选人的产生以及最终的选举应当获得群众的支持,但不能通过调整换届次序的方式,使"两委"负责人当选的合法性来源归一为群众授予,对党内民主造成冲击。

三、"一肩挑"制度完善的实施路向

(一)兼顾规范与灵活性:贯彻党对乡村工作全面领导

"一肩挑"制度的推行是党为贯彻在农村地区的全面领导而进行的体制机制创新,作为一项制度,其推行将更为规范与稳定。2020 年中央农村工作会议指出,随着全面小康的到来,农村工作的重点也将从扶贫攻坚转向乡村治理,作为乡村工作的重要抓手,党中央对"一肩挑"制度推行比例作出了相应要求。《乡村振兴战略规划(2018—2022 年)》第五章"发展目标"中将乡村振兴战略规划进行了指标量化,共分 5 大类。其中治理有效指标中,村党组织书记兼任村委会主任的村占比在 2020 年以及 2022 年的目标值分别在 35% 以及50%,笔者对各省(自治区、直辖市)出台的相应规划进行梳理(见下表 1),通过检索省政府以及对应的发展和改革委员会、农业农村委网站,整理出 15 个对此文件进行了信息公开的省级单位,仅有 6 个省份的设定指标持平于或低于中央文件,剩余省份的既定指标均高于中央要求。

---

[1] 参见程同顺、史猛:"推进村级组织负责人'一肩挑'的条件与挑战——基于 P 镇的实地调研",载《南开学报(哲学社会科学版)》2019 年第 4 期。

表 1 各省（自治区、直辖市）相应规划出台情况

序号	文件名称	地区指标与中央文件对比	预期指标	
			2020 年	2022 年
1	广西乡村振兴战略规划（2018—2022 年）	持平	35%	50%
2	四川省乡村振兴战略规划（2018—2022 年）		35%	50%
3	贵州省"十百千"乡村振兴示范工程实施方案（2019—2021 年）		35%	50%
4	江西省乡村振兴战略规划（2018—2022 年）		35%	50%
5	甘肃省乡村振兴战略实施规划（2018—2022 年）		10%	50%
6	内蒙古自治区乡村振兴战略规划（2018—2022 年）	低于	30%	35%
7	江苏省乡村振兴战略实施规划（2018—2022 年）	高于	>35%	>50%
8	云南省乡村振兴战略规划（2018—2022 年）		50%	50%
9	湖南省乡村振兴战略规划（2018—2022 年）		50%	>50%
10	浙江省乡村振兴战略规划（2018—2022 年）		50%	>50%
11	河北省乡村振兴战略规划（2018—2022 年）		60%	65%
12	吉林省乡村振兴战略规划（2018—2022 年）		81%	81%
13	广东省实施乡村振兴战略规划（2018—2022 年）		95%	95%
14	北京市乡村振兴战略规划（2018—2022 年）		100%	100%
15	天津市乡村振兴战略规划（2018—2022 年）		100%	100%

中央层面秉持"稳步推进"的理念，各省的预期指标也结合各地发展的实际情况，多位学者通过实证分析，发现推行比例与农村经济发展情况无关，仅与地方对该政策的重视程度以及中央的决策有关，[1]部分地区囿于"行政科层制"压力，"一肩挑"在基层落地往往出现推行比例过高的情形，为达到预期指标，行政村推行"一肩挑"的比例可能远超省级单位的既定标准。笔者认为这种变相"一刀切"政策不甚合理，"一肩挑"的推行应当具备灵活性，不具

---

[1] 参见唐鸣、张昆："论农村村级组织负责人党政'一肩挑'"，载《当代世界社会主义问题》2015 年第 1 期。

有条件的地区，可继续实行"两委"分开任职。此外，上级党组织选派的驻村书记，也并不适合兼任村委会主任。[1]

（二）利用法规范学解释：为实践提供学理性证成路径

针对"两委"之间存在的矛盾，多数研究从政治学、马克思主义学等学科的角度出发来分析其成因并提出解决措施，少有从法学学科出发，利用规范解释的方法来对此问题进行回应。[2]笔者拟通过法解释方式，从学理上提供论证"一肩挑"制度合理性的路径。

1. 文义解释初步证成党规与国法相协调

2018 年 12 月，修订后的《农村基层组织工作条例》于第 19 条第 2 款[3]规定了村党委书记"一肩挑"制度，解释该条的重点在于如何理解"应当"以及"通过法定程序"。首先，法解释学中的"应当"与"可以"相对照，"应当"为强制性规范，"可以"为授权性规范，在此辨析下，"应当"意为必须为或不为一定行为，不以人的意志为转移的规范。其次，"通过法定程序"指向的是村民委员会主任选举依据的国家法律，即《村民委员会组织法》，明确村党委书记兼任村委会主任的前提是经过法定程序，"村务"由村民当家作主，选举的程序性流程要依据国家法律。《农村基层组织工作条例》的此项规定，是党的主张转化为稳定性、适用性更强的党内法规的做法，涉及的"一肩挑"制度同时是党内法规效力外溢的一种体现，通过文义解释能够得出党的全面领导与依法执政相协调的结论。

2. 历史解释与体系解释证成"一肩挑"无意改变现有选举体制机制

历史解释是指根据历史资料来确定条文的含义，而体系解释是将某个条文置于整部法规之中来探究其含义。笔者比较了 1999 年版本与 2018 年版本的《农村基层组织工作条例》，后者的大篇幅变动在于增设了第六章"乡村治理"，阐明"一肩挑"制度设置的机理在于推动党的乡村治理能力的提升，再纵观该文本整体的体例设置，[4]条例指出了党领导农村改革发展的具体建设领域，

---

[1] 参见姚锐敏："全面推行村级组织负责人'一肩挑'的障碍与路径"，载《中州学刊》2020 年第 1 期。

[2] 参见蒋清华："行政机关党组制与首长制关系的规范解释"，载《中外法学》2020 年第 6 期。

[3] 法规原文为："村级组织书记应当通过法定程序担任村民委员会主任和村级集体经济组织、合作经济组织负责人，村'两委'班子成员应当交叉任职。村务监督委员会主任一般由党员担任，可以由非村民委员会成员的村党组织班子成员兼任。村民委员会成员、村民代表中党员应当占一定比例。"

[4] 体例设置即为第四章"经济建设"、第五章"精神文明建设"、第六章"乡村治理"、第七章"领导班子和干部队伍建设"、第八章"党员队伍建设"。

"一肩挑"制度置于的章节，并非在第二章"组织设置"中，而在党全面领导的农村某一具体建设领域中。在3个出台配套实施办法的省份中，"一肩挑"的体例设置也大体一致（见表2）。同时党内法规也是广义"法"体系的组成部分，"一肩挑"条款并没有违背《村民委员会组织法》：任何组织、个人不得指定、委派或者撤换村民委员会成员的条文，村民委员会主任候选人的产生仍是村民集体意志的表达。

表2 地方出台配套实施办法情况

序号	文件名称	实施时间	所在章节	条文内容
1	中共辽宁省委贯彻《中国共产党农村基层组织工作条例》实施办法	2019年6月26日	第六章 乡村治理	第20条（前半部分与条例内容一致）……村民委员会成员中党员一般不少于三分之二，村民代表中党员一般不少于二分之一。
2	中共贵州省委关于贯彻《中国共产党农村基层组织工作条例》实施办法	2020年1月10日	第六章 乡村治理	第22条（前半部分与条例内容一致）……村民委员会成员中党员一般不少于二分之一，村民代表中党员应当占一定比例。
3	内蒙古自治区党委贯彻《中国共产党农村基层组织工作条例》实施办法	2020年3月5日	第三章 发挥领导作用	第8条 与条例内容一致

3. 目的解释证成村民自治必然接受党的领导

梁慧星指出："要用目的解释来检查、确定通过体系解释等方法得出的结论。"[1]《农村基层组织工作条例》第1条阐明"坚持和加强党对农村工作的全面领导，深入实施乡村振兴战略"是条例的根本立规目的。何为"党对农村工作的全面领导"？党的领导是全方位的，在内容上是指无论哪个层次的党组织都要集中精力抓好带有根本性、全局性、关键性的重大问题；在方式上是指党必须依法执政，党组织不直接行使各国家机关、自治组织的职权，其重要内涵在

---

〔1〕 梁慧星：《民法解释学》，中国政法大学出版社1995年版，第245页。

于总揽全局，而非包办代替。[1]如何能保证自治机关独立行使职权，发挥村民自治组织自我管理、自我教育、自我服务的作用，笔者认为衡量的标准应当是村委会能否发挥决策作用，而在《农村基层组织工作条例》第19条第3款中明确了村级重大事项的"四议"流程，重大决策经过"两委"商议，村民委员会的成员均能对此决策发表意见，自治权力仍是独立的。[2]

（三）实现法治系统兼容：党规系统与法律系统相调和

学界存在"一肩挑"并非一种解决"两委"矛盾的长效、最佳机制的声音，持这种观点的学者认为解决两种治理主体之间矛盾的最佳方式在于细化顶层设计，从立法与政策层面明晰村党组织与村民委员会的职权。"一肩挑"制度的设计存在随着乡村现代化进程被更优制度取代的可能，笔者认同此类观点。但无论怎样的顶层设计，都不能避免两种职权之间无交集的必然性，现行《农村基层组织工作条例》以及《村民委员会组织法》采取概括式的列举方法，对"两委"职责进行规定，正是意识到两者职责的界域并不明晰。村党组织对方向性的重要村务进行领导时，必然涉及构成该事务的具体细节，"一肩挑"成为联结两种治理主体职权的必然选择。

笔者认为在这种两者职责必然无法厘清的现状下，要把握权力行使的边界，就要坚持国家法律权威至上的底线思维。从社会系统的角度来看，"一肩挑"制度是党内法规系统与国家法律系统之间的结构耦合的具体性表现，[3]其加强了《农村基层组织工作条例》与《村民委员会组织法》的联动。党内法规系统内部根据合规或不合规的符码运作，既使"一肩挑"制度通过了合规性审查（党必须在宪法和法律范围内活动），[4]也使国法高于党内法规的逻辑得以自治。同时，应当比照习惯法将"两委"换届的优良经验固定化，如上文所述的"两委"换届次序，党组织换届在先，村民自治组织在后已形成惯例。但只有更具预期性，结构性的耦合机制才能发挥最佳效能。

---

〔1〕 参见蒋清华："现行宪法中党的领导之法教义学阐释"，载《中南大学学报（社会科学版）》2019年第6期。

〔2〕 参见翟昌民："'一肩挑'模式效果迥异背后的体制根源——党组织对村民自治发挥领导核心作用的体制探索"，载《中共天津市委党校学报》2010年第6期。

〔3〕 参见张海涛："如何理解党内法规与国家法律的关系——一个社会系统理论的角度"，载《中共中央党校学报》2018年第2期。

〔4〕 参见张海涛："如何理解党内法规与国家法律的关系——一个社会系统理论的角度"，载《中共中央党校学报》2018年第2期。

四、结论

行文至此，笔者已对"一肩挑"制度的优势、困境以及实践指向进行了梳理。笔者在梳理"一肩挑"制度发展过程中发现，学者多能从马克思主义学、政治学、党史党建学等学科角度对该问题进行探讨，并进行了有益的数据分析以及调研，为笔者得出文中一些结论提供了帮助。笔者更侧重于运用法学方法论，以三段论逻辑进行推导，对"一肩挑"的合理性、合法性进行证成。"一肩挑"制度正式推行三年，其实际效能显著，随着基层民主及党全面领导农村工作的深入，应当适时将"一肩挑"的有益经验再次深化，总结为党内法规以及规范性文件，增强可操作性。

第 七 部 分

军事法学

公法不当得利返还请求权在军事行政主体上的适用

王伟栋[*]

【摘　要】　公法上的不当得利制度发源于德国，主要用于调整公法上无法律原因而发生的财产变动，从而使财产恢复到变动之前的适法状态。我国尚未确立起公法上的不当得利制度，但在实践中存在着大量行政主体受损，行政相对人获利的不当得利情形，军事行政领域也存在大量类似问题。本文通过论述公法上不当得利制度的理论，将公法上不当得利限定在行政主体受损行政相对人受益的范围内，并结合我国军事行政的实践，探索军事行政主体如何行使公法上不当得利返还请求权。

【关键词】　公法上不当得利；公法上不当得利返还请求权；军事行政主体

问题的提出

贾某系某部队五期士官，在被确定复员后领取退伍费共 76 万余元。贾某在到地方报道之前，被发现在服役期间涉嫌刑事犯罪并移送司法机关，最终被军事法院判处有期徒刑十年零三个月并被剥夺军衔，其所在战区政治工作部依法开除其军籍。根据现行规定，[1] 贾某所领取的退伍费应当退还给所在部队。但由于目前贾某已从部队退役，与部队已无行政管理关系，军事机关无法通过行政手段追讨。

此案例涉及的就是有关财产返还的问题，在这一主要问题之下，还涉及其

---

* 王伟栋，中国政法大学 2019 级军事法专业硕士。

〔1〕《中国人民解放军纪律条令（试行）》第 220 条规定："对被开除军籍的人员，取消其军衔和在服役期间获得的军队奖励、表彰，原有职务、级别自然撤销，不得享受国家对退出现役军人的优待。"

他问题：贾某获得的退伍费在法律上具有什么样的性质？在这一案例中，是否发生了不当得利的情形？以及在公法中，是否可以发生类似于民法中不当得利的情形？有关部门是否拥有收回退伍费的权力以及应当通过何种方式收回？如果贾某拒不返还退伍费，有关部门应当采取何种救济手段？对于公法上不当得利返还请求权在军事行政主体上的适用问题，将在下文中简要探讨。

一、公法上的不当得利

随着国家福利性质的增强，当代行政逐渐从管理行政、秩序行政过渡到给付行政，政府为了保障公民的生存权和发展权进行了大量行政给付行为。与此同时，相对人从行政机关获取不当利益的情形越发常见，而行政机关如何追回不当得利，法律并没有明确规定。传统"公私二分法"的理论已经不能很好地适应社会的发展，在公法范畴逐渐引入私法原则以改造公法传统理论已成趋势。在公法领域建立不当得利制度，有利于从宏观视野、多维角度考察公法，实现行政之债中的债权保护。

（一）公法上不当得利的含义

公法上不当得利制度是与民法上不当得利制度相对应的一种制度，该制度调整的是公法中发生财产变动但无法律原因的情况。在德国法上其被称为公法上的不当得利返还请求权，原因是公法主体必须通过公法上不当得利返还请求权来实现，这是整个制度的核心所在。在我国，相关法律中也有类似于公法上不当得利的表述，例如《税收征收管理法》第 51 条的规定，[1]但目前我国理论界以及法律实践中并没有对公法上不当得利制度作出明确规定，因此需要作出明确的界定。

与民法上不当得利制度相比，公法上不当得利制度最大的特点在于不当得利的双方主体并不是平等的民事主体，而是行政主体与行政相对人。而不当得利的情形较之民法，又可分为行政主体受益而相对人受损和相对人受益而行政主体受损两种情况。广义上的公法不当得利制度应当包括上述两种情况，但在我国大陆地区的具体实践中，往往是在行政管理关系中处于强势地位的行政主体在面对不当得利情形时缺乏相应的救济手段，除有法律法规授权或者存在特

---

〔1〕《税收征收管理法》第 51 条的规定："纳税人超过应纳税额缴纳的税款，税务机关发现后应当立即退还；纳税人自结算缴纳税款之日起三年内发现的，可以向税务机关要求退还多缴的税款并加算银行同期存款利息，税务机关及时查实后应当立即退还；涉及从国库中退库的，依照法律、行政法规有关国库管理的规定退还。"

别权利义务关系之外，在行政给付日益增多的今天，行政主体并没有合适的手段和方法来应对行政主体受损相对人受益的不当得利情况。而反观行政机关受益行政相对人受损的情况，在学理上有依法行政原则、信赖利益保护原则对行政主体进行规制，在实践层面相对人可以通过协商、行政复议甚至行政诉讼来行使公法上的不当得利返还请求权。从实践层面可以看出，行政主体受益相对人受损和相对人受益行政机关受损的两种公法上的不当得利情形在事实上都存在，但行政主体受益相对人受损的情况在实践中有着丰富的救济渠道，因此笔者认为，研究我国公法上的不当得利制度应当采取狭义的定义来界定，即研究相对人获益，行政主体受损的情况。

结合德国有关公法上不当得利制度的理论成果以及我国民法典中成熟的不当得利制度，笔者认为，公法上的不当得利制度是指在公法范围内，因欠缺法律上的原因而发生财产变动，致使行政相对人一方受益，行政主体一方受损，受损的行政主体有请求受益的行政相对人返还所受利益的法律制度。

（二）公法上不当得利的成立要件

根据公法上不当得利的含义，公法上不当得利的目的在于调整因没有法律原因而发生的公法上的财产变动，使得财产恢复到变动之前的状态。从目的上来看，公法和民法上的不当得利制度两者几乎一致，在成立要件上也存在诸多重合之处，如财产的转移缺乏法律原因，财产的受益与受损之间存在因果关系等。然而，公法上的不当得利制度作为"一种行政法上发展出来的独立制度"，[1]除了与民法不当得利制度有共通之处外，还存在着自身独有的特征。

1. 主体要件

公法上的不当得利的一方是行政主体。根据上文论述，本文主要讨论狭义的公法上的不当得利制度，即行政主体受损相对人受益的情形，所以在主体要件中，不当得利受益一方为行政相对人，受损一方为行政主体。行政主体可以是行政机关，也可以是法律法规授权的主体。

2. 财产变动

公法上的不当得利，必须是在公法的法律关系中发生财产上的变动。[2]财产变动包括两个方面，一方面是一方取得财产，包括财产的增加以及应减少而未减少两种情况。另一方面是一方损失财产，与取得财产相对应，包括现有财

---

〔1〕 林明昕：《公法学的开拓线——理论、实务与体系之构建》，元照出版社 2006 年版，第 240 页。

〔2〕 王泽鉴：《债法原理第二册　不当得利》，中国政法大学出版社 2002 年版，第 278 页。

产的减少以及应增加而未增加两种情况。

3. 受益与受损之间存在因果关系

受益与受损之间存在因果关系是指财产受损是受益的原因，财产受益是受损的结果。关于二者的因果关系，理论存在两种学说，一种是直接因果说，另一种是非直接因果说。直接因果说认为受损与受益之间须基于同一法律事实，否则即使二者在事实上存在因果关系，也不构成公法上的不当得利。非直接因果说则认为二者之间无须基于同一法律事实，只要具有一般观念上的牵连关系即可。通说认为，非直接因果说更适合调整因不当得利而带来的财产不公平状态。根据通说，如果财产损失是不当得利导致的，或没有不当得利，相对方就不会有财产上的损失，那么，这两种情形均应当被认定为受益与受损之间存在因果关系。[1]

4. 欠缺法律上的原因

欠缺法律上的原因主要包括两个方面，自始无法律上的原因（如自行申报法律上未规定的税捐，行政契约自始不成立），及法律上的原因其后不存在（如撤销违法的课税处分）。[2]与民法相同，公法上的不当得利也需要欠缺法律上的原因，即财产变动自始无法律上的原因，或者在财产变动之时存在法律上的原因，但之后财产变动所依据的法律依据消失，法律原因不复存在。

二、军事行政主体不当得利返还请求权的实现机制

通过上文论述可知，当不当得利的情形为行政相对人受损而行政主体受益时，相对人可以通过协商、行政复议、行政诉讼等方式挽回损失。而对于行政主体受损而行政相对人受益的情况，行政主体受依法行政，信赖利益保护原则的约束以及不当得利制度上的缺失，往往很难采取有效的手段来追回损失，因此，需要探索行政主体行使不当得利返还请求权的实现机制，并将其运用到军事行政主体之上。

（一）不当得利返还请求权实现的理论基础

在德国，理论界对于公法主体尤其是行政主体，在如何行使公法上不当得利请求权方面存在较大分歧，主要存在两种观点：一种认为行政主体可以通过作出行政行为的方式来行使；另一种认为行政主体必须通过提起行政诉讼的方式来行使。

德国行政法认为，行政主体能否通过作出行政行为来行使不当得利返还请

---

〔1〕 檀钊："公法上的不当得利"，载《辽宁行政学院学报》2008 年第 6 期。

〔2〕 王泽鉴：《债法原理第二册　不当得利》，中国政法大学出版社 2002 年版，第 279 页。

求权取决于是否有法律上的基础，如果存在法律上的基础，行政机关可以通过作出行政行为来要求相对人返还不当得利；如果不存在法律上的基础，则行政机关应当通过提起行政诉讼的方式解决。

笔者认为，还有以下几点原因可以支撑行政主体通过直接作出行政行为的方式来行使公法上的不当得利返还请求权。首先，从效率行政以及解决财产争议出发，无论有无法律上的规定或者授权，行政主体应当有权选择行使方式，只要有助于解决因公法上不当得利而造成的财产争议并且不侵害相对人的合法权益，行政机关都可以为之。其次，从德国公法上的不当得利制度来看，行政主体可以采取提起行政给付诉讼的手段来行使该权利。但结合我国的司法理论及实践来看，在行政诉讼层面，我国的行政诉讼的性质是对行政行为的司法审查，通俗来讲即"民告官"，行政主体永远处在被告的位置，相对人永远处在原告的位置。如果照搬德国的行政给付诉讼，则行政主体从被告变为原告，这样会动摇我国的行政诉讼根基，因此行政主体通过法院借助诉讼途径的办法在我国短期内无法实现。而在民事诉讼层面，民事诉讼的主体是平等的民事双方当事人，因此行政主体也不能通过民事诉讼的途径来行使不当得利返还请求权。通过分析我国的诉讼理论及实践可以得出，我国不具备通过诉讼途径行使不当得利返还请求权的理论和实践土壤，因此，有必要允许行政机关通过作出行政行为的方式来实现公法上的不当得利返还请求权，实现自我救济。

根据以上论述，我们认为，行政主体如何行使公法上的不当得利返还请求权，应当分为法律上有无规定、授权以及是否存在特别权利义务关系进行讨论。

当存在法律上的规定、授权或者特别权利义务关系时，行政主体应当按照法律的规定以及授权，来行使不当得利返还请求权。如我国《海关法》第62条规定，[1]进出口货物的收货人或发货人，或者进出境物品的所有人少缴税款的，海关应当直接作出补征或追征的行政决定，要求纳税义务人缴纳相应的税款。

在没有法律规定、授权以及特别权利义务关系的情况下，我们应当借鉴德国的理论经验，同时结合我国行政法中依法行政原则以及行政强制执行的有关规定来进行讨论。在没有法律规定、授权以及特别权利义务关系的情况下，行政主体无法直接作出行政行为来处理，但行政主体可以向具有管辖权的法院申

---

〔1〕《海关法》第62条规定："进出口货物、进出境物品放行后，海关发现少征或者漏征税款，应当自缴纳税款或者货物、物品放行之日起一年内，向纳税义务人补征。因纳税义务人违反规定而造成的少征或者漏征，海关在三年以内可以追征。"

请，具体为相对人所在地的基层人民法院或者不动产所在地的基层人民法院，通过法院执行部门来向相对人请求返还不当得利。如果行政相对人对法院决定不服，可以向执行法院申请中止执行，如果法院驳回相对人的申请，相对人可以向执行法院提起行政诉讼来寻求最终救济。通过这样的方式处理，既与我国的行政法实践相符合，又可以给予相对人以救济，还兼顾了依法行政与效率行政的原则。

（二）我国行政主体不当得利返还请求权的返还范围

在返还范围上，德国公法的返还范围准用民法上不当得利的规定，并未在行政法中作出规定。因此，我国行政主体的不当得利返还请求权的返还范围应借鉴民法实践并结合依法行政原则和信赖保护原则进行构建。但大多数学者认为，由于公法的特殊性，公法不能生搬硬套民法中的相应做法。笔者认为，因公私法的差异性，因此需在考虑公法特殊性的前提下借鉴民法的相关做法。

1. 行政相对人善意受领的返还范围

此处的"善意"应从主观上进行理解，即行政相对人主观上的善意。当相对人为善意受领人时，可能出现上文中所述的被信赖利益保护原则所阻止，国家或行政机构不能行使该项权力。针对如何保护相对人的信赖利益这一问题，从行政主体的视角看，"首先应该考虑的是原来法律状态是否对相对人有利，如果是对相对人有利的行政行为，原则上应该维持该行为的效力来保障相对人已经取得的利益"。[1]从行政相对人视角看，相对人可以依据信赖利益保护原则寻求救济。

2. 恶意受领的返还范围

"恶意受领"指明知自己没有合法的依据而采取伪造材料、欺诈等方式占有公共财产。行政机关能否对恶意受领的相对人行使不当得利返还请求权？笔者认为，其可以主张不当得利的返还。因为恶意受领是违法行为，并不能以信赖利益保护原则作为阻却不当得利返还的依据，此时行政主体有权要求行政相对人返还不当得利，情节严重的，可给予行政处罚，构成犯罪的，应当依法追究刑事责任。

返还范围除依善意或恶意区分对待之外，我们仍需考虑公法上行政主体要求行政相对人返还的不当得利标的是否包含在原获利基础上取得的利益。

---

[1] 参见吴坤城："公法上信赖保护原则的初探"，载城仲模主编：《行政法之一般法律原则（二）》，三民书局1997年版，第250-251页。

这个问题在国外的民法实践中普遍存在，如何适用在公法上仍需进一步讨论。其一，原获利产生的自然孳息和法定孳息。获利人为行政相对人，获利方所受领的实际给付为钱物上的给付且已经产生实际的利息或其他的法定孳息如租金等，则应当返还。其二，原物毁损。若因获利的行政相对人本身而造成的毁损，则应将其恢复原状或对受损人进行赔偿；若因第三方造成的毁损，则应由第三方取得的损害赔偿或保险金以及被征收征用的补偿费来填补损失。

另外，我国可借鉴《德国行政程序法》第 49 条 a 第 3 项但书的例外规定。[1]此条规定体现出行政主体给予相对人以人文的关怀，更有利于构建公民与行政主体互相理解的新型行政模式。

在军事行政领域，尤其是军事行政给付领域，军事行政主体会向相对人发放抚恤金、各类补贴津贴、各类保险金等。这种行政给付行为会带来公法上不当得利的可能性，可以根据军事行政相对人的主观意愿来区分善意受领与恶意受领。如果是善意受领，则仅需向军事行政主体返还不当得利所获取的利益；如果是恶意受领，除了返还不当得利，还需返还不当得利所产生的孳息，必要时还需追究军事行政相对人的责任。

（三）我国行政主体不当得利返还请求权的时效

由于我国法律中并没有规定公法上的不当得利制度，而从行政行为的稳定性以及信赖利益保护原则的角度出发，需要给予行政主体行使该请求权的时间限制，对此，可以参考我国行政诉讼中对于诉讼时效的规定。[2]在德国，对行政主体不当得利返还请求权的行使期限有专门法律规定时，从其规定；无规定时则适用《民法典》的相应规定。[3]

我国目前尚无行政主体的不当得利返还请求权制度，对其时效的规定更没有相关论述。但若将行政主体的实现方式设定为以行政处分的方式作出，笔者认为应对行政主体发现不当得利并作出行政处分的时效作出一定的限制，不可一味地延长时效，增加其处理行政事务的惰性，尤其是在涉及人民权益的方面。

---

〔1〕《德国行政程序法》第 49 条 a 第 3 项但书规定，如果返还义务人对于撤销、废止或失效不可归责的，且在行政主体规定的时间内返还的，不加计利息等。

〔2〕我国《行政诉讼法》第 46 条第 2 款规定："因不动产提起诉讼的案件自行政行为作出之日起超过二十年，其他案件自行政行为作出之日起超过五年提起诉讼的，人民法院不予受理。"

〔3〕《德国民法典》第 195 条规定一般时效为 30 年，但公务员法律关系中的返还请求权时效是 4 年。参见 [德] 汉斯·J. 沃尔夫、奥托·巴霍夫、罗尔夫·施托贝尔:《行政法》(第 2 卷)，高家伟译，商务印书馆 2007 年版，第 172 页。

同时，为保持行为和法律制度的一致性，行政主体发现不当得利并作出行政处分的时效应与我国《行政诉讼法》中规定的行政相对人提出诉讼的时效相同，都为五年。

综上，笔者认为，在我国，行政主体行使不当得利返还请求权，可以具体分为两种情况，一是行政主体的行政给付行为存在法律上的规定或授权的；二是行政主体与行政相对人之间存在特别权力关系的，行政主体可以直接作出行政行为来追回不当得利。如果不是上述情况，行政主体可以申请法院强制执行，若当事人对该强制执行存在异议，可以向执行法院申请中止执行并提起行政诉讼。

（四）军事行政主体行使公法上不当得利返还请求权的方式

上文中笔者论述了一般意义上行政主体行使公法上不当得利返还请求权的方式。具体到军事行政领域，需要结合我国的军事行政实践以及部队的特殊状况予以灵活运用，而一些军队独有的情况，也应当予以考虑。

首先，需要注意军事行政主体的范围。在实践中，除了军事行政机关以及法律法规授权的军事行政主体之外，还存在军队党委与军事行政主体联合作出的军事行政行为的情况，对于此种行为，我们应当区别对待。我国军事法的一个基本原则就是党对军队的绝对领导原则。当发生部队党委与军事行政主体共同作出不当得利行政给付时，该主体除了军事行政主体之外还有部队党委，如果按照上文讨论的一般方式来行使的话，则部队党委有成为行政诉讼被告的风险，与我国军队的基本情况不符。因此，笔者认为，部队党委与军事行政主体联合行使公法上不当得利返还请求权的，首先应判断能否直接作出行政行为，如果不能的话，应当通过党内途径来解决。

其次，由于部队人员流动性大，很容易出现相对人退伍之后军事行政主体发现不当得利的情况，而此时相对人已经离开部队，与部队不存在特别权利义务关系甚至不属于部队管辖，本文前言中所述案例即为此种情况。针对此种情况，笔者认为应当分情况考虑，如果是军事行政主体能够直接作出行政行为或者军事行政主体与相对人存在过特别权利义务关系的，军事行政主体可以直接作出行政行为，并通过地方武装部来辅助执行。如果不存在上述情况，则军事行政主体应当请求相对人所在的地方法院予以执行。

结论

公法上的不当得利制度作为一项弥补公法上因欠缺法律原因而造成财产上

不平等的制度，虽然还未在我国建立，但可以预见是今后我国行政法上的必然趋势。而军事行政主体适用公法上的不当得利制度又有着重要的理论与实践意义。本文通过论述公法上不当得利制度的理论，并结合我国的相关实践，提出军事行政主体适用公法上不当得利制度的方式作为参考。笔者希望，公法上不当得利制度能够尽早在我国建立，从而推进依法治国以及依法治军的进程。

第 八 部 分

法与经济学

股东查阅权"不正当目的"之认定

——从诚信原则出发

林婉婷[*]

【摘　要】《公司法》第33条中股东查阅账簿之"不正当目的"系不确定概念，应当对其进行价值补充。从该条背后的诚信原则出发，依据"利益平衡"和"道德法律化"两个内涵对"不正当目的"加以填补：由"利益平衡"价值引入利益衡量方法，从而确定"不正当目的"之客观判断标准；由"道德法律化"价值确定"不正当目的"之主观判断标准以及此标准的推定特性。从而得出"不正当目的"之认定标准是：（1）在公司利益不违背社会公共利益的情况下，股东行使查阅权损害公司利润与财产权利、日常经营与管理或者持续发展与存续。（2）虽然未满足第1条之客观标准，但是有证据证明股东具有专为损害他人之恶意，从而推翻主观善意的推定。在确定"不正当目的"的认定标准之后，再以此为指导准则作类型化分析。文章整体可总结为：从原则具体化为认定标准、从认定标准类型化为案例群，由此达到价值判断进入论证体系的目标。

【关键词】账簿查阅权；不正当目的；价值补充；诚实信用原则；利益衡量方法

引言

在有限责任公司中，股东享有会计账簿查阅权。该权利不仅在于保障少数

---

*　林婉婷，中国政法大学2020级法学实验班硕士。

股东能够取得公司管理和业务执行方面之信息，[1]还需防止少数股东实施机会主义行为，[2]同时关乎公司治理与监督机制，[3]因此既需保障又需限制。《公司法》第33条"不正当目的"正是股东账簿查阅权的保障边界所在。[4]

然而《公司法》第33条并未对"不正当目的"之认定标准作出详细界定。其后出台的《最高人民法院关于适用〈中华人民共和国公司法〉若干问题的规定（四）》（以下简称《公司法司法解释（四）》）对之作了"具体情形列举+兜底条款"的细化，但单凭列举难免挂一漏万，仍然有必要对"不正当目的"之具体认定标准加以确定。

观诸研究，主要存在两点瑕疵：第一点是规范性论证过程的缺失。各类文章或是提到了将诚实信用原则作为股东账簿查阅权"正当目的"之基础，[5]又或是提及利益衡量的思考方法，认为"正当目的"实际上是对各方利益主体的平衡，[6]但是都没有就两者进行详细的分析与展开；第二点在于结论。过去研究的结论大多都是以具体情形列举的方式对"不正当目的"进行认定，但此种认定缺少一定理论标准的指导，同时列举的情形之间缺少逻辑的关联。

有鉴于此，笔者将使用法律原则对具体规则进行价值补充的方法：以诚信原则作为价值补充的依据，探究出诚信原则在填补"不正当目的"时的内涵为"利益平衡"与"道德法律化"，由"利益平衡"引入利益衡量方法，从而确定"不正当目的"之客观判断标准。由道德法律化确定主观判断标准以及此种标

---

[1] 参见张民安：《公司法上的利益平衡》，北京大学出版社2003年版，第201页。

[2] 参见侯东德："股东查阅权行使规则的契约解释"，载《华东经济管理》2009年第4期。

[3] 参见王燕莉："论股东账簿查阅权行使之正当目的"，载《四川师范大学学报（社会科学版）》2009年第2期。

[4] 参见李建伟："股东知情权诉讼研究"，载《中国法学》2013年第2期。

[5] 提到诚信原则为股东查阅权正当目的之基础的，主要有宋从文："股东知情权行使与限制之维"，载《法律适用》2009年第7期；王燕莉："论股东账簿查阅权行使之正当目的"，载《四川师范大学学报（社会科学版）》2009年第2期；潘云波、俞巍："股东查阅公司会计账簿的正当目的及实现方式"，载《人民司法》2011年第6期。

[6] 提到利益衡量来判断股东查阅权"正当目的"的观点，主要有彭春凝、丁俊峰："有限公司股东查阅权制度选择的经济分析"，载《甘肃政法学院学报》2009年第5期；李建伟："股东查阅权行使机制的司法政策选择"，载《法律科学（西北政法大学学报）》2009年第3期；侯东德："股东查阅权行使规则的契约解释"，载《华东经济管理》2009年第4期；陈洪磊："有限责任公司股东知情权行使中的利益衡量——基于《公司法解释四》实施后的291份裁判文书的整理分析"，载《法律适用》2019年第16期；李蒙娜："股东账簿查阅权不正当目的之认定——比例原则的适用"，载《金融法苑》2018年第A1期；李建伟："股东知情权诉讼研究"，载《中国法学》2013年第2期；陈立虎、王芳："正当目的限制——股东会计账簿查阅权行使中的利益平衡"，载《人民司法》2014年第24期。

准的推定特性。在价值补充之后，再借助类型化方法以期更有逻辑地归纳"不正当目的"之情形。

总结而言，本文对《公司法》第33条"不正当目的"之认定可视为对近年来逐步发展的法教义学与价值判断研究的回应，将利益衡量方法、类型化方法纳入法学的论证体系，希望达到逻辑和价值的双重圆满。

一、理论基础：诚信原则何以填补"不正当目的"

规定于《公司法》第33条的"不正当目的"，"意义并不明确，其外延之广亦不明确，属于不确定且开放的用语，又称为类型式概念（或规范性概念）"。[1]具言之，其属于需要评价地予以补充的法律概念，应当对此法内漏洞进行法律补充。[2]故本部分主要在于论证诚信原则为何能够对"不正当目的"进行价值补充，以及诚信原则具体以何种内涵对其进行价值补充。

（一）诚信原则能够填补"不正当目的"之证成

1. 诚信原则确系法律原则

学界对于原则与规则的区分，基本均遵从德沃金及其之后的阿列克西的理论：认为在适用方式上，规则是以"全有或全无"的方式适用的，也就是确定性命令；而原则的适用则是尽可能地去实现，也就是最佳化命令。[3]但根据此相同的区分模式，却得出了不同的结论。梁慧星教授和徐国栋教授认为诚实信用原则是法律原则无疑，而于飞教授则质疑其原则属性。质疑之理由如下：诚实信用原则的适用是"全有或全无"的，也就是说只要满足了构成要件就当然地发生相应的法律后果，能够直接于个案的裁判中予以适用。[4]

笔者以为这些质疑尚不够有力。诚信原则并非概括条款，也不能够"全有或全无"地适用。概括条款与法律原则都具有价值上的开放性，其区别在于概括条款的开放性评价仅仅在构成要件上，至于从构成要件到法律效果的推导则是完全确定、没有评价余地的逻辑涵摄的过程，这也是所谓的"全有或全无"

---

〔1〕 黄茂荣：《法学方法与现代民法》，中国政法大学出版社2001年版，第464-465页。

〔2〕 黄茂荣：《法学方法与现代民法》，中国政法大学出版社2001年版，第460-476页。持相同观点，认为对于此类概念的工作属于法内漏洞的填补的，还有梁慧星教授，他在《民法解释学》一书中有相关表述。

〔3〕 参见［德］罗伯特·阿列克西：《法：作为理性的制度化》，雷磊编译，中国法制出版社2012年版，第132-133页。

〔4〕 参见于飞："民法基本原则：理论反思与法典表达"，载《法学研究》2016年第3期。

地适用；[1]但是法律原则的价值开放则贯穿于其自身的全部内容，易言之，法律原则没有一个明确的"如果……就……"的范式。正因为如此，使得法律原则可以达到"最佳化状态"，而规则始终是"确定性状态"。从这一点看，诚实信用原则并没有此种明确的推导范式：如果从事一项民事活动并未完全遵循诚实信用的要求，其后果究竟如何实未可知。实际上，许多民事行为都需要在意思自治原则与诚实信用原则之间达到最佳状态，而非全然地遵守其中某一个要求，因此难谓诚实信用原则系规则中的概括条款，而是基本法律原则。

2. 诚信原则指导《公司法》第 33 条"不正当目的"之立法

首先，《公司法》第 33 条中的"不正当目的"，是对股东行使查阅权的限制，此种限制在于避免股东查阅公司会计账簿造成对公司等其他利益相关主体的过分损害。这一立法目的正符合诚信原则的内涵。其次，"不正当目的"之认定涉及公司与股东之间的利益平衡，此种利益平衡的要求也反映出诚信原则的要求。易言之，《公司法》第 33 条"不正当目的"限制是诚实信用原则在《公司法》领域之内的延伸。[2]

3. 诚信原则对其项下规则具有填补功能

法律原则是其指导制定之规则的根源与基础，[3]也是规则适用时进行价值判断的评价标准。由此能够"在解释以及漏洞填补上发生调节作用"。[4]按照阿列克西的说法，原则属于法律的内在体系，具体规则属于外在体系。二者的关联在于：内在体系是建构外在体系的价值基础、是法官进行法的续造时的论证基础。[5]由此诚信原则能够作为"不正当目的"填补的基础。

（二）诚信原则填补"不正当目的"之具体内涵

1. 诚信原则具有"利益平衡"的价值内涵

"利益平衡"内涵是由诚信原则在私法基本原则体系中的定位所体现的。

---

〔1〕 即使是认为诚实信用原则属于概括条款的于飞教授以及刘亚东博士也赞同德沃金的此种区分观点。参见于飞："民法基本原则：理论反思与法典表达"，载《法学研究》2016 年第 3 期；刘亚东："民法概括条款适用的方法论"，载《政治与法律》2019 年第 12 期。

〔2〕 参见宋从文："股东知情权行使与限制之维"，载《法律适用》2009 年第 7 期。

〔3〕 同样采此观点的还有徐国栋先生，其认为民法基本原则是制定民事基本法的立法准则，立法者在制定民事基本法时是以基本原则为准则再来制定民法制度和民法规范的。参见徐国栋：《民法基本原则解释 诚信原则的历史、实务、法理研究》，北京大学出版社 2013 年版，第 12 页。

〔4〕 ［德］卡尔·拉伦茨：《法学方法论》，陈爱娥译，商务印书馆 2003 年版，第 352 页。

〔5〕 参见方新军："内在体系外显与民法典体系融贯性的实现——对《民法总则》基本原则规定的评论"，载《中外法学》2017 年第 3 期。

此种定位从《公司法》第33条中亦可窥见一斑:《公司法》第33条实际上反映了两种原则之间的协作与限制——作为个体性基本原则的意思自治原则与作为社会性基本原则的诚实信用原则。前者指导着权利的自由行使,而后者则是对权利的行使进行限制。由此可见,诚信原则的重大功用在于调和毫无限制的契约自由,平衡各方当事人之利益使其在法律上能够实现公平价值,[1]同时关注法律关系中的社会公共利益。正因如此,有学者指出,诚信是自发的利益权衡结果,又自觉地成为平衡利益的理性工具。[2]史尚宽先生也对诚信原则的"利益平衡"内涵予以赞同并提出了完善建议。[3]梁慧星先生则认为诚信原则即是交易之道德基础,也谋求利益之公平。[4]

2. 诚信原则具有"道德法律化"的价值内涵

除却客观上的"利益平衡"内涵,诚信原则还对当事人的主观状态有一定的要求。盖诚实信用原则最初本是道德伦理上之要求,但是由于在市场经济活动中,只有做到诚实守信、恪守承诺、不犯他人,才能够使得交易顺利进行。易言之,诚实信用的道德标准最为符合真实的市场经济规律,[5]能够提高交易的效率。[6]因此在法律对市场活动进行规制之时,诚实信用原则也就被纳入法律,由此有了"道德法律化"之内涵来对当事人之内心主观状态进行规制,要求当事人诚实行为。

二、"利益平衡":"不正当目的"之客观认定标准

(一) 引入利益衡量方法

1. 由诚信原则之"利益平衡"价值引入利益衡量方法具有可行性

一则,"利益平衡"价值的实现需要利益衡量方法的运用。"利益平衡"价值要求权利行使不至于过分,不会对相对方的合法利益以及社会公共利益造成不必要的损失,此种内涵也包含了利益衡量的思考路径:判断各方主体利益是否符合制度利益以及社会公共利益的要求从而加以选择与取舍。二则,利益衡

---

[1] 参见郑玉波:《民法总则》,中国政法大学出版社2003年版,第551页。

[2] 参见刁胜先:"中西诚实信用原则的比较研究概念",载《甘肃社会科学》2001年第4期。

[3] 参见史尚宽:《债法总论》,中国政法大学出版社2000年版,第318页。

[4] 参见梁慧星:《民法解释学》,法律出版社2015年版,第305-306页。

[5] 参见梁慧星:《民法总论》,法律出版社2000年版,第40页。

[6] 诚信可以克服交换主体之间的陌生性,保障交易安全,并避免诉讼成本、心理防范成本、寻觅成本等,缓和社会信用危机并促进交易实现,由此诚实信用从长期来看能够提高交易效率。参见徐国栋:《民法基本原则解释 诚信原则的历史、实务、法理研究》,北京大学出版社2013年版,第79页。

量方法本就对抽象法律原则之具体化具有特别作用，能够对不确定概念进行价值补充，解决各个原则具体化之时所面临的利益冲突。[1]

2. 利益衡量方法欲获运用，也必须由诚实信用原则之"利益平衡"价值引入

尽管利益衡量是重要的价值判断方法，但只有进入严谨的解释体系或是价值补充体系方可适用。这些原本属于法律规范体系之外的考量，想要进入解释体系或者价值补充体系，必须借助原则为媒介。[2]盖价值判断应当运用法学上的论证方法，遵循法学上的论证程序和规则，才能够在此基础上相互理解和说服甚至达成价值共识。[3]易言之，法学之方法要求利益衡量应遵循价值判断的论证体系。除此之外，克服利益衡量恣意性的目标也同样要求我们严格遵循法律秩序所要求的妥当逻辑和方法。[4]

（二） 确定衡量标准

许多利益衡量相关文献均提到了当事人具体利益、制度利益和社会公共利益，唯须注意的，是这些利益不属于同一层次。制度利益和社会公共利益并非衡量之对象，而是衡量之标准。具言之，法官根据是否满足该制度背后之核心利益以及指向的社会公共利益，来决定保护哪一方当事人的具体利益。若当事人之具体利益违背了制度利益或者是社会公共利益，则不应受到法律之保护。[5]

1. 查阅权制度的核心利益是公司群体和公司制度的发展

学界对于有限责任公司股东的账簿查阅权并无确切的制度利益的表述，大部分学者都认为查阅权保护少数股东权益，同时也保障公司的运营与监督，然而这两种目的中究竟哪一种是核心目的或者说是根本目的，却未有研究。笔者以为，核心目的在于公司群体与公司制度之发展。

首先，从《公司法》第 33 条之表述来看，公司可以股东具有不正当目的，可能损害公司合法利益拒绝提供查阅，可见公司利益相较股东之权益仍

---

[1] 参见孙盈："价值与逻辑之间：利益衡量裁判方法在民事审判中的运用"，载《法律适用》2017 年第 13 期。

[2] 参见金可可："民法实证研究方法与民法教义学"，载《法学研究》2012 年第 1 期。

[3] 参见王轶：《民法原理与民法学方法》，法律出版社 2009 年版，第 29 页。

[4] 参见李国强、孙伟良："民法冲突解决中的利益衡量——从民法方法论的进化到解释规则的形成"，载《法制与社会发展》2012 年第 1 期。

[5] 参见蔡琳："论'利益'的解析与'衡量'的展开"，载《法制与社会发展》2015 年第 1 期。

被置于优先保障地位。这一点，与美国法中对于"不正当目的"之定义别无二致。[1]其次，股东这一身份在公司这一组织存续之时方有意义，因此股东之利益也以公司之利益为前提，单个行使查阅权之股东不应当优先于公司这一整体受到保护。最后，股东账簿查阅权制度尽管会对少数股东保障自身权益有重要功用，但却并非仅仅保护少数股东之利益。对少数股东权益的保障实际上是为了促进有限责任公司内部更好地协作共存，同时保障公司群体能够获得制度上的激励从而得到更好的发展。也就是说，制度利益为提高账簿查阅权制度对于公司机制发展的积极效用：股东查阅权一方面促进公司信息的流通进而维护股东基本权益，另一方面也能够起到对公司实际控制人的监督作用，使得公司的管理层尽到善良管理人之义务，于公司之长远发展有所裨益。[2]由此，查阅权制度之核心利益应是公司群体和公司制度之发展。

质言之，公司法中任何一项制度的目标，并非单单为了某一主体作考虑，而是为了整个公司制度的健康发展。一旦其中某类主体的利益诉求一直以来都得不到关注，那么该类主体将不愿再进入公司这一组织中，这对公司的发展是极为不利的。因此，有限责任公司股东行使账簿查阅权制度，也体现着促进公司群体和公司制度发展的核心利益。

2. 股东行使查阅权涉及社会公共利益

此处社会公共利益其实是对公司的外在要求，即公司的管理和行为在为自身发展和利润考虑的同时，还应当符合社会公共利益的要求。具言之，包括公司经营不存在违法和违反社会公序良俗的现象，公司行为符合公平正义之要求。

（三）罗列衡量客体

股东行使查阅权涉及行使该权利股东之利益以及公司利益之间的衡量，故本部分内容主要在于两利益之具体内容的分析，以及为何在查阅权"不正当目的"认定中经常被讨论到的公司管理层利益不在利益衡量客体之中。

1. 利益衡量客体之一为公司利益

公司作为查阅权关系中的一方主体，其利益直接受到是否允许查阅账簿的影响，自然在衡量客体之中。问题之关键在于，公司利益具体应如何认定？

---

〔1〕 美国法中"正当目的"也要求不能够违背公司利益。Brian C. Griffin, Shareholders' inspection rights, 30 Okla. L. Rev. 616（1977）. 619.

〔2〕 参见陈立虎、王芳："正当目的的限制——股东会计账簿查阅权行使中的利益平衡"，载《人民司法》2014 年第 24 期。

每每遇到这一问题，人们通常会陷入"股东利益至上理论"与"公司利益相关者理论"的无限辩论之中。但这两个理论又各自存在着缺陷，前者看似能够给公司利益定下明确的标准，但实际情况却是股东群体内部本身也是存在利益分歧的，并且股东利益以何种标准加以度量亦不确定。[1]后者尽管体现了公平信任这样的规范理念，但是仍然难以解决具体实践中存在的难题，各利益相关者群体之间、每一类利益相关者群体内部均存在着利益冲突，公司管理层难以对其进行平衡。[2]

除两理论本身的缺陷之外，查阅权行使中公司利益不以二者加以分析之根本原因更在于：这两个理论所解决的，是公司中管理层决策与管理时应当以公司中哪一群体的利益为考量基准的问题。但在查阅权行使情形中，法院所需要加以衡量的，不过是要求行使查阅权的单个股东的利益与公司整体利益。即使还会间接影响到其他利益主体，也是恰恰处于同一群体内部的大股东与少数股东之间的利益冲突，此时的问题无法由股东利益至上理论或者是公司利益相关者理论加以解决，而只应考虑公司作为一个独立的实体所具有的利益。

对于公司自身所具有之利益，学者之观点也各有不同。有学者认为公司财产是公司利益的重要组成部分，但也不能忽略包括公司商业机会等在内的无形的、预期的公司利益，同时要防止公司内部主体利益失衡所引起的公司利益异化；[3]还有学者更为详细地列举出公司利益包括一系列的法人财产权（包括公司的物权、债权、知识产权等具有价值性、可转让性的权利）以及在此之外的新型公司利益，如商业机会、商业秘密、商誉等；[4]与此相类似，有学者通过对案例的统计将公司利益的内容划分为公司机会、公司存续、公司财产、公司经营；[5]还有学者通过对德国的比较法研究指出维护公司利益在于实现公

---

〔1〕 参见［美］安德鲁·凯伊：《公司目标》，孙宏友、郑蔚然、王健译，中国人民大学出版社2014年版，第60-63页。

〔2〕 参见［美］安德鲁·凯伊：《公司目标》，孙宏友、郑蔚然、王健译，中国人民大学出版社2014年版，第133-136页。

〔3〕 参见甘培忠、周游："公司利益保护的裁判现实与理性反思"，载《法学杂志》2014年第3期。

〔4〕 参见万国华、张崇胜："公司利益类型界定与保护法律问题研究"，载《南开学报（哲学社会科学版）》2019年第3期。

〔5〕 原文系"对于被损害的公司利益类型也存在诸多不同的认识，可以分为以下四类：（1）变更公司目的，掠夺公司机会；（2）变更公司存续；（3）减损公司财产；（4）影响公司正常经营"。蒋大兴："股东滥用诉权损害公司利益之研究——从雪莱特公司诉李正辉滥用股东权利赔偿案说起"，载《人大法律评论》2016年第1期。

司价值的持续提升，以公司目标为导向和实现，同时顾及其他利益相关者的利益。[1]

以上公司种种利益，均是从公司实体财产以及公司存续两个角度的具体化。故此，笔者将查阅权行使情形中的公司利益认定为以下三点：一为公司利润与财产权利；二为公司正常经营与管理；三为公司持续发展与存续。

2. 利益衡量客体之二为行使查阅权的股东的利益

作为股东固有权利的账簿查阅权，对于未能实际参与公司经营管理的中小股东来说是其获取公司信息以及监督公司运营的重要途径，[2]同时也是股东行使表决权等其他权利保障自身利益的前提。正如于莹教授说的那样，"公司法赋予股东的诸多权利的行使必须以股东正确且详细地了解并掌握公司的业务情况和财产状况为前提，即股东必须对公司的经营状况知情"。[3]除此以外，对于长期受到大股东压制的少数股东而言，账簿查阅权是其进行抗争和博弈的重要工具。

就上述分析可以得知，账簿查阅权对于要求行使的股东而言，常常意味着经济利益以及公司治理的参与权益。从实践情况来看，股东行使查阅权主要与保护其经济利益而必须作出的决定有关，包括是否出售该股份、准备股东投票、发动代理权之争、寻求直接或衍生的诉讼活动等。这些决定涉及股东的经济利益是否能够被保障，因为公司实际控制人很可能借由其控制权优势剥夺中小股东的经济利益，而中小股东只能通过查阅权知晓威胁其投资的潜在问题。[4]

3. 大股东利益、管理层利益并不在利益衡量客体范围之内

观诸研究可以发现，一些学者认为对于查阅权 "不正当目的" 之认定需要平衡股东、大股东、管理层以及公司之间诸多利益。[5]笔者以为所需要衡量之利益仅包含行使查阅权之股东利益与公司利益。原因有二：第一，平衡如此多

---

〔1〕 参见杨大可："德国法上的公司利益及其对我国的启示"，载《清华法学》2019 年第 4 期。

〔2〕 王燕莉老师指出，如果股东不能收集充分可靠的信息，就很难对公司管理层实施有效监督，这就需要查阅公司管理者和其他代理人控制下的账簿记录，监督公司业务状况和管理，以保护他们在公司中的经济利益。参见王燕莉："论股东账簿查阅权行使之正当目的"，载《四川师范大学学报（社会科学版）》2009 年第 2 期。

〔3〕 于莹："股东查阅权法律问题研究"，载《吉林大学社会科学学报》2008 年第 2 期。

〔4〕 See James Young, " *Texas Law on Stockholders' Inspection Rights: How Does it Stack up against Deleware Law and the Model Business Corporation Act?* " Southwestern Law Journal, Vol. 1986, No. 40, pp. 845-856.

〔5〕 参见陈洪磊："有限责任公司股东知情权行使中的利益衡量——基于《公司法解释四》实施后的 291 份裁判文书的整理分析"，载《法律适用》2019 年第 16 期。

的主体之间的利益，存在如何平衡的问题，需要在此众多主体之利益之间达致妥协。但是如何才叫作达致妥协？还是说尽量使得更多人的利益受到保护？此种更多人的利益受到保护，其前提是确定公司利益和股东利益何者值得被保障。易言之，对于其他主体利益的影响是股东行使查阅权所带来的客观后果，此种后果尚不足以像查阅权股东利益和公司利益那样成为选择保障的对象。第二，有学者指出现代公司经营管理机制需要保护经营者对公司的独立经营权，从而提高经营管理之效率。[1]然此处真正保护者，并非在于管理层或是大股东，而是公司利益中的经营与管理效率，仍然属于公司利益的范畴。

具言之，在各利益主体之间微小的利益波动并不足以影响到选择结果，除非公司内部出现激烈的利益矛盾与冲突，使得公司存续已然成为问题。这时，也无需借助公司内各主体利益平衡加以解决，而是属于公司利益受损害之问题。

（四）具体衡量结论

（1）若公司利益符合社会公共利益之要求，此时公司利益既不违背社会公共利益这一最高阶衡量标准之要求，同时又符合查阅权制度的核心利益，其自然要优先于查阅权行使股东之利益受到保护。因此，如果股东行使查阅权会损害公司利益，则应当被认定为"不正当目的"。

而具体如何判断是否损害公司利益，则要根据前文已经论述过的公司利润与财产、公司经营与管理、公司发展与提升这三个方面进行判定。如何具体判定这三方面是否受到损害，将在下文中的类型化部分进行详细论证。此处暂时按下不表。

（2）若公司利益违反社会公共利益之要求，易言之，公司利益违反社会公共利益这一最高阶的衡量标准，则其不应当受到法律之特别保护，此时股东的利益优先于公司利益加以保障。即便股东行使查阅权损害到公司利益，也依然认为其具有"正当目的"。

总结而言，股东行使查阅权会损害到公司利益，都应当为保护公司利益而将其认定为"不正当目的"，除非该案中公司利益违背社会公共利益之要求，盖社会公共利益是利益衡量中的最高标准。

---

[1] 参见王燕莉："论股东账簿查阅权行使之正当目的"，载《四川师范大学学报（社会科学版）》2009年第2期。

三、道德法律化:"不正当目的"之主观认定标准

(一)主观认定标准

诚实信用原则中的"伦理道德化"内涵将原本社会中的伦理道德规定在法律中,以此要求人们在行为之时秉持善良之心,行为的出发点为善意。此种善意体现为没有损害他人之直接故意,也不放任自己的行为给他人造成损害。[1]从股东账簿查阅权行使的角度来看主要在于股东主观状态的限制,要求至少无专门损害他人之恶意。

(二)主观认定标准之推定特性

由于诚信原则之"道德法律化"对于"不正当目的"的填补主要是从主观意图考虑,其证明难度非常之大。因此这一部分应置于诚实信用原则的"利益平衡"内容之后进行探讨。盖若已经能够确定某种行使账簿查阅权的目的不满足利益平衡之要求,则无必要再讨论查阅目的在主观层面是否正当。因此笔者将由"伦理道德法律化"的诚实信用对"不正当目的"的价值填补置于后位。

主观意图正当与否的认定实质上是一种推定。如果前述的"利益平衡"均已达到,则通常推定要求行使查阅权的股东在主观意图上也具有善意。事实推定的本质在于其反面是证明主题,也就是否认该事实推定的当事人应当承担证明责任。[2]此种推定实质上表明了,如果某股东行使查阅权符合"利益平衡"之价值要求,那么主张该股东具有主观意图上"不正当目的"的公司,必须对其主张承担证明责任。

四、"不正当目的"之类型化

(一)损害公司利润与财产权利

(1)股东行使查阅权超过公司运营成本的预计范围。股东行使查阅权必然需要一定的成本,但成本并不一定等于对公司的利润与财产造成损害。盖公司想要正常的发展与运营,本就应支出一定的成本用于公司组织的维持,此种查阅权成本属于运营成本中之必要部分。因此在公司预计范围之内的查阅权行使,并不会损害公司的利润与财产。但若股东频繁地以同一理由行使会计账簿查阅

---

〔1〕 参见赵万一:《民法的伦理分析》,法律出版社 2011 年版,第 155 页。
〔2〕 参见〔德〕莱奥·罗森贝克:《证明责任论》,庄敬华译,中国法制出版社 2018 年版,第 241 页。

权，则会增加公司会计账簿的保管风险，使得公司付出额外的时间与资源，[1]增加公司所负担的不必要的成本，损害公司财产权益。[2]

（2）查阅行为可能对公司的财产权利造成损害。如股东为出售公司相关会计信息而查阅账簿，受雇于竞争对手而查阅账簿，运用于不正当竞争、为竞争对手之利益损害公司业务等。[3]包括《公司法司法解释（四）》中所规定的股东自营或为他人经营与公司存在竞业关系的业务，也属于可能对公司的财产权利与经济利益造成损害的情形。

（二）损害公司日常经营与管理

1. 股东并无具体理由地要求行使查阅权，属于损害公司日常经营与管理的行为

盖对于股东而言，若公司此时并无任何具体行为可能会对股东之利益产生影响，也无任何对公司的利润以及发展产生影响的经营或决策，且股东也暂无任何对于公司的具体利益诉求，此时即属于并无具体理由地单纯行使查阅权。此种查阅权行使行为使得公司管理层要随时应对股东的要求，且此种要求于股东、于公司均无任何益处。因此属于损害公司日常经营与管理，应当被认定为"不正当目的"。[4]观诸美国法对于查阅权目的正当性与否之判断，也要求股东"就其目的和要求检查的记录作了合理的具体陈述"。[5]

然而实践案例中，许多股东仅仅提出"为了保障自身权益""为了监督公司运营"此种泛泛而谈的理由要求查阅公司会计账簿，只要公司没有证据证明股东的目的不正当，法院均选择以公司未完成证明责任为由支持股东。[6]这是因为股东并无责任证明自身的查阅目的，因此即便在查阅申请上以此种理由申请查阅，但只要法院最终能够确定股东是具有具体的查阅理由的，就不会以查阅

---

〔1〕 参见陈立虎、王芳："正当目的限制——股东会计账簿查阅权行使中的利益平衡"，载《人民司法（案例）》2014年第24期。

〔2〕 参见杜万华主编：《最高人民法院公司法司法解释（四）理解与适用》，人民法院出版社2017年版，第189页。

〔3〕 See Brian C. Griffin, Shareholders' inspection rights, 30 Okla. L. Rev. 616 (1977). 621.

〔4〕 持相同观点的还有潘云波、俞巍，他们指出公司法规定股东在请求查阅会计账簿时，应当说明目的，即必须有比较具体的原因、事由，一般不能简单地以实现知情权、监督权等空泛的理由主张查阅账簿。参见潘云波、俞巍："股东查阅公司会计账簿的正当目的及实现方式"，载《人民司法》2011年第6期。

〔5〕 沈四宝：《最新美国标准公司法》，法律出版社2006年版，第237页。

〔6〕 参见李建伟："股东知情权诉讼研究"，载《中国法学》2013年第2期。

申请上书写的目的直接认定股东没有具体理由，损害公司日常经营与管理。

2. 股东通过查阅公司信息破坏公司日常经营业务与管理

股东可能会通过掌握关于公司经营的信息妨害公司管理层经营和决策行为的自主性与独立性。[1]公司日常经营与管理是以公司管理层为基础的，少数股东对此种管理的介入会影响到公司的运营效率。盖股东对于公司决策和管理的参与权应通过股东大会等法律规定的程序行使，而不能以可能损害公司管理的方式肆意影响公司管理层。例如，股东可能以怀疑公司董事或者是实际控制人具有不法行为或者不忠行为，故而为调查公司董事而行使查阅权。此时需要该股东能够证明公司的董事在某种程度上有不忠行为的可信基础，比如对公司的某项交易有兴趣或者是存在管理不善、违反信义义务的行为。易言之，需要该股东建立一个最低的可信基础，从这个基础上可以推断出公司经营存在问题的可能性。[2]具体情形还包括股东查阅账簿从而吹毛求疵阻碍管理、敲诈勒索或是恶意诉讼。[3]在实际出现的案例中，存在公司股东通过行使知情权从而获取其认为有利证据或公司违法违规经营证据要挟公司从而获得个人利益的情形，法院以不存在法律规定的"不正当目的"情形或者具有同质性的其他情形为由认定为属于"正当目的"。[4]笔者认为在此种情形下，应当以该股东是否有初步的证据证明该公司存在违法违规情形，如果该股东并无初步的可信的基础，那么此种查阅权行使会给公司带来极大不便和不利，不符合"正当目的"所要求的利益平衡。如果股东已有初步证据证明，再考虑其具体目的是否符合诚实信用原则的"道德法律化"之要求。如果仅仅是为了要挟公司获得股东个人的非法收益，自然也不符合"正当目的"，而如果是为了对公司提起诉讼、进行

---

〔1〕 参见彭真明、方妙："股东知情权的限制与保障——以股东查阅权为例"，载《法商研究》2010年第3期。

〔2〕 As with Oklahoma courts, courts in other jurisdictions are reluctant to permit "fishing expeditions". Courts have, therefore, required potential inspectors to show "a credible basis to find probable wrongdoing". See Johnathan D. Horton, "*Oklahoma Shareholder and Director Inspection Rights: Useful Discovery Tools?*" Oklahoma Law Review, vol. 56, no. 1 (March 2003), pp. 105-127.

〔3〕 参见宋从文："股东知情权行使与限制之维"，载《法学论坛》2009年第7期。

〔4〕 典型案例如四川九汇群英实业有限公司、谭权苓股东知情权纠纷案，上诉人九汇群英公司称股东谭权苓通过行使股东知情权，目的在于获取其认为"有利"证据或公司"违法违规"经营证据，要挟九汇群英公司，最终达到不偿还借款的不正当目的，且其亦有可能通过行使股东知情权泄露公司的财务机密信息。后法院认为九汇群英公司未举证证明谭权苓查阅公司会计账簿具有法律规定的"不正当目的"的具体情形或者同质性的其他情形，且部分证据能够证明谭权苓与公司之间存在另案纠纷，但不能证明谭权苓具有不正当目的。参见成都市中级人民法院判决书，(2018) 川01民终1401号。

合法的举报或是借此建议公司管理层更正其行为，则应当认定为"正当目的"之情形。[1]

（三）损害公司持续发展与存续

此种类型实际上是第二种类型的加剧版。股东与公司内其他主体比如公司管理层之间具有难以调和之矛盾，使得公司陷入僵局，难以继续存续与发展。此时该股东行使查阅权应当被认定为"不正当目的"。盖当公司已陷入僵局之时，其中利益冲突已非单个小股东与大股东或管理层之间的纠纷矛盾，而是涉及力量均衡的两个团体相互博弈，此时法院应当避免介入。[2]一则此种情形对公司产生损害，不应认定为正当目的；二则此时支持一方行使查阅权将使得本就复杂的力量对比变得更难破解。故而，法院应当避免此刻介入公司内部力量的争斗中，而是首先等待公司内部完成自力救济。[3]

因此，当公司内部存在严重矛盾致使公司陷入僵局时，股东此时的查阅权目的应当认定为"不正当目的"。

结语

通过诚信原则的利益平衡内涵和道德法律化内涵对"不正当目的"进行价值补充，可以得到其认定之关键在于，客观层面损害公司利润与财产权利、损害公司日常经营与管理或是损害公司持续发展与存续，且上述公司利益不违背社会公共利益之要求。或者客观层面未达到损害公司利益要件，但有证据证明其专为损害他人之恶意从而推翻主观善意之推定。

商法的理论工具十分广泛，甚至常常从经济学等其他学科中获得智识资源

---

〔1〕 典型案例如四川融易控股有限公司、四川沣通实业有限公司股东知情权纠纷案，沣通公司与融易控股公司发生诉讼争议或执行案件的过程中，在本案中反复主张其公司知情权，无论沣通公司是否是融易公司起诉的债务人或相关税务稽查事项的举报人，都不足以证明沣通公司具有"不正当目的"。参见四川省高级人民法院判决书，（2018）川民再662号。再如福建东奥房地产开发有限公司、陈红宇股东知情权纠纷案，东奥公司股东黄志荣一直以来无法参与公司经营，与公司其他股东存在矛盾，因此拒绝为公司项目提供后续支持并要求公司进行审计，向项目施工单位发函表明公司与股东之间存在争议将对后续施工产生影响，并向市政府发函要求市政府暂缓向东奥公司发放项目地块房产的预售证。此种行为都是股东的合法的行为，两审法院均认为不可以此为由认定股东具有"不正当目的"。参见福建省龙岩市中级人民法院判决书，（2018）闽08民终1607号。

〔2〕 有文章指出，对公司僵局的司法保护要遵循以其他权利救济穷竭原则，在自力救济、行政管理、仲裁等手段缺失或无法解决僵局纠纷的情况下，司法介入才是适时的。参见李泫永、官欣荣："公司僵局与司法救济"，载《法学》2004年第4期。

〔3〕 参见鲍为民："美国法上的公司僵局处理制度及其启示"，载《法商研究》2005年第3期。

乃至灵感，灵感的获得没有界限，但是结论的证成却需要遵循法学上之逻辑和方法，得乎法学的使命。[1]

有鉴于此，笔者将"不正当目的"之认定放置在价值补充体系和方法中，解决过去重结论轻论证的白璧微瑕，木椟在后，力争达到价值和逻辑的兼顾。[2]

---

〔1〕 拉伦茨称法学的使命在于法律解释、法律发展、法律统一以及为立法作准备，而法学之所以对于法律是不可或缺的，正是在于其以一定方法为指导，试图对现行法加以理性把握、解释和发展的努力。参见［德］卡尔·拉伦茨："论作为科学的法学的不可或缺性"，赵阳译，载《比较法研究》2005年第3期。

〔2〕 许德风教授曾经研究过法教义学与价值判断的问题，他强调价值判断可以对法律及法律适用产生影响，但必须遵循适当的规则。为维护法律的确定性以及法律的约束力，必须规定价值判断不能直接用于裁判，只有通过法教义学上的"连结点"如一般条款、法律解释、法律漏洞补充等才能将其引入法律论证。参见许德风："论法教义学与价值判断：以民法方法为重点"，载《中外法学》2008年第2期。

第 九 部 分

法律职业伦理

职业主义下律师广告规制评析与构建

毕丛慧[*]

【摘　要】律师广告反对者观点集中在商业广告对法律职业性质的违背，但是随着法律服务市场的现实需求，"好的职业主义"下的律师广告并未丧失职业特征，且能满足法律服务需要的新发展。律师广告应遵循真实性、非误导性、适当性、比例原则，在广告方式和内容上进行规则限制。实证研究表明，律师广告整体上有助于增强竞争和降低价格，且并未影响法律服务质量。律师广告规制不宜对其积极性规范予以过多限定，应当加强对律师广告的广告主、内容及形式等方面消极性规范的制定，建立硬法和软法、行政规制和行业自律统一协调的律师广告法治。

【关键词】律师广告；职业主义；比例原则；正负清单

引言

伴随法律商业主义日益发展，作为律师业务推广的重要方式之一的律师广告，其正当性得到日益广泛的承认，各国对律师广告规制呈现出缓和态势，由禁止转向限制，如1977年美国律师广告制度重要转折点 Bates v. State Bar of Arizona 案，是律师广告解禁的标志性案件，判决认可了律师广告的正当性，应受到美国宪法保护。我国律师协会对律师广告制度进行了部分规定，但实践中仍存在规制不完善、规范体系适用模糊的现象。本文从法律职业主义入手论证律师广告的正当性，进而对律师广告制度规制原则及规则进行梳理，结合国内外

---

* 毕丛慧，中国政法大学2020级法律职业伦理专业硕士。

实证研究与广告形式和内容的比较分析，创新提出"正负清单"规制准则，并以消极性规范为主，对于新媒体律师广告[1]采取"一般+特殊"规制模式，探索建立硬法和软法、行政规制和行业自律统一协调的律师广告有效规制构建之路。

一、职业主义下律师广告评析

（一）职业主义与律师广告的冲突

律师制度起源于西方，法律职业主义是其主流指导思想。专业性、公共性和自治性是法律职业主义的三大基石。[2]在西方职业内涵研究中，所谓职业，其本质是一种社会构造：它蕴含着专业的、对外行人而言"深奥"（esoteric）的知识。这些知识在用途上和取向上能超越物质经济上的动机而献身于服务公众的事业，因此职业拥有其特殊的权利义务与声望。对职业的研究从三个维度出发，即认识论、标准化、价值论的维度。认识论维度即要求职业者将特有知识的技能应用到所从事的执业活动中；标准化维度即职业者受到职业伦理规范的规制，具体的职业伦理规范所规制的方向即为标准，以确定职业者的服务定位及其特殊的伦理观念与规范；价值论维度在于强调职业者的专业化职业所独有的声望，以及该专业职业的自治性。综合以上职业的三个维度可以看出，排他性和专门性是职业的典型特征。在职业伦理角度，该特征越明显，即显示这种职业的专门化的程度越大，律师业正是如此。[3]

按照职业论的普遍逻辑，以及所谓的在职业与社会或国家之间的社会契约的理论，职业者专业化执业内部有效统治的自治性专业组织、高标准高道德的伦理规范（如禁止广告等）、对职业成员资格的严格限制（包括教育背景甚至阶级出身的限制）等，都是律师职业在实现严格履行与社会的契约中所致的自然结果。

（二）"好的职业主义"下的律师广告

追求"职业主义"以及满足法律服务需求两者不相容性的特征，使得律师

---

[1] 本文所称新媒体律师广告，包括但不限于目前学界所指律师网络广告。新媒体律师广告实质仍为律师广告，因媒介加持具有一定特殊性，但仍应遵守基本律师广告规制。随着新媒体技术发展，新媒体律师广告形式具有多变性，规则滞后背景下宜采用普遍规则加针对性特殊条款规制模式，对于媒介技术（非本文主要研究内容）一方予以限制。

[2] 李学尧："法律职业主义"，载《法学研究》2005年第6期。

[3] 参见孙笑侠等：《法律人之治——法律职业的中国思考》，中国政法大学出版社2005年版，第283页。

"职业"处境矛盾，波斯纳对职业的"专业性"进行了独特解读，提供了别有价值的思路。一方面，波斯纳承认职业的一般定义，另一方面，他同时认为实践中的"职业主义"可以细化为"坏"和"好"。"坏的职业主义"依靠所谓专业性拟构的"职业神秘感"来圈画"职业专属自留地"，保持和维护职业专属特权地位，进而在"坏的职业主义"下难以实现职业所具有的公共性。"好的职业主义"是在职业一般性定义基础上的进一步发展，其关键在于将专业知识作用于社会意义、现实意义中。

波斯纳认为，法律职业并未随着商品化浪潮而失去"职业"特征。相反，在科学发展和市场竞争深入的背景下，法律职业变得更加"职业化"。这种更加"职业化"即代表"好的职业主义"，是现代科技社会对职业主义在实践中不断去伪存真的结果，体现了理性对于"职业神秘"的置换，是"职业主义"的进一步发展。

二、律师广告规制原则与规则

律师广告有其合理正当性，但同时具有一定虚假和欺诈风险，律师作为具有公共性的社会契约性质的职业，在商业化趋势中其业务推广等行为尤需合理规制。律师广告规范包括原则和规则。

我国法律对律师广告的态度并不明确，隐约呈现从禁止、不鼓励向限制方向的转变，但因广告法、律师法等规定中欠缺关于律师广告的基本规定，律师行业自律规范亦存在模糊和冲突之处，以致我国违规律师广告较为泛滥，亟待建立以有效规制为导向的律师广告规制体系。

（一）律师广告原则

《欧洲人权公约》第 10 条与欧洲人权法院对限制广告自由作出相关规定：公民享有的广告自由仅在法律规定且具有民主社会的合法目的时才能受到限制。在原则上，律师广告只要满足内容真实、不致误导公众、表达方法得当，则不受到限制。实践中，律师广告涉及多种利益，限制律师广告应当通过比例原则进行权衡，通过利益平衡、比例原则视角来解决不同法益之间的冲突关系。

1. 真实性原则

真实性原则即律师广告的具体内容符合客观事实要求，内容属实，不是凭空捏造，具体表现为"质"和"量"。在"质"上，即客观有无，如"我没有从事过证券业务，但我在律师的广告里说我擅长这个业务"。在"量"上，即程度，如"虽然我接触过证券业务，但并不熟练，而在律师广告里说我擅长这个业务"。各国的律师行为规范中均体现了律师广告的真实性原则并有明确规定。

2. 非误导性原则

"非误导性"是指在真实性基础上满足了客观准确，且没有错误引导，没有歧义性、倾向性、偏向性误导。如律师的广告宣称"胜诉率90%以上"。若律师用某一种特殊公式方法来计算案件的代理数量、胜诉数量，计算出胜诉率在90%以上，虽然内容属实，但该广告违反了"非误导性原则"，会误导客户认为胜诉的可能性很大。如果实际胜诉率未达到90%，则律师广告违反了"真实性"原则，此时无需再考虑是否误导。

各国一般采用"抽象概括+否定列举"的方法对"非误导性原则"加以规制。以日本为例，日本明确禁止"可能造成误导或误解的广告"、禁止含有"诉讼成功率"的广告、禁止"夸大宣传自己的业务能力或给予受众误导性期望、虚假承诺或使受众期望过高的广告"、禁止"与其他律师作对比的广告"。

3. 比例原则

由于律师广告制度规范一方面涉及律师个人的执业自由，另一方面还涉及社会公众的信息知晓权。因此在实践中，合理权衡律师执业自由与公共利益之间的关系尤为重要，是律师广告规制的应有原则。即运用"比例原则"，在维护社会公共利益的同时，尽可能权衡和保障律师的执业自由，并对损害社会公共利益的情况予以合理限制，当两者出现矛盾时，应充分考虑社会公众利益。

我国台湾地区有关律师广告的"律师业务促进标准"第3条规定，律师广告可以包括客户姓名及承办案件之性质。同时在利益平衡方面规定，未经客户书面同意，律师广告不得记载具体个案之内容、对造或其他利害关系人之姓名等。此规定对律师广告自由进行了限制，充分体现了"比例原则"的应用。

（二）律师广告规则

综观律师广告规制规则文本，律师广告的规则主要在内容和方式两方面。

1. 律师广告内容

各国对律师广告内容的规定基本为正向规定，主要包括了律师相关信息或律师事务所的简要介绍、收费情况、业务范围、联系方式、专业水平介绍或相关技术水平介绍、其他专业相关信息。让客户知道自己有哪些律师和律师事务所可供选择，他们的事务是否属于自己的业务范围，他们的业务水平如何，如何联系他们等（见表1）。

2. 律师广告方式

虽然各国律师广告内容较为相似，但在律师广告方式规制上各国的差异较大。在不同标准下，律师广告的管制程度由弱到强依次为：英国、美国、德国、日本（见表2）。在日本，律师执业行为规范对律师广告方式的规定较为严苛。其中允许做广告的媒体仅限于律师事务所介绍手册、名片、招牌、同窗会会报等七项，并对此进一步细化加以具体限制。如，严格限制招牌大小，要求其面积不得超出2平方米；对于设置多个广告招牌的，总面积必须在12平方米以内。

表1　部分国家对律师广告内容的不同表述比对

律师广告内容	英国	美国	德国	日本
主体概况、联系方式	律师的个人照片、简历以及其他介绍	名称、地址以及电话号码	地址、传真、邮件等联络方式；到达律所的交通方式、路线等	名称、所在地及电话号码；工作时间
业务范围	律师服务的性质和范围	法律服务种类	律师业务倾向与工作重点	律师业务范围
收费方法	收费计算方法	收费计算依据，主要包括特定服务价格、付费方式等	无明确要求	所属自治组织所要求的收费办法

表2　部分国家关于律师广告方式的不同表述比对

	英国	美国	德国	日本
无明确规定	律师广告方式	书面文字、电子交流手段、大众传媒手段、录制品等	事务所广告招牌、汽车等交通工具广告处、传单、在网络或广播、电视等大众传媒	日本电话公司所发行的黄页电话簿；律师事务所的书面简介、律师名片、信笺等

三、完善律师广告规制构建

（一）律师广告的实证研究

总体上说，律师广告涉及广告学、心理学、行为学等多学科领域，自律师广告解除禁止以来，许多实证研究围绕律师广告相关变量展开，这为律师广告制度构建提供了实践结论支撑。

在关于消费者对律师广告的态度上，有研究调查了消费者在 15 年内对律师广告的态度可能发生的变化。它复制了 1988 年所做的一项调查，并使用相同的问卷和相同的人口来纵向比较回答。研究证实，广告和营销显然在未来的法律服务中具有一定地位。虽然律师的形象并不乐观，但大多数 2003 年的受访者都同意，律师做广告是适当的。同时还证实，服务质量和律师的声誉对 2003 年消费者来说比价格更重要。[1]

在律师广告对法律职业公众形象的影响中，研究发现律师广告提高了公众对法律职业的尊重，同时揭示律师广告与律师形象之间有双向关系。[2]在律师广告对和解概率或报价的影响研究中，和解协议通常会受到广告水平的影响，并且隐含地受到广告规则的影响。结论显示，更多的律师广告使被告对原告类型的信念随着律师广告水平的变化而变化。同时，律师广告如何影响和解结果取决于被告是否向更有能力的原告提供更高的和解要约。[3]

在探究什么是最佳律师广告水平的问题中，即律师广告对法律服务的价格和质量的实证影响，一些论文结论发现律师广告可以提升律师的形象。由于律师广告降低了法律服务的价格，因此低收入群体更容易获得法律代理，广告可以使法律界摆脱其精英形象。同样，广告在一定程度上降低了价格并提高了法律服务的质量。另一项研究得出的结论是，放宽广告管制已经导致英国法律服务的价格降低。最后，结果表明，律师广告能够诱使伤害者多加注意，但同时也增加了利用民事司法系统的受害者人数，从而增加了诉讼成本。适当地评估律师广告的最佳水平，需在威慑优势与诉讼和广告成本之间进行权衡。[4]

（二）律师广告的积极性准则

所谓律师广告的积极性准则是指关于律师广告内容的正面清单，其效力包括三种类型：必须明示的内容；限定可以明示内容的范围；典型的明示内容，

---

〔1〕　See Michael G. Parkinson, Sabrina Neeley. Attorney Advertising. 2003, 24 (3): pp. 17-28.

〔2〕　By Richard J. Cebula, "Does Lawyer Advertising Adversely Influence the Image of Lawyers in the United States? An Alternative Perspective and New Empirical Evidence". The Journal of Legal Studies 1998 27: 2, pp. 503-516

〔3〕　See Tim Friehe, Yannick Gabuthy, Eve-Angéline Lambert. Settlement implications of lawyer advertising. 2020, p. 61.

〔4〕　See Michael P. Stone, Thomas J. Miceli, Optimal attorney advertising, International Review of Law and Economics, Volume 32, Issue 3, 2012, pp. 329-338.

且不排斥此外内容。

依据我国律师广告的硬法、软法规范，律师广告必须明示的内容主要针对具有识别性的信息。广告法规定中要求广告应具有可识别性，所谓"可识别性"具体要求其本身能使消费者辨明其为广告，律师协会规定中进一步要求，除了律师发布的广告内容应当能够使社会公众辨明是律师广告，还要求广告中应当将律师姓名及其所任律师事务所名称、律师执业证等以醒目方式标示。

《律师执业行为规范（试行）》第28条、第29条与《中华全国律师协会律师业务推广行为规则（试行）》（以下简称《律师业务推广行为规则（试行）》）第6条、第7条第1款对于律师广告积极性准则效力规定存在模式及其效力差异。《律师执业行为规范（试行）》第28条、第29条限定可以明示内容的范围，条文表述为"律师个人（事务所）广告的内容"＋"应当限于"＋包含上述必须明示内容在内的所有可以明示的内容（设定为A）。此处的可以明示内容A即指律师或律师事务所对于所明示内容的自由选择之意。此规定类似于日本律师业务对策委员会在1979年发表关于律师业务答复信的建议，即修改《日本律师联合会章程》第29条之2，律师仅限于该规定事项允许进行广告宣传，此外，不得进行其他事项的广告宣传。《律师业务推广行为规则（试行）》第6条、第7条第1款规定典型的明示内容，且不排斥此外内容，条文表述为：必须明示内容（A1）＋"也可以包含"＋其余可以明示的内容（A2）。就内容而言，A＝A1+A2，但就效力而言，《律师执业行为规范（试行）》（A模式）并未达到《律师业务推广行为规则（试行）》（A1+A2模式）针对律师广告识别性信息的醒目标示的效力。

（三）律师广告的消极性准则

所谓律师广告的消极性准则是指关于律师广告内容的负面清单，即律师广告不得具有的内容和形式。

律师广告主的资格受到限制。《律师执业行为规范（试行）》规定了不能发布律师广告的情形，对广告发布者资格作出消极限制，即未通过年度考核、被停止执业或处于停业整顿处罚期间；受到通报批评、公开谴责不满一年等情形。此项广告主资格的限定具有合理性，一方面，律师、律师事务所无法执业期间没有广告需求，也避免对客户的误导；另一方面，禁止发布广告也成为具有惩罚性的律师行业自律工具。

律师广告的内容应当依据真实性、健康性原则，对于典型的误导、不健康等情形予以具体限制。结合《律师执业行为规范（试行）》《律师业务推广行为规则（试行）》，律师广告不得含有不正当竞争、有悖于法律公正或法律规范的、与客户利益冲突的内容等。此外，在广告内容方面，律师个人网站或律师事务所官方网站、博客等整体纳入律师广告监管范围。除了网站和博客的内容，网站和博客中还有以广告和链接为导向的新页面或网站域名，这应该受到律师广告规则的规范。同时，应当区分律师网站和博客中的记录保全和登记内容。即区分法律服务信息和法律信息。法律服务信息作为律师广告，发布时应向有关部门报告，网站和博客需要保留法律服务信息。如果是法律信息，作为一种知识信息，其发布不需要记录，只需要保存记录。但是，由于法律信息与律师广告是在同一平台、律师网站或博客上发布的，因此在形式上必须严格区分法律信息的发布与律师广告。例如，法律信息可以分为不同的主题栏和标题以提示明显不同的页面。在内容上，法律信息本身必须合法、真实、不具有误导性，不应包括任何隐藏的律师广告。此外，律师姓名或律师事务所名称、主要办事机构所在地、执业领域、特殊资格、免责声明等必须放在网站和博客首页的显著位置，不得通过链接到其他独立页面进行宣传。

律师广告的形式应当受到限制。律师广告的形式十分广泛，除了传统的印刷广告、电子广告、户外广告等，借助互联网技术的发展及其廉价高效、形式多样的优势，互联网律师广告也日益普遍。只要主观上做广告是为推广业务、获得委托，客观上能让公众知悉、了解法律服务业务，无论其形式如何，均为律师广告。此种定义方式的优越性：一方面是由律师广告的本质属性的概括来适应不断变化的广告形式；另一方面是有利于准确区分律师广告和法律信息。《律师业务推广行为规则（试行）》第2条规定了律师推广业务的具体方式，即网站、博客、微信公众号、领英等互联网媒介以及被认定为与律师广告相同程度的律师业务推广方式，但依据《互联网广告管理暂行办法》第3条第1款规定，关于互联网广告的定义，亦应当属于律师广告范畴，其发布内容应当受正面清单和负面清单的约束。此外，律师业务推广行为规则禁止在某些特定场所附近以广告牌、移动广告、电子信息显示牌等形式发布业务推广信息，这些场所包括法院、检察院、看守所、公安机关、监狱、仲裁委员会等。此项限制主要考虑以下理由：避免律师或类似事务所对特定场所广告位的恶性竞争；确保客户谨慎选择律师服务，避免特定情形的冲动消费；防止对法律场所及其律师形象产生商业化的破坏。

（四）新媒体律师广告规制模式

当前新媒体技术飞速发展，职业主义面临商业化、新媒体的挑战，律师广告也出现许多不同于传统广告的样态，如深层链接广告，抖音、快手广告等。在美国，《美国职业行为纪律处分规则》和广告复审委员会"内部解释性评论17"（Internal Interpretative Comments 17）共同构成了对律师网站广告的规范。对此，除上述律师广告的消极性准则、负面清单外，考虑新媒体技术形式的多变性特征，新媒体律师广告在宏观上应采取"一般+特殊"规制模式，即对我国现行律师行为规则进行修改，同时针对新媒体广告的特殊性，制定特别条款，包括律师和律师事务所网站、主页，应遵守广告法的信息披露义务、承担自己网站和被链接网站之信息审查义务等。

对于目前流行的网络即时通讯律师广告标准，其具体规则可以从以下三个方面改进。第一，在设置许可证或归档具有即时消息功能的网站时设置先决条件。律师网站、博客、法律门户等具有即时消息功能的，申请网站许可证时，可能需要向司法行政机关和辖区律师协会备案，方便司法行政机关和律师协会掌握相关网站使用即时消息工具，便于监督。第二，明确律师在使用即时通讯工具与客户交谈时的提示义务。在通过即时通讯工具与潜在客户进行正式沟通之前，律师有义务提醒潜在客户在谈话中可能涉及广告的语言。律师提示不仅能有效约束律师与客户沟通时使用的语言，还能降低潜在客户被说服的可能性。第三，规范谈话内容的记录制度。目前即时通讯工具都有保存通话记录的功能，律师和潜在客户之间的交流内容可以自动保存在即时消息工具中。律师应当做好相应记录的下载、整理和归档工作，接受司法行政机关和律师协会的监督。谈话内容备案制度不仅可以规范律师的广告行为，还可以作为司法行政机关和律师协会在客户投诉律师的情况下作出相应处理结果的证据材料。

结语

随着律师职业的去神秘化，法律服务市场开发性、专业化、竞争度的不断增强，律师广告正当性得到日益广泛的承认，世界各国逐渐放弃对其的禁令，取而代之乃是建立有效的规制。律师广告规则的适用应处理法律、法规和职业行为规范之间的关系。一方面，司法行政机关要制定律师广告监管的一般原则，明确法律、部门规章、地方法规的具体权限，制定律师广告规则。另一方面，全国律师协会要充分考虑律师广告的现状，完善律师广告的规定，进一步明确律师广告的主体，规范律师广告的内容，限制律师广告的形式。《中华全国律师协会章程》进一步明确了地方律师协会在制定律师执业规则方面的具体权限。广告法应当将律师广告纳入特种广告范畴予以规范，律师法亦应当加强对律师广告的原则性规范，确立律师广告应当遵循的原则、准则，并且以此为基础，健全律师广告的自律规则和机制，形成硬法和软法、行政规制和行业自律统一协调的律师广告法治。

第 十 部 分

体育法学

新《著作权法》下体育赛事直播节目的保护路径探析

姜璐璐*

【摘　要】近年来，有关以网络直播方式盗播体育赛事节目的行径愈演愈烈，司法实践面临重大难题。首先，传播机构就赛事节目享有的权利来源于从赛事组织者处继受取得的赛事转播权，包括赛事组织者在现场比赛阶段享有的允许他人入场拍摄并传播的权利，以及节目制作者在节目传播阶段享有的著作权利，前者因赛事组织者对赛事信息的所有而具有所有权权能，后者属于法定著作权利，所以赛事转播权的性质是包含著作权的民事权益，但新《著作权法》[1]对此并未作出回应。其次，新《著作权法》亦未体现出降低"视听作品"独创性高度的意向，赛事节目因具有事实记载、存在技术规范的制作特点而与录像制品相契合。最后，新《著作权法》出台后，权利人通过录像制作者权或广播组织权寻求救济的渠道已经畅通，尤其广播组织权因无须对赛事节目定性而具有无法比拟的优越性。但是，对体育赛事直播节目的保护必须回本溯源，通过《体育法》设赛事利用权，赛事组织者享有初始许可他人拍摄并传播的赛事转播权，明确其对世权属性。

【关键词】体育赛事直播节目；赛事转播权；网络直播

引言

自"新浪诉天盈九州公司侵犯著作权及不正当竞争案"以来，体育赛事直

---

* 姜璐璐，中国政法大学2020级体育法专业硕士。
〔1〕 本文所称新《著作权法》指2020年第三次修正的《著作权法》。

播节目的法律保护便成为学界的一大热议话题，主要围绕法律定性和保护路径展开。就法律定性而言，存在"作品说"和"录像制品说"两种观点，其分歧主要在于对赛事节目的"独创性"认定。有学者认为赛事节目的制作方式与电影的制作方式具有高度的类似性，因而构成以类似摄制电影的方法创作的作品（以下简称"类电作品"）；[1]有学者主张其属于将画面和声音整合为一个符合观众欣赏的整体的"汇编作品"；[2]还有学者表示赛事直播具有客观纪实、符合观众稳定预期、专业摄像导演选择差距不大的特征，因而属于录像制品。[3]进而，在保护路径上，部分学者主张通过降低"类电作品"独创性要求并扩张广播权加以保护，部分学者则建议新设或统合"视听作品"类型来保护。另外，还有学者主张以《反不正当竞争法》或在《体育法》新设权利的方式进行保护。

2020 年 11 月 11 日，《著作权法》第三次修正案正式通过，体育赛事直播节目的保护迎来重大发展。新《著作权法》以"视听作品"代替"电影作品和以类似摄制电影的方法创作的作品"，扩张了广播权、录音录像制作者权和广播组织权，采纳了学界部分研究成果，但同时也存在回避待决的问题。从司法实践出发，获得合法授权的直播机构提起侵权之诉的请求权基础是"赛事转播权"吗？其权利性质为何？新《著作权法》对此并未回应。从规范层面看，"视听作品"和"录像制品"的独创性高度界限依旧模糊，无法对体育赛事直播节目进行准确定性。基于此，笔者展开相关探讨。

一、司法实践面临的困境

体育赛事直播节目的法律保护是一个实践型问题，相关探讨不能套用理论进行空想，其研究必须建立在对现实基础的全面掌握上。笔者拟从司法裁判文书出发，归纳并抽象现实争端，进而在法律层面予以探讨。通过北大法宝平台，限定筛选条件为"至少包含多个关键词之一"、文书类型为"判决书"、审结日期为"2000 年 1 月 1 日至 2020 年 4 月 6 日"，全文查找包含"体育赛事""体育赛事直播""体育赛事直播节目""体育赛事画面""体育比赛"关键词的裁判文书，选定"民事案由"和"知识产权案由"，得出 2751 篇结果，按照"不分组""审结日期由远及近"顺序排列，剔除人身损害赔偿、教育机构责任纠纷、

---

〔1〕 戎朝："互联网时代下的体育赛事转播保护——兼评'新浪诉凤凰网中超联赛著作权侵权及不正当竞争纠纷案'"，载《电子知识产权》2015 年第 9 期。

〔2〕 丛立先："体育赛事直播节目的版权问题析论"，载《中国版权》2015 年第 4 期。

〔3〕 王迁："论体育赛事现场直播画面的著作权保护——兼评'凤凰网赛事转播案'"，载《法律科学（西北政法大学学报）》2016 年第 1 期。

开幕式、赛后点播等案例后，得到11篇体育赛事节目网络直播盗播侵权纠纷的判决书，整理其请求权基础和裁判结果得出下表：

表1　我国体育赛事直播节目著作权纠纷司法裁判现状

案例	请求权基础	裁判内容		
		权利来源	独创性判断	侵犯权利
央视国际诉世纪龙	录像制作者权+广播组织权	协会章程	录像制品	信息网络传播权
体奥动力诉土豆网（一审）	物权	著作权法		不享有基于物权的独家播放权
体奥动力诉土豆网（二审）	动产物权	著作权法		赛事视频不属于动产
体奥动力诉上海新赛季	具有财产属性的民事权益	著作权法		举证不能而败诉
央视国际诉北京我爱聊	广播组织者权+不正当竞争	协会章程		成立不正当竞争
央视国际诉暴风集团	"类电作品"著作权	协会章程	录像制品	非合理使用+信息网络传播权
新浪诉天盈九州（一审）	"类电作品"的著作权+不正当竞争	协会章程	作品	应当由著作权人享有的其他权利
新浪诉天盈九州（二审）	"类电作品"的著作权+不正当竞争	协会章程	不构成电影作品	举证不能而败诉
央视国际诉广州动景科技	广播权、其他著作权+不正当竞争	协会章程	不构成作品	成立不正当竞争
央视国际诉北京风行在线	作品的著作权+不正当竞争	协会章程	作品	狭义著作权+成立不正当竞争
央视国际诉华夏城市网络	"类电作品"著作权+不正当竞争	协会章程	录像制品	成立不正当竞争
央视国际诉上海悦体	"类电作品"著作权+不正当竞争	协会章程	不构成录像制品、"类电作品"	成立不正当竞争

案例	请求权基础	裁判内容		
		权利来源	独创性判断	侵犯权利
央视国际诉盛力世家	不正当竞争	协会章程		成立不正当竞争

通过案例可得，虽然我国体育赛事直播节目盗播侵权纠纷包括未经授权而点播、直播、赛后转播多种形式，但点播、赛后转播、电视台直播形式的盗播纠纷均能够得到较好解决。实务界争议焦点在于以网络直播方式实行的侵权行为，呈现出"同案不同判，同判不同理由"的紊乱局面。其特点如下：

首先，认同或默认原告权利来源为继受取得的由赛事组织者享有的"赛事转播权"，其由体育协会章程规定，第三人未经授权非法盗播侵犯原告的"赛事转播权"。其次，对"赛事转播权"存在认知误区。原告认为其属于知识产权的范畴，因而继受取得著作权或录像制作者权，法院虽然否认其知识产权属性，但亦未正确认识其权利属性。再次，对体育赛事直播节目法律性质判断存在重大分歧。最后，请求权基础不明确。不但提起诉讼的直播机构对于自身所依据何种权利不甚清楚，而且法院对于原告请求权基础的认定也存在分歧。"央视国际诉世纪龙案"[1]"央视国际诉暴风集团案"[2]中法院的裁判依据是信息网络传播权，新浪诉天盈九州一审法院的裁判依据则是"应当由著作权人享有的其他权利"。笔者认为，其原因不仅在于旧《著作权法》对网络直播的法律空白，更在于对体育赛事直播节目法律性质的界定。只有在正确界定体育赛事直播节目性质的基础上，才能适用相应路径进行权利保护。基于前述分析，笔者重点探讨两个问题：体育赛事直播节目的权利来源和法律属性。

二、体育赛事直播节目的权利来源：赛事转播权

当第三方未经授权通过网络直播赛事节目时，其必然侵犯了依法继受取得赛事转播权的传播机构的权利，司法实践中对此已经达成共识。但是，赛事转播权的法律属性是什么呢？学界和实务界均存在较大争议。"赛事转播权"通常用于商事合同中，一般指赛事组织者拥有拍摄、制作、传播体育赛事节目的权利，已日渐成为赛事组织者的主要营收来源。笔者以为，不能将赛事转播权

---

〔1〕 广东省广州市中级人民法院（2010）穗中法民三初字第 196 号。

〔2〕 北京知识产权法院（2015）京知民终字第 1055 号。

狭义地理解为著作权，赛事转播权还包括允许第三方入场拍摄赛事节目的权利。显然，著作权只是其内含属性之一。

（一）赛事转播权的概念澄清

在体育赛事传播产业中，赛事组织者和赛事传播者的授权许可内容通常被认为是"体育赛事转播权"的许可，这一概念多被认为具有著作权性质。[1]然而，对体育赛事传播过程分析后发现，现场比赛传播阶段和节目制播传播阶段的权利客体和权利主体截然不同，在无权利回授约定的情况下，赛事组织者的"赛事转播权"无法涵盖节目制播传播阶段，商业合同使用的"体育赛事转播权"的概念实则混淆了两个阶段产生的不同权利。

其一，当赛事组织者为赛事举办进行组织管理、投入资金劳动，并承担风险责任时，其当然享有基于体育赛事产生的收益回报，包括制播机构为了进行体育赛事的现场采集和播出所付出的对价。此时，权利客体是体育赛事，赛事组织者是现场比赛阶段"转播权"的所有者。其二，在制播机构获得现场采集及播出的授权后，制播机构以其节目制作者的地位应然享有录像制作者权，以节目播出者的身份取得广播组织者权，此时权利主体转变为制播机构，客体是体育赛事节目，制播机构基于赛事直播节目享有知识产权性质的"转播权"。当赛事组织者与制播机构达成回授相关著作权利的协议时，此时的"赛事转播权"则属于包括著作权利的综合权利。

因此，初始的"赛事转播权"实际上仅指赛事组织者基于体育赛事享有的"传播权"，不包括制播机构的著作权利，我国当前并不存在与之对应的法律概念。但需指出，权利回授模式在赛事传播市场已占据绝对主流地位，尤其在欧洲和美国等体育赛事产业发达的地区，赛事组织者往往雇用制播机构进行节目制作，约定享有体育赛事和体育赛事节目衍生的全部权利，制播机构只根据合同取得相应劳动报酬。[2]我国国务院办公厅颁布的《关于加快发展体育竞赛表演产业的指导意见》也明确推进"体育赛事直播分离"。[3]因此，应当认为"赛事转播权"是统一两个阶段权利的权利束，是包括著作权利在内的综合权利。

---

〔1〕 王自强："体育赛事节目著作权保护问题探讨"，载《知识产权》2015年第11期。

〔2〕 李杨："体育赛事视听传播中的权利配置与法律保护"，载《体育科学》2017年第5期。

〔3〕 参见《国务院办公厅关于加快发展体育竞赛表演产业的指导意见》（国办发〔2018〕121号），载中华人民共和国中央人民政府网，http://www.gov.cn/zhengce/content/2018-12/21/content_5350734.htm，最后访问时间：2021年3月20日。

（二）赛事转播权是包含著作权的民事权益

"有权利才有救济""赛事转播权"是包括著作权利在内的权利束，并不存在与其相契合的法律概念，如何界定其法律属性？笔者拟通过考察权利产生的事实基础和国内外观点加以明确。

从其产生的事实基础来看，商事实践认可转播机构取得赛事组织者的授权合法传播赛事节目，表明市场经济主体认可"赛事转播权"是权利人投入的合理回报，其属于市场经济下产生的"自然权利"，只是基于市场的自发性，才需要通过法律予以明确，以建立良性市场交易秩序。

从学界观点来看，我国当前认知比较薄弱，存在"契约权利说""商品化权说"[1]的观点，国外多数法律也未予以明确界定，存在"赛场准入权说""娱乐服务提供说""准财产权说"[2]，以及与"商品化权说"本质相同的"企业权利说"[3]。"契约权利说"认为来源于章程的赛事组织者的权利具有契约的性质，[4]笔者以为该观点存在本末倒置之嫌，从现实层面的普遍做法反推权利性质，实际上并没有指出该权利应然层面的法律属性；赛场准入权也可称为"场地权"，欧洲学者认为"场地权"并不代表一个严格的教条主义的法律范畴，其界限是明晰的，它被学者和法院用来指代一种共同的解释学结构：基于财产的控制入场权（绝对排他权）和基于合同的确定入场条件的权利，[5]也就是说赛事组织者的权利来自体育场馆的所有权或场馆租赁合同；"娱乐服务提供说"认为体育赛事是一种与演唱会、杂技表演等性质相同的娱乐服务，赛事组织者因服务的提供而取得收取包括转播权的对价等合理报酬的权利；笔者比较赞同"准财产权说"的观点，现场比赛阶段的经济价值主要包括门票、广告、

---

〔1〕 商品化权说认为赛事组织者将体育赛事具有的影响力转化应用于商业领域，利用其"商业价值"获取收益，即体育赛事本身被商品化，因而赛事直播权可以被视为一种商品化权。

〔2〕 准财产权说的理论发端于美国的"热点新闻原则"，信息收集者为收集信息投入了大量成本，因此在新闻的商业价值消失之前，其能够阻止竞争者免费搭乘其收集信息的顺风车。基于该理论，有学者认为赛事组织者为获得赛事信息投入了成本，因而有权阻止其他方未经许可使用体育赛事信息的行为，赛事信息具有"准财产"的属性。

〔3〕 企业权利说鉴于体育赛事本身的特殊性，将其视为一类产品，赛事组织者投入人力、物力、财力，并承担着经营的风险，因而赛事组织者对于体育赛事产生的无形财产享有收益权利。

〔4〕 赵双阁、艾岚："体育赛事网络实时转播法律保护困境及其对策研究"，载《法律科学（西北政法大学学报）》2018 年第 4 期。

〔5〕 See Margoni Thomas, "The protection of sports events in the EU: property, intellectual property, unfair competition and special forms of protection", *International Review of Intellectual Property and Competition Law*, 2016 (47).

传播收益，而这三种收益的对价均体现为赛事信息，观众购买门票入场是为了观看赛事表演、获取赛况信息，广告商是为了换取宣传效益，转播机构则是为了取得赛事信息公开传播的权利。因此，现场比赛阶段的"转播权"可以被视为一种基于信息财产享有的正当民事权益。此种解释与法律相契合。《民法典》第120条规定，"民事权益受到侵害的，被侵权人有权请求侵权人承担侵权责任"，而2009年《侵权责任法》对于"民事权益"的规定采取开放列举式定义，给新型权益和法律遗漏权益的保护留下了空间。基于对信息财产的所有而享有允许他人入场拍摄并转播的权利，本质上具有所有权的权能，所以具有对世权效力；同时，当赛事组织者与节目制作方约定著作权利回授后，赛事组织者继受取得赛事节目的著作权利，亦具有绝对权效力。综上，"赛事转播权"是包含著作权在内的民事权益，具有对世权效力。

三、体育赛事直播节目的法律属性：录像制品

（一）新《著作权法》并未降低"作品"之独创性高度

由前文可知，取得合法授权的传播机构能够基于赛事转播权提起侵权之诉，而赛事转播权的属性之一便是著作权利，那么该著作权利是狭义著作权还是邻接权呢？这也是基于现实纠纷所需要探讨的问题。

新《著作权法》以"视听作品"取代"电影作品和以类似摄制电影的方法创作的作品"，以"类电作品"的独创性标准进行分析可能已经失去意义。但是与之配套的《著作权法实施条例》还未修订，视听作品的定义和构成要件并不明确。所以，在无法律文本的情况下，笔者采用目的解释法探寻立法本意，以在一定程度上推断"视听作品"的独创性标准。新《著作权法》将"作品"的表述改为"是指文学、艺术和科学领域内具有独创性并能以一定形式表现的智力成果"，并将"法律、行政法规规定的其他作品"替代为"符合作品特征的其他智力成果"，立法者在采取概念描述法的同时，以"符合作品特征"作为作品类型的兜底性条款，这实质上明确了作品客体类型开放的立法旨意，以应对网络技术发展下新兴作品类型的认定问题，如网络游戏画面、音乐喷泉等定性。那么，"视听作品"的范畴应当大于"类电作品"，但这是否意味着其独创性高度有所降低呢？笔者以为答案是否定的，新《著作权法》并未删除录像制品的规定，意味着"视听作品"和录像制品的划分依旧存在。据此，立法者应当并无降低"视听作品"独创性高度的意味，只是不再以"类似摄制电影的方法创作的作品"定义"视听作品"，创作手法、存在形态、传播方式得到扩

张，使得独创性高度达到标准的新型视听形式作品可以囊括其中。基于此，仍有必要对体育赛事直播节目的独创性予以分析。

（二）体育赛事直播节目与录像制品相契合

需要指出的是，以下分析是建立在"视听作品"之独创性要求并未降低的假设上。分析之前，需明确我国的独创性标准，以判断其是否能达到"视听作品"的高度。一国的独创性标准与该国著作权法立法体系和立法目的密不可分。就体系结构而言，无论采取何种独创性标准，均需实现各自法律体系内的协调。

大陆法系国家立法者坚持以"作者人格利益"为中心，强调"作品展现了人类的智慧"。[1]如德国著作权制度保护具有作者个性烙印的独创性较高的作品，根据独创性的高低区分"电影作品"和"活动图像"，即使司法实践中已逐渐转变为"小硬币厚度"的独创性标准，[2]体育赛事直播节目也因独创性因素达不到"电影作品"的水平而以"活动图像"获得邻接权保护。正因为坚持较高独创性标准，所以为了保护独创性水平较低的"照片"，"活动图像"创设了邻接权制度。英国并不存在类似于不正当竞争的概念，也不承认普遍禁止不正当竞争的做法，只是通过法律规定了具体的经济侵权行为，以保护贸易商可以免受某些类型竞争者的不公平行为的侵害，[3]因而在缺乏反垄断法的兜底保护的情况下，其更加注重通过版权法保护投资和劳动，在最大限度内对于创作者和传播者的经济利益给予保护，所以对作品的独创性要求较低，并无"作品"和"制品"之分。正因如此，虽然我国存在借鉴英美法系部分法律制度的情况，如"视法人为作者"制度，但我国在著作权法"二分法"的结构体系下，更倾向于采取大陆法系的较高的独创性标准。

那么，体育赛事直播节目能否达到"视听作品"的独创性高度？"视听作品"来源于电影作品，基于其独创性高度要求并未降低的假设，暂时还可以以电影作品的独创性加以衡量。国际赛事节目制作一般依次包括两个阶段：电视

---

〔1〕 ［德］M. 雷炳德：《著作权法》，张恩民译，法律出版社 2005 版，第 39 页。

〔2〕 "小硬币厚度"标准下，对不同作品的独创性存在不同程度的要求，对于传统的文学艺术作品要求体现"作者的个性"，对于目录清单、电话号码簿、数据库等只要求具备最小的独创性。参见［德］M. 雷炳德：《著作权法》，张恩民译，法律出版社 2005 版，第 116–117 页。

〔3〕 See Margoni Thomas, "The protection of sports events in the EU: property, intellectual property, unfair competition and special forms of protection", *International Review of Intellectual Property and Competition Law*, 2016（47）.

公用信号制作阶段，以及购得"转播权"的机构在其基础上进行加工制作阶段，如添加解说员的评论、运动员现场采访等内容。[1]具体可以划分归纳为赛事现场采集、公用信号制作、信号源分发、信号加工制作、整合传输五个步骤，其中多个步骤可能由同一主体负责，即制播分离模式。国内赛事节目制作也已经初步形成制播分离模式。其中，现场采集、公用信号制作、信号加工制作三个阶段都可能存在"创造性因素"，现场采集对应"电影作品"的现场拍摄，公用信号和信号加工则与"电影作品"的画面编排剪辑相对应。

在现场采集拍摄阶段，电影作品的导演对于机位设置、镜头角度、画面远近具有完全的主导能力，使得画面拍摄本身带有浓厚的导演个性的烙印。而赛事节目的导播受限于信号制作标准的详尽安排，对此均不存在选择空间。公用信号制作要求主创人员摒弃个人情感偏好，对所有参赛方一视同仁，即运动员个人和团队的拍摄分量要实现均衡。而且，现场拍摄具有体育赛事本身所决定的事实记载特征，画面采集首先要及时、准确地向观众传递赛事信息，其次才考虑体现人文情感的画面，因此，机位安排有规律可循，存在客观预设的分镜头脚本，导致导播的选择空间有限。NBA公用信号制作手册中的机位图及其说明可以对此加以印证。

在画面编排剪辑阶段，电影作品的独创性因素以"镜头"为主线，体现于对镜头的选择和衔接，[2]导演选择最能表达情节的"镜头"，并通过蒙太奇等电视语言以"镜头"之间的"衔接"使得故事情节画面流畅贯通，这一过程中无一不带有导演的个性烙印，正如观看《唐人街探案》《误杀》时能感受到陈思诚特有的执导风格，而在观看赛事节目时不会产生这种感觉。不同导播拍摄的赛事画面存在不同之处，但不足以达到能够体现导播个性选择的程度。公用信号制作阶段的导播按照"预设脚本"同步进行画面剪辑，只在制作标准未涉及的细小部分存在自由选择空间，创作性程度极为有限。如NBA对于犯规和得分的慢动作回放，都遵循"从动作近景到人的近景"的原则，[3]奥运会甚至对球队入场时每个队员的拍摄停留秒数存在规定。即便信号加工制作阶段能够编排使用解说、现场采访、数字模拟技术等，"创造性"因素相对增加，但是基

---

〔1〕 任金州、马国力主编：《体育赛事电视公用信号制作标准研究》，中国传媒大学出版社 2005 版，第 21 页。

〔2〕 严波："现场直播节目版权保护研究"，华东政法大学 2015 年博士学位论文。

〔3〕 任金州、马国力主编：《体育赛事电视公用信号制作标准研究》，中国传媒大学出版社 2005 版，第 164-167 页。

于客观还原比赛和符合观众观赛目的的限制，该阶段的独创性能否符合"电影作品"的要求也只能在个案中区分认定。所以，从普遍意义上的体育赛事直播节目来看，其与录像制品的概念更为契合。

四、多元化保护体系之建构

（一）现场比赛传播阶段之保护

据前文所述，赛事转播权虽然仅是包含著作权利在内的一种民事权益，但在一定程度上具有对世权效力，其地位和效力之间存在巨大落差。实务部门认知有误，默认其对世效力来源于协会章程规定，如"新浪诉天盈九州公司侵犯著作权及不正当竞争案"。笔者以为，赛事转播权之所以具有对世权效力，是因为基于信息财产而享有的所有权权能，而非协会章程，协会章程只能对其会员产生拘束力。由此，亟需立法者明确其对世权效力，给予实务以指导。

考察各国立法例，主要有两种。其一，以法国为代表的国家通过体育法创设，《法国体育法》第 L.333-1 条规定表明有关体育赛事或活动的所有开发形式的权利主体均为体育联盟和体育赛事组织者；其二，以意大利为代表的国家选择在著作权法中创设，意大利在其著作权法第 78 条之 4 规定了"体育视听权"，并明确第 78 条之 4 优先于第 78 条之 3 的规定，[1]使得赛事组织者优先于制播机构享有体育赛事视听作品的版权。笔者认为，现场比赛传播阶段的赛事转播权不能在著作权法下寻求保护，这与著作权法保护创作成果、激励创作的立法目的不符。赛事组织者基于投入—产出原理对衍生的赛事信息享有所有权和收益权，并非因创作或传播而享有权利，所以不符合著作权法的权利配置逻辑，著作权法不是契合的权利归宿。

现场比赛传播阶段的赛事传播权属于体育产业的内容，且主体具有仅限定于赛事组织者的特殊性，所以应当回归本源，于体育法为赛事组织者创设一项"赛事利用权"，包括赛事开发的一切权利，如门票、广告、传播等利用形式的权利。正如学者所言，体育产业作为体育事业的一部分应该在体育法中有所反映，应将体育产业纳入修订的体育法。[2]赛事组织者基于体育法享有初始许可

---

[1]　See Margoni Thomas, "The protection of sports events in the EU: property, intellectual property, unfair competition and special forms of protection", *International Review of Intellectual Property and Competition Law*, 2016 (47).

[2]　马宏俊、袁钢："《中华人民共和国体育法》修订基本理论研究"，载《体育科学》2015 年第 10 期。

他人拍摄并传播的权利，还可以通过权利回授享有录像制作者权，此种规制模式不会与著作权法相冲突，反而能够弥补我国法律的漏洞，明确赛事组织者基于赛事信息享有的相关权利。欧盟关于体育赛事视听传播利益的多元分离保护模式也能为此提供例证。[1]

（二）节目传播阶段之保护

在节目传播阶段，可以将体育赛事传播者权益区分为信号权益和内容权益。[2]因赛事直播节目与录像制品更为契合，所以赛事传播者享有录像制作者权，即内容权益；同时，赛事传播者还可基于节目信号传输者的地位享有广播组织权，即信号权益。针对现实纠纷，越来越多获得授权的主体为网播组织，其能否以及如何获得上述权利救济呢？

首先，考察录像制作者权是否存在权利救济障碍。当前学界的讨论建立在修正前的著作权法上，认为录像制作者仅享有信息网络传播权，而其只能规制"使个人能够在选定的时间和地点收看赛事节目"的点播侵权行为。新《著作权法》新增规定，录像制作者享有对"将录音制品用于有线或者无线公开传播，或者通过传送声音的技术设备向公众公开播送的"报酬权，实质上与修改后"广播权"的内涵一致。著作权法将作者和录像制作者的传播权利相统一，其内涵约等于《世界知识产权组织版权条约》（以下简称 WCT）规定的"向公众传播权"，[3]区别仅在于"向公众传播权"的主体是"作者"。由此，以往权利救济的法律障碍已不复存在，网播机构经授权继受取得录像制作者权，能够以其为请求权基础提起侵权之诉，法院亦可依此裁判。

其次，笔者认为，广播组织权对于网播组织的权利救济具有其他救济途径所不可比拟的现实优越性。广播组织权保护的是信号权益，无论节目本身属于"作品"还是"制品"，均不影响对于节目信号的保护，所以其可以跳过赛事节目的法律定性而进行救济。《日本著作权法》赋予放送事业者"传播可能化权"，[4]所以即便同我国学界一样对赛事节目存在定性争议，实务界也并未因此产生不便，放送事业者能够以该项邻接权获得著作权法的保护。新《著作权

---

〔1〕 李杨："体育赛事视听传播中的权利配置与法律保护"，载《体育科学》2017 年第 5 期。

〔2〕 张新锋："解释论中体育赛事传播者权益之版权保护"，载《现代法学》2019 年第 6 期。

〔3〕 WCT 第 8 条规定的"向公众传播权"表述为："文学和艺术作品的作者享有专有权，以授权将其作品以有线或无线方式向公众传播，包括将其作品向公众提供，使公众中的成员在其个人选定的地点和时间可获得这些作品"。

〔4〕 据《日本著作权法》规定，无论是无线还是有线放送事业者，都享有"传播可能化权"。

法》扩张了广播组织权的规制范畴，有线转播、无线转播和通过信息网络向公众传播均被囊括其中，因而能够控制网络直播传播的方式。此外，以往有学者认为网播组织不属于广播组织权的权利主体之列，且电台、电视台无许可权，[1] 网播组织还面临权利主体资格缺失的困境。新《著作权法》对此予以明确规定，赋予电台、电视台许可权，网播组织可以经许可获得广播组织权。由此观之，通过广播组织权寻求法律救济的渠道已经畅通，且无须纠结于赛事节目的法律属性，相关纠纷已经不存在裁判难题。但是，为了对赛事直播节目进行全面保护，待立法者对"视听作品"的概念和构成要件细化后，学界仍有必要对其法律性质进行探究。

结语

著作权法的修正为体育赛事直播节目相关权利人的保护带来重大改善，权利人至少可以依广播组织权得到法律保护，但与此同时，仍存在较多问题有待解决。赛事节目的法律属性需要深入研究，赛事转播权的法律属性需要在规范层面予以明确。体育产业的深入发展呼唤对赛事节目相关权利的完善保护，赛事转播权是对赛事节目相关权利人进行利益分配的枢纽，体育法作为体育基本法，能够在最大限度考虑促进产业发展和相关人员利益衡平的基础上进行权利配置，所以不能将眼光局限于著作权法，应当以体育法作为体育赛事节目相关利益分配的平台。

---

[1] 王迁："论体育赛事现场直播画面的著作权保护——兼评'凤凰网赛事转播案'"，载《法律科学（西北政法大学学报）》2016年第1期。

疫情防控下运动员权利分析

康欣卓*

【摘　要】新冠肺炎疫情的突袭直接影响到各行各业，为社会的发展带来极大的挑战。疫情防控期间，各项体育赛事纷纷停摆、延期抑或空场举行，运动员无法进行比赛，观众看不到精彩的比赛，为进行疫情防控，防止交叉感染，维系体育行业的生存，运动员的个人权利在防疫过程中也受到约束，其生命健康权、行为自由权、个人信息权以及职业保障权均受到一定程度的克减。本文从运动员这一特殊的群体出发，旨在厘清疫情防控下对运动员权利限制的正当性以及存在的问题，进而明确运动员权利保护的重要性，对社会的稳定以及体育事业的发展具有重要的意义。

【关键词】疫情；运动员；权利

一、问题的提出：基于突发公共卫生事件

新冠肺炎疫情是 21 世纪以来人类面临的最严重的全球公共卫生突发事件。自 2019 年 12 月以来，新冠肺炎疫情的凶险程度，超出了所有人的预期，2020 年 1 月以后，国家出台一系列政策，延长 2020 年春节假期，大专院校、中小学推迟开学，全国两会推迟召开……为做好疫情防控工作，全国各地均采取积极的应对措施，"外防输入、内防扩散"。新冠肺炎疫情的影响蔓延至今。目前，国内的疫情状况得以很好地控制，但国外的情况不容乐观，新冠病毒的不良影响依旧持续。

---

* 康欣卓，中国政法大学 2020 级体育法专业硕士。

在疫情防控过程中，各行各业基本上都按下了暂停键，体育行业也不例外。全球各项体育赛事纷纷停摆、延期甚至空场举行，在疫情最为紧迫之时，全球陷入了比赛停滞状态，本应属于球赛的精彩画面也被综艺、广告和肥皂剧所取代，运动员的生活也从"水深火热"的备战状态转向了健身消遣的"UP 主"[1]日常。受疫情影响，2020 年东京奥运会无奈推迟，不少运动员也因疫情的突袭被迫退役而无法参赛。社会上的每一个个体都在疫情防控的管控范围之内，运动员也不例外，但在国家紧急状态几乎无差别的防控措施下，运动员的个人权利也受到很大影响。本文将从一切人之中的一类特殊的人群——运动员的角度出发，分析疫情防控下运动员权利保护存在的一系列问题，以体现国家安全与个人权利，一般主体与特殊主体之间的关系。

二、疫情防控下运动员权利分析

（一）运动员权利的法理分析

在论述运动员权利之前，应当对运动员的范围进行简要界定。事实上，在体育界，运动员的分类并无固定的划分标准，广义上，可以将运动员分为职业运动员、专业运动员和业余运动员。即运动员是从事体育锻炼、运动训练和运动竞技，有一定技术水平的人员。[2]狭义上，运动员是指参与竞技体育并具备高水平竞技能力的人。本文中，"运动员"概念倾向于采狭义说，原因在于竞技体育坚持"更快、更高、更强"的理念，在残酷而又激烈的竞技体育领域，运动员的各项权利极容易遭到忽视，由此引发的各类问题也更具有代表性和可论性。

谈及运动员权利，我国宪法中关于尊重和保障人权的规定可视为该问题的基本铺垫和根本遵循，《体育法》中并未明确规定运动员权利，其中第 26 条关于参赛资格的规定以及第 28 条关于优秀运动员优待的规定可视为运动员权利的部分依据。放眼国际视野，运动员权利在国际规范性文件中得以确认和保护。例如《国际体育运动宪章》中规定人人都有进行体育运动的基本权利，《奥林匹克宪章》中将参与体育视为人权，规定每个人都有参加体育运动的机会。因此，运动员作为一类"特殊"的人群，也应当享有基本的体育权利。[3]此外，从国外的立法状况来看，《俄罗斯联邦体育文化与体育法》《日本体育基本法》

---

[1] 指在视频网站、论坛、ftp 站点上传视频、音频等文件的人。

[2] 马宏俊："运动员权利的法律保障制度研究"，载《体育科学》2014 年第 1 期。

[3] 钱侃侃："运动员权利的法理探析"，载《法学评论》2015 年第 1 期。

以及《法国大众与竞技体育活动组织与促进法》等法律文本中都有关于公民体育权利的规定，[1]由此可推知，运动员权利确已具备法律层面的规定，谈论这一问题确实有法可循。

基于母权利而衍生各项子权利，由此运动员权利也具有多样性，如生命健康权、荣誉权、公平竞争权、注册和转会权等。在此前疫情肆虐的大环境之下，部分运动员频繁中招，参赛自由受到限制，强制隔离引发身心健康困扰，个人信息安全疑存潜在危机，职业生涯被迫中断，因此对运动员的生命健康权、行为自由权、个人信息权以及职业保障权也应当引起重视。

（二）运动员生命健康权剖析

生命健康是一切行为的根本前提，生命健康权是人权的重要组成部分。对运动员来说，生命健康是其安身立命之本，运动员与普通大众不同的是，他们需要承受高负荷的体能训练和残酷的淘汰机制，虽然竞技体育的一大功能在于突破自我、开发自我，但体育的本质应当是不断突破技巧的极限，而非突破生命的极限。整个疫情期间，国内外不少运动员感染新冠病毒，像德约科维奇、戈贝尔、斯玛特、博尔特、内马尔等家喻户晓的运动员纷纷中招，在疫情肆虐之时，感染新冠病毒的风险率及致死率极高，此种情况下，运动员的生命安全面临严重威胁，其生命健康权的保障应当得以关注。

事实上，对运动员生命健康权的保护应当来自内部和外部两个环节的合力运作，对运动员自身而言，应当认识到其生命健康的重要性，不能出于非理性而损害自身生命健康。在中招的运动员中，存在因侥幸行为突破防疫底线而感染新冠病毒的情形，例如 NBA 球星戈贝尔，其本人漠视疫情，在比赛采访结束后主动弯腰触摸记者的麦克风与录音设备，英超球员沃克在一天之内三次违反隔离规定，外出参加朋友聚会，后感染新冠病毒。但值得庆幸的是，他们在配合治疗之后身体得以痊愈，但也因为不负责任的行为受到处罚。对于外部因素而言，应当有来自国家、政府和社会等各主体的关怀。整个疫情期间，主要国家都出台了相应的防控政策，其中也严格规制了疫情下运动员的行为，对于违反防疫规定的运动员，均会进行相应的处罚，这些措施一方面基于公共安全的考量，另一方面也是为了保护个体的生命健康。此外，赛事俱乐部也采取了相对人性化的措施，例如限制办赛环境，严格控制运动员之间的肢体动作，对比

---

[1] 姜熙："比较法视角下的我国〈体育法〉修改研究——基于 30 国体育法的文本分析"，载《体育科学》2019 年第 7 期。

赛过程中运动员之间的危险行为进行规制，强令保持安全距离，并在赛场看台放置纸板人以及球迷的球衣和围巾，这些措施在一定程度上安抚了运动员心理，同时也维护了生命这一法益的不可侵犯性。

不得不思考的问题是，西方伦理观念倡导人有追求幸福的权利，生存与死亡只是对"幸福"这一概念的不同认知，但是在特殊的环境之下，放弃生命健康权不应以牺牲公共安全为代价，当一人行为危及公共安全之时，极端的幸福皈依应当受到制止。在我国，生命健康至高无上，从运动员的视角来看，健康的身体是行使一切权利的基础，因此，面对突发的新冠肺炎疫情，将运动员的生命健康权放在首位实属应当。

（三）双视角下运动员自由权分析

1. 强制隔离中的人身自由权

在整个疫情防控期间，我国采取的最重要的措施是强制隔离，《传染病防治法》及《突发事件应对法》中均有关于该项措施的规定，其中对入境者以及高风险地区归来者一律实行十四天隔离，例如在境外参加比赛的张伟丽、张帅等中国运动员，回国之后都接受了十四天的封闭隔离。但是正如波斯纳所说，大多数安全措施的目的是降低风险，而不是消除确定的风险，但这并不是说这些措施就没有道理了。[1]因此可以认为，隔离措施只是应对疫情的手段而非目的，它的目的是保障人的生命健康以及生活稳定，从医学角度看，是对病原体的观察和空间阻隔，在万般无奈之下，隔离措施应当是疫情肆虐之时保障公共安全最为有效的手段，这也是它能得以适用的正当性所在。

但是，强制隔离措施从个人利益与公共利益的角度来看，该措施是个人利益为维护社会公共利益作出的让步，新冠肺炎的感染速度以及致死率有目共睹，个人的行为牵动着整个社会的福祉，因此，在疫情防控状态下，个人私权利难免受到一定程度的克减，公民要承担更多的容忍义务，作出必要的让步具有正当性。但不能忽略的是，运动员相较于一般人，其身份具有特殊性，隔离期间，运动员的心理健康需要得到重视。在密闭空间的长时间独处中，容易存在因无法对比赛时间进行预期的焦虑、因与人隔绝产生的抑郁以及因计划骤变引发的松懈，这些潜在的风险都会使运动员的身心遭受巨大的影响。部分运动员从防疫措施不甚严格的国外归来，此时对其进行隔离，难免会让大众质疑其身体素

---

〔1〕 ［美］理查德·波斯纳：《并非自杀契约——国家紧急状态时期的宪法》，苏力译，北京大学出版社 2010 年版，第 13 页。

质，对其比赛能力存有怀疑。另外，对每天均有固定计划的运动员来说，未免不是遭受心理和身体的双重影响，正如心理健康专家卡罗琳·安德森所说，从生理或生物学的角度来看，这项运动突然停止了，内啡肽减少了，还可能会丧失原来的身份认同。

虽然强制隔离有其正当性，这项措施在疫情防控的巨大压力下无可替代，但需要关注的是，并非人人都能承受这项措施带来的一切影响，对于一些特殊群体，需要在隔离的过程中给予特殊的关怀与对待，这同时也是在贯彻《宪法》中人人平等的原则。

2. 赛事受阻下的比赛自由权

正如上文提到，疫情期间，各项赛事纷纷停摆、延期抑或空场举行，在一定程度上导致部分运动员无用武之地，例如 2020 年东京奥运会推迟举办，打乱了部分运动员的计划，很多运动员本打算在东京奥运会结束后选择退役，但这一突发事件发生后，很多运动员被迫选择退役，对部分运动员来说，奥运会是他们最后的"战场"，但遗憾的是，他们被动地丧失了这个机会。例如 34 岁的英国赛艇运动员兰斯利，本期待在东京奥运会卫冕冠军，但疫情打乱了其计划，导致其状态一度失调，选择退役；韩国女排运动员金海兰也因疫情原因选择退役。是否参加举世瞩目的奥运会，关乎运动员个人价值的实现，更关乎国家荣誉，因此，一次简单的赛事推迟可能引发"蝴蝶效应"。

运动员不能没有赛场不难理解，疫情期间，国外某些运动员作出了一些特别的举动，例如德约科维奇为争取比赛机会，在因疫情严重网坛停摆的日子里，牵头举办表演赛，后感染新冠病毒。NBA 一些球员对空场办赛表示抗议，原因是，一场精彩的球赛，除了来自运动员出彩的发挥之外，还需要球迷的呐喊助威、观众的欢呼喝彩，竞技体育的观赏性就在于它所营造的氛围和场景，而空场办赛一方面缺少了这些运动员所需要的精神动力，另一方面似乎又缺少了竞技性和观赏性。

但是，这一切使人"不愉快"的措施背后是难以想象的新冠肺炎疫情的暴发，疫情之下，每个人都不得不作出屈服和让步，因为生命的重要性高于一切，无论是赛事停摆、延期抑或空场举行，都是为了保障生命安全，比起生命安全，限制运动员的比赛自由有其合理性，虽在一定程度上对运动员的心理造成了冲击，但疫情常态化之后，赛事相继恢复，运动员的激情与活力重新焕发，很多运动员的状态得以恢复，因此可以肯定这种必要限制的正当性。应当反思的是，这种必要限制的背后是否存在补偿机制，以及面对未来存在的未知风险是否可以考虑出台更好的应对措施。

（四）健康码普及下的个人信息权探析

抗击疫情期间，"数据"和"算法"成为最为有效的手段，利用健康码排查潜在风险，其作用得到了很好的发挥。一方面，健康码有利于保障公民的生命安全，"绿码"是健康的标识，不仅可以增强内心的安全确信，也可以明确周围的人群是否可接触，提高公共秩序的稳定性。另一方面，健康码也是公民自身对其权利进行自我限制的手段，健康码使公民提高了安全意识，在疫情肆虐阶段主动做好防疫工作，对活动自由作出必要的缩减。对运动员来说，健康码也是在疫情肆虐之时保障其出行及进行各项活动的凭证。因此，从这一角度看，健康码有其存在的价值。

实践中，健康码为疫情防控工作带来便利的同时，也存在大量因数据收集和使用而导致数据泄露或滥用的问题。同样，运动员的个人信息也存在被泄露和滥用的风险。不仅如此，健康码对个人信息的超范围采集和适用不容小觑。《民法典》第1034条明确规定个人信息的法律保护，但是在健康码适用的某些方面，其背后包含的信息不只是健康状况和行程轨迹，还包括与防疫无关的其他隐私信息，例如个人的住址、过往病史、生活习惯等内容，在这种意义上，健康码不仅是对个人健康的全面评价，也成为对个人活动进行全面管制的社会标签。对部分运动员而言，他们是家喻户晓的体育明星，在体育泛娱乐化的趋势以及信息爆炸的社会现实之下，运动员的个人信息一旦泄露，极容易引发不良后果。

在大数据的兴起和发展之下，运动员的个人信息不仅是记录资料，同时还具有生产资料的属性，相较于一般自然人的个人信息，运动员的个人信息具有更强的财产价值和使用价值。例如，体育数据供应商通过一些手段完成运动员相关数据的采集、收集、分析、评估和预测，之后将获得的结果通过销售渠道提供给职业俱乐部、游戏公司、博彩公司、媒体等。[1]由此可以得出，运动员的个人信息牵动整个体育产业甚至娱乐产业的发展，其蕴含的价值不容忽视。要肯定的是健康码在紧急状态下对一切人的适用有其合理性和正当性，但是在疫情缓解之后，健康码的适用范围以及适用强度应当发生变化，对特定人的信

---

〔1〕 刘韵："《民法典》下运动员的隐私权及个人信息保护"，载《体育成人教育学刊》2020年第4期。

息应当进行删减。[1]换句话说，健康码是紧急状态下对个人基本权利的克减，该状态下适用主体的无差别性不容置疑，这种正当性建立在新冠肺炎疫情的超强传播性和致命性的基础上，一旦疫情缓解或结束，健康码就必须脱离强制性和约束性，其适用应当视主体情况及其他标准而定。

（五）被迫裁员下的职业保障权研析

运动员的职业保障权是指运动员在参加比赛以及结束运动生涯后，享有的就业保障并获得物质生活资料的权利。[2]自疫情暴发以来，全球的职业体育受到了愈发严重的毁灭性影响。赛事停摆、延期使得职业体育俱乐部面临运营及生存的双重压力，这种强大的压力不仅使赛事组织方处于尴尬的被动状态，运动员群体的生存及发展也受到影响。很多职业体育俱乐部举步维艰，不得不面临裁员的危机，这里所谈及的裁员是指俱乐部在合理的规划之下针对特定的运动员或者裁判员作出的审慎的维系手段。裁员在某种程度上是基于不得已而为之的选择，面对疫情之下各行各业萧条的现状，裁员手段虽然残忍但无更好的方式。

对俱乐部而言，裁员可以减少支出，但对于运动员而言，则面临失业的危险。现状是，特殊的运动生涯导致文化教育缺位，运动员失业后可选择的职业面较小，很多运动员拥有的也只是一身赛场上的本领，以邹春兰、艾冬梅为例，他们在自己最好的年纪投身于为国争光的体育事业，一旦脱离赛场，则面临失业的危险。我们承认裁员的可采性，但在特殊的大背景之下，应当认识到，他们无法与 CBD（Central Business District）的高学历精英竞争，部分运动员被裁员后生存艰难，对这一类特殊的群体，应当给予更多的利益关切。

三、疫情防控下运动员权利之再审视

（一）历史视域下运动员权利关切

回到历史的某些节点，我们可以感受到运动员这类人群的复杂定位，他们既可以是运动员，也可以是战士。就像美国电影《坚不可摧》中的主角赞佩里尼，本是长跑运动员的他因第二次世界大战爆发，结束运动员生涯，为报效祖国，便加入了军队，成了一名空军投弹手。运动员成了战士，这在紧急状态下成了历史常态。

---

[1] 许可："健康码的法律之维"，载《探索与争鸣》2020 年第 9 期。
[2] 韩新君："奥林匹克运动中运动员权利问题研究"，载《法学评论》2007 年第 4 期。

20 世纪初，第一次世界大战爆发，1916 年柏林奥运会被迫停办，战争不仅给人类社会造成巨大伤害，也给体育领域造成严重打击，国际奥委会总部被迫迁移，大量运动员奔赴前线最终战死疆场，其中包括多名曾获奥运会奖牌的优秀选手，赛场犹如"战场"，但赛场并非战场，在特殊的历史背景下，拥有良好身体素质和专业竞赛技能的运动员牺牲于血腥的战场而最终无缘激烈的赛场，即便重新奔赴赛场，却失去了当年的速度甚至技术，纽约游骑兵队就是一个典型的例子——他们在战后连续五年无缘季后赛。这种赖以生存的环境变化导致权利承载者的角色也发生重大转变。那么这样的变化是否合理？值得思考的问题是，个体的角色会随着社会环境的变化而变化，但个体的差异不因社会的变化而丧失。在环境恢复到原初状态或者说国家脱离紧急状态之后，个体的差异性应当回归其位，对待上文所述的运动员，也应当在尊重运动员个人意愿的情况下，通过有效的手段使其恢复状态、进入角色，而不应该游离于本职工作之外，做着被动的大无畏"牺牲"。在平衡个人利益与公共利益之时，对于不同的群体来说，在保障其作为"人"的基本权利之外，还应给予其作为"某种特定的人"应有的关怀。

（二）法治维度下的运动员权利保障路径

在法律层面，我国宪法中规定了公民的基本权利，但不代表运动员的权利可以依法得以保障。现行《体育法》第 26 条关于运动员的参赛原则以及第 28 条关于优秀运动员的优待规定，但并未将运动员享有何种权利加以明确。近年来，随着政府职能的转变以及国家层面价值导向的变化，体育法的目标也逐渐从以国家为重向以人为本进行转变，从管理型理念向保障型观念变革。目前，体育法修改工作正在有条不紊地进行，而运动员作为体育法规制的重要主体，其权利问题也受到学者及立法者的广泛关注，将运动员权利通过国家法律"背书"业已成为学界共识。

在政府与协会的管理方面，在中国竞技体育管理体制改革过程中，将国家体育总局的项目管理职能分离出来，形成直属机构——运动项目管理中心，其与全国性的单项体育协会一起，构成了"中心+协会"所谓"一套人马，两块牌子"的管理模式。这种模式一定程度上表明了政府"放权+监管"的理念，强化了政府与社团、市场的交流与合作，促进了中国竞技体育的发展。但该模式有其固有的弊端，项目管理中心事实上是政府行使行政权的另一种方式，是原有体制内权力与职能的优化与调整，类似垂直管理的行政模式。在长时间的发展中，单项体育协会的法律性质便存在争议，其到底属于社团法人还是属于行政主体。因此这种管理模式引发的直接问题是，个体的权利由谁来保障，运动员权利一旦受到侵害应当向谁寻求救济。为此，政府与协会之间应当建立有效的沟通机制，政府放权与协会"受"权之间应当进行合理的衔接，设置明确的权力清单以使个体权利得以保护。

四、结语

运动员权利是体育法研究领域的重要内容，在不同的社会背景之下，研究的侧重有所不同。本文是在当前疫情常态化的背景下，去剖析关于运动员权利的内容，包括但不限于生命健康权、行为自由权、个人信息权、职业保障权等最值得关照的问题。但是，本文仅针对在特殊背景之下，对以上权利受到约束的合理性和正当性以及存在的问题作出简要分析，对权利保障的路径依赖给予了大量留白，相信对于这一问题的研究将会不断延续，以期完善。

《民法典》自甘风险条款在体育运动中的理解与适用

乞雨宁[*]

【摘　要】自甘风险条款具有独特的立法价值和功能，不能被其他侵权法规则替代，《民法典》新增的第1176条自甘风险条款补充了侵权法体系，弥补了有关体育运动中发生的伤害事故的立法空白。在立法过程中，虽然学界与立法代表普遍同意增加自甘风险规则，相对来讲争议较小，但对其适用范围也有讨论并进行了相应修改调整。《民法典》第1176条的适用范围依然模糊，对"一定风险""文体活动""自愿参加""故意或者重大过失"等用词均存在不同理解。结合体育运动的专业特点，秉承避免自甘风险规则泛化的精神，文章对《民法典》第1176条的适用范围进行了解读，回答了观众、未成年人如何适用自甘风险条款与违规行为是否构成故意或者重大过失等具体问题。在未来的司法实践中，除注意对自甘风险条款的适用范围进行限缩解释外，还应结合案情，有限度地适用，特别是要注重案件的体育专业性。

【关键词】自甘风险；民法典；适用范围

前言

自甘风险源自罗马法的古老法谚："自甘风险者自食其果（volenti non fit in-

---

* 乞雨宁，中国政法大学2019级宪法学与行政法学专业硕士。

iuria)。"〔1〕该原则于 1929 年在美国的 Murphy 案〔2〕中第一次被阐述应用到体育运动领域。对自甘风险的立法呼吁在我国已有近二十年，相关的司法实践也早已有之，自甘风险原则的适用尤其是在体育运动领域的适用研究更是多如繁星，但由于立法欠缺，研究多是从立法论的角度出发。自《民法典》首次通过立法形式正式规定自甘风险原则后，自甘风险条款的适用研究便开启了新的篇章。从法解释的视角入手，并以《民法典》的新框架、新条款为基础，对《民法典》中的自甘风险条款进行解释分析，化抽象为具体，以探讨自甘风险条款在体育运动中的新影响。

一、自甘风险条款的立法价值和功能

与《民法典》中的一些其他新增条款相比，自甘风险条款是本次立法中争议相对较小的内容。这一方面得益于自甘风险条款本身的立法价值和功能，另一方面源于自甘风险条款在侵权法框架下的不可替代性。

自甘风险条款可以激发人们参与、组织体育运动的积极性。风险性是体育运动基本的性质，这种风险不仅关涉每一个运动中的人，也关涉组织体育运动的组织者。《民法典》中的自甘风险条款确认了自甘风险为一项免责事由，极大释放了参与者与组织者对风险的担忧，这一方面可以鼓励体育运动的参与者充分参与运动，不畏惧符合规则的运动中的肢体接触与冲撞，尽情享受体育的魅力与活力。另一方面可以减轻组织者责任。体育运动的参与人数多、范围广，作为体育活动的组织者，无论是活动中的任何一方受伤，其都可能被追究相应责任，自甘风险条款有利于细分各方责任，减少诉讼的时间成本与经济成本。尤其是在往常的司法实践中，法官在参与者与组织者均无过错时，更多地会适用公平责任，考虑的因素不是当事人的行为，而是当事人的负担能力。〔3〕由于组织者作为一个单位，相对于个人具有更强的赔付能力，这样会导致无论是否尽到义务都要承担赔偿责任，迫使各单位尤其是学校规避对体育运动的组织。〔4〕

---

〔1〕 王利明："论受害人自甘冒险"，载《比较法研究》2019 年第 2 期。

〔2〕 原告 Murphy 在观看一场由被告组织的赛马活动时，一位参赛者不慎从马背上摔下导致原告受伤，原告起诉被告要求人身损害赔偿。法官 Cardozo 运用自甘风险原则，认为该运动项目的固有风险是明显的、无法排除的，该运动的参加者应该接受风险带来的损害后果。

〔3〕 参见赵毅："从公平责任到损失分担之嬗变——近年我国法院裁判体育伤害案件的最新立场"，载《体育学刊》2014 年第 1 期。

〔4〕 根据我国的现实，学校一般比个人具有更强的赔付能力，若适用公平原则，实际上造成学校有无过错都要赔付的局面，也即形成了学生只要告上法庭，学校必然免不了赔偿的结局。参见张念明、崔玲："摒弃'公平'的公平之路——以体育领域中的风险自负为视角"，载《政法论丛》2008 年第 3 期。

随着法制的完善，学生在学校的体育运动范围却被一步步限缩，稍有风险的运动都被排除在外，自甘风险条款可以从根本上解决体育运动组织者的责任承担问题，解决组织者尤其是学校的后顾之忧。

自甘风险条款体现了私法中自由价值的优先性。自甘风险条款充分体现了民法上的行为人意思自治精神，有助于保障人们的行为自由，尤其是参与体育运动的自由，能够减轻民众参与运动的负担。[1]同时自甘风险原则也是对法律父爱主义的节制，体现了对参与有一定风险体育运动这种个人意志的充分尊重，避免逾越"善良家父"的界限。[2]同时，自由地参与体育活动，没有任何强迫，纯粹的由个人意思行为导致的损害由自己承担，既具有合理性与正当性，也能发挥抑制与激励功能，促使每一个参与运动的人可以增强风险意识和自我保护能力，降低风险发生概率。[3]

自甘风险条款进行了公平合理的风险负担机制设计，每一位参与者都拥有了既是风险的制造者，同时也是风险的承受者的双重角色，由此实现了在双方当事人中合理合法分担风险的机制作用。[4]这符合社会正义分配理论，公平分担原则的泛化使用已经软化了侵权法归责原则的体系，[5]在风险相对人已尽到一定的法律义务时，仍依照公平责任原则将受害人的损失转归风险相对人承担，实则是对相对人的侵害，是因保护一方的利益而忽视相对方利益的保护。自甘风险条款的新增可以协调公平分担原则与自甘风险原则的适用。[6]自甘风险条款对利益之间的平衡不仅维护了公平正义，而且考虑到了活动自由与损害救济之间的价值衡量，对风险公平合理的负担可以使得自甘风险原则不仅在竞技体育领域得到认可，也能在全民健身这类群众性体育活动中得到充分运用。

自甘风险条款体现了对体育法益的重视与保护。在深入建设体育强国的背景下，《民法典》中新增的自甘风险条款深刻体现了国家对开展全民健身运动

---

〔1〕 参见王利明："论受害人自甘冒险"，载《比较法研究》2019 年第 2 期。

〔2〕 参见宁佳："'驴友'事故纠纷中侵权责任的司法认定"，载《上海政法学院学报（法治论丛）》2016 年第 3 期。

〔3〕 参见汪传才："自冒风险规则：死亡抑或再生？"，载《比较法研究》2009 年第 5 期。

〔4〕 参见陈华荣、刘娟："论体育活动中的自甘风险原则"，载《体育研究与教育》2018 年第 4 期。

〔5〕 参见相博达、李倩："自担风险原则在自发组织体育运动侵权案件中的适用研究"，载《湖南警察学院学报》2020 年第 1 期。

〔6〕 参见贺光辉："论自甘风险规则在侵权责任法中的有限适用"，载《长江师范学院学报》2020 年第 2 期。

的重视以及对体育行业的关怀。自甘风险条款不仅尊重了"更快、更高、更强"的竞技体育精神，也为群众性体育运动松绑，刺激了体育产业消费，鼓励运动参与者和组织者积极投身全民健身，提高了体育运动的效率和质量，促进了体育事业的快速发展。以个人自甘风险这种风险承担规则来面对社会利益，可以促进整个国家的体育发展。

自甘风险条款符合经济成本原则，统一了司法裁判，节约了司法资源。通过立法来明确自甘风险规则，可以通过法律的形式固定体育运动风险的分配方式。如果是简单的问题，当事人可以通过自甘风险条款自行解决，大大节约进行诉讼所耗的成本；如果问题较复杂或协商不成，进行诉讼也能避免近些年在体育伤害事故的司法实践中由于立法空白导致"同案不同判"的混乱局面。因此，自甘风险规则可以在诉前、诉中都起到减少社会治理成本的作用。[1]

二、自甘风险条款的适用范围解读

虽然自甘风险规则通过《民法典》得到了立法承认，但该条款并非尽善尽美，仍然存在些许问题，该条款没有明确划分自甘风险与受害者同意的界限，且因适用自甘风险条款时加害人即使有一般过失仍然免责，使得法律后果与适用第1173条[2]过失相抵条款和第1186条[3]公平责任原则条款的法律后果相异，从而引发如何准确界定自甘风险条款适用范围的问题，自甘风险规则的适用范围依然有模糊之处，有待进一步研究。

（一）"具有一定风险的文体活动"

1. "一定风险"：把握风险的性质与程度

对自甘风险规则理解的关键是"风险"二字，必须明确自甘的"风险"是什么，体育运动中有很多的风险，风险的性质、风险的程度等都是需要进行限定的因素。

在风险的性质上，第一，风险具有固有性。"风险"应当是指文体活动中

---

〔1〕 参见钱学峰、田茵："美国体育中的自甘风险类型及其价值研究"，载《成都体育学院学报》2018年第5期。

〔2〕《民法典》第1173条规定："被侵权人对同一损害的发生或者扩大有过错的，可以减轻侵权人的责任。"

〔3〕《民法典》第1186条规定："受害人和行为人对损害的发生都没有过错的，依照法律的规定由双方分担损失。"

存在的固有危险，对于非固有危险所导致的损害应适用一般侵权责任归责原则。[1]固有风险代表了这种风险的不可回避性，只要参加体育运动就必然面对，该风险是活动的组成部分，[2]而非体育运动所固有的风险，一般可以避免，更多地涉及其他主体的义务，并不适用自甘风险规则。第二，风险具有易发性。即风险是偶然发生的，不能被规避，但又能被运动参与者普遍预见到，对不知的、未知的风险不能称为自甘风险。[3]第三，风险的不可控性与不确定性。常规的体育运动中的致害风险并不是人为制造或控制的风险，只可以作出相对应的防控措施。[4]

在风险的程度上，《民法典》中规定了风险的程度是"一定风险"，"一定"这个词语在法律上并没有具体的解释，更多是留给审判人员自由裁量。但一般来讲，"一定"代表了中等或者较高程度，肯定超出日常风险的范畴，如果宽泛理解"一定风险"，则是对自甘风险规则的滥用。但是风险的认定至今没有统一的标准，很多时候对运动的风险评估包含了行为人的主观感觉，最明显的是游乐园里的过山车，有的人可以对此乐此不疲，但有的人就会非常惊恐，对同一个行为不同人的主观感受可以完全不同，这样可能会导致自甘风险规则在适用中出现标准模糊、个案间差异性大的问题。对于这个问题，有学者希望通过对体育运动项目进行统一的风险层次划分，将运动区分为高风险运动、风险运动和一般体育运动，认为高风险运动和风险运动，都可以预见风险，以明示或者默示推定同意的方式表示受害人的同意。而还有一类运动是不具有"一定风险"的一般体育运动，由于在运动过程中身体接触较少，致害风险极低，此时应谨慎适用自甘风险。[5]

2. "文体活动"：活动的类型与方式

在活动类型方面，虽然《民法典》中没有明确列举体育赛事等体育活动类型，但是"文体活动"本身也进一步限定了范围，抛开"文"的部分不谈，就"体"的部分，即能分为竞技型体育赛事与普通型体育活动。这种体育活动应

---

[1] "《民法典》自甘风险条款对体育活动的影响网络学术研讨会会议综述"，载运城学院网，http：//www.ycu.edu.cn/zfx/N20200602150245.html，最后访问时间：2021年3月19日。

[2] 汪传才："自冒风险规则研究"，载《法律科学（西北政法大学学报）》2009年第4期。

[3] 贺光辉："论自甘风险规则在侵权责任法中的有限适用"，载《长江师范学院学报》2020年第2期。

[4] 参见陈华荣、刘娟："论体育活动中的自甘风险原则"，载《体育研究与教育》2018年第4期。

[5] 参见李鼎："体育侵权：自甘风险还是过失相抵"，《武汉体育学院学报》2020年第5期。陈华荣、刘娟："论体育活动中的自甘风险原则"，载《体育研究与教育》2018年第4期。

当由多人参与，否则就不会出现自甘风险条款中的"其他参加者"的问题，因此单人运动项目可以排除在外；该运动应该在过程中会产生相应的肢体接触，各参加者间有身体的对抗或协同，如羽毛球、网球这类隔着网进行的运动，双方之间都没有接触，很难将一方的受害归责到另一方的行动上，棋牌类、电子竞技等更是如此。

在活动形式上，是否只限于体育竞赛等体育运动形式？平时的训练是否包括在自甘风险的范围之内？有学者主张，对自甘风险的应用应限于竞赛参与者之间，排除其在训练和教学活动中的应用。〔1〕这种主张从日常训练的风险可控性出发，将训练排除在外，但这种基于活动形式的排除其实并不合理，落入了形式条件限制的窠臼。对自甘风险条款要把握它的立法本意，该条款是想解决体育伤害事故发生后各方的责任划分问题，只要该体育运动有固有风险，那么本质上都是该条款适用范围内的运动，即使日常训练相对正式竞赛来说安全性更高，但依然是运动，具有运动固有的一定风险，因此不应根据体育运动的形式来划定范围，这样有违立法初衷，也不利于对全民健身这种群众性体育运动适用该条款。

（二）"自愿参加"

1. "自愿"：认知要素与意思表示

需要注意的是，并非所有人参与体育运动均代表了其"自甘风险"，自甘风险不能这样直接认定，而需要满足相关条件。这里涉及两个问题，一是受害人对体育运动的风险是否有完整认知，二是受害人对体育运动的风险是否能够完整认知。受害人应当了解运动的性质、活动所需要的技能、身体素质要求及活动潜在风险等。〔2〕同时，还要考虑到受害人的认知能力，如果行为人对自己所参与的行为所具有的危险性缺乏判断、识别力，则其行为不构成自甘风险行为，除非该无民事行为能力人、限制民事行为能力人实施行为时事先得到了其监护人的知情同意。〔3〕如果想要确定受害人是"自愿参加"，那么就必须确定其具备足够认识风险的能力。认识能力明显不足的人主要为未成年人和精神病人。由于未成年人参与体育运动的频次更高，问题更突出，因此本文主要讨论

〔1〕"石佳友评民法典侵权责任编（二审稿）：侵权责任制度的重要完善"，载有章网，https://www.ilawpress.com/material/detail/310013870456439296，最后访问时间：2021年3月19日。

〔2〕参见汪传才："自冒风险规则研究"，载《法律科学（西北政法大学学报）》2009年第4期。

〔3〕贺光辉："论自甘风险规则在侵权责任法中的有限适用"，载《长江师范学院学报》2020年第2期。

未成年人的自甘风险问题。有学者认为自甘风险的适用会使未成年人置身危险之中，与通过监护人保护其合法权益的立法目的背道而驰，未成年人应排除适用自甘风险原则。[1]但对于自甘风险成立与否的考虑，受害人意思能力才是更重要的，而不是行为能力。[2]因此不能将未成年人完全排除在自甘风险条款的适用范围之外，未成年人仍有适用风险自负的空间。[3]一来未成年人的意思能力有限，但并不是完全没有，应该结合个案中未成年人与参与的运动项目的具体情况具体分析，进行具有未成年人特色的风险自负认定；二来人的风险意识是需要培养的，在成年之前便有自甘风险的警示更能培养起青少年的运动保护意识，避免受伤，也为青少年活动的主要场所——学校解绑。自由意愿是构成自甘风险的基础条件，需要特别明确的是，"自愿"应该完全出自受害人本身，不受其他干涉或强制，特别要注意一些现实现象，比如学生在学校参加体育比赛等活动有没有受到学校的强制；单位员工参与公司组织的体育活动有没有足够的意愿，是被安排还是自愿报名等，进行必要区分才能判断受害人自甘风险是否出于本人自愿。在意思表示方面，很多时候在参与体育运动前并不会特别声明风险的承担问题，那么在适用自甘风险条款时，就要通过受害人的同意行为来客观判断其是否同意对风险的承担。对同意行为，应以常人标准考虑。[4]

2. "参加"：行为要素

参加作为一个行为要素，涉及两个问题，一个是参加主体条件，另一个是参加的时间空间要求。

在参加主体的条件上，涉及观众是否也在自甘风险条款适用范围内的问题，这个问题学界一直存在争议，支持将观众纳入自甘风险范围的学者认为：第一，观众在入场前会对即将观看的比赛项目的危险程度有大致认知；第二，观众不进行风险自担会导致经营者投入大笔金额来提高安全度，并通过各种形式如提高票价分摊给观众，必然影响观众观赛热情，进而影响体育产业发展；[5]第三，

---

[1] 参见陈华荣、刘娟："论体育活动中的自甘风险原则"，载《体育研究与教育》2018 年第 4 期。

[2] 参见刘昊昕："竞技体育运动员间人身损害侵权责任研究"，重庆大学 2015 年硕士学位论文。

[3] 张念明、崔玲："摒弃'公平'的公平之路——以体育领域中的风险自负为视角"，载《政法论丛》2008 年第 3 期。

[4] 参见黄晓林、夏巍鑫："'自甘风险'法律问题实证分析"，载《成都理工大学学报（社会科学版）》2016 年第 2 期。

[5] 参见陈华荣、刘娟："论体育活动中的自甘风险原则"，载《体育研究与教育》2018 年第 4 期。

观众观看体育赛事有娱乐利益，利益与风险并存。[1]否定将观众纳入自甘风险范围的学者则主要从场馆经营者、活动组织者具有安全保障义务、注意义务等方面进行论证。[2]还有学者认为，应当存在明示的风险认可，观众才可以适用自甘风险，因为观众对比赛没有深入的了解。[3]结合条文具体规定，不应将自甘风险条款的适用范围扩大化，而应作狭义理解，"参加"应该仅限于直接参与体育运动，不论是运动员还是裁判员，都在活动中承担了必要任务，而场外观众主要是以观看、喊口号等方式"参加"，属于广义的参加，不是体育运动的必要组成部分，故观众不构成自甘风险条款中的"参加"。虽然在一些运动场上观众也有受伤的可能，但这种危险的可能性很小，不属于"一定风险"，而且观众在购票前往赛场时，主要目的是亲眼观看精彩赛事、亲身体验赛场气氛，并没有风险的预知与防范意识。这也是由于体育场馆需要切实履行保护观众安全的保障义务，甚至可以说是体育场馆的主要义务。一方面安全程度高，另一方面有主体专门负责保护安全，因此观众大多潜意识里就将观赛安全问题搁置一旁。如果有观众因体育赛事而受伤，应该结合具体情况，从运动员的过失侵权与主办方没有充分履行安全保障义务两个角度出发分析，协调其他原则来进行责任划分。

"参加"也有其他条件要求。风险发生的时间条件应为体育运动事件发生过程中，而比赛未开始时或暂定状态，并不符合法条规定的"参加"的含义。[4]而且，"其他参加者"与受害者应该参加的是同一体育活动，因为不论是受害者还是其他参加者所承担的风险都是本身所从事运动的固有风险，如果是一个在球场踢球、一个在跑道跑步，那么二者面对的风险不同，二者之间虽然有因果关系，但不是活动内在的风险源所引发的伤害事故，并不符合自甘风险原则的本意。

（三）"其他参加者的行为"与"有故意或者重大过失"

并不是一切导致他人损害的行为都需要行为人对受害者承担相应法律责任，

〔1〕 张念明、崔玲："摒弃'公平'的公平之路——以体育领域中的风险自负为视角"，载《政法论丛》2008年第3期。

〔2〕 参见相博达、李倩："自担风险原则在自发组织体育运动侵权案件中的适用研究"，载《湖南警察学院学报》2020年第1期。

〔3〕 参见田雨："论自甘风险在体育侵权案件中的司法适用"，载《武汉体育学院学报》2009年第11期。

〔4〕 参见陈华荣、刘娟："论体育活动中的自甘风险原则"，载《体育研究与教育》2018年第4期。

应区分对待不同的"其他参加者的行为"。行为人的故意或重大过失，可以理解为消极要件，即具有这一要件，就排除了自甘风险的适用。[1]因此，需要特别分析体育运动中的判断标准。

一般参与运动主体的行为仅在运动规则的基础上开展，不受过多的约束。[2]于是很多对加害人是否有过错的认定，都需要引用竞赛规则。[3]在自甘风险条款的适用中，以是否违反体育规则作为判断其他参加者行为是否"有故意或者重大过失"的标准，一来因为对体育规则本身的尊重，虽然体育运动规则不是具有国家强制力的法律，但对运动员而言是具有约束力的；二来体育规则本身代表了一种风险的抑制保证，所有参与运动的人都通过规则来相互保证与监督，不为对方带来运动固有风险以外的人为风险，运动主体在参加运动前对风险的知悉、同意，对"自甘风险"的承诺，都是基于体育规则的，规则为风险划定了天花板，划定了风险的可预见范围——包括符合竞赛规则的行为与轻微犯规所造成的危险后果。[4]因此，不是所有犯规造成的损害都是自甘风险规则的消极要件。在体育道德中轻微犯规是允许存在的，足球比赛中甚至还有"战术犯规"这样的规定，[5]有时候出于竞争需要，运动员需要去通过违反体育规则来尽可能阻止对方达成战略目的，[6]运动参加者适当承受着对方轻微违反体育规则的运动风险。但重大犯规与轻微犯规之间的区别也划分了其他参加者行为是否"有故意或者重大过失"的标准。重大犯规一般指非体育化行为，[7]不仅明显违反赛制规则，不符合社会公德要求，更突破了法律的底线，不属于固有风险的范畴。[8]此时加害人造成的风险突破了受害人的风险预见范围，具有重大过失或者故意的主观状态，因此应排除自甘风险的适用。

体育运动的参加者之间也具有相应的义务，如对善良运动者注意义务、保

---

〔1〕 王利明："论受害人自甘冒险"，载《比较法研究》2019年第2期。

〔2〕 参见韩衍杰："自甘冒险规则在大众体育运动健康权侵权中的适用"，载《政法论丛》2013年第5期。

〔3〕 参见田雨："论自甘风险在体育侵权案件中的司法适用"，载《武汉体育学院学报》2009年第11期。

〔4〕 参见郑佳宁："竞技体育侵权行为的法律构成"，载《体育学刊》2015年第4期。

〔5〕 刘昊昕："竞技体育运动员间人身损害侵权责任研究"，重庆大学2015年硕士学位论文。

〔6〕 李鼎："体育侵权：自甘风险还是过失相抵"，载《武汉体育学院学报》2020年第5期。

〔7〕 参见田雨："论自甘风险在体育侵权案件中的司法适用"，载《武汉体育学院学报》2009年第11期。

〔8〕 参见陈华荣、刘娟："论体育活动中的自甘风险原则"，载《体育研究与教育》2018年第4期。

护他人安全的义务、不进行加剧风险的鲁莽行为等，[1]但这些义务并不是法律义务，更多的是基于体育道德而产生，因此只能产生影响，不能完全据此判断是否"有故意或者重大过失"。不同专业程度的体育运动中，受害人所遭受的风险明显不同，因为运动员自身运动能力、受害人的预见能力和预防能力、比赛的条件都不同。[2]因此，体育活动的专业化程度也会对"有故意或者重大过失"的判断产生影响。

（四）"活动组织者的责任"

《民法典》中规定的活动组织者的责任包括安全保障义务人责任、[3]教育机构的过错推定责任、[4]教育机构的过错责任、[5]在教育机构内第三人侵权时的责任分担等，[6]都涵盖了体育场馆、学校等体育活动组织者的义务，只有在组织者完全履行了以上义务时，才能以自甘风险条款为依据进行抗辩。可见自甘风险条款虽然为学校等体育运动组织者松绑，但没有使其逃避相应的组织义务，自甘风险原则是在组织者完全履行义务、没有任何过错后提出的抗辩理由。

三、自甘风险条款的司法适用建议

《民法典》自 2021 年 1 月 1 日起施行，在此之前，我国的司法实践中早已适用自甘风险规则进行过审判，只是由于立法的空白，审判人员的理解不同，司法审判在处理体育伤害事故纠纷时并没有达成统一的认识。在《民法典》正式实施后，自甘风险条款将广泛应用于体育相关侵权案件，在新的条款适用时，

---

〔1〕 参见李钧："论过错原则下的体育损害责任"，载《体育科学》2015 年第 1 期。

〔2〕 李鼎："体育侵权：自甘风险还是过失相抵"，载《武汉体育学院学报》2020 年第 5 期。

〔3〕 参见《民法典》第 1198 条："宾馆、商场、银行、车站、机场、体育场馆、娱乐场所等经营场所、公共场所的经营者、管理者或者群众性活动的组织者，未尽到安全保障义务，造成他人损害的，应当承担侵权责任。因第三人的行为造成他人损害的，由第三人承担侵权责任；经营者、管理者或者组织者未尽到安全保障义务的，承担相应的补充责任。经营者、管理者或者组织者承担补充责任后，可以向第三人追偿。"

〔4〕 《民法典》第 1199 条："无民事行为能力人在幼儿园、学校或者其他教育机构学习、生活期间受到人身损害的，幼儿园、学校或者其他教育机构应当承担侵权责任；但是，能够证明尽到教育、管理职责的，不承担侵权责任。"

〔5〕 《民法典》第 1200 条："限制民事行为能力人在学校或者其他教育机构学习、生活期间受到人身损害，学校或者其他教育机构未尽到教育、管理职责的，应当承担侵权责任。"

〔6〕 《民法典》第 1201 条："无民事行为能力人或者限制民事行为能力人在幼儿园、学校或者其他教育机构学习、生活期间，受到幼儿园、学校或者其他教育机构以外的第三人人身损害的，由第三人承担侵权责任；幼儿园、学校或者其他教育机构未尽到管理职责的，承担相应的补充责任。幼儿园、学校或者其他教育机构承担补充责任后，可以向第三人追偿。"

有新的问题需要注意。

（一）审判时注重体育专业性

《民法典》自甘风险条款的具体适用，为我国的司法实践提出了新的要求，由于涉及体育运动这种专业性较强的领域，因此在司法审判时，必须注重体育的专业性。以往的理论以及司法判例都是进行教条僵化地套用，这样就赋予了司法裁判者极大的自由裁量权，基本考虑或者很少会虑及运动技术的内在规范和体育活动的固有风险，造成了致害事实情况审查不明，而科学明确的体育内部规则对于自甘风险条款在司法中的正确适用将发挥重要的辅助参考或事实证明作用。今后应更加注重体育化的视角，更加注重运动技术本身的考量，而回归体育判例作为体育范畴的基本面分析。[1]可以通过提高体育专家在司法审判中的作用来进行专业化审判。关于参加者故意和重大过失的判定，建议借鉴比较法的经验，引入专家鉴定制度，进行专家鉴定制度的具体制度设计和构建。对于加害方故意或重大过失的认定，应引入体育专家鉴定或辅助审判制度。[2]通过体育专家在司法审判中发挥作用，可以辅助审判人员对受害人是否预见风险、风险是否是运动的固有风险、风险是否符合"一定"的程度要求等体育与法律结合等问题进行判断。与此同时，所有的法律在审判时都不能被机械适用，而适用自甘风险条款的体育伤害事故案件更是如此。由于自甘风险行为较为复杂，实践中应当综合考虑各方面的因素，结合个案中所涉及的体育运动特点与受害人的具体情况来进行考量和判断。

（二）有限度的适用

自甘风险规则在国外的运动领域进行司法适用时，曾经出现过作为被告的抗辩理由得到了普遍甚至扩大化适用的现象，造成了较多案例在事实上的不公平。在饱受批评后逐渐收缩自甘风险的适用力度和范围。[3]我们应吸取国外的经验教训，在适用自甘风险原则时严格按照《民法典》条文中规定的适用范围，尽量做限缩解释，不任意扩大化，避免一些体育运动参与者滥用权利而完

---

[1] "《民法典》自甘风险条款对体育活动的影响网络学术研讨会会议综述"，载运城学院网，http://www.ycu.edu.cn/zfx/N20200602150245.html，最后访问时间：2021年3月19日。

[2] "《民法典》自甘风险条款对体育活动的影响网络学术研讨会会议综述"，载运城学院网，http://www.ycu.edu.cn/zfx/N20200602150245.html，最后访问时间：2021年3月19日。

[3] 参见杨林、侯茜："论体育运动中自甘风险规则的可替代性"，载《武汉体育学院学报》2017年第2期。

全忽视自己在运动中的谨慎小心义务，甚至扩大暴力伤害行为的范围和损害程度。[1]这就需要严格区分自甘风险在体育伤害纠纷中的适用标准。在适用自甘风险规则时，必须严格区分竞技体育、社会体育（全民健身）和学校体育领域，不同领域对体育运动参与人的自甘风险能力和标准要求应当不同，因为这三类领域的体育运动参与者有明显差距。[2]如未成年人适用的判断标准应不得高于完全民事行为能力人，应谨慎适用自甘风险规则。[3]

结语

《民法典》新增第 1176 条自甘风险条款对体育活动具有重大意义，可以预见自甘风险规则将在未来的体育伤害事故纠纷的司法审判中发挥重要作用，这就需要对《民法典》中规定的自甘风险条款适用范围进行明确。为防止自甘风险条款被滥用，应对条文本身做限缩解释，合理限制其适用范围，对"具有一定风险的文体活动"要从风险的性质与程度、活动的类型与方式两个层面理解。"自愿参加"虽然只有短短四个字，却包含了"自愿"体现的认知要素与意思表示要求与"参加"代表的行为要素。根据以上要素分析可知，对自甘风险条款，未成年人应根据情况审慎适用，观众不应适用。通过分析对体育规则的重大违规与轻微违规，可以划定"其他参加者的行为"与"有故意或者重大过失"之间的界限。还需注意的是，该条款没有排除"活动组织者的责任"，只有在完全履行了组织者责任后才能以自甘风险条款作为抗辩理由。由于自甘风险条款在适用时需要注意以上这些范围的判断标准，因此在司法实践中要结合具体案情，特别注意体育的专业性，防止自甘风险条款的滥用，有限度地进行司法适用。

---

〔1〕 徐翔："社会体育伤害事故中公平责任原则与自甘风险原则的较量——基于羽毛球运动致伤案例的探析"，载《体育科研》2020 年第 3 期。

〔2〕 徐翔："社会体育伤害事故中公平责任原则与自甘风险原则的较量——基于羽毛球运动致伤案例的探析"，载《体育科研》2020 年第 3 期。

〔3〕 参见杨艳、孙良国："未成年人运动伤害案中法律适用问题研究"，载《上海体育学院学报》2016 年第 5 期。

第 十 一 部 分

卫 生 法 学

医疗损害责任中比例因果关系的适用研究

吴　尧*

【摘　要】面对情形复杂的医疗损害责任纠纷案件，以事实因果关系为核心的传统因果关系理论经常难以完成因果关系是否成立的有效论证。而在此种情形下，法院又常囿于医患关系的压力，选择走中庸路线，在事实因果关系并不明确的案件中，弱化因果关系的证明要求，判定医院承担部分责任，尽量避免"胜者全赢"的结果。这种做法致使传统因果关系体系陷入虚无陷阱。为了摆脱这种困境，我国医疗损害责任纠纷司法实践可以考虑在事实因果关系不明的情形下，一定程度上引入比例因果关系理论，作为对事实因果关系的补充，同时也作为对患者的兜底性救济手段。

【关键词】医疗损害责任；事实因果关系；比例因果关系；比例责任

引言

在侵权责任领域，因果关系是指作为原因的侵权行为与作为结果的损害事实之间存在的引起与被引起的客观联系。[1]传统因果关系理论以事实因果关系为基础，采用"条件结果关系判断规则"，其判定采用成立或不成立的判断方式，并不额外考虑两者间的强度。[2]但是在如今的医疗损害纠纷中，因果关系情形复杂，呈现出医疗过失行为、患者基础疾病、患者自身特殊体质等多种原

---

* 吴尧，中国政法大学 2020 级卫生法专业硕士。

〔1〕 杨立新：《侵权责任法》，法律出版社 2020 年版，第 72 页。

〔2〕 冯德淦："比例责任在侵权法上的适用之检讨"，载《法律科学（西北政法大学学报）》2020年第 2 期。

因共存的情形。同时由于医学科学技术发展水平的局限性，目前很多疾病的发生机理并不清楚。因此在许多医疗损害责任纠纷中，依照传统理论，难以完成"医疗过失行为"与"损害后果"之间具有因果关系的论证。而在此种情形下，法院又常囿于医患关系的压力，选择走中庸路线，在事实因果关系并不明确的案件中，判定医院承担部分责任，尽量避免"胜者全赢"的结果。这种做法虽然在一定程度上保护了患者利益，但是致使传统因果关系体系遭到破坏。

有鉴于此，本文认为在坚守事实因果关系的基础上，为了实现个案正义，在因果关系不明的医疗损害责任案件中，可以有限度地采取比例因果关系理论对责任的成立和范围进行认定。但是目前有关如何依据比例因果关系认定因果关系存在，如何释法以使各方信服，仍欠缺充分的论述。同时，如何准确适用比例因果关系规则亦为亟待解决的难题。因此，本文的主要任务是，以多因致害的医疗侵权纠纷为典型，尝试分析事实因果关系在应对此类案件的不足，同时探讨比例因果关系据以减责的法理基础与适用机理，希冀对比例因果关系理论的完善与规则的适用有所裨益。

一、医疗损害责任中事实因果关系适用的困境

传统因果关系理论采用"两分法"：事实因果关系和法律因果关系。前者是指从客观事实角度分析违法行为与其造成的损害之间是否存在因果联系；后者是指在确定存在事实因果关系的前提下，考虑行为人如何承担责任。[1]事实因果关系是传统因果关系理论的核心，大陆法系一般采用"条件结果关系规则"来检验事实因果关系是否存在，即若加害行为是损害后果的必要条件，则两者具有因果关系。用公式可表示为，"如果没有因素 A，则结果 B 不会发生"，则 A 与 B 之间存在事实上的因果关系；同理，"如果没有因素 A，结果 B 仍然发生"，则 A 与 B 之间不存在事实上的因果关系。同时，A 与 B 之间的关系通常是一个全有和全无的问题，即 A 是或者不是 B 的原因，而不能是 A 有点是 B 的原因。只有事实因果关系依靠上述判断确认存在之后，才能考虑后续责任承担问题。但这种因果关系认定方法已经日益受到医疗损害责任等复杂侵权案件的挑战。

（一）医疗损害责任中事实因果关系的虚化

医疗损害责任纠纷中出现的因果关系类型往往属于多因一果，其中原因可

---

〔1〕 杜万华等编著：《最高人民法院审理医疗损害责任纠纷司法解释规则精释与案例指导》，法律出版社 2018 年版，第 159 页。

能包括医疗过失行为、患者自身基础疾病、患者特殊体质等，这些因素共同导致了损害结果的发生。医疗活动的特殊性在于，患者自身疾病往往是损害发生的重要原因。因此，在排除患者自身因素后，医疗过失行为与损害结果之间是否存在因果关系的判断尤为困难，这种情况在轻医疗过失案件中尤甚。笔者摘录了近几年的部分案例以做说明。

表1 近几年部分医疗损害责任案件摘取

	案件名	患者自身情况	医疗过错行为	医疗损害后果	鉴定认定的因果关系及原因力
1	东南大学附属中大医院与印娟、汤文俊等医疗损害责任纠纷二审民事判决书[（2021）苏01民终27号]	1. 右上肺小细胞癌，T1bN2M0ⅢA期；2. 放射性肺炎；3. 高血压病Ⅰ级极高危；4.2型糖尿病	1. 在患者住院期间治疗效果不佳的情况下，医方未能认真进行原因分析，有欠谨慎，且长时间大剂量的激素应用有损患者健康；2. 针对该危重患者医方亦未组织进行疑难病例讨论、危重病例讨论，以及多学科联合会诊，对患者的病情有欠重视	患者死亡	患者系肺癌晚期患者，感染不明病原体导致肺部严重感染是患者最终死亡的主要原因。但医方系三级甲等教学医院，未能充分体现出与其级别相对应的诊治水平，对肺部存在感染的原因重视和分析不到位，未尽到高度谨慎的诊疗义务，故医方诊疗行为中存在的过错与患者死亡后果之间存在一定的因果关系，其原因力大小为次要原因。法院酌情确定医院对印娟、汤文俊、徐飞飞的损失承担35%的赔偿责任
2	丹东市中心医院、林润梅医疗损害责任纠纷二审民事判决书［（2021）辽06民终37号]	左侧脑内血肿，硬膜下血肿，蛛网膜下腔出血、脑疝等	1. 未告知其余诊疗方案；2. 实施的左额顶开颅、脑膜瘤切除术中止血不彻底，围手术期血压控制不佳的过错	患者出现脑内血肿，脑出血后遗症	医院在对患者诊疗过程中存在没有告知对于无明显脑膜瘤症状小脑膜瘤患者可以随访观察3—12月，再决定治疗方案；对于病灶直径≤3cm的脑膜瘤可以选择伽马刀治疗等替代治疗方案；实施的左额顶开颅、脑膜瘤切除术中止血不彻底，围手术期血压控制不佳的过错。该过错与其术后发生脑内血肿，以及目前存在的脑出血后遗症之间存在部分因果关系，过错原因力为次要原因。法院据此并结合案件实际，确认被告应按30%份额承担赔偿责任

	案件名	患者自身情况	医疗过错行为	医疗损害后果	鉴定认定的因果关系及原因力
3	中国人民解放军联勤保障部队第九八九医院、陈青环医疗损害责任纠纷二审民事判决书〔（2021）豫04民终419号〕	额叶脑膜瘤	1. 术前没有告知替代诊疗方案；2. 术中止血不测地；术中未采取必要措施预防术后颅内积气；3. 术后观察不持续，采取措施迟缓	患者术后发生术区出血、形成血肿，术后病情加重	医院在对患者诊疗过程中存在术前没有告知替代诊疗方案，使其丧失了选择保守治疗、放射治疗的机会；术中止血不彻底；术中未采取必要措施预防术后颅内积气；术中观察不持续，采取措施迟缓的过错，该过错与其术后发生的术区出血，并形成血肿，以及实施的脑内出血肿清除并去骨瓣减压术，术后病情加重之间存在部分因果关系，过错原因力为次要原因。法院依照鉴定意见，酌定医院承担35%的责任
4	北京大学人民医院与刘宗伟医疗损害责任纠纷二审民事判决书〔（2021）京02民终923号〕	肺占位性病变、肺炎、间质性肺病、2型糖尿病、心房扑动、肾上腺结节、肝囊肿、下肢动脉粥样硬化	医方审慎注意义务不到位（包括风险预知义务和风险回避义务）1. 医方的病程记录未见详细记载选择可达龙的原因，医方亦未向患方及家属告知可达龙药物使用的必要性、药物副作用、注意事项及与相关药物相对比的利弊情况，医方在药物的选择上存在一定的过错；2. 患者应用可达龙出院后，其出院医嘱无记录应用可达龙复查的详细注意事项	患者死亡	患者自身基础疾病的病情复杂、严重，其发生发展应与目前后果具有主要的关联因素；结合医方的过错情况，综合考虑医方过错的因果关系原因力，建议医方的责任程度原因力为轻微责任与次要责任之间。法院参考鉴定意见，酌情确定医院对患者承担20%的赔偿责任

	案件名	患者自身情况	医疗过错行为	医疗损害后果	鉴定认定的因果关系及原因力
5	利津县中心医院、张继先医疗损害责任纠纷二审民事判决书〔（2021）鲁05民终5号〕	急性呼吸衰竭、代谢性酸中毒、高乳酸血症、急性循环衰竭、休克（重度）、2型糖尿病等病症	医方在输液过程中除应密切监测血糖外，尚应对尿糖和酮体进行监测。经阅示病例资料未见相关记载，也未见说明未监测的原因及理由	患者死亡	患者急性呼吸衰竭、代谢性酸中毒、高乳酸血症、急性循环衰竭、休克（重度）、2型糖尿病等是死亡的根本原因。但是，亦与医院在诊疗过程中存在的相关检查不规范、没有及时组织会诊、没有依据相关检查情况调整抗感染治疗方案、没有对尿糖和酮体进行监测的过错之间存在部分因果关系。医院的过错原因力为轻微原因。法院参考鉴定意见，酌情确定医院承担15%的赔偿责任
6	北京大学人民医院与戚秀芬等医疗损害责任纠纷二审民事判决书〔（2021）京02民终2145号〕	急性冠状动脉综合征	医方对于心肌梗死的病情交代不够充分；在被鉴定人严重贫血的情况下，医方采取紧急输血措施不够积极	患者死亡	患者高龄，同时有其他并发症等，病情复杂、进程迅速，给医方诊治时间有限；同时输血需要程序和时间；患者自身疾病的性质、程度是其损害后果的根本性原因。医方对于心肌梗死的病情交代不够充分；在患者严重贫血的情况下，医方采取紧急输血措施不够积极，存在过错，与患者的损害后果有一定相关因素。该过错与患者的损害后果有一定因果关系，属轻微原因。法院参考鉴定意见，确定医院承担20%的赔偿责任
7	上诉人吕家云与被上诉人南京市第一医院医疗损害责任纠纷一案的民事判决书〔（2020）苏01民终8631号〕	高血压、急性脑出血	1. 南京市第一医院抗癫痫药物选用欠规范、不合理； 2. 术后血压重视方面未尽到高度注意义务	患者成为植物人	患者有长期高血压病史，考虑脑血管基础条件较差，不排除脑血管动脉瘤，自身因素是其发生脑出血的根本因素。因自身疾病需行外科手术、手术创伤、围手术期血压波动等可能为脑出血的诱发因素。南京市第一医院在抗癫痫药物使用方面存在过错，但与患者损害后果不存

续表

	案件名	患者自身情况	医疗过错行为	医疗损害后果	鉴定认定的因果关系及原因力
					在因果关系；在术后血压重视方面未尽到高度注意义务，不排除与患者损害后果存在一定因果关系，但影响轻微。法院确定医院承担20%的赔偿责任
8	金明等与上海交通大学医学院附属仁济医院医疗损害责任纠纷二审民事判决书〔（2020）沪01民终12746号〕	肺栓塞、右下肢深静脉血栓形成、肺动脉高压（中度）	存在对患者病情的严重性与家属沟通不足的医疗过错；检查不完善以及病史记录欠规范	患者死亡	医方在诊治过程中存在对患者病情的严重性与家属沟通不足等问题，但此缺陷与患者死亡无因果关系。综上，医方不承担患者人身损害后果的责任
9	熊丹与上海市松江区中山街道社区卫生服务中心医疗损害责任纠纷一审民事判决书〔（2019）沪0117民初8940号〕	胃部增生性息肉，黏膜中度慢性炎	医方在病史记录上存在不足，如记录不全、四诊不全（望、闻、问、切）等	患者药物性肝损伤	本案不属于对患者人身的医疗损害。被告在医疗活动中存在病史记录不全的医疗不足，但与患者药物性肝损伤的人身损害结果无因果关系。但考虑到被告在医疗过程中存在一定的瑕疵，故法院酌情责令被告给予原告一定的经济补偿

以上案例可以反映出医疗损害责任纠纷的一些共同特点，即患者的最终损害由患者基础疾病与医疗过失行为共同引起，但是难点在于对医疗过失行为与最终损害结果之间是否具有因果关系进行判断。在医疗审判实践中，如果依照必要条件说，对于某因素是否属于事实原因（行为是否是后果的必要条件），通常需依照经验法则以及包含统计数据及其他相关科学知识的全部证据，再结合原被告的举证，最后经由法官的心证进行综合判断，[1]但这个过程在类似案件中并未得以充分体现。如上述案件，医疗机构只要存在过失行为，法院多数

---

〔1〕　郑永宽："医疗损害赔偿中原因力减责的法理及适用"，载《中国法学》2020年第6期。

时候都会认定其与损害结果具有因果关系，因果关系认定比较宽松，常常省略了对因果关系是否成立的详细阐述。但实际上若依照传统因果关系理论，在许多案件中很难认定医院诸如未全面告知患者诊疗方案、病历记录不完整、未尽到充分注意义务等医疗过失行为与损害结果存在"无 A 则无 B 关系"。

在上述案件中，鉴定结论实际上并没有区分因果关系中损害发生的"原因"和"条件"。一般认为，"条件"是指一切对损害的发生具有促进作用的因素，而"原因"仅指条件中那些与损害具有因果关系的"条件"。在这些案例中，鉴定机构和法院实际上将所有损害发生的"条件"均当作"原因"纳入损害赔偿的考量之中。基于此，医院承担部分责任的原因，并不是因为已经确认医疗过失行为与损害后果之间存在事实因果关系，而是医院由于过失本身而被径直要求承担部分责任。[1]如此做法无疑最终导致在医疗损害责任纠纷中，基本虚化了因果关系构成分析，弱化或消除了因果关系的规范功能。

（二）医疗损害责任中事实因果关系虚化的危害

1. 因果关系要件形同虚设，侵权责任证明体系遭到破坏

因果关系要件是判断行为人是否要为自己行为担责的工具，对因果关系的正确认定是对责任进行合理分担的前提。按照侵权责任法的立法目的，行为人承担责任的基础在于其自身行为引起了损害后果的发生，而且行为与损害后果发生之间的关系需要经过法律的筛选与考量，并非行为人对其行为与其可能导致的各种后果都应承担责任。如前所述，医疗活动的特殊性在于医疗行为常与患者自身因素同在，损害的发生无可避免，在此类案件中若不严守因果关系判断规则，将导致责任的泛滥。同时，因果关系的虚化也将导致侵权责任证明体系遭到破坏。根据《最高人民法院关于适用〈中华人民共和国民事诉讼法〉的解释》第 108 条规定，我国对证明标准采取高度盖然性标准。但医疗损害责任的司法实践中，法院弱化因果关系论证，致使证明标准不符合法律规定，这无疑有损侵权责任证明体系。

2. 医院承担责任基础不明，有损侵权法功能实现

侵权责任法的主要功能在于补偿受害人遭受的损失，遏制加害人的侵权行为。要充分实现这一目的，就需要责任的合理划分，行为人只应对自己行为造成的后果负责，而不是漫无边界地承担责任。如此才能在行为自由与行为负责

---

[1] 参见满洪杰："医疗损害责任因果关系虚无陷阱及其化解——兼评法释〔2017〕20 号第 12 条"，载《法学》2018 年第 7 期。

之间寻求平衡。在医疗损害责任纠纷中，若因果关系判定得当，法律可预期性强，则医生才更有勇气和动力积极开展医疗活动，探索未知领域的疗法。反之，医生慑于责任承担的不明，则必然畏首畏尾，采取防御性治疗，拒绝开展高风险医疗活动。美国哥伦比亚大学学者李本教授在其研究中指出："由于医患关系带来的巨大压力，中国医生在面临风险较大的诊疗活动时，往往会选择将患者推给上级医院来逃避自身责任。"[1]

当今，无论是鉴定机构还是法院对医疗机构的过失与患者损害是否具有因果关系的认定并不严谨，将诸如未全面告知患者诊疗情况，未尽到高度注意义务均视为患者损害发生原因，对医疗机构的诊疗活动提出了不合理的过高要求。在司法实践中出现了"有过错必有因果、有过错必有责任"的现象。这一做法显然有碍于侵权责任立法目的之实现。

（三）医疗损害责任中事实因果关系虚化的原因

1. 因果关系理论在实践中理解与吸收不充分

在现行立法方面，有关因果关系的规定含糊不清或者说没有直接规定，因而因果关系一直是侵权责任领域最困扰法院的问题之一。[2]在医疗损害责任案件中因果关系认定理论就素有条件说、原因说和相当因果关系说之争。即使确定采用通说的条件结果关系判断规则，行为和结果之间是否具有必要条件关系的认定方法依然模糊不清。法官仍需要结合案件事实、鉴定结论，辅之以自由心证来确定因果关系是否存在。由于纠纷的复杂性，这一过程难有固定且可操作性的方法可言。

2. 医疗损害责任案件的专业性和复杂性

基于医疗活动的专业性、高风险性和不确定性，医疗损害责任的因果关系相比其他侵权案件更为复杂。如医疗过失包括诊疗错误、治疗疏忽、未告知患者全部诊疗事项等多种情形；患者自身因素包括基础疾病、特殊体质等不同情形；医疗损害类型除了典型的患者的人身损害，也尚有生存机会丧失、患者知情同意权受侵害等多种样态。[3]因此这种情形下，事实因果关系的认定显得较

---

[1]　See Benjamin L. Liebeman, Malpractice Mobs, *Medical Dispute Resolution in China*, *Columbia Law Review*, 2013, Vol. 113, p. 242.

[2]　杜万华等编著：《最高人民法院审理医疗损害责任纠纷司法解释规则精释与案例指导》，法律出版社 2018 年版，第 159 页。

[3]　满洪杰："医疗损害责任因果关系虚无陷阱及其化解——兼评法释〔2017〕20 号第 12 条"，载《法学》2018 年第 7 期。

为困难。在这种多因一果的复杂案件中，鉴定机构有时都难以完成因果关系分析，缺乏专业能力的法官更加无能为力，只能高度依靠鉴定结论进行裁判。这些都导致了确认事实因果关系在司法实践中的困难。

3. 法院寻求妥协的态度

在医疗纠纷领域中，患者与医院存在矛盾，法院在面临患者带来的压力时往往选择妥协。在轻医疗过失案件中，即使难以认定医院诸如未全面告知、未尽高度注意义务等行为与损害结果之间存在因果关系，但是若发生患者死亡、成为植物人等严重结果，法院依然会酌情要求医院承担部分责任。笔者在中国裁判文书网上随机检索了近几年近 120 篇的案例，发现法院认定医疗过失是损害全部原因的案件 0 起；认为医疗过失行为与损害结果存在因果关系，又基于原因力规则要求医院承担部分责任的案件 113 起；认定医疗过失与损害结果不具有因果关系的案件的案件 7 起；这其中又有 3 起案件法院认为即使医院行为不构成医疗损害，但仍然以医院存有相应过错为由要求医院对患者给予相应补偿。[1]可见法院面临医疗纠纷案件，乐于走中庸路线，避免要求一方承担全部损失的结果。

表 2　案件结果统计

责任等级	案件数量
全部原因	0
主要原因	27
同等原因	20
次要原因	52
轻微原因	14
无因果关系	7

二、医疗损害责任中的比例因果关系及其可据以适用的法理分析

在以往有关比例因果关系的理论阐述中，经常出现"比例责任"与"比例因果关系"两个概念共存的情形。一般认为，"比例因果关系"是"比例责任"

---

〔1〕 参见上海市第一中级人民法院（2020）沪 01 民终 8192 号民事判决书；参见上海市第一中级人民法院（2020）沪 01 民终 2890 号民事判决书；参见上海市松江区人民法院（2019）沪 0117 民初 8940 号民事判决书。

的核心理论，但是在实际使用过程中，"比例因果关系"和"比例责任"这两个概念并没有本质差别，都是指代一种区别于传统因果关系的新的归责理论。本文为了方便对"事实因果关系"进行对比研究，故采用"比例因果关系"这一概念。

（一）比例因果关系理论的提出、发展及实践

比例因果关系是指依据违法行为与损害结果之间因果关系联系的可能性来判断因果关系，同时根据该可能性比例计算行为人需要承担的责任份额。[1]在事实因果关系不明的案件中，比例因果关系在责任确立方面化解了事实因果关系认定的僵化，在责任承担方面打破了传统因果关系理论的"全有或全无"规则的缺陷。[2]其并不关注事实因果关系是否客观存在，而是考虑行为与条件之间存在因果关系的可能性，这一过程与其说是法院对事实的认定，倒不如说是对"因果关系"的制造。

第一次让比例因果关系思路进入法学领域视野的是美国法学教授约瑟夫·金（Joseph King）提出的"生存机会丧失理论"。在他的生存机会丧失理论中，虽然责任成立仍然沿用传统因果关系认定的方法。但是在责任分担方面约瑟夫教授认为"由于既存损害并非行为人单方原因引起，故受害者遭受的损害需要在其与加害人之间进行适当的平衡"。[3]这就突破了传统因果关系理论责任承担的"全有或全无标准"，比例分析方法进入人们的思考范围。圣托马斯特大学法学院教授约翰·麦卡迪西（John Makdisi）教授继而发展了该理论，他认为比例因果关系与事实因果关系的不同之处在于，其仅考虑行为与结果之间因果关系存在的可能性，而并非事实因果关系是否真实存在。对于比例因果关系的判断不能适用原来全有或全无的思路，而要引入概率分析的方法。[4]弗兰兹·比德林斯基（Franz Bydlinski）教授从实践角度出发，又明确了比例因果关系适用的条件。他认为要根据因果的可能性在两方之间分配风险，前提是须证明侵权人的违法行为的危险程度有启动比例因果关系理论的必要。其比例因果关系的适用参酌了过错程度、风险施加等综合因素，并非仅以原告证明"一定比例"之因果关系可能性为已足。因此，其对比例因果关系的适用更像是偏离于

---

〔1〕 吴国喆："事实因果关系不明侵权中比例因果关系的确定"，载《法学家》2020 年第 2 期。

〔2〕 参见郑晓剑："侵权损害完全赔偿原则之检讨"，载《法学》2017 年第 12 期。

〔3〕 陈聪富：《因果关系与损害赔偿》，北京大学出版社 2006 年版，第 179 页。

〔4〕 陈聪富：《因果关系与损害赔偿》，北京大学出版社 2006 年版，第 196 页。

传统归责系统的个案衡平救济。[1]

随着该理论的提出与发展，一些国家在医疗损害领域也开始接受比例因果关系理论，较为典型的如，欧盟侵权法小组编著的《欧洲侵权法原则》，其第3：103条第2款规定："在受害者为多数人的场合，如果不能确定部分受害人的损害发生的原因是否可归责于某一行为，则应该根据该行为对受害人遭受损失的可能性来确定其是否为受害人所受损害的原因。"[2]即加害人的行为会由于其与损害结果具有可能性而被认定为具有因果关系，这一条表明了欧洲侵权责任司法实践对比例因果关系的承认。奥地利法院在医疗损害案件中采用了比德林斯基教授的建议，认为在事实因果关系不明的情形下，若侵权人行为危险性达到一定程度，经法院确认，则可以根据因果的可能性在两方之间分担损失。可见，奥地利法院是将比例因果关系作为对事实因果关系的一个补充，适用于个案救济的领域。[3]英国则是通过"Fairchild v. Glenhaven Funeral Services"一案确定了事实因果关系判断的例外情形，即损害发生原因如果在客观上难以认定，则通过分析原告行为的风险来确定责任的成立。[4]

（二）在医疗损害责任中适用比例因果关系的正当性分析

传统因果关系的理论虽然具有无可比拟的逻辑完整性，但其僵化的体系在面临复杂的科学问题时难以有效平衡双方的相关利益。比例因果关系标志着法律思维的重大转变，其不拘泥于事实因果关系是否存在，而是选择以可能性来替代真实性，并据此使加害人承担责任。但这一理论的正当性也颇受质疑，传统理论对其最主要讨伐点在于比例因果关系的适用有违侵权法的立法目的，因为其使得责任基于损害因果关系转化为基于创造损害的风险，成为对风险活动的惩罚。这将改变有关个人自由、责任的基本观念，最终产生过于谨慎的社会。[5]这样无疑会对法的安定性与司法判决的可期待性造成损害。针对这一问题，笔者认为可以从以下几点回应。

首先，事实因果关系本身也并不是纯粹的科学发现的过程，同样蕴含了价

---

〔1〕 参见满洪杰："医疗损害责任因果关系虚无陷阱及其化解——兼评法释〔2017〕20号第12条"，载《法学》2018年第7期。

〔2〕 See European Group on Tort Law, *Principles of European Tort Law*, Springer, 2005, p. 46.

〔3〕 See Bernhaed A. Koch, *Medical Liability in Europe: A Comparison of Selected Jurisdictions*, De Gruyer, 2011, pp. 14-15.

〔4〕 See Israel Gilead, Michael D. Green, Bernhaed A. Koch, *Proportional Liability: Analytical and Comparative Perspectives*, De Gruyter, 2013, p. 128.

〔5〕 See Israel Gilead, Michael D. Green & Bernhaed A. Koch eds, *supra* note 18.

值判断。如前所述，虽然传统因果关系可以分为"事实因果关系"与"法律因果关系"，但两者划分并没有那么绝对，事实上，医疗责任纠纷审判实践中，对于某因素是否属于事实原因，除了统计数据及其他相关科学知识，通常需依照经验法则，结合原被告的举证，经由法官的心证进行综合判断。这一过程并非是完全还原事实的过程，而是在证据面前权衡利弊，作出责任归属和分担的判断过程。可见，事实因果关系并没有完全遵从客观事实，而要经常依赖概率性和规范性判断。这一过程与比例因果关系的认定相似，两者区分并非如理论上那般明显。

其次，引入比例因果关系并不是要替代事实因果关系，而是试图建立以事实因果关系为基础，比例因果关系为补充的多元因果关系判定体系。实践中，虽然医疗损害责任领域适用比例因果关系在奥地利、英格兰、法国、荷兰等国家被允许，但没有一个国家完全以比例因果关系代替事实因果关系。[1]比例因果关系适用的目的是在事实因果关系不明的案件中合理划归责任、分担损失，而非一味地采用风险治理的思路来取代事实因果关系探求客观联系的思路。它更多是一种政策性、补救性、兜底性措施，且其适用具有严格的条件，需要法院综合考虑后才能启用。因而比例因果关系的有限适用并不会对现行法秩序造成剧烈冲击，损害法的安定性。

最后，我国医疗损害责任纠纷中许多案件实际上已经是以适用事实因果关系之表象掩盖适用比例因果关系之实。较为典型的是医疗损害责任纠纷中的原因力规则，其本是解决该情形下责任承担或损失分担问题。对其适用必须首先判断医疗过失行为与损害结果之间是否具有因果关系，在有因果关系前提下才能运用该理论分担责任。但部分情形下，法院并没有完成因果关系的论证，却直接适用原因力规则对被告责任进行分析。这其实是以原因力的适用为遮掩，而施行比例因果关系的适用之实。另外在一些案件中，虽然法院无法认定医院过错行为与患者损害后果之间存在因果关系，但仍然依据该行为要求医院对患者进行适当补偿。以上两种做法的实质都是法院在未认定事实因果关系存在的情形下，要求医院承担部分责任，这都体现了比例因果关系归责的思路，也说明司法实践中认识到医疗责任纠纷领域事实因果关系适用的困境。因此，与其执拗地维护传统因果关系适用之表象，掩盖比例因果关系适用之实，使得事实因果关系陷入虚无的陷阱，倒不如在坚持事实因果关系的前提下，在一定程度

---

〔1〕 See Israel Gilead, Michael D. Green & Bernhaed A. Koch eds, *supra* note 18; Marta Infantino & Eleni Zervogianni eds. , *supra* note 12, 498.

上引入比例因果关系作为对患者的救济手段。

三、医疗损害责任中比例因果关系的适用

在侵权责任领域，责任可以划分为责任成立和责任范围两个层面。前者是指对可归责的行为与损害之间是否具有因果关系的判断，后者是指在责任成立的基础上，判断行为对最终损害结果的程度。对比例因果关系的理解，也需要从这两个层面进行。

（一）比例因果关系在责任成立层面的适用

探讨比例因果关系在责任成立层面的适用问题首先需要厘清比例因果关系与事实因果关系的关系。如果拟在我国立法中引入比例因果关系，一般有两条路径选择：一是对《民法典》的侵权责任编第 1165 条进行重新解释，对损害行为与损害结果之间的因果关系的认定作出限定，从整体层面引入比例因果关系来弥补事实因果关系的不足。二是扩展《民法典》侵权责任编中的公平原则进行调控，在事实因果关系不清的例外情况下，作为对受害人的救济，引入比例因果关系。第一条路径无疑会动摇侵权责任构成要件的根基，影响法的安定性与判决的可预期性，侵权责任法预防和制裁侵权行为，保障合法行为自由的立法目的也会受到动摇。相比而言，第二条路径显然更具有可操作性，并符合比例因果关系引入的初衷，而且有比较法上的实践可供参考。在明确以上前提的基础上方可展开讨论比例因果关系在责任成立层面的适用规则。

1. 比例因果关系适用的条件

如前所述，比例因果关系不是直接适用于案件中，而是在事实因果关系不清时作为对患者的救济保护手段。参考奥地利法院适用比例因果关系的做法，可将其适用条件概括为：（1）该案属于侵权领域案件，但事实因果关系是否存在无法证明。具体而言，该类侵权案件除了因果关系不明之外，其他要件都需要满足。加害人和加害行为都是可以确定的，而非不特定多数人实施的共同危险行为，只不过该加害行为与损害结果之间的因果关系无法确定。（2）该案件的过错行为具有危险性。比例因果关系的适用并非以认定因果关系存在为目的，而是作为事实因果关系不清时对被害人的救济。为了维护法秩序的稳定性，在一般侵权案件中仍应以事实因果关系为准，只有在事实因果关系不清，而加害人过错行为明显违反注意义务需要对受害人救济时才能例外适用比例因果关系。（3）事实因果关系是由于当事人因素以外的客观原因而无法查明。如果因果关

系不明是由于医疗机构隐匿或者拒绝提供与纠纷有关的病例资料，或遗失、伪造、篡改或者违法销毁病例资料等行为造成，则依法适用过错推定的规定。（4）比例因果关系的适用是法院在综合考虑的基础上展开适用的，而非在一般情形中直接适用。在具体案件中，法院应考察医院方主观过错、医疗过错行为危险程度、患者方遭受的损失等多种因素，最后确定是否启动比例因果关系来进行责任认定。

2. 比例因果关系是否成立的判断

按一般比较法上的经验，在医疗侵权领域，即使适用比例因果关系，依然存在一定的难度与特殊性，其在因果关系的判断上存在"一般因"和"特定因"两个阶段。前者是指判断"一类事件与一类损害之间是否存在因果关系"，后者则是指判断"特定事件是否在事实上引起或可能引起了特定损害"。[1]对于一般因果关系的确定，一般需要依靠精确的医学数据，特别是医学领域对某一致害因素与特定损害之间的一般联系经过研究后提供的鉴定和说明，然后由法院综合评价。在一般因果关系确定之后，需要对特定因果关系进行考虑，以此确定最终比例因果关系的比例。这一个过程的关键在于分析具体案件中的特定致害因素作用在特定受害人身上的损害发生的参与度。[2]在综合以上的分析后，由法院最终得出行为产生损害的可能性大小，确定因果关系的比例。

（二）比例因果关系在责任范围层面的适用

在医疗损害责任纠纷案例的各国实践中，责任范围层面存在两种做法。一种是德国、英国、奥地利、丹麦、比利时等国家针对患者具有基础疾病的医疗损害责任纠纷案件适用的"蛋壳脑袋"规则，即"违法者必须对受害者的遭遇感同身受"。其要求医方在诊疗时要保持必要的注意义务，并不以患者自身的因素为原因而减轻医方的责任。当发生医疗损害时，只要确定医疗过失行为与损害结果具有因果关系，医方就应该承担全部责任。[3]另一种做法是日本、美国、瑞士、瑞典、意大利等部分国家或州采取的原因力减责规则，即考虑到医疗行为的特殊性，认为患者自身的疾病应成为减责因素，而不能使医方凡具有因

---

〔1〕 陈伟："疫学因果关系及其证明"，载《法学研究》2015 年第 4 期。

〔2〕 参见冯德淦："比例责任在侵权法上的适用之检讨"，载《法律科学（西北政法大学学报）》2020 年第 2 期。

〔3〕 参见［荷］J. 施皮尔主编：《侵权法的统一：因果关系》，易继明等译，法律出版社 2009 年版，第 37 页。

果关系必承担全部责任。[1]我国向来不赞成医疗责任承担的"全有或全无规则",践行的是依靠"医疗过错参与度"等理论进行责任分担的思路。随着2017年《最高人民法院关于审理医疗损害责任纠纷案件适用法律若干问题的解释》的出台,"原因力"开始取代"医疗过错参与度"作为新的责任分担的理论工具。故考虑到我国过往实践,比例因果关系的适用同样适宜采用类似于原因力的责任分担规则。

具体而言,在确认比例因果关系存在的基础上,下一步就是对比例的数额进行确定,只有比例得以确定,责任才有可能划分。参考比较法上的经验,比例的确定可切分为两个步骤,第一步是从事实层面分析各种可能引起损害的原因,并借助相关医学统计信息,以确定每一原因的原因力。第二步则是在前一步的基础上,依据价值判断,结合其他因素来确定原因力的比例。[2]从事实层面探寻比例的数额主要借助科学分析,试图还原行为对结果真实的贡献力,这一过程需要借助医学实验,依靠专业机构出具的鉴定结论得出。而第二个过程是在第一个过程的基础上,或者第一个过程无法实现的情况下进行,法官参考双方的过错程度、经济力量对比、案件的特殊性等其他因素来平衡第一阶段得出的结论,从而形成最终的各因素对损害结果发生的原因力。

结语

由于医疗损害责任纠纷案件的专业性和复杂性,依照传统因果关系理论经常难以完成因果关系的有效论证。而法院又在此种情形下常囿于医患关系压力,弱化因果关系证明要求,判定医院承担部分责任,这导致了传统因果关系体系陷入虚无陷阱。比例因果关系旨在解决事实因果关系不明案件中的责任成立与分担问题,其可以作为事实因果关系的补充。当医疗人员存在过失,行为与结果之间存在因果关系的概率已达到相当性,应该坚持传统理论,而当因果关系不能确定,但个案需要予以救济的,经法院确认则可以引入比例因果关系。比例因果关系是法律思维转型的重要表现,将其作为事实因果关系的补充,可解决传统因果关系理论体系僵化的问题,同时也有效保护了患者的利益。

---

〔1〕 参见〔德〕克雷斯蒂安·冯·巴尔:《欧洲比较侵权行为法》(下卷),焦美华译,法律出版社2001年版,第580页。

〔2〕 吴国喆:"事实因果关系不明侵权中比例因果关系的确定",载《法学家》2020年第2期。

教育法学

论学位撤销制度的法治化进路

翁明杰*

【摘　要】对高校学位撤销制度运行现状进行审视，可发现我国目前的学位撤销制度在规范文本上存在着相关规定"粗线条"、学位撤销法律概念阙如、学位撤销判断标准不明、学位撤销程序亟需细化等问题；在司法实践中学位撤销纠纷的相关问题则集中在高校适用《学位条例》的标准不一、各高校把握"舞弊作伪"内涵的尺度不一、各高校作出学位撤销时程序存在违法情形。对现存问题的解决，首先，需要从学位撤销概念本身出发，明确学位撤销的性质。学位撤销是法律规定的学位授予单位因原授予学位的行为存在瑕疵而采取补救措施的行政行为。其次，要实现高校学位撤销制度朝着"法治化"目标演进，应当处理好学术权与行政权之间的平衡；高校管理权与学生权利之间的平衡；实体内涵与程序要件之间的协调平衡；严惩学术不端与信赖利益保护原则之间的平衡四组关系。最后，从明确学位撤销审查主体审查义务、统一学位撤销的实体判断标准、规范学位撤销的相关程序三个方面对学位撤销制度进行完善。

【关键词】学位撤销制度；法治化；高校自治；学生权利；"学术不端"

引言

2019 年"翟天临因学术造假被撤销博士学位"事件（以下简称翟天临事件）发生后，引发了社会对"学位撤销、学术造假"等问题的热烈探讨。其实在翟天临事件之前，因高校学位涉及的纠纷就时有发生，有的纠纷当事人最后

---

* 翁明杰，中国政法大学 2019 级宪法学与行政法学专业硕士。

还请求司法机关介入定分止争。在"田永诉北京科技大学案"中，海淀区人民法院通过重新审视公立高校的法律地位，进而开创性地将公立高校学生教育纠纷纳入行政诉讼的救济范围，叩开了紧闭已久的教育行政诉讼的大门。[1] 近年来学位纠纷案件暴露出高校治理中高校和学生间的紧张关系。因学位撤销引发的纠纷近年来频频进入公众视野，让我们不得不重新审视当前学位撤销制度规定、制度运行是否存在尚需完善之处。

一、问题提出：高校学位撤销制度运行的现状审视

近年来高校因学位撤销引发的纠纷时有发生，逐渐引起人们对高校学位制度的反思。当前对学位制度的研究，多侧重于研究学位授予环节，但对学位撤销环节的研究相对较少，理论研究尚无涵盖学位制度的"始终"。而"对学位的撤销是法律赋予学位授予单位的一项重要职权，是一种行政法律行为。学位授予单位对学位的撤销应谨慎严格，并符合法律规定"。[2] 笔者在该部分分析高校学位撤销制度的运行现状，将集中于当前规范文本中与学位撤销相关的规定和司法审判中与学位撤销相关的案例。

（一）规范文本中的学位撤销制度

学位撤销制度作为高校学位授予后的纠错环节，多规定于法律、规章和规范性文件等规范性文本有关学位授予的规定之中。为研究深入，笔者梳理了《教育法》《学位条例》《学位论文作假行为处理办法》《普通高等学校学生管理规定》（以下简称《管理规定》）中有关学位撤销的规定。通过对规范性文本的梳理，笔者发现当前我国学位撤销的有关规定呈现如下特点。

1. "学位撤销"法律概念阙如

我国《教育法》和《学位条例》规定了学位撤销的具体情形，但均未对学位撤销的概念作出规定，因而导致学界对学位撤销的概念和性质长期以来存在着争论。目前关于学位撤销性质的争论主要有行政处罚、行政许可的撤销、[3]

---

[1] 参见湛中乐："司法对高校管理行为的审查——田永诉北京科技大学案评析"，载《中国法律评论》2019 年第 2 期。

[2] 付小彦："翟天临学位被撤销的行政法检视"，载《民主与法制时报》2019 年 2 月 28 日，第 6 版。

[3] 如学者徐雷认为高校学位授予具有授益性，属于行政许可，因而学位撤销即属于行政许可的撤销。具体参见徐雷："大学学位撤销审查路径：美国的经验与启示"，载《高校教育管理》2017 第 5 期；李川："学位撤销法律规定的现存问题与厘清完善——以《学位条例》的相关修订为例"，载《学位与研究生教育》2018 年第 11 期。

行政确认的撤销〔1〕等说法。如果能够从法律上对学位撤销的概念予以明晰，对学位撤销的程序建构将大有裨益，否则高校作出学位撤销时总是不可避免地面临程序违法的质疑。

2. 高校学位撤销时判断标准适用不明

2004 年修订的《学位条例》中高校是否作出学位撤销决定的判断标准是学生是否有"舞弊作伪"的行为。2015 年修订的《教育法》中对"舞弊作伪"解释为"以作弊、剽窃、抄袭等欺诈行为或者其他不正当手段取得相关学位证书"。法律在进一步修订中，对学位撤销的情形作出细化，让高校在作出学位撤销决定的判断中有据可依。2017 年实施的《管理规定》相较于 2013 年实施的《学位论文作假行为处理办法》而言，对存在"学术不端"情形的"可以撤销"限定为"应当撤销"，体现了国家对学术造假、学术不端的零容忍。

虽然相关规范对高校作出学位撤销的判断标准和宽严限度做了明确规定，但是高校在作出决定时仍是尺度不一。如作弊行为是否包括平时的普通考试，学术不端的论文是否包括课程小论文等问题。各高校在这些问题的判断标准上存在差异，这也成为学位纠纷近年来增加的重要原因。

3. 高校学位授予工作实施规则对学位撤销程序进一步细化

当下我国法律和部门规章未对高校学位撤销的具体程序作出规定，但是各高校在细化和落实上位法的有关规定时，均对学位撤销程序做了进一步细化。高校学位授予工作实施细则中增加"学位撤销"专章逐渐成为高校工作细则修订的趋势。北京大学和清华大学近两年在学位授予工作实施细则修订中，都加入"学位撤销"专章，并对学位撤销的程序做了细化规定。如《北京大学学位授予工作细则》〔2〕规定当事人享有被告知的权利和陈述、申辩的权利；《清华大学学位授予工作实施细则》〔3〕规定了学位撤销的核查程序、工作程序等。

（二）司法实践中学位撤销纠纷的争议焦点

通过使用中国裁判文书网和北大法宝两个数据库对有关"学位撤销"的案例进行关键词检索，笔者发现当前司法实践中因"学位撤销"引发的争议主要

---

〔1〕　如肖鹏等学者认为高校学位授予属于行政确认，因而学位撤销属于行政确认的撤回。具体参见肖鹏："论撤销学位的法律规制——对中山大学撤销陈颖硕士学位案件的法律思考"，载《中国高教研究》2008 年第 2 期；周详、刘植萌、胡鑫："学位撤销的法律属性及其要件分析——兼评'于艳茹案'"，载《中国人民大学教育学刊》2017 年第 2 期。

〔2〕　参见《北京大学学位授予工作细则》2018 年 3 月 21 日第 933 次校长办公会修订。

〔3〕　参见《清华大学学位授予工作实施细则》校学位评定委员会 2019 年第三次全体会审议通过。

集中于以下几方面。

1. 学术不端情形中的"抄袭"如何认定？

在"徐剑与东北大学撤销博士学位纠纷案"[1]中，徐剑认为其享有自己参与课题形成科研成果的著作权，因而其博士论文引用该科研成果的内容，不构成抄袭。但辽宁省沈阳市中级人民法院对"抄袭"一词作出定义，法院认为《学位条例》中的"抄袭"不同于《著作权法》中的"抄袭"，《学位条例》中的"抄袭"侧重对他人在先公开发表的文字作品中的文字，如果未标注而引用即构成抄袭。徐剑指出其在博士论文中大段引用该课题成果，且重复内容标注引用，不构成"抄袭"。该案中，徐剑论文中大段重复内容是否属于自己撰写的我们无从可知，但是将自己原先发表的论文加工后再发表，是否构成"抄袭"至今仍是实务界和理论界热议的焦点。学生在学位论文中引用自己曾发表的论文是否构成"抄袭"的论断，不仅是对学生专业水平高低的判断，也是高校是否需要作出学位撤销决定的依据。

2. 学位撤销中的"舞弊作伪"的内涵和"严重违反"的限度？

《学位条例》第 17 条规定了学位撤销的情形，即舞弊作伪等严重违反学位条例有关规定。但是《学位条例》并未对"舞弊作伪"的具体内涵作出界定，以致司法实践中存在争议。如在"刘岱鹰与中山大学新华学院授予学位纠纷案"中，法院认为《学位条例》中的"舞弊作伪"应当同学术水平相挂钩，考试作弊这种学生管理不应当同学位授予相混淆，一次考试作弊即认为"严重违反"，有对上位法附加条件或作扩大解释之嫌。[2]而在"李雅融与沈阳航空航天大学学位授予纠纷案"中，法院则认为学校"一次考试作弊可取消学位"并不违反高校自治的原则，该规定符合立法精神。[3]在前文对学位撤销相关规范文本的梳理中，笔者发现高校的相关细则对学位撤销的具体情形已作出规定，但是《学位条例》作为上位法未对上位概念作出规定，还是不能避免各高校在适用规定时出现标准不一的情况。

3. 学位撤销的程序正当、合法的具体要件？

在相关案例中，当事人因高校撤销决定过程中存在"程序违法"情形提出异议的占较大比例。如社会影响力较大的"于艳茹与北京大学学位纠纷案"[4]

---

[1] 参见辽宁省沈阳市中级人民法院〔2019〕辽 01 行终字第 1019 号行政判决书。
[2] 参见广东省广州铁路运输中级法院〔2016〕粤 71 行终字第 1826 号行政判决书。
[3] 参见辽宁省沈阳高新技术产业开发区人民法院〔2020〕辽 0192 行初字第 72 号行政判决书。
[4] 参见北京市第一中级人民法院〔2017〕京 01 行终字第 227 号行政判决书。

中，于艳茹就对北京大学作出撤销决定之前的"约谈"是否属于相关规定中的"陈述与申辩"提出异议。"栗婷诉中国海洋大学撤销硕士学位纠纷案"[1]中，栗婷的情况说明是否属于"陈述和申辩""未加盖公章的《撤销学位决定》是否有效"均作为法院审判的争议焦点。"王超诉北京邮电大学撤销硕士学位案"[2]中，法院认为北京邮电大学学术道德建设委员会取得的《检讨书》属于调查程序，王超并未行使申辩权。在"李涛与华南理工大学撤销博士学位案"[3]中，法院认为华南理工大学作出撤销学位决定时未通知李涛，该程序违法直接影响到事实的查清，侵犯的不仅仅是上诉人程序上的权利，还影响到实体处理，属于严重违法。高校作出撤销决定时如何才算尽到保障当事人的陈述申辩权利、如何才能保证程序合法，如何充分保障学生的合法权益，这些均成为司法审判中争议的焦点。

二、逻辑起点：高校学位撤销行为的性质

高校学位撤销制度在规范文本的规定中和司法实践的审查中暴露出不少的问题，笔者认为对该制度的研究，前提要先对该制度的法律性质予以明确。概念是构筑科学思想大厦的工具，是一切科学观察的出发点。[4]给一个事物下定义，前提要从该事物中剥离出其独有的特性，方能给事物一个准确的概念。笔者在对有关规范性文本梳理中，并未发现有"学位撤销"定义，因而在当下学术理论研究中存在"对撤销行为的法律性质存在争论、司法实践中对撤销行为合法的认定标准存在差异"的现象也就不足为奇了。本部分，笔者旨在回到学位撤销制度的逻辑起点，即从高校学位撤销行为的性质出发，对高校作出学位撤销行为时的外观效果和内在原理进行解构，抽离出高校学位撤销行为的性质，为学位撤销制度的法治化发展奠定逻辑基础。

（一）高校学位授予行为的性质确定——行政确认

学位撤销是对高校先前学位授予行为的纠错行为，因而对学位撤销行为性质的厘定，需要对高校学位授予行为的性质予以明确。我国《教育法》第23条有关学位授予的规定[5]明确了学位授予的条件和内涵。从《教育法》的规定

---

[1] 参见山东省青岛市崂山区人民法院〔2017〕鲁0212行初字第91号行政判决书。
[2] 参见北京市海淀区人民法院〔2016〕京0108行初字第324号行政判决书。
[3] 参见广东省广州铁路运输中级法院〔2017〕粤71行终字第2130号行政判决书。
[4] ［奥］欧根·埃利希：《法社会学原理》，舒国滢译，中国大百科全书出版社2009年版，第928页。
[5] 《教育法》第23条第2款规定："学位授予单位依法对达到一定学术水平或者专业技术水平的人员授予相应的学位，颁发学位证书。"

来看，学位授予是基于被授予学位人员因学术水平或技术水平达到一定条件后的确认，属于行政法上的"行政确认"。

　　行政确认是指行政主体依法对相对方的法律地位、法律关系和法律事实进行甄别，基于确定、认可、证明并予以宣告的行政行为。[1]目前理论界对高校学位撤销行为性质存在分歧。有的学者认为学位授予有其授益性，属于行政许可。也有学者基于其具有"解除一般禁止"的特征，认为学位撤销是行政许可。[2]我国《行政许可法》[3]明确行政许可具有"解除一般禁止"的法律效果。笔者认为学位证书仅是对学生在校学习期间的学术水平符合要求的确认，并不具有"解除一般禁止"的法律效果，因而不具有行政许可的法律效果，应当同具有行政许可性质的"授予法律职业资格证""授予教师资格证"等行政机关授予资格证书的行为作区分，在性质上学位撤销行为应当属于行政确认。

　　（二）高校学位撤销行为中的"撤销"——与行政处罚的界限

　　"撤销"一词是民事法律关系中的重要概念，但由于目前我国尚未形成统一的《行政法典》，因而许多概念并未实现统一化、规范化。"撤销"一词至今在行政法领域仍存在混淆使用的情形。大体而言，行政法上的撤销行为的基本适用形式包括作为行政制裁手段的撤销和作为行政救济手段的撤销。[4]《学位条例》第17条规定的高校学位撤销行为是针对学位授予行为本身存在瑕疵，作为一种补救而予以撤销的情形。[5]作为行政制裁手段的撤销应当等同于《行政处罚法》中的"吊销""注销"等概念，不属于真正意义上的"撤销"。如《学位条例》第18条规定了授予学位的单位在不能保证所授予学位学术水平时，国务院可以撤销其授予学位的资格，该行为即是对原"批准"行为不满足条件的惩戒，属于行政制裁手段，应当同学位撤销行为的性质相区别。

　　基于对高校学位撤销行为的先行行为——学位授予行为性质的确定，后又对行政法领域"撤销行为"混淆情形的区分，我们可以得出《学位条例》第17条规定的学位撤销的法律性质——行政确认的撤销，如果给高校学位撤销行为

---

〔1〕 王周户主编：《行政法学》，中国政法大学出版社2015年版，第285页。

〔2〕 参见刘慧："论学位撤销行为的法律性质"，载《武汉理工大学学报（社会科学版）》2019年第5期。

〔3〕 《行政许可法》第2条规定："本法所称行政许可，是指行政机关根据公民、法人或者其他组织的申请，经依法审查，准予其从事特定活动的行为。"

〔4〕 参见谭剑：《行政行为的撤销研究》，武汉大学出版社2012年版，第16页。

〔5〕 参见谭剑：《行政行为的撤销研究》，武汉大学出版社2012年版，第13页。

下定义的话，应当是：法律规定的学位授予单位因原授予学位的行为存在瑕疵而采取补救措施的行政行为。

三、时代回应：全面实现高校学位撤销制度"法治化"

教育现代化是一个国家发展水平的较高状态，其主要特征有：多样性、法治性、科学性、国际性、开放性、信息化、理性化和全时空性。[1]学位授予制度、学位撤销制度作为高等教育领域的重要制度，应当及时对时代需求作出回应，积极实现学位授予制度、学位撤销制度的现代化、法治化。实现高校学位撤销制度朝着"法治化"目标演进，应当处理好、实现好以下四组关系的动态平衡：

（一）秉持高校自治原则：学术权与行政权之间的平衡

"学术"是高校区别于一般组织体的显著特征，但因其由国家法律授权，行使国家行政权力而具有了一般组织体中的"行政"特质。高校在治理中享有的权利有学术自由权，即高校在涉及学术方面相关问题时享有在权限范围内自我治理的自由，避免行政权力的干涉。在国家与社会的二元结构中，大学自治权是指免于政府、教育或其他任何社会法人机构控制和干预的权利，其本质是一种消极的自由。[2]而高校行使行政权力是指高校作为行政主体，作出相关对学生权利义务产生影响的行政行为。有学者提出应当实现高校"去行政化"，其认为基于高校内部权力与行政权力的二元划分，高校治理"去行政化"的核心是运用行政手段对高校资源分配模式进行改革，将资源分配的权力逐渐下放给学术共同体，由学术共同体通过民主的方式，重点考量学业成绩予以决定。[3]

"学术"和"行政"二者在高校这一组织体内交错，如果未明确区分二者界限，必然导致权限不清，影响高校治理的效率和质量。关于二者权限的区分，应当注重权限划分的方法。目前学界对划分方法已有研究，如湛中乐教授主张从学术权和行政权的性质入手划分。他认为行政权是干预性的权力，而学术权则是防御性权利，二者具有本质区别。[4]周佑勇教授则从制度不同阶段进行划

---

〔1〕 参见顾明远："试论教育现代化的基本特征"，载《教育研究》2012 年第 9 期。

〔2〕 湛中乐：《大学法治与权益保护》，中国法制出版社 2011 年版，第 53 页。

〔3〕 姜波、张蓓蓓：《高校法治的运行机制与优化路径研究》，科学出版社 2017 年版，第 218 页。

〔4〕 参见湛中乐：《大学法治与权益保护》，中国法制出版社 2011 年版，第 53-55 页。

分，他认为我国学位授予制度兼具行政权和学术权，不能直接割裂看待。[1]笔者对学术权和行政权的界限划分无异于割裂二者关系，而是为了通过对行政权与学术权的划分，了解二者各自在学位撤销制度中的权重，找到实现两者动态平衡的方向。

在学位撤销制度中，学位撤销权是国家通过法律授权赋予高校的行政权，而高校在对学生作出是否撤销学位决定时是基于学生学术水平的衡量评价，该判断又属于学术权的行使。在学术委员会进行学术判断时，应当保证行政权不对学术事务过多干涉。但是高校学术委员会在进行学术判断时，亦应当遵守依法行政原则。每个学校虽然都享有法律授权范围内的细化学位撤销规定的权力以及充分的自治自由，但是该自治权必须在法律范围内行使。在学位撤销制度运行中，我们应努力追求学术权与行政权之间的动态平衡。

（二）挖掘制度内涵：高校管理权与学生权利之间的微妙平衡

从我国《管理规定》多次修订中，可以窥探我国高校权力与学生权利博弈中的微妙变化。《管理规定》一共经历了三次修订，1990 年版的《管理规定》中赋予高校较大的自主权，相反对学生的权利救济规定甚少。在 2017 年新的《管理规定》中，表现出对学生权利的充分保障，以期促进高校学生的自我管理。从《管理规定》的修订内容和过程来看，我国高校对学生的管理逐渐走向法治化、精细化和规范化。从行政诉讼数量来看，"田永诉北京科技大学案"打开了高校教育行政诉讼之门，随后高校与学生之间的纠纷逐渐被纳入行政诉讼范围，此举为高校学生获得法律救济提供了新的途径，为维护高校学生合法权益提供了制度保障。在高校管理权与学生权利的博弈中，《管理规定》等相关文件为学生的合法权益提供制度保障，行政诉讼、申诉制度等救济途径为学生合法权益的救济提供完善的救济渠道，同时学生的权利维护意识逐渐增强，在内外因素的共同作用下学生逐渐改变以往在博弈之中的弱势地位。

学位撤销制度作为高校行使管理权的一项重要制度，因学位撤销引发的纠纷也体现着学生权利和高校管理权之间的博弈。在美国高等教育领域，就将高校管理的权力划分为学生事务（student affairs）与学术事务（academic affairs）。一般认为，学术事务通常涉及学生"学习""课程""教室"和"认知发展"等，而学生事务通常涉及学生"课外""学生活动""住宿生活""感情和个人

---

［1］　参见周佑勇："法治视野下学位授予权的性质界定及其制度完善——兼论《学位条例》修订"，载《学位与研究生教育》2018 年第 11 期。

问题"等。[1]目前我国学位撤销除学术不端等原因外，还有较大一部分原因是违反"遵纪守法、道德品行"等要求。高校采取何种审查标准和审查限度也是司法实践中的审查要点。建议高校对不同情形下的学位撤销应当采取不同的审查标准和审查限度，以充分保障学生的合法权益，实现高校管理权与学生权利之间的平衡。

（三）落实制度要求：实体内涵与程序内容要件的协调平衡

传统观念仅将程序正义视为促进实体正义的工具。[2]在传统的实践中，重实体、轻程序的现象十分普遍。近年来，对程序的价值的挖掘和提倡，使得在相关制度落实过程中，对程序的重视程度逐步提高。在高校学生管理方面，也逐步在相关规范性文本中强调程序的价值。如《管理规定》中增加许多程序性规定，加强对学生的管理，同时加强对学生知情权、表达权等权利的保障。《学位论文作假行为处理办法》《高等学校预防与处理学术不端行为办法》也对学位撤销的具体程序做了进一步规定。高校在作出学位撤销决定时，应当严格遵守正当程序原则。

对高校而言，坚持正当程序原则是高校学生管理制度建设健康发展的基本保障，通过正当程序可以控制高校规则制定权的行使过程，规范权力的运行秩序，使权力运行符合行政法治的基本要求。[3]高校应当在作出学位撤销决定过程中充分保证学生的陈述权、申辩权的实现，保证决定作出时具有公开性。同时高校学位撤销决定的作出对学生而言具有负担性，因此高校在作出是否撤销判断时候，应当基于充分的理由。公民行使基本权利不需要任何理由，而国家限制公民的基本权利必须提供正当理由。[4]《学位条例》应当对撤销学位的情形作出界定，避免高校在行使自治权时出现松紧不一的情况。如选修课考试作弊等其他普通考试作弊是否属于"舞弊作伪"、何种情形构成"学术不端"都应当在相关法律文本中予以界定，在法律制度上对高校学位撤销制度予以完善。

程序和实体二者在高校学位撤销决定作出时应当同时兼顾，不可出现顾此

---

〔1〕 ACPA（American College Personal Association）. Journal of College Student Development ［R］. March/April 1996，37（2）：118. 转引自姜波、张蓓蓓：《高校法治的运行机制与优化路径研究》，科学出版社 2017 年版，第 168 页。

〔2〕 高俊杰："基于学术不端撤销学位的程序制度建构"，载《中国法学》2019 年第 5 期。

〔3〕 尹晓敏："高校学生管理制度建设的理性程序思考——基于正当法律程序的视角"，载《现代教育法学》2005 年第 5 期。

〔4〕 陈征："论比例原则对立法权的约束及其界限"，载《中国法学》2020 年第 3 期。

失彼的局面。高校在制定高校学位授予细则时，应当保证在不违反上位法立法目的、相关规定要求的基础上对相关规定进行细化。而高校在发现学生存在被撤销学位情形时，应当及时告知学生，充分保障其程序性权利；在判断其是否构成高校学位授予细则规定中被撤销学位的情形时，亦应当严格遵守法定可撤销情形，兼顾个案的特殊性，作出让学生无异议、让社会舆论信服的决定。

（四）实现制度价值：严惩学术不端与信赖利益保护原则之间的平衡

2020年9月25日国务院学位委员会、教育部联合发文指出要进一步严格规范学位与研究生教育质量管理，加强学位论文和学位授予管理；国务院教育督导委员会办公室、省级教育行政部门进一步加大学位论文抽检工作力度，适当扩大抽检比例。[1]近年来，因学术不端引发的事件频繁进入公众视野，国务院学位委员会、教育部等部门面对这一现状，要求各高校加强对学术不端的惩戒，坚持学术不端"零容忍"。因而高校在涉及学术不端引起的学位撤销问题上，也应当在"零容忍"的思想指导下，保证对其严肃处理。行政法上的信赖利益保护原则，是指行政机关所实施的某项行为导致一定法律状态的产生，如果私人因正当地信赖该法律状态的存续而安排自己的生产生活，国家对于私人的这种信赖应当提供一定形式和程度的保护。[2]信赖利益保护原则的宗旨在于保障私人的既得权并维护法律秩序的安定性。[3]因此，当行政机关作出某种行为时，不得任意改变已形成的法律状态。在"陈颖诉中山大学案"中，湛中乐教授认为陈颖取得学位后产生行政法上的信赖利益，中山大学不可任意撤销。[4]在严惩学术不端和信赖利益保护原则之间不可避免地存在着矛盾，但是二者之间的矛盾并非不可协调，高校在撤销学位时应当平衡两大价值，在学生信赖利益的保护和对学术不端的严惩之间寻求一种价值的平衡。

四、路径构建：高校学位撤销制度的完善

高校作出学位撤销决定时，既要实现高校自治的自由，也要坚持依法治校；既要在法定范围内行使高校管理权，也要保障学生合法权益的有效实现；既要规范学位撤销的适用情形，也要优化、细化学位撤销程序中相关权利的合法行

---

〔1〕 参见国务院学位委员会、教育部《关于进一步严格规范学位与研究生教育质量管理的若干意见》学位〔2020〕19号。

〔2〕 湛中乐：《大学法治与权益保护》，中国法制出版社2011年版，第337页。

〔3〕 李洪雷："论行政法上的信赖保护原则"，载《公法研究》2005年第2期。

〔4〕 参见湛中乐：《大学法治与权益保护》，中国法制出版社2011年版，第336-340页。

使；既要保证严惩学术不端，也要保护学生对高校形成的信赖利益。在把握以上四组关系后，笔者认为还需要在以上目标的指引下，进一步讨论高校学位撤销制度完善的具体路径。

（一）明确学位撤销审查主体的审查义务

根据《学位条例》第 17 条的规定，高校学位评定委员会有权对可能引起学位撤销的情形进行复议。学位撤销有两种情形，一种是基于学术不端导致的学位撤销，还有就是非学术不端原因引起的学位撤销。在因学术不端引起的学位撤销中，高校学位评定委员会是否具有判断非相关专业论文学术价值的专业性及其公正性备受质疑。如在"于艳茹诉北京大学学位撤销案"[1]中，北京大学历史学系学位评定分委员会和北京大学学位评定委员会对于艳茹是否应当被撤销学位进行投票的结果不一致，应当以何者为准。学院学位评定分委员会是由学院具有专业学术水平的专家组成，具有对本专业学生学术水平进行审查专业能力。而高校的学位评定委员会由全校各专业的专家组成，具有最终的复议决定权，但其可能无法对非相关专业学术论文的学术水平作出公正、专业的评价。

因此，笔者认为如果因学术原因引起的学位撤销应当将《学位条例》第 17 条规定中的"学校学位评定委员会"的单方复议改为"学院学位评定分委员会"和"学校学位评定委员会"分工复议的机制。在涉及因学术原因引发的学术撤销，应当区分学院学位评议分委员会和学校学位评定委员会的审查义务，学院学位评议分委员会对学术论文的学术水平和学术价值作出实质评价，而学校学位评定委员会仅对学位论文进行形式审查，最后应当平衡两主体的认定结果在作出决定时的权重，实现对学生学术水平的实质和形式相结合的全面评价。在涉及非学术原因引起的学术撤销情形时，学校的学位评定委员会可直接对是否属于学位撤销情形进行审查，最后作出是否撤销学位的决定。

（二）统一学位撤销的实体判断标准——区分学位撤销的不同情形

《学位条例》第 2 条规定公民符合两方面要件就能取得学位，一方面要求其学术水平达到一定要求，另一方面要求其拥护中国共产党的领导、拥护社会主义制度。[2]由此可见对学生是否符合学位授予条件的评价主要基于"学术水平"和诚信道德等"非学术水平"两方面展开。

---

[1] 北京市第一中级人民法院〔2017〕京 01 行终字第 277 号行政判决书。
[2] 《学位条例》第 2 条规定："凡是拥护中国共产党的领导、拥护社会主义制度，具有一定学术水平的公民，都可以按照本条例的规定申请相应的学位。"

近年来，国家政策强调对高校学生的学术水平进行管理，强化对学术不端的审查。在高校作出学位撤销决定前，应当对学位撤销情形进行区分后，决定采取不同的审查标准。如前文笔者提到的因学术原因引起的撤销学位应当由学院学位评定分委员会对学术水平进行专业评价，采取严格审查的标准。而对因非学术原因引起的学位撤销，高校应当采取合理性的审查标准。如在"刘岱鹰与中山大学新华学院学位纠纷案"[1]中，法院指出考试作弊不属于"舞弊作伪"情形，不能认定为学术不端，中山大学新华学院混淆学生管理与学术管理的界限。因此，对学生非因学术原因引起的学位撤销，高校在审查过程中应当采取合理性原则，保障学生合法的信赖利益的实现，平衡高校管理与学生权利之间的关系。违法行为是否达到学位撤销条件的判断，具有高度属人性，因此对"严重违反"的具体适用标准，应当由高校在校规中予以细化。[2]同时高校应当对非学术原因引起的学位撤销，审慎行使撤销权。

（三）规范学位撤销的相关程序

我国《教育法》《学位条例》《管理规定》《学位论文作假行为处理办法》等法律规章中并未规定学位撤销的完整程序，仅对学位撤销情形做了粗略规定。充分的正当程序规定是保证学位撤销正当性与保障相对人权利的基本前提。[3]因此，笔者认为对学位撤销可采用过程视角，将撤销过程划分不同阶段，以保证学生程序权利能获得全过程的保障，同时也能为各高校制定学位撤销相关规定时提供上位法依据。

首先，高校应当充分保证学生的知情权，通过书面形式保证学生对高校将启动学位撤销调查程序的知情权，同时告知学生基于什么原因引起学位撤销、学位撤销的审查流程、告知其享有申辩和说明理由的权利。启动学位撤销必须通过书面形式通知学生，而不能采用口头形式，以此约束和规范高校学位撤销权的行使，保障学生知情权的实现。

其次，高校应当保证学生可通过多种方式申辩和陈述理由。学生可以通过书面形式、开听证会等方式进行申辩或答辩，在这个过程中高校应当给学生足够的准备时间。而且对高校而言，在这个阶段中应当区分调查环节和学生申辩

---

〔1〕 参见广东省广州铁路运输中级法院（2016）粤71行终字第1826号行政判决书。

〔2〕 伍劲松："行政判断余地之理论、范围及其规制"，载《法学评论》2010年第3期。

〔3〕 李川："学位撤销法律规定的现存问题与厘清完善——以《学位条例》的相关修订为例"，载《学位与研究生教育》2018年第11期。

环节。如在"王超诉北京邮电大学撤销硕士学位案"[1]中，海淀区人民法院指出"北京邮电大学虽然在调查初期，取得了王超本人作出的《检讨书》，听取了王超就涉案论文是否存在抄袭所发表的意见。但这是北京邮电大学学术道德建设委员会进行的调查程序，并非作出撤销决定前让王超行使申辩的权利。"因此，在陈述、申辩环节，高校应当符合正当程序原则。

最后，应当及时告知学生处理结果。无论最终高校是否作出学位撤销决定，都应当告知学生处理的结果。高校最终作出学位撤销决定，还应当用书面形式告知学生，并在撤销决定上写明撤销的依据和理由。

结语

依法治校和高校自治是实现我国高等教育现代化的两翼。一方面，作为特殊行政主体或特别公法人的公立高校，其法治秩序的建构日益重视回应高教法治与行政法治的演进趋势并嵌入与吸纳其有益要素。[2]另一方面，高校享有充分的自治权，在自治中享有学术至上、学术自由等价值。近年来，高校因学位授予和学位撤销引发了不少纠纷，当这些纠纷被纳入行政诉讼的救济范围时，我们除了应当考虑如何保障高校学生的合法权益，还应当反思如何完善相关制度，从根本上减少有关纠纷。高校学位撤销制度是对学生的"学术惩戒"和"道德批判"，高校在运用该项管理权时，应当充分考虑如何保证制度各项要求的实现、制度内在矛盾的调和消除。

---

[1] 北京市海淀区人民法院（2016）京 0108 行初字第 324 号行政判决书。
[2] 姚荣："从'管理法'走向'平衡法'：中国公立高校学生管理规则系统的演进逻辑"，载《首都师范大学学报（社会科学版）》2017 年第 2 期。